Uwe Hartmann / Claus von Rosen (Hrsg.)
Jahrbuch Innere Führung 2016
Innere Führung als kritische Instanz

Jahrbuch
Innere Führung 2016

Innere Führung als kritische Instanz

Uwe Hartmann / Claus von Rosen (Hrsg.)

2016

Carola Hartmann Miles-Verlag

CIP-Kurztitelaufnahme der Deutschen Nationalbibliothek

Uwe Hartmann, Claus von Rosen (Hrsg.): Jahrbuch Innere Führung 2016 – Innere Führung als kritische Instanz, Carola Hartmann Miles-Verlag, Berlin 2016

© Carola Hartmann Miles-Verlag,
George-Caylay-Str. 38, 14089 Berlin
email: miles-verlag@t-online.de
www.miles-verlag.jimdo.com

Titelbild: BMVg
Herstellung: Books on Demand, Norderstedt

Printed in Germany

ISBN 978- 3-945861-46-2

Inhaltsverzeichnis

I   Einleitung

Uwe Hartmann / Claus von Rosen

Einleitung

Die Innere Führung ist eine kritische Instanz. Ganz im Sinne der biblischen Aufforderung „Prüfet alles. Das Gute behaltet" begleitet sie wertegeleitete Diskussions- und Entscheidungsprozesse, die auf verschiedenen Ebenen ablaufen: existentiell auf der Ebene des Individuums, das sich seiner Identität vergewissert; politisch in Staat, Gesellschaft und Streitkräften, wenn es um die Nützlichkeit, die Organisation und den Einsatz bewaffneter Gewalt geht.

Kritikfähigkeit wurde der Inneren Führung in die Wiege gelegt. Bei ihrer konzeptionellen Ausarbeitung vor über 60 Jahren ging es ganz wesentlich auch darum, die deutsche Militärgeschichte zu prüfen und das Gute, das für den Aufbau neuer deutscher Streitkräfte in der jungen Bundesrepublik Deutschland nützlich war, herauszufiltern. Die Abgrenzung zur Wehrmacht sollte so weit gehen, dass ohne Anlehnung an diese etwas vollkommen Neues entsteht. So formulierten es die Militärreformer in der Himmeroder Denkschrift, der Magna Charta für die Bundeswehr.

Einen kritischen Geist forderte auch die Analyse des Kriegsbildes, die entscheidend war für die konzeptionelle Ausplanung schlagkräftiger Streitkräfte. Der Kalte Krieg erforderte mehr als die Abschreckung eines konventionell-atomaren Angriffs der Armeen des Warschauer Pakts. Staatsbürger mit und ohne Uniform sollten gegen die Wirkungen von Propaganda und Desinformation geschützt werden. Dies musste Konsequenzen haben, auch für die Innere Führung selbst.

Später, in den 80er Jahren, geriet diese kritische Funktion der Inneren Führung noch einmal ins Rampenlicht einer breiteren Öffentlichkeit. In einer vor dem Hintergrund des NATO-Doppelbeschlusses zugespitzten sicherheitspolitischen Lage waren es vor allem Protagonisten der Inneren Führung, welche die Kompatibilität der Bundeswehr mit der Demokratie in Frage stellten und sogar deutliche Anzeichen für eine Wiedergeburt des Geistes der Wehrmacht bei ihren Angehörigen ausmachten. Auch die zunehmende Bürokratisierung der Bundeswehr bot Anlass zur Kritik. Unter Leitung des ehemaligen Generalinspekteurs der Bundeswehr, Ulrich de Maiziére, erarbeitete eine Kommission zahlreiche Vorschläge zur Verbesserung von Führungsfähigkeit und Entscheidungsverantwortung in der Bundeswehr.

Darüber hinaus ist Innere Führung Politik- und Gesellschaftskritik. Neben der Frage, was die Streitkräfte tun müssen, um in eine demokratische Gesellschaft integriert zu werden, wagte sie auch den kritischen Blick auf die politischen und gesellschaftlichen Rahmenbedingungen, die eine Armee benötigt, um ihren Auftrag zu erfüllen. Hierfür gibt es eng gezogene Grenzen, vor allem dann, wenn der Eindruck entsteht, das Primat der Politik würde in Frage gestellt.

Zur Aufgabe der Inneren Führung gehört auch, Plattformen für die individuelle Selbstvergewisserung, für Diskussionen innerhalb der Bundeswehr sowie mit Politik und zivilgesellschaftlichen Gruppen anzubieten. Als kritische Instanz ist sie selbst ein Katalysator für Debatten. Dabei zeichnet sich die Innere Führung durch ein zentrales kommunikationsethisches Gebot aus: Gespräche müssen trotz scheinbar unversöhnlicher Kontroversen partnerschaftlich geführt werden; Streitigkeiten über existentielle und politische Fragen dürfen den inneren Zusammenhalt und die kameradschaftliche Geschlossenheit innerhalb der Bundeswehr nicht untergraben.

Das Jahrbuch Innere Führung 2016 möchte an diese kritische Tradition anknüpfen und sie dadurch herausstellen. Auch das neue Weißbuch der Bundesregierung setzt einen solchen Akzent, indem es die Bedeutung einer Wahrheits- und Streitkultur für die Bundeswehr betont. Angesichts der im letzten Jahrbuch analysierten Gleichzeitigkeit verschiedener und untereinander vernetzter Krisen, Konflikte und Kriege erscheint eine stärkere Betonung der Inneren Führung als kritische Instanz dringend geboten. Dies gilt auch für das neue Weißbuch selbst. Es beinhaltet gelungene und weithin akzeptierte Analysen der globalen sicherheitspolitischen Lage, die jedoch im Hinblick auf ihre strategische Umsetzung nicht zuletzt auch im weiten Feld der Inneren Führung kritisch weitergedacht werden müssen.

Das Jahrbuch Innere Führung 2016 beginnt mit einem Beitrag von *Peter Buchner*. Unter der Überschrift „Innere Führung als Kritik an politischen Entscheidungsprozessen" vergleicht er überaus kreativ die Innere Führung mit der Kritischen Theorie der Frankfurter Schule. Dabei stellt er fest, dass Analogien erkennbar sind, die auf gemeinsamen kritischen Fragestellungen beruhen. Er schreibt: „Was da für die Kritische Theorie zunehmende Kapitalkonzentration und Bürokratisierung als Ursache der Abtötung des Spontanen und Individuellen in der 'verwalteten Welt' bedeutet, sind im Militär Tugendhaftigkeit, Ehrgehabe und Heldenmythen wie der Tod im Kampf auf dem Schlachtfeld als sozialromantischer Topos a la Walter Flex, die die Soldaten 'instrumentell' und 'zweckbestimmt' vereinnahmen. So wundert es nicht, dass umfassende soziale Kontrolle des Einzelnen im Militär stark ausgeprägt ist. Idealismus, Nonkonformismus und Kreativität dagegen sind oft nachrangig, teilweise scheinbar sogar unerwünscht. Welcher Soldat hätte nicht hin und wieder den Eindruck von einer 'total verwalteten (Militär-)Welt'." Die Befreiung des Menschen aus seiner Verdinglichung, die Betonung des Individuums und seines Gewissens, die Teilhabe an den politischen Entscheidungsprozessen, all dies sei zuvor auch für die Reformer um Baudissin leitend gewesen. Er kommt zu dem Ergebnis, „… dass mit der Organisations-kultur Innere Führung eine kritische Institution besteht, die die Soldaten als Mitbürger ohne Wenn und Aber in die kritische Begleitung politischer Entscheidungen mit einbezieht. Der responsive Charakter von Demokratie endet also nicht mehr am Kasernentor."

Angelika Dörfler-Dierken setzt sich in „Das Reden von der ‚postheroischen Gesellschaft'. Und dessen Auswirkungen auf militärische Strategie und Einsätze" kritisch mit den Thesen des Berliner Politikwissenschaftlers Herfried Münkler auseinander. Sie wendet ihren scharfsinnigen Blick auf die wissenschaftlichen Analysen eines Kollegen, hat dabei jedoch vor allem deren potentielle Auswirkungen bei einer unkritischen Übernahme auf das Selbstverständnis von Soldatinnen und Soldaten der Bundeswehr im Blick. In Münklers Kernthese, dass sich 'postheorische Gesellschaften' 'heroische Gemeinschaften' halten, um ihr Sicherheitsbedürfnis zu befriedigen, sieht sie die Gefahr einer Rechtfertigung mentaler militärischer Sonderwelten. Die Berufsgruppe der Soldaten, die derzeit um Anerkennung ringe, sei dafür besonders empfänglich. Sie unterzieht Münklers „eingängiges und wirkmächtiges Konstrukt" daher einer genaueren historischen, ethisch-theologischen und jugendsoziologischen Analyse. Dabei kommt sie zu dem Ergebnis, dass durch eine „Entzauberung des Helden" die Soldatinnen und Soldaten in die Gemeinschaft der Staatsbürger zurückgeholt und in die Gruppe derjenigen eingeordnet würden, „… denen die Sorge für Sicherheit, Entwicklung, Frieden und Recht aufgetragen ist." Statt heroischer Vergemeinschaftung fordert sie von ihnen die kritische Frage an die Politik, „ob ihr Einsatz tatsächlich die gewünschten Ergebnisse erbringen kann, oder ob sie vergebens Mühen und Entbehrungen bis hin zum Todesrisiko auf sich nehmen."

In seinem Beitrag „Ein Dachdokument ohne Dach. Konfliktbilder, vernetzter Ansatz und die Einsatzleitlinien der Bundeswehr" analysiert *Klaus Naumann* den Entwurf der Einsatzleitlinien der Bundeswehr aus dem Planungsamt der Bundeswehr bzw. dem BMVg. Dieses Dokument bildet das Bindeglied zwischen strategischen Dokumenten wie dem Weißbuch und dem Handeln von Streitkräften im Einsatz. Naumann stellt die Stärken und Schwächen der Einsatzleitlinien klar heraus. Er würdigt die Anerkennung der Präsenz des Politischen im militärischen Einsatz, wundert sich allerdings über die Aussage, die Innere Führung stünde der Auftragserfüllung deutscher Streitkräfte im Einsatz „nicht entgegen". Kritisch fragt er, ob „… man ähnliches jemals über das operative Denken, die Taktiklehre oder andere Kernelemente des professionellen militärischen Selbstverständnisses gehört" habe. Abschließend resümiert er: „Das Verhältnis von Militär und Politik, die Amalgamierung von Zwecken und Zielen zu einem kohärenten strategischen (Dialog-)Prozess, das Aneinanderrücken der drei (strategischen, operativen, taktischen) Führungsebenen, die Befähigung, zur Synchronisierung des Handelns unterschiedlicher Akteursgruppen und Kräfte beizutragen (ohne alles über den Kamm der Operationslogik zu scheren) – viele dieser Grundprobleme zeitgenössischer Einsätze haben in den Einsatzleitlinien noch keine befriedigende Antwort gefunden."

Hans-Hubertus Mack unterstreicht in seinem Beitrag „Widerstand als Forschungsgegenstand", dass die geistes- und sozialwissenschaftliche Forschung immer neue Fragestellungen anregt, deren Bearbeitung für das Selbstverständnis von Angehörigen der Bundeswehr wichtig ist. Dies gelte auch für den Widerstand gegen den Nationalsozialismus, der im Mittelpunkt des Traditionsverständnisses der Bundeswehr steht. Kritisch merkt er an, dass neue Forschungsergebnisse über den Widerstand nicht immer gewünscht sind, weil sie liebgewonnene Bilder in Frage stellen könnten. Er weist auf eigentümliche Entwicklungen im Umgang mit geschichtswissenschaftlichen Erkenntnissen sowie mit der Tradition der Bundeswehr hin. So diagnostiziert er eine 'Zivilisierung' der am Widerstand beteiligten Offiziere oder eine fehlende Thematisierung des im Preußentum angelegten Freiheitsbegriffs, der Grundlage für die kritische Haltung von Offizieren zum Nationalsozialismus war. Für die weitere historische Forschung über den Widerstand drängten sich zahlreiche Fragen auf, deren Beantwortung Auswirkungen auf das soldatische Selbstverständnis haben werden.

Reinhold Jankes Diskurs über „Innere Führung und Tradition" erscheint auf den ersten Blick als akademische Fingerübung, als ein längst überholter Nachtrag zur Diskussion in der Debatte um die Innere Führung der 50er Jahre. Wer diesem Eindruck zu erliegen droht, sollte den Artikel rückwärts lesen. Der Exkurs zu 'Treue um Treue' entpuppt sich zu einem höchst brisanten, „in mancher Hinsicht bewusst provokativ gefassten und gesellschaftspolitisch adressierten", also kritischen Denkanstoß als 'Staatsbürger in Uniform'. Angesichts des offiziellen Verbotes des Leitspruchs 'Treue um Treue' für Heeresverbände und Einheiten lässt er sich die „Deutungshoheit über die eigene Geschichte und Tradition" nicht nehmen, sondern fordert eine Tradition, „die durch historisches Wissen ergründet, durch rechtliche Grundlagen abgesichert, durch ethische Bewertung als würdig erwiesen, durch soziale Normen des Anstandes und der Ehre geprägt und durch die staatspolitischen Ziele unserer deutschen Verfassung mit ihren Grundwerten legitimiert ist." Was sich hinter dieser Forderung verbirgt, kann man – nun – getrost im umfangreichen philologisch-philosophischen Vorspann lesen, in dem der Autor den Weißbuch-Auftrag zur Weiterentwicklung und Ausgestaltung der Tradition der Bundeswehr „in ihrer Gesamtheit" und „nicht nur wieder ausschließlich auf den Streitkräfteanteil beschränkt" wissen will.

In seinem zweiten Beitrag „Kritik: amtlich verordnet! Politische Bildung als kritische Instanz der Inneren Führung und ein Geburtstagsständchen für den Beutelsbacher Konsens" diskutiert *Peter Buchner* die Lage der Politischen Bildung in der Bundeswehr. In seiner die Entwicklungslinien der politischen Bildung nachvollziehenden Darstellung kommt er zu dem Ergebnis, dass die politische Bildung „… für die Einbindung von Streitkräften in die Demokratie viel mehr leisten könnte, als den Soldaten nur Sinnangebote für ihre Einsätze zu machen, um den Legitimationsanspruch Innerer Führung zu erfüllen."

Mit der Politischen Bildung beschäftigt sich auch *Hans-Joachim Reeb* in seinem Beitrag „Politische Bildung in der Sicherheitsgesellschaft. Kritisches oder gemeinsames Verständnis von Bildungsinstitutionen und Bundeswehr?". Darin analysiert er das Spannungsfeld unterschiedlicher Zielvorstellungen politischer Bildungsarbeit und sucht nach einer gemeinsamen Plattform für die „Sicherheitsgesellschaft". Diese verortet er in der Werteordnung des Grundgesetzes, den allgemeinen didaktischen Prinzipien des Faches und dem Bestreben, jeden Einzelnen zur Sicherheitskompetenz zu befähigen.

Uwe Hartmann setzt sich mit den neuen hybriden Bedrohungen auseinander. Unter der Überschrift „Innere Führung und hybride Kriegführung – Zur Bedeutung des Kriegsbildes für die Weiterentwicklung der Führungsphilosophie für die Bundeswehr" stellt er die hybride Kriegführung als eine kreative Kombination unterschiedlichster ziviler und militärischer Mittel dar. Die Zukunftsrelevanz dieser neuen Art der Kriegführung beruhe auf den strategischen Lehren aus der Kriegsgeschichte vor allem der Weltkriege sowie der neueren Einsätze im Rahmen der internationalen Krisen- und Konfliktbewältigung. Ihre wesentlichen Charakteristika wie beispielsweise Angriffe auf die Gesellschaft als *Center of Gravity* wurden auch im Weißbuch 2016 deutlich herausgestellt. Vor diesem Hintergrund sei es verwunderlich, dass in den entsprechenden Passagen des Weißbuches zur Inneren Führung und zur Integration der Streitkräfte in die Gesellschaft dazu kaum Folgerungen getroffen werden – zumal der Autor nachweisen kann, dass die Innere Führung, die in der Anfangsphase des Kalten Krieges erarbeitet wurde, sich an einem Kriegsbild orientierte, das viele Parallelen mit den heutigen hybriden Bedrohungen aufweist. Im stärkeren Rekurs auf das Kriegsbild sieht Hartmann auch die künftige Relevanz der Inneren Führung.

Dirk Freudenberg analysiert unter der Überschrift „Führungsdenken in Militär, Polizeien, Hilfsorganisationen und Wirtschaftsunternehmen" die Zusammenarbeit von Institutionen, die angesichts von neuen Bedrohungen der Sicherheit Deutschlands immer wichtiger wird. Im Mittelpunkt stellt er den Begriff der 'Konzentrierten Führung', einen „… innovativen Führungsbegriff, welcher die Faktoren Personal, Außenbeziehungen, Recht, Finanzen, Informations- und Kommunikationstechnik, Organisations-/ Geschäftsprozesse ebenenübergreifend und unter externen und internen Rahmenbedingungen so verdichtet, dass eine moderne Führungskraft in der Lage ist, in immer komplexeren und komplizierteren Umgebungen entsprechende Prozesse zu steuern und zu koordinieren und ebenso befähigt wird, in unterschiedlichen Führungsumgebungen von Wirtschaft und Verwaltung zu agieren." Der Autor arbeitet die Gemeinsamkeiten und Unterschiede zwischen den verschiedenen Institutionen heraus und geht dabei besonders auf die Praxis des militärischen Führungsprinzips des 'Führens mit Auftrag' ein. Abschließend fordert er gemeinsame Ausbildungen und Übungen der verschiedenen Sicherheitskräfte.

Gleich drei Artikel beschäftigen sich mit der Fehlerkultur in der Bundeswehr. Das Thema wurde durch die Bundesministerin der Verteidigung vor dem Hintergrund der Probleme in den Rüstungsprozessen der Bundeswehr aufgeworfen und vom Wehrbeauftragten des Deutschen Bundestages als Problem für die Bundeswehr insgesamt ausgeweitet. Die Autoren *Claus von Rosen, René Streifer* und *Uwe Hartmann* waren bei der Vorbereitung und Durchführung einer Tagung zur Verantwortungs- und Fehlerkultur beteiligt, die der Inspekteur des Heeres zusammen mit dem Wehrbeauftragten vom 22.–23. August 2016 in Neuhardenberg durchführte.

Claus von Rosen setzt sich in seinem Beitrag „Fehlerkultur – Ein neues Thema in der Bundeswehr" zunächst mit dem Verständnis von Fehlern und Fehlerkultur auseinander. Unter Rückgriff auf Clausewitz' Theorie des Krieges weist er nach, dass der Umgang mit Fehlern in Ausbildung und Übung gelernt werden muss. Anschließend stellt er die kritische Frage nach der Umsetzung dieser wesentlichen pädagogischen Einsicht in den Vorschriften der Bundeswehr zur Truppenführung und zur Inneren Führung. Dabei stellt er fest, dass der Umgang mit Fehlern in den Vorschriften der 50er bis 70er Jahre des letzten Jahrhunderts weitaus stärker thematisiert wurde. Das Scheitern militärischer Operationen, die geistige Freiheit, Gefechte an anderer Stelle wieder aufzunehmen, sowie die Zurückhaltung von Vorgesetzten gegenüber selbständig handelnden Unterstellten waren zentrale Wegweiser für den Umgang mit Fehlern. Angesichts der Komplexität von Ereignissen sei die Fehlersuche immer eine interdisziplinäre Aufgabe, da es sich häufig um Mehrfachfehler handele, zu denen mehrere Personen und Organisationen beigetragen hätten. Zu berücksichtigen seien auch die Rahmenbedingungen des Handelnden, die das Begehen von Fehlern genauso erleichtern wie sie den Umgang mit Fehlern erschweren könnten.

René Streifer beschreibt in seinem Beitrag „Fehlerkultur – Ein Vergleich von Luftfahrt, Medizin und Streitkräften" ausführlich die Maßnahmen zur Verbesserung von Fehlerkultur in der Luftfahrtindustrie und im medizinischen Bereich. Deren Instrumente und Maßnahmen zur Etablierung einer positiven Fehlerkultur könnten auch für die Streitkräfte hilfreich sein. Dafür sei allerdings ein erheblicher Aufwand und insbesondere das langfristige Engagement des zivilen und militärischen Führungspersonals erforderlich. Die gute Nachricht laute: Fehlerkultur ist für die Bundeswehr kein Neuland. Neu sei „… eher der organisationsweite Ansatz der Betrachtung unter dem Schlagwort 'Fehlerkultur'. Die Herausforderung wird darin bestehen, die einzelnen Elemente unter einem ganzheitlichen Konzept und einheitlicher Führung weiter zu führen und zu entwickeln. Das Nutzen der Erfahrungen von Organisationen aus anderen Bereichen kann dabei helfen."

Uwe Hartmann stellt unter der Überschrift „Fehlerkultur – Ein Seminar als Beispiel" die didaktischen und methodischen Überlegungen bei der Gestaltung der o.g. Tagung zur Verantwortungs- und Fehlerkultur im Heer dar und bietet diese als ein Modell für vergleichbare Veranstaltungen auf allen Führungsebenen der Streitkräfte an. Dafür sei besonders die in diesem Jahrbuch abgebildete Visualisierung der Diskussionen und ihrer Ergebnisse hilfreich. Darüber hinaus zeigt er den Diskussionsbedarf über das Verständnis von Begriffen auf, die für die Verbesserung der Verantwortungs- und Fehlerkultur unverzichtbar sind.

Dazu gehörten vor allem die Begriffe des Führens mit Auftrag, der Erziehung und des gewissensgeleiteten Gehorsams.

Der Beitrag von *Marcel Bohnert* über die Rezeption des Buches „Armee im Aufbruch" führt uns tief in die gelebte Praxis der Inneren Führung der Bundeswehr. Bohnert hatte als Leiter einer Studentenfachbereichsgruppe an der Hamburger Bundeswehruniversität studierende Offiziere und Offizieranwärterinnen bzw. Offizieranwärter um sich geschart, mit denen er über ihr Berufsbild diskutierte. Daraus entstand das 2014 erschienene Buch „Armee im Aufbruch". Der Empörung, die sich bald über die Beiträge in diesem Buch breit machte (s. Jahrbuch Innere Führung 2015, S. 265ff), folgte eine zunehmende Versachlichung der Debatte, bei der die Autoren auf Augenhöhe zu geschätzten Gesprächspartnern wurden. Warum also der erste heftige Aufschrei? In seinem Beitrag nimmt Bohnert diese Frage behutsam auf. Dabei lesen sich die An- und Bemerkungen zur Veröffentlichung von „Armee im Aufbruch" wie Donnerschläge, wie ein schlechtes Beispiel der Diskussions- und Debattenkultur sowie der Urteilsfähigkeit in der Bundeswehr, als seien „andere Meinungen" unerwünscht bis nicht zulässig. Die jungen Offiziere und Offizieranwärterinnen bzw. Offizieranwärter haben gemeinsam und unter Anleitung dieses einen militärischen Vorgesetzten sich Gedanken über das Bild ihres Berufes gemacht. Da fließen erste Erlebnisse und Erfahrungen aus dem Militär mit den Vorstellungen und Erwartungen darüber aus ihren Pennälerzeiten zusammen. Was sie bis hierher erlebt und erkannt haben, ist zum Notschrei geworden – und das wird noch über Jahre so weiter gehen, denn: Wo sind die bisherigen Vorgesetzten, die ihnen schon auf dem Findungsweg geholfen haben? Wo sind die akademischen Lehrer, die ihnen an solchen Fragen das analytisch-kritische Instrumentarium beibringen? Und wo sind die vielen Mitbürger, die ihnen bei der Wertediskussion unserer demokratischen Gesellschaft geholfen haben und weiter zur Seite stehen werden? Dieser Beitrag ist ein Lehrbeispiel für die praktizierte Innere Führung, für das, was der eine getan hat und die vielen versäumt haben.

In die Rubrik „Zur Diskussion gestellt" haben die Herausgeber vier Kritiken zum Weißbuch 2016 aufgenommen.

Während der letzten zehn Jahre, solange das Weißbuch von 2006 irgendwie Gültigkeit für die deutsche Sicherheits- und Verteidigungspolitik hatte, veränderte sich sehr viel und Grundlegendes. Die Einsicht in die kurzfristige Geltungsdauer von derartigen Grundsatzdokumenten wirft die Frage auf, wie weit das neue „Weißbuch zur Sicherheitspolitik und zur Zukunft der Bundeswehr" von 2016 ernstliche Prognose und wie weit es doch nur Hoffnung auf Fortbestand des erkennbaren Ist-Zustandes ist. Die Antwort darauf fällt schwer, muss sie zum einen doch selber prognostisch und zum anderen wahrhaft Kritik sein und zum dritten die Komplexität des Themenfeldes Sicherheitspolitik und Bundeswehr abbilden. Aus diesem Grunde sind mehrere Autoren mit unterschiedlichen Hintergründen und Schwerpunkten mit ihren Stellungnahmen zum neuen Weißbuch vertreten. Ihre Beiträge ermöglichen kritische Einblicke in das Weißbuch aus verschiedenen Blickwinkeln.

Michael Brzoskas Statement greift aus einer gesamtpolitisch-strategischen Sicht drei Punkte auf: Die Gesamtstrategie-Frage, das Thema Sicherheitspolitik statt Militärpolitik und den *comprehensive approach* als Ansatz für eine umfassende ressortübergreifende Strategieentwicklung der Politik. Er sieht „zum wiederholten Male hehre Absichtserklärungen", „die Praxis spricht einmal mehr eine andere Sprache".

Grundlegend und systemimmanent-kritisch diskutiert *Sabine Jaberg* das Weißbuch vor dem Hintergrund, dass das Grundgesetz als einzigen Zweck für die Aufstellung der Streitkräfte die Verteidigung der Bundesrepublik gegen einen drohenden oder stattfindenden bewaffneten Angriff nennt. Tatsächlich haben sich die Streitkräfte inzwischen in der politischen Praxis zu einer global einsetzbaren Interventionsarmee entwickelt. Das Weißbuch schreibe diesen Kurs fort. Dies entwickelt Jaberg anhand von drei Aspekten: Das Weißbuch erweitert zum einen den Raum militärischer Möglichkeiten und erleichtert der Politik den Zutritt, zum anderen bettet es Bundeswehreinsätze in eine offene Programmatik ein und schließlich seien im Weißbuch Korrekturen zugunsten reflexiver Sicherheits- und gar Friedenspolitik ausgeblieben. Aufgrund von „blinden Flecken" des Weißbuches fordert sie eine programmatische Debatte in Wissenschaft und Gesellschaft über „eine belastbare gesamteuropäische Friedens- und Sicherheitsordnung" sowie eine „selbstreflexive Sicherheits- oder gar Friedenspolitik".

Winfried Nachtwei sieht in dem Weißbuch mancherlei Anstöße zu einer gründlichen Debatte. Dies ist angesichts der Häufung näher rückender Krisen, Konflikte und Kriege sowie der Gefährdung des friedlichen und demokratischen Zusammenlebens in Deutschland und Europa dringend und ernsthaft geboten. Dazu betrachtet er in seinem Beitrag umfangreich, tiefgreifend und an politischen Erfahrungen orientiert, sieben Punkte zum Thema „Sicherheitspolitik": Die Öffnung der Debatte bei der Entstehung des Weißbuches, die nun erst recht produktiv fortgesetzt werden müsse, das Fehlen einer Gesamtstrategie,

Deutschlands Rolle in der Welt und sein sicherheitspolitisches Selbstverständnis, Deutschlands Werte und sicherheitspolitische Interessen, das sicherheitspolitische Umfeld, Deutschlands strategische Prioritäten sowie die Sicherheitspolitischen Gestaltungsfelder. Dies bietet eine gute Grundlage für die geforderte Fortsetzung der Debatte – auch mit „fundamental ablehnenden Kreisen".

Agnieszka Brugger betrachtet als Sprecherin für Sicherheitspolitik und Abrüstung der Fraktion Bündnis 90/ Die Grünen im Deutschen Bundestag das Weißbuch unter dem Aspekt „verpasste Chancen". Dem Weißbuch fehlt es nach Brugger an einer sinnvollen sicherheitspolitischen Priorisierung und einem daraus abgeleiteten realistischen Aufgabenprofil für die Streitkräfte. Als besonders problematisch bewertet sie die im Weißbuch angekündigte Absicht, die Bundeswehr künftig vermehrt in Auslandseinsätzen außerhalb von Systemen kollektiver Sicherheit und in Allianzen williger Staaten einzusetzen. Nur multidimensionale Missionen im Rahmen von EU oder VN und zusammen mit zivilen, polizeilichen und militärischen Mitteln hätten eine erhöhte Chance auf nachhaltigen Erfolg. Sie findet daher, dass es höchste Zeit für eine „echte Friedens- und Sicherheitsstrategie" ist.

Das Weißbuch zeigt, wie wichtig ein inklusiver Prozess der Bearbeitung von zentralen sicherheitspolitischen Dokumenten ist. Die Kritik am Weißbuch sowie an dem Entwurf der Einsatzleitlinien unterstreicht, dass wissenschaftliche Expertise wichtige Beiträge liefern kann. Wie förderlich ein möglichst breiter Diskurs über Fragen des Selbstverständnisses von Soldatinnen und Soldaten ist, zeigt der Verlauf der Debatte über das Buch „Armee im Aufbruch". Das Gespräch suchen mit allen Soldatinnen und Soldaten sowie mit Institutionen und Personen außerhalb der Bundeswehr sowie deren Kritik einfordern und berücksichtigen, das war von Anfang an ein Markenzeichen der Inneren Führung.

Berlin/Hamburg, im November 2016

II Kritische Denkwege

Innere Führung als Kritik an politischen Entscheidungsprozessen

Peter Buchner[1]

Kritische Institution als Attribut für Innere Führung irritiert wenigstens auf den ersten Blick. Wenn jemandem dazu Namen wie Adorno, Horkheimer, Marcuse und Habermas einfallen, dann passt das landläufig so gar nicht zu Militär. Vielmehr rechnet man diese Denker, die die Kritische Theorie der Frankfurter Schule vertreten, der Studentenbewegung zu, die, politisch links, militärkritisch orientiert der Friedensbewegung nahe steht.

Weiteres Nachdenken zeigt außerdem, dass die Kritik von Soldaten an politischen Entscheidungen schnell mit dem Primat der Politik kollidiert. Für die Organisation von Militär scheint dies alles gänzlich ungeeignet.

Die Gefühlslage ändert sich, wenn man die Betrachtung aus der Perspektive Militär verschiebt hin zum Blickwinkel Demokratie. Beide verbindet die Organisationskultur Innere Führung. Dies legt nahe, die Frage zu stellen, wie viel Kritik in Innerer Führung steckt. Dazu soll hier die Kritik speziell an politischen Entscheidungen betrachtet werden. Dabei sind es die politischen Entscheidungen über Auslandseinsätze, die unter den vielfältigen politischen Entscheidungen mit Bezug zur Bundeswehr besonders herausstechen, weil Soldaten dabei ihren Dienstherrn in Bezug auf ihren Kernauftrag kritisieren. Wie weit solche Kritik gehen darf, wenn es dabei um die Rolle der Soldaten als Angehörige der Institution Staat bzw. Politik geht, hat also eine besondere Brisanz. Es trifft ins Mark des dreiblättrigen Leitbildes vom Staatsbürger in Uniform. Es geht in politischer Dimension ums Grundsätzliche, also das, was das Selbstverständnis des Bundeswehrsoldaten im Kern trifft. Deshalb soll im Folgenden der Frage nachgegangen werden, wie viel Kritik einem Soldaten an politischen Entscheidungen erlaubt ist, ja vielleicht sogar von ihm gefordert werden muss. Dies wird am Beispiel politischer Entscheidungsmechanismen zum Einsatz der Bundeswehr betrachtet.

Dazu wird im Folgenden der Institutionsbegriff in den Kontext der Kritischen Theorie gebettet. Nachdem gezeigt ist, dass sich unser Demokratieverständnis als ideengeschichtlicher Kern mit der Inneren Führung in die Bundeswehr

---

[1] Bewertungen spiegeln die Auffassungen des Autors wider.

überträgt, wird das Verfahren skizziert, wie eine kritische Institution mit Blick auf die politischen Entscheidungen über Auslandseinsätze die beanspruchte Legitimation bewirkt. Denn Sinn und Legitimation sind der archimedische Punkt, wo Bürger und Soldat im Staatsbürger in Uniform ihr Gleichgewicht, also ihren organisationskulturellen Ausgleich finden. Der Preis solcher Ansprüche ist nicht gerade günstig: Am Ende könnte dabei auch rauskommen, dass politische Entscheidungen nicht verstanden, nicht akzeptiert oder gar als wirkungslos oder falsch kritisiert werden. Aber nicht nur als historische Lehre, sondern zugleich als organisationspolitischer Anspruch ist Kritik unverzichtbar.

Kritische Institution – Kritische Theorie – kritische Meinung

Als Institution bezeichnen Soziologen jene Gebilde, die die Verhaltensweisen von Menschen bestimmen. Das sind komplexe Verhaltensregeln, die in einer Gesellschaft besondere Geltung haben und daher von einer Vielzahl der Gesellschaftsmitglieder befolgt werden. Dazu gehören sowohl Normen als auch Verhaltensweisen, also im Terminus Technicus Praktiken. Institutionen besitzen meist ein Sanktionssystem entweder normativ gesetzt oder praktisch gelebt, das diejenigen zu spüren bekommen, die gegen die als Institution zusammengefassten Verhaltensregeln verstoßen (Reimann u.a.1991: 159).

Galten solche Regelstrukturen lange Zeit als schicksalhaft gegeben, wandelte sich der Blick spätestens in den sechziger Jahren des letzten Jahrhunderts auf die normative Perspektive der Institutionen selbst. Inspiriert von Hegel, Marx und Freud entstand, zusammengefasst unter dem Begriff Frankfurter Schule, eine Gesellschaftstheorie, die als Kritische Theorie bezeichnet wird. Ihr Gegenstand ist die kritische Analyse der bürgerlich-kapitalistischen Gesellschaft, das heißt die Aufdeckung ihrer Herrschafts- und – im Jargon – Unterdrückungsmechanismen sowie die Entlarvung ihrer Ideologien mit dem Ziel der vernünftigen Gesellschaft mündiger Menschen. Kern der Kritischen Theorie ist also die Auseinandersetzung mit den gesellschaftlichen und historischen Bedingungen und die damit vermittelte Kritik an den gesellschaftlichen Verhältnissen. Dabei werden gesellschaftliche Verhältnisse als das aufgefasst, was dem Einzelnen übermächtig gegenüber steht und seine Handlungsmöglichkeiten einschränkt. Dabei trete nach Auffassung der Kritischen Theorie in der spätkapitalistischen Gesellschaft durch zunehmende Kapitalkonzentration und Bürokratisierung die Abtötung des Spontanen und Individuellen in der „verwalteten Welt" ein. Zwar habe aufklärerische Vernunft das Erlangen von wahren Erkenntnissen über die Welt als das Wesen des Menschen angesehen, doch habe sich diese Vernunft zu einer „instrumentellen" und „zweckbestimmten" gewandelt. Diese instrumentelle Vernunft betrachte die Welt so, dass Menschen anhand ihres Nutzens wertvoll werden. Ihre Beziehungen untereinander werden versachlicht und in Tauschverhältnissen repräsentiert. Die Entwicklung endet, so die Prophezeiungen der Kritischen Theorie, in umfassender sozialer Kontrolle des Einzelnen. Idealismus, Nonkonformismus und Kreativität sind dann unter-drückt. Alles endet in der „total verwalteten Welt". Ent-Individualisierung ist die Folge.

Demgegenüber verspricht die Kritische Theorie mit zunehmender Selbstbestimmung der Menschen bessere Verhältnisse in einer zukünftigen Gesellschaft. Ihr Ziel ist die bessere Praxis. Der Weg dahin geht über die metaphysische Ergänzung des geistlosen Zustandes, der in den – aus ihrer Sicht - positivistisch operierenden, affirmativen Fachwissenschaften vorherrscht. Dazu klärt sie Sinnfragen, leitet das moralisch richtige Handeln aus obersten Prämissen ab und zeigt die Wege auf zur Erlösung vom Elend der Welt und zum „wahren Selbst" im gesellschaftlichen Ganzen. Damit zielt Kritische Theorie auf einen Vernunftbegriff, der nicht in der Zweck-Mittel-Rationalität aufgeht. Sie richtet ihre Aufmerksamkeit auf die Spannung zwischen dem „Bestehenden" und dem „Möglichen". Sie möchte die Tür offen halten für eine bessere Praxis.

Als Methode bedient sie sich der Ideologiekritik. Das bezeichnet eine philosophische und soziologische Methode, die die mangelnde Übereinstimmung von Denken und Sein aufzeigen kann und die Ursachen der Entstehung dieser Diskrepanz offen legt. Diese Nichtübereinstimmung wird als ein durch anthropologische, psychologische oder gesellschaftliche Ursachen notwendig erzeugtes Produkt erklärt und nicht etwa als irrtümliches Denken. Solche gesellschaftlichen Verhältnisse aufzudecken, die dem Denken Schranken setzen, ist deshalb das Hauptmotiv der klassischen Ideologiekritik.

Wissenschaftstheoretisch ist die Kritische Theorie in den Positivismusstreit der 1960er-Jahre, also die vor allem im deutschen Sprachraum ausgetragene Auseinandersetzung über Methoden und Werturteile in den Sozialwissenschaften, eingebettet. Damals trafen Sozialdialektiker auf Naturalisten. Der Blick zurück aus der heutigen Zeit macht dabei deutlich, dass am Ende der Diskurse eine andere, auf alle Fälle demokratischere Bundesrepublik stand und steht.

Eine Institution, die die Verhaltensweisen von Menschen in spezifischer Weise bestimmt, ist das Militär. Soldaten sind es gewohnt, Regeln besonders rigide zu befolgen. Zur Beschreibung der engen Einbindung nutzen viele Autoren

Goffmans Begriff der "totalen Institution". Dies reicht bis zur Normenfalle (Bröckling 1997: 25), die den Verstoß gegen die Regeln geradezu provozieren soll und die dann zu einer Sanktionierung bis hin zur kollektiven Bestrafung – beispielsweise im Extremfall die Dezimierung im römischen Heer – reichte und in einigen Armeen heute noch reicht. Solche totalen Institutionen schließen die bürgerliche Freiheit moderner Gesellschaften aus und verhindern die Entwicklung von Individualität (nach Gareis 2006: 31).

Gerade für das Militär galten die dort anzutreffenden und in unterschiedlicher Schärfe in Diskrepanz zur Gesellschaft stehenden Verhaltensregeln lange Zeit als schicksalhaft gegeben. Die für den Krieg konstituierte Militärlogik (vgl. Buchner 2015) war kaum hinterfragt bzw. dort, wo Veränderungen stattfanden, wie beispielsweise bei den preußischen Heeresreformen, wurde das Rad häufig wieder zurückgedreht. Der Grund Machtstreben liegt da auf der Hand. Insofern ist die kritische Perspektive auf Streitkräfte, die die Herrschafts- und im Jargon Unterdrückungsmechanismen unter die Lupe nimmt, für liberale Gesellschaften mit dem Ziel der vernünftigen Gesellschaft vernünftiger Menschen folgerichtig. Denn gerade im Militär mit seiner dichten Ritualisierung stehen die anzutreffenden Praktiken den Soldaten übermächtig gegenüber und führen zu automatonem Verhalten (Karl Grammer). Begriffe wie "Gruppendruck" oder "Herdentrieb" machen deutlich, wie wenig Raum für autonome Entscheidungen besteht. Was da für die Kritische Theorie zunehmende Kapitalkonzentration und Bürokratisierung als Ursache der Abtötung des Spontanen und Individuellen in der „verwalteten Welt" bedeutet, sind im Militär Tugendhaftigkeit, Ehrgehabe und Heldenmythen wie der Tod im Kampf auf dem Schlachtfeld als sozialromantischer Topos a la Walter Flex, die die Soldaten „instrumentell" und „zweckbestimmt" vereinnahmen. So wundert es nicht, dass umfassende soziale Kontrolle des Einzelnen im Militär stark ausgeprägt ist. Idealismus, Nonkonformismus und Kreativität dagegen sind oft nachrangig, teilweise scheinbar sogar unerwünscht. Welcher Soldat hätte nicht hin und wieder den Eindruck von einer „total verwalteten (Militär-)Welt".

Überträgt man die Prophezeiungen der Kritischen Theorie in die Organisation Militär, so führt der Weg zur besseren Praxis in zunehmender Selbstbestimmung zur Auflösung affirmativer Verhaltensregeln und Reflexionsbedingungen. Sowohl die dann zu diskutierenden Sinnfragen als auch die moralische Erlösung im "wahren Selbst" macht deutlich, dass damit die höchste Instanz im Individuum selbst, also im eigenen Gewissen, besteht. Und gleichzeitig ordnet sich der Primat der Politik darunter ein, so dass die Soldaten die Chance haben, mangelnde Übereinstimmungen von Denken und Sein zu eruieren, zu diskutieren und zu überwinden.

Damit ist ein Entwicklungsprozess angesprochen, der in der Bundeswehr vergleichsweise weit fortgeschritten ist, der jedoch zur Vermeidung von Rückschritten stets und ständig mit wachem Auge begleitet werden muss.

Von der Wehrmacht zur Bundeswehr oder: Der Einzug der Kritik

Während wissenschaftsgeschichtlich betrachtet der Kipppunkt Mitte der Sechziger Jahre mit dem Aufstieg der Kritischen Theorie erreicht ist, war die Zäsur militärhistorisch nach dem verlorenen Krieg und mit Gründung neuer Streitkräfte für die junge Bundesrepublik unvermeidlich. Als Ende der Vierziger Jahre das Erfordernis neuer deutscher Soldaten auf die politische Agenda kam, wurde schnell deutlich, dass sich die Wiederbegründung althergebrachter Organisationsstrukturen und -kulturen verbot. Trotz beeindruckender sicherheitspolitischer Spotlights wie Berlinblockade und Koreakrieg waren die Widerstände in nahezu allen Kreisen der Bevölkerung viel zu groß. Aber auch einige der Alliierten, also die ehemaligen Kriegsgegner, lehnten ab. Dazu kam eine neuentstandene deutsche Demokratie, die die Geburtsfehler früherer deutscher Verfassungen endlich hinter sich gelassen hat. Entstanden war endlich ein lupenreiner Parlamentarismus[2].

Erste Überlegungen dokumentiert die Himmeroder Denkschrift, die sowohl die Demokratieverträglichkeit der neuen Streitkräfte wie auch die Gewissensbindung, also den individuell ausgestalteten geistigen Horizont der Soldaten, in ihrem Kapitel über das Innere Gefüge enthält und damit einige Aspekte Kritischer Theorie anspricht:

"Ebenso wichtig wie die Ausbildung des Soldaten ist seine Charakterbildung und Erziehung. [...] Die Maßnahmen und Planungen auf diesem Gebiet müssen und können sich auf den gegenwärtigen Notstand Europas gründen. Damit sind die Voraussetzungen für den Neuaufbau von denen der Vergangenheit so verschieden, dass ohne Anlehnung an die Formen der alten Wehrmacht grundlegend Neues zu schaffen ist.

[...]

---

[2] Im engeren Sinne ist hier das parlamentarische Regierungssystem gemeint, das die Regierung jeglichen Eigenlebens beraubt und zum "Fleisch des Fleisches des Parlaments" – so der Verfassungsrechtler Gustav Radbruch – werden lässt. Der so entstandenen parlamentarischen Öffentlichkeit können sich neue deutsche Streitkräfte schlechterdings nicht entziehen.

24

Der Soldat des Deutschen Kontingents verteidigt zugleich Freiheit im Sinne der Selbstbestimmung und soziale Gerechtigkeit. Diese Werte sind für ihn unabdingbar.

[…]

Das deutsche Kontingent darf nicht Staat im Staate werden. Das Ganze wie der Einzelne haben aus innerer Überzeugung die demokratische Staats- und Lebensform zu bejahen.

[…]

Der Erziehung des Soldaten im politischen und ethischen Sinne ist im Rahmen des allgemeinen Dienstunterrichts von vornherein größte Bedeutung zu schenken. Sie hat sich nicht auf das rein Militärische zu beschränken. Durch Schaffung eines europäischen Geschichtsbildes und Einführung in die politischen, sozialen und wirtschaftlichen Fragen der Zeit kann von der Truppe aus über den Rahmen des Wehrdienstes hinaus ein entscheidender Beitrag für die Entwicklung zum überzeugten Staatsbürger und europäischen Soldaten geleistet werden.

Damit muss zugleich die innere Festigkeit gegen eine Zersetzung durch undemokratische Tendenzen (Bolschewismus und Totalitarismus) erreicht werden.

[…]

Das Bewusstsein des Soldaten für eine soziale Einordnung ohne Sonderrechte und unter Wahrung der Menschenwürde ist zu stärken. Mit überlebten Einrichtungen ist zu brechen (z.B. Burschenwesen, Kasino-Ordonanzen, Verbot des Zivil-Tragens außer Dienst).

Voraussetzung für die Wehrbereitschaft ist eine planmäßige Aufklärung und Erziehung des Volkes, besonders der Jugend. Die Erziehung muss davon ausgehen, dass das Verständnis für die Pflichten geweckt wird, die sich für den Einzelnen und die Gemeinschaft aus Notwehr und Notstand ergeben."

Nach Übergang von der Konzept- in die Planungsphase liefert Baudissin, dessen Handschrift auch das einschlägige Kapitel der Denkschrift trägt, die Bedingungen und konkrete Ansätze zum Selbstverständnis neuer deutscher Soldaten. In seiner in Hermannsburg gewählten Formulierung von der Gnade des Nullpunktes, an der Stelle, wo alle früher gültigen Werte vom Staat bis zum Individuum erschüttert sind und Stellung, Bedeutung und Notwendigkeit von Soldaten fragwürdig erscheinen, spricht er vom Abschied von der bisherigen Geschichte und meint damit das Überbordwerfen des althergebrachten, historisch gewachsenen Soldatenbildes. Später beschreibt er dies als autonom und deutet auf die historisch grundgelegte Antinomie zwischen Bürgersein und Soldatsein hin, die von nun an aufgehoben sein muss. Und er grenzt dies un-missverständlich ab, wenn er deutlich macht, dass es nicht drum geht, den Sol-daten in das "Ohne Tritt des Bürgers" zu pressen, wo vergangene Zeiten vom Bürger gefordert hatten, den Gleichschritt des Soldaten aufzunehmen. Gewis-sen und sittliche Ordnung stehen nun an der Stelle, wo früher eine nihilistische Scheinethik mit einer Pflichterfüllung um der Pflichterfüllung willen und Ge-horsam um des Gehorsams willen standen. Von nun an schnappt also nicht mehr die Normenfalle zu, sondern der Soldat übernimmt persönlich die Ver-antwortung für sein Handeln, in letzter Instanz vor seinem Gewissen. Den Abgeordneten des Bundestags gegenüber erklärte er, dass es unsachgemäß wä-re, das Bild vom Neuen Soldaten nur aus der Vergangenheit abzuleiten. Vorge-setzte, erklärt er, sind weder Feind noch Halbgott und Kameraden sind keine Spießgesellen. Das neue Milieu ist das des staatsbürgerlichen Miteinanders. Soldaten werden somit zum Träger republikanischer Gesinnung. Damit sind sie im besten Sinne politisch.

Konkret bedeutet das: "Die Verhältnisse des totalen Krieges und unser demo-kratisches Staatsbild widersprechen einer Sonderstellung des Soldaten und füh-ren zum freien waffentragenden Staatsbürger, der diesen Dienst als einen Teil seiner politischen Verantwortung ableistet. Hieraus ergibt sich vor allem, dass die Grundrechte auch für den Soldaten Geltung behalten, soweit sie irgend vereinbar sind mit dem Wesen seines Dienstes. Als Verteidiger kann nur der überzeugte und handwerklich hochwertige Einzelkämpfer bestehen, der sich aus Einsicht ein- und unterordnet. Die Streitkräfte müssen also alles tun, die Persönlichkeitswerte zu entwickeln, d.h. dem einzelnen weitgehenden Raum zu persönlicher Verantwortung und Initiative gewähren; sie haben dem Indivi-duum aus dem fatalen Gefühl des "Nur Objekt seins" herauszuhelfen." Diese republikanische Gesinnung als bürgerliche Verantwortung schließt aber auch Widerspruch und Kritik mit ein.

Das bedeutet aber, so kürzlich der Militärseelsorger Klaus Beckmann, dass die Bundeswehr alles andere ist als die pflegeleichte Armee, die sich kritiklos in je-den Einsatz schicken lässt, ja dass genau das vom Konzept des "Staatsbürgers in Uniform" angesichts der historischen Erfahrungen ausgeschlossen sein soll (Beckmann 2016: 2).

Angesichts dieser historischen Lehre könnte man sagen, dass die Soldaten der Bundeswehr mit ihrer Organisationskultur Innere Führung demokratisiert sind.

Das weist darauf hin, dass die Demokratie von der Beteiligung und Zustimmung ihrer Bürger zu ihrer Politik lebt und daraus ihre Legitimation schöpft. Dies gilt besonders für die demokratische Entscheidung über Krieg und Frieden.

In der Gegenüberstellung von Kritischer Theorie und Innerer Führung werden Analogien deutlich, die sich angesichts gleicher idealler Ausgangsbedingungen zwangsweise ergeben. Was für die Theorie die vernünftige Gesellschaft mündiger Menschen ist, ist der verantwortungsbewusste Staatsbürger im Leitbild der Inneren Führung. Das daraus erwachsende Milieu des staatsbürgerlichen Miteinanders freier waffentragender Bürger, die ihren Dienst als Teil politischer Verantwortung verstehen und sich deshalb überzeugt für die Freiheit einsetzen, kann nur in einer Subjektivierung der Soldaten gelingen, so dass sich das "Nur-Objekt sein" verbietet. Damit bleibt kein Raum für die Instrumentalisierung von Soldaten oder deren Reduzierung allein auf Zweckhaftigkeit. In der Konsequenz tritt an die Stelle der schicksalhaften Regelstrukturen des "Ewigen Soldatentums", das dem Einzelnen früher unterdrückend entgegen trat, innere Überzeugung für die demokratische Staats- und Lebensform. Mit der Wertbindung der Soldaten an Freiheit, Selbstbestimmung und soziale Gerechtigkeit ist nicht nur die Antinomie zwischen Bürger und Soldat aufgehoben, sondern gleichzeitig wird die Aufgabe als Dienstleistung verstanden. So wundert es kaum, dass in der Bundeswehr viel weniger von Pflichten als von Verantwortung gesprochen wird. Genauso folgerichtig müsste die Diener-Semantik durch Mitsprache- und Beratungsbilder – Dinge, die vom Diener gerade nicht erwünscht sind – ersetzt werden. Bedenkt man, dass wie v. Bredow feststellt „[d]ie Geschichte der Bundeswehr und ihre gesellschaftspolitische Einbindung sich nur angemessen verstehen [lässt], wenn man beide als Konsequenz eines Bruchs mit der alles Militärische überbetonenden deutschen Geschichte vor 1945 auffasst", ergibt sich konsequenterweise die Folgerung Beckmanns (2015) als die von der Kritischen Theorie ersehnte bessere Praxis, die verhindern muss, dass sich deutsche Soldaten jemals wieder in so eine moralische Niederlage treiben lassen. Damit erfolgt durch Innere Führung ganz im Geist der Kritischen Theorie eine Ergänzung geistlosen Soldatentums, wie es Rituale und Formaldienst ausdrücken, und positivistisch affirmativen Denkens wie Stammtischparolen und einfache Wahrheiten ausdrücken, durch Sinnklärungen. Dies ist heute unmissverständlich als Legitimationsanspruch als ein Ziel Innerer Führung verankert, wenn es in der einschlägigen Dienstvorschrift heißt:

"Die Ziele der Inneren Führung bestehen [u.a.: P.B.] darin, die Frage nach der Sinnhaftigkeit des Dienens zu beantworten, d. h. ethische, rechtliche, politische und gesellschaftliche Begründungen für soldatisches Handeln zu vermitteln und dabei den Sinn des militärischen Auftrages, insbesondere bei Auslandseinsätzen, einsichtig und verständlich zu machen (Legitimation)" (´ZDv 10/1, Nr. 401).

Damit ist unzweifelhaft klar, dass Soldaten politische Prozesse nicht nur zur Kenntnis nehmen, sondern Entscheidungen analysieren und diskutieren. Kritik ist dann wohl einmal ein Teil davon.

Die neue Legitimation von Auslandseinsätzen der Bundeswehr

Waren der Notstand Europas und die Notwehridee zur Gründungszeit der Bundeswehr noch schicksalsträchtige Begründungen für den "war of necessity" als reaktive Landesverteidigung, so ist dies nach der deutschen Wiedervereinigung und mit dem Ende des Kalten Krieges bei den "wars of choice", den aus politischen Erwägungen begründeten Einsätzen der Bundeswehr als politisches Instrument, nicht mehr so einfach der Fall. Sie sind ihrem Wesen nach präventiv. Die Begründungen dafür entstehen im Diskurs. Politische Prozesse müssen dafür Sinn konstituieren. Daran sind Widerspruch und Kritik möglich, weil die politischen Entscheidungen die Kontingenz des Politischen der Natur der Sache folgend vollumfänglich beinhalten.

Dies greift die Politische Bildung konsequent auf. Als hauptsächliches Gestaltungsfeld nimmt sie sich der Auseinandersetzung um die politischen Entscheidungen zum Einsatz der Bundeswehr an und beansprucht, den Soldaten ein Sinnangebot zu machen. Sie, so das Ziel Politischer Bildung im Hinblick auf einen aktuellen Einsatz, sollen überzeugt sein, dass ihr Einsatz politisch notwendig, militärisch sinnvoll und moralisch begründet ist (Seiffert 2005: 240). Damit ist die Idee Kritischer Theorie vollumfänglich auch auf die Entscheidungen über Auslandseinsätze der Bundeswehr übernommen. Die Vermittlung beschränkt sich nicht auf die Vermittlung von Faktenwissen oder affirmativen Haltungen zum Einsatz, sondern als Ergebnisse der Diskussionen sind sowohl Zustimmung, aber auch eine kritische oder sogar ablehnende Haltung möglich.

Das kann angesichts der im Zuge der Auslandseinsätze erfolgten Umschaltung Innerer Führung in den Präventionsmodus kaum anders sein. Wenn Verteidigung nicht mehr als Notwehr oder Notstand reaktiv begründet ist, muss die

Entscheidung zum bewaffneten Einsatz der Bundeswehr im Ausland die mit politischen Prozessen unweigerlich verknüpfte Kontingenz bewältigen. Dies geschieht im parlamentarischen Regierungssystem verfahrensbasiert. Zur Entscheidungsfindung wird der Diskurs darüber geführt, was richtig und nötig ist. Dabei folgt die Entscheidungslogik in der parlamentarischen Regierungsweise einer Programm-Abarbeitung (vgl. Patzelt 1998), nämlich beispielsweise der Ziele der Koalitionsverträge (vgl. hierzu Liebetanz 2014) oder gerade im Bereich Sicherheitspolitik anderer einschlägiger Programmpapiere wie Weißbuch und Europäische Sicherheitsstrategie. Sie bilden als Deutungshintergründe den Rahmen, aus dem heraus den Entscheidungen Bedeutungen zugeschrieben werden, d.h. Sinn konstituiert wird.

Gleichzeitig können damit unterschiedliche politiktheoretische Orientierungen adressiert werden. Stehen Weißbücher in der Vergangenheit mit ihren interessenbasierten Herleitungen, die das Sicherheitsparadigma ausbuchstabieren, für eine dem Realismus Internationaler Beziehungen verpflichtete Perspektive (vgl. hierzu Jaberg 2015: 16), so repräsentiert die Europäische Sicherheitsstrategie mit der Formulierung von Bedrohungen eine an der "Gefühlswelt der Bürger" orientierte konstruktivistische Perspektive. Politische Verpflichtungen, entweder als Bündnisverpflichtungen aus der Mitgliedschaft in überstaatlichen Organisationen oder aus den politischen Prozessen selbst entspringende Verpflichtungen, ergänzen die institutionalistische Perspektive. Damit sind die drei wesentlichen Großtheorien Internationaler Beziehungen (vgl. Freuding 2007) abgebildet. Sie werden im politischen Alltag nebeneinander adressiert.

Damit haben die Bundeswehrsoldaten nicht nur ein Verfahren an der Hand, um den Legitimationsanspruch der Inneren Führung mit Leben zu füllen und das Ziel der Einsicht in die politische Notwendigkeit von Einsätzen sowie deren militärische Sinnhaftigkeit zu erreichen, um der historischen Lehre gerecht zu werden und dem organisationspolitischen Anspruch Genüge zu tun. Gleichzeitig reift ihre inhaltliche Befähigung, indem sie lernen, Sachargumente abzuwägen, Erkenntnismethoden nachzuvollziehen. Allerdings müssen sie den Raum, den ihnen der Dienstherr für die geistige Durchdringung anbietet, ausnutzen. Damit ist deutlich, dass mit der Organisationskultur Innere Führung eine kritische Institution besteht, die die Soldaten als Mitbürger ohne Wenn und Aber in die kritische Begleitung politischer Entscheidungen mit einbezieht. Der responsive Charakter von Demokratie endet also nicht mehr am Kasernentor.

Literatur:

Baudissin, Wolf Graf von (1969): Soldat für den Frieden. Herausgegeben von Peter v. Schubert. München: Piper.

Baudissin, Wolf Graf von (1982): Nie wieder Sieg. programmatische Schriften 1951-1981. Herausgegeben von Cornelia Bührle und Claus v. Rosen. München: Piper.

Beckmann, Klaus (2016): Treue.Bürgermut.Ungehorsam. Anstöße zur Führungskultur und zum beruflichen Selbstverständnis in der Bundeswehr. Reihe Standpunkte und Orientierungen. Berlin: Miles.

Bröckling, Ulrich (1997): Disziplin. Soziologie und Geschichte militärischer Gehorsamsproduktion. München: Wilhelm Fink.

Buchner, Peter (2012): Andere Einsätze – neue Legitimation? Legitimitätsfragen in der Einsatzarmee Bundeswehr. In: Chiari, Bernhard (Hg.): Auftrag Auslandseinsatz. Neueste Militärgeschichte an der Schnittstelle von Geschichtswissenschaft, Politik, Öffentlichkeit und Streitkräften. Neueste Militärgeschichte. Analysen und Studien, Band 1. Herausgegeben im Auftrag des Militärgeschichtlichen Forschungsamtes. Wien, Berlin: Rombach, S. 187-198.

Buchner, Peter (2014): Baudissins Legitimationsvorstellungen und die gegenwärtigen Einsätze der Bundeswehr. In: Staack, Michael (Hg.): Im Ziel? Zur Aktualität der Ziele der Inneren Führung. Baudissin Memorial Lecture. WIFIS-aktuell, Band 49. Opladen: Budrich, S. 15-30.

Buchner, Peter (2015): Algorithmus des Krieges. Zur Funktionslogik des militärischen Führungssystems. In: Hartmann, Uwe; Rosen, Claus von (Hg.): Jahrbuch Innere Führung. Berlin: Miles, S. 107-123.

Freuding, Christian (2007): Streitkräfte als Instrument deutscher Außen- und Sicherheitspolitik seit Mitte der neunziger Jahre. Studien zur Internationalen Politik, herausgegeben von Annette Jünemann, August Pradetto und Michael Staack, Heft 2. Hamburg: Helmut-Schmidt-Universität.

Gareis, Sven; Klein, Paul (Hg.) (2006[2]): Handbuch Militär und Sozialwissenschaften. VS Verlag für Sozialwissenschaften, Wiesbaden.

Jaberg, Sabine (2015): Das Weißbuch 2016. In: W&F, 32, 4, S. 15-18.

Liebetanz, Klaus (2014): Friedens- und Sicherheitsstrategie: Der Koalitionsvertrag definiert neue Ziele. In: Notfallvorsorge 45, 1, S. 4-8.

Patzelt, Werner J. (1998): Wider das Gerede vom Fraktionszwang! Funktions-logische Zusammenhänge, populäre Vermutungen und die Sicht der Abge-ordneten. In: ZfParl, 29, 2, S. 323-347.

Rautenberg, Hans-Jürgen; Wiggershaus, Norbert (1985): Die Himmeroder Denkschrift vom Oktober 1950. Politische und militärische Überlegungen für einen Beitrag der Bundesrepublik Deutschland zur westeuropäischen Verteidigung. Herausgegeben vom Militärgeschichtlichen Forschungsamt. Karlsruhe: G. Braun.

Reimann, Horst; Giesen, Bernhard; Goetze, Dieter; Kiefer, Klaus; Meyer, Pe-ter; Mühlfeld, Claus; Schmid, Michael (1991): Basale Soziologie: Haupt-probleme. Opladen: Westdeutscher Verlag.

Seiffert, Anja (2005): Soldat der Zukunft. Wirkungen und Folgen von Aus-landseinsätzen auf das soldatische Selbstverständnis. Berlin: Dr. Köster.

Das Reden von der „postheroischen Gesellschaft". Und dessen Auswirkungen auf militärische Strategie und Einsätze

Angelika Dörfler-Dierken

Eigentlich sind wir in der Bundesrepublik Deutschland und in Europa nach den Erfahrungen zweier Weltkriege, während derer der klassische Staatenkrieg kulminierte und zum tödlichen Opfergang für viele Millionen Soldaten wurde, zutiefst dankbar dafür, dass junge Männer nicht mehr in zyklischen Abständen und in unvorstellbaren Zahlen durch kriegerische Auseinandersetzungen zu Tode kommen. Zumindest in Zentraleuropa haben sich die Verhältnisse grundlegend gewandelt: Frieden ist ein zentraler Wert der Politik, festgeschrieben u.a. in der Präambel des Grundgesetzes für die Bundesrepublik Deutschland und in internationalen Verträgen. Außerdem haben die Bevölkerungen in demokratischen Staaten ein gewichtiges Wörtchen mitzureden, wenn es um Fragen von Krieg und Frieden, von Verteidigung und Sicherheit geht – schließlich wählen sie ihre Regierungen und können diesen die Unterstützung einer gewaltsamen Auseinandersetzung entziehen. Und gegen kriegerische Auseinandersetzungen zwischen den Staaten Europas, aber auch global, sind völkerrechtliche Vorkehrungen getroffen worden – die freilich nicht immer in der wünschenswerten Weise wirken.

Vor diesem Hintergrund verwundert es nicht, dass eine solcherart friedensorientierte Gesellschaft wie die deutsche von dem Berliner Politikwissenschaftler Herfried Münkler, der einen Lehrstuhl für Theorie der Politik innehat und sich vor allem mit Ideengeschichte beschäftigt, als „postheroische Gesellschaft" bezeichnet und – was schon die Wortwahl anklingen lässt – im Grunde dafür kritisiert wird, dass sie eine Gesellschaft sei, die Helden nicht mehr hoch schätze und ehre, weil sie (fälschlich) meine, keiner Helden mehr zu bedürfen.[1] Die

---

[1] Keimhaft angelegt ist die Unterscheidung zwischen heroischen Gesellschaften bzw. Gemeinschaften und un- bzw. postheroischen Gesellschaften bzw. Gemeinschaften schon in Herfried Münkler: Die neuen Kriege. Reinbek 2002, S. 127, 193, 239. Hier spricht Münkler von der „postheroischen Mentalität" im Unterschied zum „Gestus der heroischen Entschlossenheit", verwendet aber auch schon den Terminus „postheroische Gesellschaft". Münkler: Der Wandel des Krieges. Von der Symmetrie zur Asymmetrie, Göttingen 2006, bes. S. 310-338 entwickelt die Gedanken weiter und prägt weitere Begriffe wie z.B. „heroische Gelassenheit" (S. 231). Vgl. zuletzt Münkler: Kriegssplitter. Die Evolution der Gewalt im 20. und 21. Jahrhundert,

Rede von der postheroischen Gesellschaft impliziert einerseits, dass frühere Gesellschaften heroisch waren oder zumindest den Heroismus zum Ideal erkoren hatten. Und sie kann andererseits implizieren, dass ein neuer Heroismus für nötig gehalten wird.[2] Das Anschauungsmaterial für seine Thesen gewinnt Münkler aus der Geschichte – vor allem aus der Antike und der Geschichte des 19./20. Jahrhunderts in Europa.

Münkler sieht eine innere Beziehung zwischen der jeweiligen Kultur und der Kriegsform einer Gesellschaft – Wenn die Kultur auf die Förderung heldischen Verhaltens von jungen Männern ausgerichtet sei, dann würden die realen jungen Männer sich tatsächlich wie Helden verhalten wollen. Den Grad der Neigung, ein Held zu werden, nennt er „Heroisierungspotential";[3] dieser korrespondiert mit dem Grad der Neigung einer Gesellschaft, mit kriegerischer Gewalt Spannungen und Konflikte zu lösen. Die Militärsoziologin Nina Leonhard fasst das in den Satz: „Je größer das in einer Gesellschaft vorhandene Heroisierungspotential ist, das heißt der Grad der gesellschaftlichen Verankerung von (kriegerischem) Heldentum und Opferbereitschaft, desto kriegsbereiter ist diese Gesellschaft – und umgekehrt."[4] Aus Münklers Darlegungen zum Zusammenhang von Heroismus und Kriegsbereitschaft lässt sich eine übersichtliche Typologie ableiten:

- Im 19. und beginnenden 20. Jahrhundert bestanden in Deutschland heroische Gesellschaften. Gekennzeichnet waren diese durch ihren patriotisch-nationalistischen Überschwang, bei dem Heldentum und Opferbereitschaft genuiner Bestandteil der allgemeinen gesellschaftlichen Wertvorstellungen waren. In den Schützengräben des Ersten Weltkriegs löste sich der Heroismus auf.

- Eine heroische Gesellschaft kann auch mit den Mitteln eines totalitären Regimes hergestellt werden: Das Dritte Reich oder die Sowjetunion zur

---

Berlin 2015, bes. S. 143-187. In diversen Aufsätzen hat Münkler seine Überlegungen weiter entwickelt und unter verschiedenen Gesichtspunkten breiter ausgeführt, vgl. beispielsweise die folgenden Fußnoten.

[2] Zu Hintergrund und Entstehung des Begriffs „heroische Gesellschaft" vgl. Nina Leonhard: Militär und Krieg in der postheroischen Gesellschaft: Implikationen einer Krisendiagnose zivil-militärischer Beziehungen. In: Nina Leonhard und Jürgen Franke (Hrsg.): Militär und Gewalt. Sozialwissenschaftliche und ethische Perspektiven. Berlin 2015, S. 137-161, bes. S. 137-145.

[3] Münkler, Wandel des Krieges, S. 345.

[4] Leonhard, Militär und Krieg in der postheroischen Gesellschaft, S. 143f.

Zeit Stalins sind als solche Sonderformen heroischer Gesellschaften zu betrachten.

- Der dritte Typus einer Gesellschaft ist derjenige, in dem zwar die Gesellschaft „un-" oder „postheroisch" ist, sie aber eine „heroische Gemeinschaft" in ihrer Mitte trägt. Kennzeichnend für diesen Typus der Verhältnisbestimmung zwischen militärischer Gemeinschaft und ziviler Gesellschaft ist die mentale Absonderung des Militärs von der Gesellschaft. Die jeweils favorisierten Werte und Narrationen von Zivilisten und Soldaten unterscheiden sich und entwickeln sich sogar gegenläufig. Die Gesellschaften in den USA und in Westeuropa entsprechen nach Münkler diesem drittgenannten Typus. Diese un- oder postheroischen Gesellschaften sind stark gefährdet durch terroristische oder andere kriegerische Angriffe. Sie zeigen eine erhöhte Vulnerabilität, weil sie sich gegen ihre Feinde nicht wehren wollen. Ausgezeichnet sind diese Gesellschaften durch eine nur geringe Neigung zur militärischen Intervention. Deshalb können sie der allgegenwärtigen Gefährdung, in der sie stehen, nur durch „heroische Gelassenheit" begegnen.[5]

Die überaus eingängige und einprägsame Rede von der postheroischen Gesellschaft ist inzwischen in die öffentliche Sprache in der Bundesrepublik Deutschland eingeflossen. Trotzdem macht es Sinn, sich des Bedeutungsgehalts dieses Terminus anzunehmen und die Implikationen dieser Begriffsprägung zu diskutieren.

Was ist eine „postheroische Gesellschaft"?

Herfried Münkler weist schon lange, häufig zugespitzt und mit einiger Schärfe, auf die mentalen und politischen Schwierigkeiten moderner westeuropäischer Gesellschaften hin, symmetrische Kriegshandlungen zuzulassen und junge

---

[5] Münkler, Der Wandel des Krieges, S. 231. Münkler, Kriegssplitter, S. 187 formuliert: Eine postheroische Gesellschaft muss, „wenn sie sich gegen die terroristische Herausforderung behaupten will, einen >Restheroismus< bereithalten, der sie Terroranschläge überstehen lässt." Dass Münklers Rede von solchem Heroismus ironische Züge trägt, erkennt man m.E. beispielsweise daran, dass er nach dem Attentat von Nizza am 14. 7. 2016 in der ARD „mürrische Indifferenz" als die typische Haltung westlicher Gesellschaften bezeichnete und daraus die Fähigkeit zur kollektiven Verarbeitung so schrecklicher Erfahrungen ableitete. Irgendeine Form von Heroismus hat er in diesem Interview nicht gefordert.

Männer einem erhöhten Mortalitätsrisiko oder letztlich dem Tod in der militärischen Auseinandersetzung preiszugeben. Indem er die modernen westlichen als postheroische Gesellschaften kennzeichnete, wollte er deutlich machen, dass modernen westlichen Staaten eine wichtige Handlungsoption im zwischenstaatlichen Bereich abhanden gekommen ist: Sie müssen solche Aufträge an ihre Militärs vermeiden, die durch ein hohes Mortalitätsrisiko gekennzeichnet sind.

Aufgefallen ist Münkler dieses Problem an den von ihm so bezeichneten „neuen Kriegen", also an den in den letzten Jahren verstärkt aufgetretenen „asymmetrischen" Gewaltkonstellationen. Münklers Analyse geht von der Vulnerabilität westlicher Gesellschaften aus: Terroristen können durch den Einsatz nur ihres eigenen Körpers und billiger Waffen eine große Zahl der von ihnen zu „Feinden" erklärten Menschen vernichten. Sie bedürfen dazu keiner ausgebildeten Soldaten (das gilt, auch wenn es schwierig sein mag, Menschen zu Selbstmordattentätern zuzurichten). Damit halten die Terroristen sich zwar nicht an völkerrechtliche Regelungen für die Kriegsführung – das ist ihnen aber völlig gleichgültig. Ihnen reicht gegebenenfalls die Ausstaffierung von Frauen und Kindern mit einer Sprengstoffweste, die sie dann per Fernbedienung zünden. Ihnen kann sogar ein Kleinlastwagen helfen, wenn sie den in eine feiernde Menge fahren. Terroristische „Kriegs"-Handlungen zielen nicht primär auf Soldaten, also auf Kombattanten, sondern vor allem auf die Gesellschaften ihrer Feinde. Indem Attentäter Angst und Schrecken verbreiten, wollen sie freiheitliche Demokratien destabilisieren.

Die Frage – jedenfalls, wenn man sich hineinzuversetzen versucht in die mentalen Dispositionen der Auftraggeber und Ausführenden terroristischer Aktionen – lautet, wie man Menschen dazu bringen kann, ihr eigenes Leben in einem Selbstmordattentat zu „opfern". Zentrales Argument für terroristisches Handeln ist – so heißt es immer wieder – der Glaube der Attentäter. Dieser terroraffine Glaube, in den letzten Jahren für den muslimischen Religionszusammenhang vielfach beobachtet und diskutiert, lebt von der Ausrichtung des Gläubigen in der Gegenwart auf die himmlische Belohnung hin: Der Attentäter hält sich an seinen „Erlösungsglauben"; die Erlösungsreligion gebiert den opferbereiten Helden. Der Islam entspricht also einem Typus von Religion, der Selbstopferung für die „gute" Sache um eines „himmlischen" Lohn willen evoziert. Irdisches Gewalthandeln wird gerechtfertigt durch himmlischen Lohn. Dieser Motivkreis motiviere die zumeist jungen Selbstmordattentäter zur Vernichtung des Feindes – selbst wenn sie dafür das eigene Leben preisgegeben müssen.

Münkler behauptet nun, eine solche auf Helden bezogene erlösungsorientierte Religiosität sei notwendige Voraussetzung für die Motivation von Kämpfern. Säkularisierte westliche Gesellschaften wollten dagegen nach Ende des Zweiten Weltkriegs nicht mehr auf die früher auch von ihnen verwendeten erlösungsreligiös motivierten Forderungen des soldatischen Selbstopfers im Krieg setzen. Dieser Prozess der Selbstaufklärung über gewaltbereite Religiosität, von den westlichen Gesellschaften selbst als Fortschritt wahrgenommen, bedeute aber zugleich deren Gefährdung. Denn wenn die westeuropäischen Gesellschaften in der Gegenwart solchen Heroismus nicht mehr mobilisieren könnten, dann seien sie im Nachteil gegenüber Gesellschaften, denen die Evokation solch gleichsam urwüchsigen Heroismus gelänge. „Die Erosion des Religiösen befördert die Entwicklung postheroischer Dispositionen," behauptet Münkler. Wenn identitätsstiftende Ideologien fehlen, dann können Gesellschaften und Gemeinschaften nicht mit einem Symbolbestand umgehen, der die Transformation des tödlichen Selbstopfers im Kampf in ein „heroisches Opfer verwandel[t]".[6]

Ergänzend führt Münkler im Anschluss an Heinsohn[7] für seine Diagnose an, dass die Demographie ein wichtiger Faktor für die Entstehung von Heroismus sei. Typischerweise vermieden geburtenschwache Gesellschaften die Opferung ihrer Jugend in militärischen Auseinandersetzungen; dagegen hätten gerade junge Gesellschaften ein hohes „Heroisierungspotential", weil sie den selbstzerstörerischen Charakter ihrer sozialpsychologischen Dispositionen grundsätzlich akzeptierten.

Münkler betrachtet die „postheroischen Dispositionen" moderner westlicher Demokratien letztlich als „Manko"[8] für deren politische Selbstbehauptung. Er

---

[6] Münkler, Kriegssplitter, S. 170. Vgl. a. S. 186f.: „Terroristische Anschläge, jedenfalls die neueren Typs, […] setzen darauf, mit wenig Aufwand große Effekte zu erzielen, und tatsächlich bieten ihnen postheroische Gesellschaften dabei relativ gute Erfolgschancen. Zugleich verachten die zum Selbstopfer bereiten Kämpfer der terroristischen Netzwerke postheroische Gesellschaften als dekadent. Die vielzitierte Äußerung eines Taliban, der Westen liebe Coca-Cola, die islamistischen Kämpfer dagegen den Tod, bringt das in aller Schärfe zum Ausdruck."

[7] Gunnar Heinsohn: Söhne und Weltmacht. Terror im Aufstieg und Fall der Nationen. Zürich 2003.

[8] Münkler, Wandel des Krieges, S. 354. Vgl. a. Münkler, Kriegssplitter, S. 205: „Gesteigerte Opferbereitschaft steht gegen gesteigertes Sicherheitsbedürfnis. Vor allem an diesem Punkt sind postheroische Gesellschaften vulnerabel, und diese spezifische Vulnerabilität können sie

fordert für die Gegenwart nun aber nicht eine Reaktivierung der erlösungsbezogenen Inhalte der christlichen Religion oder eine breitere Prägung der öffentlichen Kultur durch Ideale und Rituale der Opferbereitschaft, sondern er unterscheidet zwischen Gesellschaft und Gemeinschaft. Während in der Gesellschaft der Heroismus ausgestorben ist, lebt er in der Gemeinschaft der Soldaten weiter.[9] Wegen dieser Verortung des Heroismus in der militärischen Gemeinschaft, die umgeben ist von der postheroischen Gesellschaft und unter ihr leidet, spielen Münklers Thesen inzwischen in der Selbstbeschreibung von (vor allem männlichen) Soldaten eine gewisse Rolle. Obwohl die Gesellschaft postheroisch geworden und damit wie das alte Rom dem Untergang geweiht sei, habe man selbst durch die Wahl des Soldatenberufs sich bereit erklärt, sein Leben für das Vaterland und dessen Sicherheit und Freiheit zu opfern.[10] Münkler sagt in vorausschauender Anpassung an seine uniformierten Leserinnen und Leser, Rezipienten eines Periodikums der Evangelischen Seelsorge an Soldatinnen und Soldaten der Bundeswehr: „Die heroische Gesellschaft ist ein Ausnahmefall der Geschichte; heroische Gemeinschaften hat es dagegen immer gegeben, Gruppen also, die sich durch ihre Selbstverpflichtung zum Kampf und notfalls zur Selbstaufopferung vom Rest der Gesellschaft abgesondert haben und die zur Bekräftigung dieser Absonderung einen Kanon von eigenen Ritualen entwickelt haben."[11] Damit wird eine mentale Sonderwelt junger Soldatinnen und Soldaten gerechtfertigt, die ihren Kern in der selbstbewussten Selbstausgrenzung aus der die militärische Gemeinschaft umgebenden postheroischen Zivilgesellschaft hat.

Die postheroischen Gesellschaften haben allerdings noch ein gewisses Bewusstsein dessen, was ihnen fehlt: Weil sie selbst das Schwinden der Bindungskräfte verspürten, die zur Opferung des eigenen Lebens führen, beschäftigten

---

eigentlich nur durch kollektive Regression beseitigen: Sie müssten wieder heroisch werden. Abgesehen davon, dass derlei nicht durch politische Beschlussfassung möglich ist, ist es infolge der Fülle unerwünschter Nebenfolgen auch keine ernsthaft zu verfolgende politische Option."

[9] Vgl. etwa Münkler: Kein Platz für Helden? In: zur sache bw 29, 2016/1, S. 8-13.

[10] Vgl. Selbstäußerungen junger Offiziere in Marcel Bohnert und Lukas J. Reitstätter (Hrsg.): Armee im Aufbruch. Zur Gedankenwelt junger Offiziere in den Kampftruppen der Bundeswehr. Berlin, 2014. Aber nicht nur junge, auch ältere Offiziere bis hoch zum Dienstgrad General reflektieren zustimmend über das Verhältnis von postheroischer Gesellschaft und heroischem Soldatentum im Einsatz, wie Rainer L. Glatz: Innere Führung. Bewährung im Einsatz. In: Alois Bach und Walter Sauer (Hrsg.): Schützen, Retten, Kämpfen. Dienen für Deutschland. Berlin 2016, S. 42-53, bes. 46f.

[11] Münkler, Kein Platz für Helden?, S. 11.

sich postheroische Gesellschaften mit der „vagabundierenden Sehnsucht nach dem Heroischen" – vor allem mit nostalgisch verklärendem Blick im Kino – so Münkler.[12]

Aber ist es tatsächlich so, dass der Westen sich nur noch auf seine Drohnen verlassen kann, die eigenes Soldatenleben nicht in Auslandseinsätzen der tödlichen Gefährdung aussetzen? Erwartet der Westen kein Opfer des eigenen Lebens im Tod für die eigene Gesellschaft und deren gute Sache von den eigenen Bürgern? Ist es tatsächlich so, dass postheroische Gesellschaften ihnen innewohnender postheroischer Gemeinschaften bedürfen, um überleben zu können? Oder sollten angesichts der terroristischen Bedrohung aus postheroischen jetzt wieder heroische Gesellschaften werden? Münkler argumentiert elastisch und antwortet auf keine dieser Fragen eindeutig mit ja oder nein. Er weist – durchaus realistisch – auf die Unwahrscheinlichkeit einer Möglichkeit der Transformation von Postheroismus in Neoheroismus hin, betont aber andererseits die Stärke der terroristischen heroischen Gemeinschaft.

Das Spiel mit dem Begriff des Helden ist konstitutiv für dieses Denken. Münklers Argumentation lebt davon, dass er ein „Bild" der Wirklichkeit zeichnet – eine Konstruktion, die sich kritisch zu einem seiner Überzeugung nach zu beobachtenden Trend in der westlichen Gesellschaft verhält. Die Eingängigkeit und Wirkmächtigkeit seiner Gegenübersetzung von postheroischer Gesellschaft und heroischer Gemeinschaft ist unbestreitbar – trotzdem muss die Frage gestellt und beantwortet werden, ob dieses „Konstrukt" einer genaueren historischen, ethisch-theologischen und sozialwissenschaftlichen Prüfung standhält. Diverse Einwände, historische, ethisch-theologische und jugendsoziologische sollen im Folgenden vorgebracht werden.

Historische Einwände gegen Münkler

Tatsächlich können die nationalistischen oder völkischen Prägungen der christlichen Erlösungsreligion, wie sie in der Vergangenheit eingesetzt wurden (Stichwort: Nationalprotestantismus), eine Rolle für die Mobilisierung und Kampfmotivation von Kriegern gespielt haben. Zahlreiche entsprechende Predigten, Gedichte, Romane, politische Reden etc. sind jedenfalls erhalten, in denen mit Hinweis auf die christliche Erlösungsreligion der aufopferungsvolle Einsatz im Krieg gefordert wird. Das Opfer ist eine zentrale Deutungskatego-

---

[12] A.a.O., S. 13.

rie in fast allen Religionen,[13] und auch von Soldaten wurde und wird immer wieder ein Opfer bis hin zum höchsten aller Opfer, dem des eigenen Lebens, gefordert – auch im Christentum, in dem das Selbstopfer Gottes in Christus zum Urbild aller späteren Menschenopfer erklärt worden ist. Dieser Gedanke ist zwar schon früh kritisiert worden, die Forderung eines soldatischen Selbstopfers konnte aber für zweckdienlich gehalten werden. Einige Beispiele für die in diesem Zusammenhang ausgebildete Opfer-Rhetorik.

Während des Siebenjährigen Krieges wurde der Opferwille der Soldaten Friedrichs des Großen unter anderem mit Liedern und Gedichten gestärkt, etwa mit dem folgenden:

„Der Soldat ist zu jeglicher Zeit

für seinen König zu sterben bereit.

Unser König, der versorgt uns alle gut,

drum lassen wir für ihn den letzten Tropfen Blut." (1757)

Trotz solch' angeblich motivationssteigernder Dichtungen gab es im preußischen Heer Massendesertionen, weshalb der Grundsatz galt, Mannschaften sollen die Offiziere mehr fürchten als den Feind. Die literarische Inszenierung der Förderung des Willens zum Selbstopfer korrespondiert offenbar auch trotz der im Gesang einzuprägenden Agitation nicht mit dem tatsächlichen Verhalten der Soldaten.

Ein zweites Beispiel: Obwohl Thomas Abbt in seiner Schrift „Vom Tode für das Vaterland" (1761) behauptet hat, *dulce et decorum est pro patria mori* (Süß ist es, für das Vaterland zu sterben) und gefordert hat: „Das Vaterland hat ein Recht auf dein Leben", ist die Idee des soldatischen Selbstopfers doch für viele Jahre eine Fiktion des literarisch gebildeten Bürgertums geblieben. Selbst die Verherrlichung des Opfers des eigenen Leibes im Befreiungskrieg wird von modernen Historikern eher als literarische Inszenierung denn als tatsächlicher Ausdruck eines bei den Soldaten verbreiteten Heroismus gewertet. Daran schließt sich die Frage: In welchen späteren Kriegen sollte die Gesellschaft tat-

---

[13] Inspirierend Axel Michaels: Opfer. In: Wörterbuch der Religionen. Stuttgart 2006, S. 382 f. Opfer ist demnach ein „Sammelbegriff für Ritualhandlungen", die auf ein Höheres gerichtet sind und diesem ein Objekt opfern oder einen Verzicht erbringen. Opferhandlungen werden in verschiedenen Religionen kritisiert, so im Buddhismus und im Christentum, wo das Selbstopfer Gottes in Christus als Ende aller Lebendopfer angesehen wird und die Wiederholung dieses Opfers in der Eucharistie nur unblutig stattfindet. Wer etwas oder sich opfert, hofft darauf, dass das honoriert wird.

sächlich heroisch gewesen sein, selbst wenn heroische Götter- und Sagenges-
talten im öffentlichen Diskurs erinnert wurden und lebendig waren?

Diese Frage spiegelt sich in einem dritten historischen Einwand: Der angebliche Heroismus deutscher Soldaten im Ersten Weltkrieg zerplatzte spätestens in
der Blutmühle von Verdun; der Mythos vom Soldaten als Helden konnte auch
an der Heimatfront nur kurzzeitig aufrechterhalten werden. Dass die vielfach
geschilderte kriegsbegeisterte Stimmung von 1914 tatsächlich gar nicht so ein-
hellig war, wie von Späteren behauptet, und keineswegs der Neigung einer heroischen Gesellschaft zum heroischen Selbstopfer entsprang, ist hinlänglich
bekannt.

Im Zweiten Weltkrieg bestimmte dann zwar die Idee und Sprache des Heroismus die in der gleichgeschalteten Presse erzwungene Selbstdarstellung des totalitären Staates – tatsächlich konnte sie aber nicht das Unrecht und Leid über-
decken, das die nationalsozialistische Vernichtungspolitik über angebliche
Feinde sowie über die eigenen Volksgenossen brachte. Münkler selbst hält
deshalb den nationalsozialistischen Staat nicht für eine heroische Gesellschaft
bzw. Gemeinschaft.

Aus historischer Perspektive sind also einige Fragen an Münklers geschichts-
philosophisches Konstrukt anzumelden. Es scheint, als hielte der Historiker
die literarischen Inszenierungen von vaterländisch-nationalistisch begründetem
Heroismus für leitend für das Handeln junger Männer. Es dürfte aber eher er-
kenntnisfördernd sein, die „Idee" des Helden vom tatsächlichen „Verhalten"
von Soldaten in bestimmten historischen Konstellationen zu unterscheiden.
Obwohl sie erlösungsreligiös beeinflusst waren, wollten viele Soldaten sich
nicht opfern für König und Vaterland.

Ethisch-theologische Einwände gegen Münkler

Auch aus ethischer und christlich-theologischer Perspektive sind Fragen an
Münklers Konstrukt der „heroischen Gesellschaft" bzw. der „heroischen Gemeinschaft" geboten. Ethisch muss das Prinzip der Freiwilligkeit auch in der
Gemeinschaft gelten: Niemand kann durch Befehl und Gehorsam zum Heldentum gezwungen werden. In den Kriegen vergangener Zeiten wurden Soldaten zum Gehorsam gezwungen – bis hinein in Selbstmordkommandos. Gehor-
samspathos und christliche Erlösungsreligion gingen zeitweilig zwar tatsächlich
eine literarische Allianz ein (z.B. in Luthers Auslegung des IV. Gebots, die Eltern zu ehren) – aber charakteristisch für das Christentum ist ein anderes Mo-

tiv: Gott will den Krieg nicht – er sendet ihn zur „Strafe" über Individuum und Volk, um diese zu bessern. Und, ein letztes Argument: Die literarische und sakrale Reinszenierung des Opfertodes Jesu Christi im Opfertod des Soldaten mag zwar zeitweilig den öffentlichen Kultus bestimmt haben – ob und wie tief sie in die das eigene Handeln motivierenden Schichten des soldatischen Bewusstseins eingedrungen ist (und konkrete Soldaten zu sich selbst opfernden Helden geformt hat), ist aber kaum zu sagen. Auffällig ist jedenfalls, dass Abschiedszeugnisse, wie sie von islamisch-fundamentalistischen Selbstmordattentätern vorliegen, aus christlichen Quellen nicht bekannt sind. Die christliche Religion hat im 18., 19. und beginnenden 20. Jahrhundert den individuellen oder kollektiven Selbstmord von Soldaten gefordert; diese Forderung gilt aber heute als charakteristisch für eine Fehlentwicklung innerhalb der Christentumsgeschichte: die Überhöhung des Nationalen. Münkler vertraut also mit seinem Konstrukt einer Affinität von Erlösungsreligion und Heldentum der literarischen Inszenierung des Heroischen – von politischen und kirchlichen Eliten vergangener Zeiten und von Islamisten von heute.[14]

Auch Münklers Verweis auf die mythischen Helden der Antike führt nicht weiter. Mit Achill kann neuzeitliches Heldentum – wenn es das denn gäbe – nichts zu tun haben. Denn die alten, nach Münkler die Lebensweise ihrer Gemeinschaft schützenden Helden[15] zeichneten sich dadurch aus, dass sie von den Nachlebenden in deren Erzählungen literarisch „erschaffen" wurden. Solche Kriegshelden gibt es gegenwärtig nicht mehr, weil es in den westeuropäischen Gesellschaften keine Erzähltradition gibt, die aus realen Soldaten Helden macht. Das mag man als junger Soldat zwar bedauern – besonders dann, wenn man gerne ein Held wäre. Aber das Wesen der Heldenerzählung besteht darin, dass nicht der Held selbst sich zum Heros erklärt, sondern dass er zum Helden in der Formung der Erinnerung der Nachlebenden wird.[16] Held ist – das wäre

---

[14] In der Friedens- und Konfliktforschung ist umstritten, welche Rolle Religion als legitimierende Größe in Gewaltkonflikten spielt und wie individuelle religiöse Überzeugung, kollektive Bilder und Gewalttaten nichtstaatlicher Akteure aufeinander zu beziehen sind. Vgl. Ines-Jacqueline Werkner (Hrsg.): Religion in der Friedens- und Konfliktforschung. Interdisziplinäre Zugänge zu einem multidimensionalen Begriff. (ZeFKo Sonderband 1) Baden-Baden 2016.

[15] Münkler, Kein Platz für Helden?, S. 10f.

[16] Münkler fordert, dass die Intellektuellen und Erzähler in der Gegenwart dieses Bedürfnis der heroischen Gemeinschaft der Soldaten erfüllen. Vgl. Münkler: „Neue Kriege" und „postheroische Helden". In: Tradition für die Bundeswehr. Neue Aspekte einer alten Debatte. Hrsg. von Eberhard Birk, Winfried Heinemann und Sven Lange. Berlin: Miles 2012, S. 67-78. Der postheroische Held ist derjenige, der sich den Normen der zivilen postheroischen Gesellschaft an-

aus diesen Überlegungen zu lernen – nicht derjenige, der einer sein will, sondern derjenige, von dessen Leben und Sterben so erzählt wird, dass er für einen Heros gehalten werden kann. Überdies gilt aus christlich-theologischer Perspektive: Die europäischen Vertreter der christlichen Erlösungsreligion sind heute mehr denn je davon überzeugt, dass das eine Selbstopfer ihres Vorbilds und Ahnherrn Jesus Christus alle weiteren Menschenopfer unnötig gemacht und aufgehoben habe.

Trotzdem gibt es auch heute noch Menschen, von deren Leben und Sterben im Modus und mit dem Pathos des Heroischen erzählt wird: von Mutter Teresa etwa, die sich den Armen in Kalkutta zuwandte, oder von Aung San Suu Kyi, die sich gewaltlos für die Demokratisierung Birmas einsetzte. Und dann gibt es natürlich die große Zahl der namenlosen Helden, die sich im freiwilligen sozialen Dienst für ihre Nächsten und Mitmenschen „aufopfern".

Richtig an Münklers Darstellung ist offenbar, dass die Idee des heroischen Selbstopfers (junge) Menschen dazu motivieren kann, zu Terroristen oder zu Selbstmordattentätern zu werden. Der Nährboden, auf dem dieses Gedankengut wächst und gedeiht, ist nur in Ausnahmefällen der weithin säkularisierte Raum Westeuropas. Immer noch zu viele, aber insgesamt doch nur wenige Menschen radikalisieren sich hier, um fundamentalistische Kämpfer und Selbstmordattentäter zu werden. Diese Menschen rechtfertigen ihr Handeln möglicherweise erlösungsreligiös. Das ist freilich eine Verirrung und Verblendung, denn es handelt sich tatsächlich um Gewaltverbrechen, die polizeilich aufgeklärt und juristisch aufgearbeitet werden.

Wenn Münkler terroristische Gruppierungen dadurch verbal adelt, dass er sie als „heroische Gemeinschaften" bezeichnet, ist das bedenklich: Ein Held im Kampf zu werden und zu einer heroischen Gemeinschaft zu gehören, mag zwar der Selbstinszenierung entsprechender Gruppen entsprechen und für einzelne junge Menschen attraktiv sein. Das ist dann aber kein Heroismus im eigentlichen Sinne, selbst wenn manche islamistischen Prediger das glauben machen. Tatsächlich sind nämlich die vorgeblich heroischen Taten dieser Helden nach Überzeugung der Weltgemeinschaft und der Weltöffentlichkeit einfach nur „Verbrechen", die bestraft gehören. Den angeblichen Heroismus von erlösungsorientierten Selbstmordattentätern mit dem angeblich mangelnden Heroismus in westlichen Demokratien in Beziehung zu setzen, überzeugt katego-

---

passt und deshalb seine Identität zu verlieren in Gefahr steht. Weiter dazu unten im abschließenden Abschnitt.

rial also nicht. Offenbar handelt es sich bei Münklers „postheroischer Gesellschaft" um ein „Konstrukt" unterschiedlicher Theorien, das durchaus kreativ und inspirativ Versatzstücke historischer und religiös-ethischer Traditionen miteinander vermittelt. Geboren allerdings sind diese Ideen nicht aus historischer, religionsgeschichtlicher und ethischer Analyse, sondern aus einem Gefühl heraus: dem Gefühl der Schwäche – dass das alte Europa der Bedrohungen durch selbst ernannte „Gotteskrieger" nicht standhalten wird.

Jugendsoziologische Einwände gegen Münkler

Ob es tatsächlich so ist, dass zwischen Selbstopferwilligkeit und erlösungsreligiöser Orientierung eine Beziehung besteht, wäre einer eigenen (empirischen) Studie wert. Und zu fragen wäre auch, ob die Idee des Helden an das Opfer des eigenen Lebens gebunden sein muss; schließlich sprechen wir auch vom Opfer an Zeit oder Geld oder vom Opfer von anderen Ressourcen, und wir kennen auch ganz andere Helden als Krieger und Kämpfer.

Die verbreitete Meinung, dass die jungen Leute von heute eine nur auf ihren persönlichen Vorteil bedachte Generation seien, die zwar ihre Arbeitskraft gegen Entgelt „tauscht", sich aber nicht mehr mit vollem Einsatz „opfert", lässt sich beim Blick in quantitativ-empirische Untersuchungen nicht belegen. Im Folgenden referiere ich drei empirisch-quantitative Studien zu Werthaltungen, Lebens- und Berufsvorstellungen junger Menschen unter dem Gesichtspunkt, ob sie Münklers Darstellung der Gegenwart als einer postheroischen und auf den Tausch fixierten Gesellschaft bestätigen. Oder anders, aber in den Kategorien von Münkler gefragt: hat die Jugend gegenwärtig „Heroisierungspotential", taugt sie für die Integration in eine „heroische Gemeinschaft"?

1. *Shell-Jugendstudie 2015: Junge Leute setzen sich ein für ihre Ideen und für das Gemeinwohl*

Befragt werden in den Shell-Jugend-Studien seit vielen Jahrzehnten junge Menschen (aktuell solche des Altersbandes zwischen 12 und 25 Jahren in Ostdeutschland, solche des Altersbandes zwischen 14 und 25 Jahren in Westdeutschland) hinsichtlich ihrer Werte und Haltungen, hinsichtlich ihrer Lebensziele und Bedrohungsperzeptionen.[17] „Eine pragmatische Generation im

---

[17] Vgl. alle Ergebnisse unter

Aufbruch" – so bezeichnen die Wissenschaftler zusammenfassend die Jugend von heute. Zugenommen hat in den letzten fünf Jahren nach Auskunft der Wissenschaftlerinnen und Wissenschaftler die Zustimmung zu dem Item „Gesellschaft und Ordnung respektieren" von 81 auf 84 Prozent, die Zustimmung zu dem Item „Sozial Benachteiligten und Randgruppen helfen" von 58 auf 60 Prozent, und die zu „Sich politisch engagieren" von 23 auf 32 Prozent. Während der Respekt von Gesellschaft und Ordnung dem Typus eines Pflichtwerts zuzuordnen ist, sind Helfen und politisches Engagement mehr dem Typus des Selbstverwirklichungswertes zuzurechnen.

Immer mehr Jugendliche sind „Macher" (31 Prozent der jungen Männer, 32 Prozent der jungen Frauen), die Zahl der „Idealisten" bei beiden Geschlechtern steigt an (30 Prozent der jungen Frauen, 20 Prozent der jungen Männer). Die Zahl der „Materialisten" nahm bei beiden Geschlechtern in den letzten Jahren ab (24 Prozent der jungen Männer, 14 Prozent der jungen Frauen), ebenso die Zahl der „Zögerlichen" (25 Prozent der jungen Männer, 24 Prozent der jungen Frauen). Den „Machern" sind ebenso wie den „Idealisten" Fleiß und Ehrgeiz einerseits – wiederum Pflicht- und Akzeptanzwerte – sowie Phantasie und Kreativität andererseits – wiederum Selbstverwirklichungswerte – besonders wichtig. Beide Gruppen wollen sozial Benachteiligten helfen. Die „Macher" unterscheiden sich von den „Idealisten" vor allem in der Beantwortung der Frage nach der Bedeutung eines hohen Lebensstandards (61 contra 11 Prozent). Diese Macher haben offenbar, um auf Münkler zurückzukommen, kein allzu großes Heroisierungspotential, sie wollen leben und die Früchte ihrer Arbeit genießen. Idealisten streben nach Selbstverwirklichung. Aber auch bei ihnen können keine Anknüpfungspunkte für heldenwürdiges Verhalten gefunden werden.

Zu den Vorstellungen von der eigenen Berufstätigkeit wurden in der Shell-Studie mehrere Fragen gestellt:

---

http://s01.static-shell.com/content/dam/shell-new/local/country/deu/downloads/pdf/shell-jugendstudie-2015-zusammenfassung-de.pdf und
http://s06.static-shell.com/content/dam/shell-new/local/country/deu/downloads/pdf/shell-jugendstudie-2015-infografiken.pdf., zuletzt abgerufen am 29. Februar 2016. Man kann an diesen Studien kritisieren, dass Jugendliche im schulpflichtigen Alter (von etwa der 6. Klasse an) ebenso wie Berufstätige, Auszubildende und Studierende als eine Gruppe betrachtet werden. Aber trotz dieser methodischen Vorentscheidung der Autorinnen und Autoren der Shell-Jugendstudie sind die Ergebnisse in unserem Zusammenhang von Interesse.

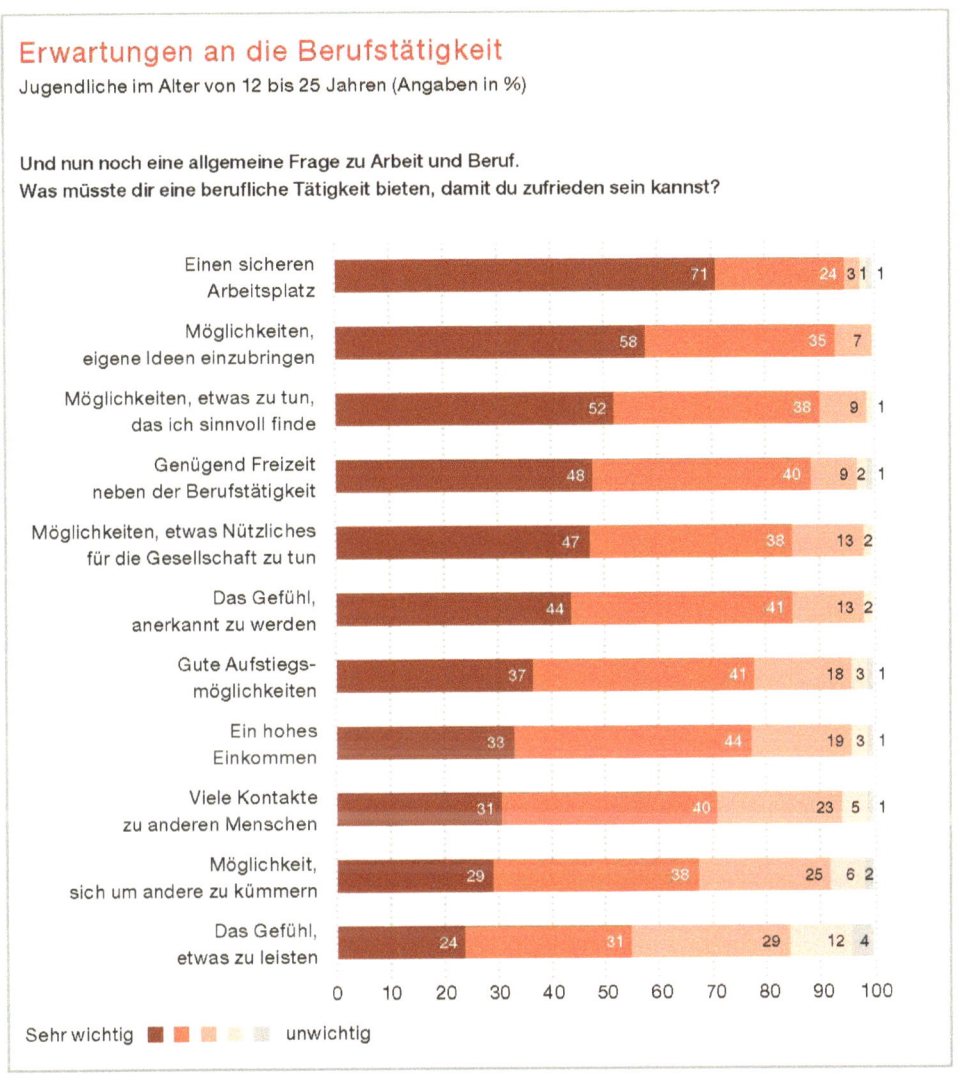

Erwartungen an die Berufstätigkeit
Jugendliche im Alter von 12 bis 25 Jahren (Angaben in %)

Und nun noch eine allgemeine Frage zu Arbeit und Beruf.
Was müsste dir eine berufliche Tätigkeit bieten, damit du zufrieden sein kannst?

	Sehr wichtig				unwichtig
Einen sicheren Arbeitsplatz	71	24	3	1	1
Möglichkeiten, eigene Ideen einzubringen	58	35	7		
Möglichkeiten, etwas zu tun, das ich sinnvoll finde	52	38	9	1	
Genügend Freizeit neben der Berufstätigkeit	48	40	9	2	1
Möglichkeiten, etwas Nützliches für die Gesellschaft zu tun	47	38	13	2	
Das Gefühl, anerkannt zu werden	44	41	13	2	
Gute Aufstiegsmöglichkeiten	37	41	18	3	1
Ein hohes Einkommen	33	44	19	3	1
Viele Kontakte zu anderen Menschen	31	40	23	5	1
Möglichkeit, sich um andere zu kümmern	29	38	25	6	2
Das Gefühl, etwas zu leisten	24	31	29	12	4

Abb. 2.6

Shell Jugendstudie 2015 – TNS Infratest Sozialforschung

Die jungen Leute machen Berufszufriedenheit besonders von solchen weichen Faktoren abhängig, die mit der Dimension der Sinnhaftigkeit des eigenen Tuns verknüpft sind. Der Wunsch nach Sinn verträgt sich potentiell gut mit der Idee

45

des Selbstopfers – weil man sein eigenes Leben und Handeln gerade dann als besonders sinnvoll erfahren kann, wenn man es in eine transzendent begründete Legende einschreiben kann. Nun zu den in der Shell-Jugendstudie 2015 erhobenen Zahlen im Einzelnen:

Zwar ist 71 Prozent der jungen Menschen die Arbeitsplatzsicherheit besonders wichtig, aber 58 Prozent wollen auch eigene Ideen in ihre Berufswelt einbringen, 52 Prozent wollen etwas Sinnvolles tun und 47 Prozent wollen etwas Nützliches tun.[18] Hier zeigt sich wiederum die zwiefältige Wertorientierung der jungen Generation: einerseits dem bestehenden Arbeitssystem verpflichtet, andererseits auf Selbstverwirklichung und Selbstwirksamkeit hin ausgerichtet. Vor allem die Erfahrung der Sinnhaftigkeit der eigenen Berufstätigkeit steht bei den jungen Menschen hoch im Kurs.

Fragt man danach, wovor diese Jugendlichen Angst haben, dann sind das vor allem Terroranschläge (73 Prozent) und ein möglicher Krieg in Europa (62 Prozent). Angesichts dieser Äußerung von Ängsten ist es auffällig, dass der Einsatz militärischer Mittel – nach der Bundeswehr wurde nicht speziell gefragt – nur von wenigen Jugendlichen hoch geschätzt wird. Die meisten der jungen Menschen sind keineswegs sicher, dass militärische Mittel in der gegenwärtig als unübersichtlich erlebten Welt helfen. So stimmen 49 Prozent dem Item zu: „Militärische Einmischung macht Dinge nur noch schlimmer", während 19 Prozent dieses Item ablehnen (teils/teils antworten 24 Prozent). 41 Prozent wollen nicht „Militärisch dazu beitragen, Kriege in der Welt zu beenden", 29 Prozent können sich das jedoch vorstellen (23 Prozent antworten teils/teils). Nur ein Drittel der jungen Leute stimmt der Aussage zu, „Die US-Amerikaner kämpfen auch für uns gegen den Terror" (34 Prozent Zustimmung, 28 Prozent Ablehnung, 27 Prozent sind unentschieden).[19] Die Militär-Skepsis der jungen Generation ist unübersehbar.

Im Mittelpunkt des Interesses der jungen Generation steht die Erwartung von Selbstwirksamkeit. Selbstwirksam ist jemand dann, wenn er sich mit seinen Ideen einbringt in ein als sinnhaft interpretiertes größeres Ganzes. Das Militär

---

[18] http://s07.static-shell.com/content/dam/shell-new/local/country/deu/downloads/pdf/erwartungen-an-die-berufstatigkeit.pdf., zuletzt abgerufen am 01. März 2016.

[19] Vgl. unter
http://s01.static-shell.com/content/dam/shell-new/local/country/deu/downloads/pdf/aussagen-zur-rolle-deutschlands-in-der-welt.pdf., zuletzt abgerufen am 01. März 2016.

wird offenbar nicht als ein solcher Sinnzusammenhang erlebt. Das hängt wahrscheinlich damit zusammen, dass sich der Fokus militärischen Handelns weg verlagert hat von der Landesverteidigung im genuinen Sinne – dafür ist die Zustimmung bei der deutschen Bevölkerung sehr groß[20] – hin zum Einsatz von Soldatinnen und Soldaten in fernen Weltgegenden. Da der Einsatz der Bundeswehr insbesondere in Afghanistan von vielen jungen Menschen nicht als Erfolg gewertet wird, ist das naheliegend.

Militär-Skepsis ist aber, auch das geht aus der Shell-Jugendstudie hervor, keineswegs gleichzusetzen mit Politik-Skepsis. Im Gegenteil: Politik ist den jungen Leuten von heute nicht mehr so fern wie der vorherigen Generation. Die Autoren der Shell-Studie identifizieren sogar eine „Trendwende beim politischen Interesse": Die Zufriedenheit mit der Demokratie hat demnach in den letzten 13 Jahren deutlich zugenommen, sowohl bei west- wie bei ostdeutschen Jugendlichen. Das Interesse an Politik ist von 30 Prozent im Jahre 2002 auf 41 Prozent im Jahr 2015 gestiegen (lag allerdings in den 1980er Jahren knapp über 50 Prozent[21]).

Die von der Shell-Studie gezeichneten Vorstellungen junger Menschen in der Bundesrepublik Deutschland haben mit der Konstruktion der „postheroischen Gesellschaft", die Münkler zeichnet, eines gemeinsam: die Skepsis gegenüber der Idee einer militärischen Sicherung der eigenen Lebensweise. Das von Münkler vermisste „Heroisierungspotential" spielt in den Fragen zwar explizit keine Rolle, scheint aber auch nicht implizit irgendwo hervor. Vom Heldentum oder der Suche nach Helden ist in der Shell-Jugendstudie nichts zu erkennen.

2. Freiwilligendienste: Zunehmendes Engagement junger Menschen

Dass junge Menschen sich gerne für ein gesellschaftlich erwünschtes, politisches, helfendes oder ökologisches Engagement gewinnen lassen, zeigen die boomenden Angebote und die immensen Inanspruchnahmen der diversen

---

[20] Vgl. Heiko Biehl und Bastian Giegerich: Wozu sind Streitkräfte da? Einstellungen zu militärischen Aufgaben. In: Strategische Kulturen in Europa. Die Bürger Europas und ihre Streitkräfte. Ergebnisse der Bevölkerungsbefragungen in acht europäischen Ländern 2010 des Sozialwissenschaftlichen Instituts der Bundeswehr. Hg. von Heiko Biehl u.a. (Forschungsbericht 96). Strausberg 2011, S. 59-73, hier S. 61.

[21] Vgl. unter
http://s08.static-shell.com/content/dam/shell-new/local/country/deu/downloads/pdf/zeitreihe-politisches-interesse.pdf., zuletzt zugegriffen am 01. März 2016.

Freiwilligendienste in Deutschland. Solche Freiwilligendienste bestehen seit nahezu 60 Jahren. Es waren zuerst christliche Kreise, in denen das Freiwillige Soziale Jahr erfunden wurde. Die jungen Männer sollten pflichtmäßig ihren Wehrdienst leisten, die jungen Frauen freiwillig karitativ tätig werden. Dann arbeiteten zunehmend anerkannte Kriegsdienstverweigerer als Zivildienstleistende in diversen Projekten der Wohlfahrtspflege, der Kirchen oder, seit 1990, in ökologischen Projekten.

Die Aussetzung der Wehrpflicht und damit des Zivildienstes zum 1. Juli 2011 wurde von der Politik, dem Gesetzgeber und von den freien Wohlfahrtsverbänden als Chance begriffen, freiwilliges Engagement in Deutschland auf eine breitere Basis zu stellen: Für den neuen Bundesfreiwilligendienst und die diversen Jugendfreiwilligendienste können alljährlich mehrere Zehntausend junge Leute gewonnen werden. Die Anzahl der über die Förderrichtlinie Jugendfreiwilligendienste geförderten Teilnehmenden stieg von 37.493 im Freiwilligenjahr 2011/2012 über 49.715 im Jahr 2012/2013 auf 51.609 im Freiwilligenjahr 2013/2014.[22] Nach Auskunft des Bundesministeriums für Familie, Senioren, Frauen und Jugend wurden im Förderjahrgang 2014/2015 über 53.000 Teilnehmerinnen und Teilnehmern im Freiwilligen Sozialen Jahr und rund 2.800 jungen Leuten im Freiwilligen Ökologischen Jahr pädagogisch begleitet, zusätzlich wurden knapp 3.400 Freiwillige im Internationalen Jugendfreiwilligendienst gefördert. Im Bundesfreiwilligendienst (hier können auch über 27Jährige tätig werden) waren im Dezember 2014 weitere 39.362 Freiwillige registriert.[23] Und der Freiwilligendienst weltwärts bietet jedes Jahr auch noch über 5.000 Entsendeplätze in rund 80 Länder dieser Erde an.

Während ihres Engagements erhalten die Freiwilligen bei allen ihren „Einsatzstellen"[24] in der Regel nicht mehr als ein Taschengeld. Wichtig für die Teil-

---

[22] BMFSFJ: Abschlussbericht der gemeinsamen Evaluation des Gesetzes über den Bundesfreiwilligendienst (BFDG) und des Gesetzes zur Förderung von Jugendfreiwilligendiensten (JFDG). INBAS-Sozialforschung GmbH, Frankfurt am Main, Susanne Huth (Koordination), INBAS Institut für berufliche Bildung, Arbeitsmarkt- und Sozialpolitik GmbH, Offenbach am Main, Dr. Elisabeth Aram und Susanne Wagner, ISG Institut für Sozialforschung und Gesellschaftspolitik GmbH, Dr. Dietrich Engels und Christine Maur, Köln/ Berlin, Dr. Dietrich Engels und Christine Maur. Frankfurt am Main/Offenbach/Köln 2015, S. 18.

[23] http://www.bundesfreiwilligendienst.de/fileadmin/de.bundesfreiwilligendienst/content.de/Service_Menue_Kopf/Presse/Statistiken/Entwicklung_BFD_2014.pdf., zuletzt abgerufen am 29. Februar 2016.

[24] Interessanterweise wird der Begriff „Einsatz" sowohl für zivile als auch für militärische Tätigkeiten verwendet. Damit wird auf der sprachlichen Ebene die Tätigkeit des Soldaten/der

nehmerinnen und Teilnehmer an diesen Programmen ist nach der Selbstaus-
kunft der Freiwilligen vor allem die Möglichkeit zur Persönlichkeitsentwicklung
(neben der Notwendigkeit, Zeit zu überbrücken).[25] Verpflichtend ist für die
Freiwilligen (neben den für die persönliche Entwicklung angebotenen Veranstaltungen) der Besuch von Veranstaltungen zur politischen Bildung. Sie lernen: Wer Freiwilligendienst leistet, trägt zum Gemeinwohl bei und gestaltet das
Gemeinwesen aktiv mit. Solches bürgerschaftliche Engagement junger Menschen zeigt die Bereitschaft, Verantwortung für das Gemeinwesen zu übernehmen.[26] Mit dem Programm weltwärts kann man sich sogar an der Gestaltung der Weltgesellschaft beteiligen.

3. Freiwilliger Wehrdienst: Geringes Engagement junger Leute

Für die Bundeswehr bedeutet dieses hohe Interesse junger Leute, sich freiwillig
zu engagieren, allerdings keine Verbesserung ihrer Bemühungen um Nachwuchs. Nach Presseinformationen gibt es Probleme, die 12.500 Stellen, die jedes Jahr für Freiwillig Wehrdienstleistende (dazu kommen die Offizier- und
Unteroffizieranwärter sowie die Mannschaften) vorgesehen sind, mit geeig-
ten jungen Menschen zu besetzen. Erstmals im März 2015 ist die Zahl von insgesamt 11.200 Freiwillig Wehrdienstleistenden erreicht worden.[27] Inzwischen
ist die Zahl aber wieder rückläufig und unter 10.000 gesunken.[28]

Soldaten jedem anderen beruflichen Engagement gleich gestellt. Feuerwehr und Polizei fahren
zum „Einsatz", Soldaten gehen „in den Einsatz". Wenn Besonderheiten traditionellen militärischen Arbeitens herausgestrichen werden sollen, muss man also die alten Begriffe „Gefecht"
oder „Krieg" verwenden.

[25] BMFSJ: Abschlussbericht, S. 87f.

[26] Die Enquete-Kommission des Deutschen Bundestages „Zukunft des Bürgerschaftlichen
Engagements" erläutert den „Eigensinn" bürgerschaftlichen Engagements wie folgt: „Bürgerschaftliches Engagement ist eine Form der Tätigkeit, die gegenüber anderen Tätigkeiten – etwa
der Erwerbsarbeit – eine eigene Handlungslogik aufweist. In der besonderen Tätigkeitsform
und Motivationsgrundlage liegt der Kern eines „Eigensinns" bürgerschaftlichen Engagements.", in: Bericht der Enquete-Kommission „Zukunft des Bürgerschaftlichen Engagements". Bürgerschaftliches Engagement: auf dem Weg in eine zukunftsfähige Bürgergesellschaft. Deutscher Bundestag. 14. Wahlperiode. Drucksache 14/8900. 03. 06. 2002, S. 38. Wer
älter als 27 Jahre ist, kann sich im Bundesfreiwilligendienst engagieren.

[27] Vgl. unter
http://www.welt.de/newsticker/dpa_nt/infoline_nt/brennpunkte_nt/article137944727/Mehr
-Freiwillige-fuer-Bundeswehr.html., zuletzt abgerufen am 01. März 2016.

[28] Vgl. Unterrichtung durch den Wehrbeauftragten. Jahresbericht 2015 (57. Bericht). Deutscher
Bundestag. 18. Wahlperiode. Drucksache 18/7250. 26.01.2016, S. 18, 31.

Das mangelnde Interesse an einer freiwilligen Mitarbeit in der Bundeswehr kann nicht daran liegen, dass die jungen Menschen gegenwärtig bei anderen Arbeitgebern derart zielstrebig an ihrer Karriere arbeiten würden, dass sie keine Zeit für ein solches Engagement hätten. Schließlich haben jedes Jahr mehrere Zehntausende junger Menschen Zeit für eine freiwillige Tätigkeit. Das Desinteresse dürfte wohl eher zu erklären sein aus dem Image der Bundeswehr, das sich in den letzten Jahren mehrfach und tiefgreifend gewandelt hat: Aus der Abschreckungsarmee, einsetzbar (schlimmstenfalls) zur Verteidigung des Heimatlandes, ist eine weltweit agierende Einsatzarmee geworden, die an der Seite ihrer Verbündeten gegen Terroristen allerorten kämpft. Und, die zweite grundlegende Veränderung: Die Wehrpflicht für alle jungen Männer ist 2011 ausgesetzt worden und wird wohl in den nächsten Jahren nicht wieder eingeführt werden.

Der freiwillige Dienst an der Waffe in der Bundeswehr ist offenbar unattraktiv, der freiwillige Dienst ohne Waffe ist dagegen hoch attraktiv. Das muss erklärt werden. Empirische Studien liegen dazu nicht vor – weder quantitative noch qualitative. Drei Vermutungen können gleichwohl geäußert werden:

- Viele Jugendliche weisen nur geringe Affinität zum Engagement in der Bundeswehr auf, weil diese sich (zumindest in Teilen) als neue heroische Gemeinschaft inszeniert.

- Viele Jugendliche wollen sich nicht in Auslandseinsätzen, deren Sinn nicht eingesehen wird, größeren Gefährdungen für Leib und Leben aussetzen.

- Viele Jugendliche haben Probleme mit dem Arbeitsprinzip des Militärs: Befehl und Gehorsam, weil dieses die Möglichkeit der Selbstwirksamkeit einschränkt.

Dafür spricht, dass wer sich jetzt freiwillig bei der Bundeswehr verpflichtet, deren Arbeitsprinzip und den Auslandseinsätzen grundsätzlich zustimmt. Wer länger als 12 Monate als Freiwillig Wehrdienstleistender dienen will, muss in seinem Vertrag unterschreiben, dass er bereit ist, an einem Auslandseinsatz teilzunehmen (wobei die Möglichkeit der Abwahl eines Einsatzortes nicht vorgesehen ist). Da aber bei den jungen Menschen die Meinung vorherrscht, dass der Einsatz militärischer Gewalt keine positiven Folgen hat, gibt es keine Gründe für sie, ihr Engagement im militärischen Bereich einzubringen. Zwar ist nach Beobachtung der Autorinnen und Autoren der Shell-Jugendstudie das

Interesse an Politik bei den Befragten gewachsen, aber die Bundeswehr profitiert davon bisher nicht. Ihr dürfte in den Augen der jungen Menschen dasjenige fehlen, was für diese von besonderer Bedeutung ist: die Möglichkeit der Selbstwirksamkeit und damit die Erfahrung von der Sinnhaftigkeit des eigenen Engagements.[29]

Manche Kampagnen der Bundeswehr werben offensiv damit, dass der zu erwartende Wehrsold doppelt bis dreimal so hoch ist wie das Entgelt für diejenigen, die ein freiwilliges soziales oder ökologisches Jahr absolvieren. Da der Anteil der Materialisten unter den jungen Menschen nach der Shell-Jugendstudie aber eher gering ist (24 Prozent der jungen Männer, 14 Prozent der jungen Frauen), dürften viele sich von dieser Werbung gar nicht angesprochen fühlen.

Zum Abschluss: Münklers Thesen – und ihre Folgen

Münklers zeitkritische Diagnose ist aus verschiedenen Perspektiven zu hinterfragen: Zum einen sollte man fragen, ob die Ergebnisse der vorliegenden jugendsoziologischen Studien für das Urteil sprechen, dass die Jugend mehrheitlich „postheroisch" eingestellt ist. Und zum anderen sollte man fragen, was passiert, wenn man mit Münklers Konstrukt die westlichen Gesellschaften analysiert.

Um mit letztgenannter Frage zu beginnen: Wenn man Münklers Beobachtung für zutreffend hält, dass die westlichen postheroischen Gesellschaften ein „Manko" haben, dann wird man junge Menschen ermuntern, in „heroische Gemeinschaften" einzutreten, um als die letzten Verteidiger der westlichen Demokratien zu wirken. Dann wird man sie dazu ermuntern, heroische Ideale zu entwickeln. Dann legt sich auch die Forderung nahe, dass Intellektuelle die Bedürfnisse der Soldatinnen und Soldaten nach heroischen Narrationen befriedigen sollen. Aber: Ist Münklers Definition von Heroismus überhaupt der Sache angemessen?

Wer sich Münklers Sichtweise zu eigen macht, prägt damit die Wahrnehmung von Wirklichkeit und seine mögliche Reaktion auf herausfordernde Szenarien: Wer in den Krieg ziehen und kämpfen will, der muss ein kriegerisches Narrativ

---

[29] Bei einer Studie an Freiwillig Wehrdienstleistenden im Jahr 2012 beklagten fast die Hälfte der Befragten die mangelnde Sinnhaftigkeit ihres Dienstes. Robert Kramer: Evaluation des Freiwilligen Wehrdienstes. Ergebnisse der Zweitbefragung der Freiwilligen Wehrdienst Leistenden mit Diensteintritt im Zeitraum von Juli 2011 bis April 2012. (Forschungsbericht 108). April 2014, S. 12, 21, 23 u.ö.

ausbilden. Das bleibt nicht ohne Folgen für das Wahrnehmen, das Denken und das konkrete Verhalten:

- Man verschließt sich damit andere Optionen als die des Krieges.

- Man zieht einen Graben zwischen den Kriegern und der Bevölkerung und entfremdet dadurch Militär und Gesellschaft einander.

- Man schwächt Soldaten, weil man sie auf den Tod bezogen denkt; um das Leben der dem Tod Geweihten muss sich die Politik nicht bekümmern.

- Man schwächt auch die Gesellschaft, weil sie die Fragen ihrer Sicherheit an eine besondere Kaste delegiert und sich damit ihrer Vulnerabilität ausliefert.

Das sind die Folgen einer unkritischen Übernahme der Münklerschen Begriffe und Ideen.

Ist aber, so soll der zweite Teil der oben gestellten Frage aufgegriffen werden, die deutsche Jugend überhaupt „postheroisch" eingestellt? Auf den ersten Blick scheint das zuzutreffen, denn, obwohl die Berichte über die Selbstradikalisierung von jungen Deutschen zu Selbstmordattentätern und Gotteskriegern in letzter Zeit zugenommen haben, lebt das überwiegende Gros der jungen Leute in der Bundesrepublik Deutschland weder entsprechend der von Münkler kritisierten Lebensweise der postheroischen Gesellschaft noch engagiert es sich in heroischen Gemeinschaften. Die Idee, terroristischer Gewalt mit militärischer Gewalt entgegenzutreten, ist den meisten jungen Menschen fremd, obwohl Recht und Ordnung hohe Werte für sie sind. Diese Gewaltskepsis verbindet die Jugend mit großen Teilen der deutschen Gesellschaft, mit ihren Eltern und Großeltern. Obwohl die jungen Leute angeben, Angst vor Krieg und Terror zu haben, wollen sie beidem nicht zuvörderst mit militärischen Mitteln entgegentreten. Der Bezugsrahmen des eigenen Handelns steht bei den jungen Menschen im Mittelpunkt; sie wollen ihr Engagement als sinnvoll betrachten können. Deshalb ist es bemerkenswert, wenn die jungen Leute in beachtlich hohem Maße „Sinn" einfordern.

Dass auch die deutsche Gesellschaft Menschen braucht, die sie verteidigen, ist unstrittig. Allerdings: Über die Fragen, wo und wie solche Verteidigung zu geschehen hat, herrscht großer Dissens. Kaum noch behauptet wird gegenwärtig, dass es vor allem oder gar ausschließlich Soldatinnen und Soldaten seien, die Deutschland verteidigen. Aktuelle Konzepte vernetzter Sicherheit gehen viel-

mehr davon aus, dass diplomatische, polizeiliche, entwicklungspolitische, ökonomische, technische, humanitäre und daneben auch militärische Instrumente
zum Einsatz kommen sollen, wenn es um die Verteidigung von Deutschland in
Europa geht. Diplomaten oder Entwicklungshelfer können nach Münklers Kategorien *per definitionem* keine Helden sein. Dabei sind bei Einsätzen in den Krisengebieten dieser Welt sehr wohl Deutsche aus den genannten, sehr unterschiedlich agierenden Berufsgruppen zu Tode gekommen. Und entgegen
Münklers Darlegungen können auch sie selbstverständlich für Heldinnen und
Helden gehalten werden, weil sie sich für Europas Sicherheit und für andere
Menschen einsetzen – mit ihrer Lebenszeit, mit ihrer Gesundheit, womöglich
mit ihrem Leben. Ob sie allerdings von den Hinterbliebenen zu „Heroen" ver-
klärt werden und ihr Leben in Heldengeschichten weitererzählt wird, liegt an
der Erzählgemeinschaft, nicht an den Handelnden selbst. Es ist die Erzählgemeinschaft, die Helden schafft, nicht die Bereitschaft der Handelnden zur
Aufopferung. Niemand kann sich berechtigterweise selbst einen Helden nennen – und jeder kann potentiell zum Helden erklärt werden. Insofern stimmt
der Spruch von Berthold Brecht nicht mehr: Glücklich ist dasjenige Land, das
keine Helden braucht. Menschen, die bereit sind zum weltweiten Engagement
aufgrund der von ihnen eingesehenen Sinnhaftigkeit desselben gibt es offensichtlich zur Genüge. Deren „heldenhaftes" Engagement wird nicht vom Tod
des eigenen Lebens her gedacht – falls es zum Tod kommt, ist das eher ein
Unfall, selbst wenn die Zurückgebliebenen sagen mögen: Er hat sein Leben für
die Armen / für den Frieden / für die Freiheit geopfert. Glücklich können sich
deshalb die Soldatinnen und Soldaten der Bundeswehr schätzen, deren Traum
vom Heldentod (wenn sie einen solchen denn tatsächlich träumten) durch den
sorgsamen Umgang mit menschlichem Leben seitens der Politik wie der militärischen Führung in der Wirklichkeit nicht eingelöst werden muss.

Vor dem Hintergrund dieser Überlegungen erweist sich Münklers Rede von
der „heroischen Gemeinschaft" in der „postheroischen Gesellschaft" als ein
„Konstrukt", das einem Berufsstand zu Selbstbewusstsein und Einsatzmotiva-
tion verhelfen will, der um öffentliche Anerkennung ringt: den Soldaten der
Bundeswehr. Gerade die Tatsache, dass die postheroische Gesellschaft „der
heroischen Gemeinschaft politische Fesseln" anlegt, schützt die Uniformierten
– das sollten diese durchaus anerkennen. Aus der Perspektive des Soldaten
mag die Lage zwar so aussehen, wie Münkler sie schildert: „Der >postheroi-
sche Held< ist der Soldat, der einer der Idee nach heroischen Gemeinschaft
angehört und sich deren Idealen verpflichtet fühlt, aber nicht so darf, wie er

vielleicht will, weil dies die Gesellschaft aus ihrem Selbstverständnis heraus nicht zulässt. >Postheroische Helden< verkörpern einen Selbstwiderspruch und müssen damit umzugehen lernen." Die Lösung des soldatischen Identitätsdilemmas sollte jedoch nicht in der Forderung gipfeln, „dem Heroischen einen respektablen Platz ein[zu]räumen."[30] Und sie kann auch nicht durch eine „neoheroische Gesellschaft" [31] oder die Implementierung einer heroischen Erzählgemeinschaft wieder gewonnen werden.

Münkler verortet das Problem auf der Seite der Gesellschaft – sie soll sich ändern und die Wirklichkeit von Gewalt anerkennen. Es wird dabei so getan, als sei das Militär dasselbe geblieben! – als habe die Antwort, terroristischer Gewalt müsse mit militärischer Gewalt begegnet werden, nach dem Ende der zwischenstaatlichen Kriege dieselbe Überzeugungskraft wie in früheren Zeiten. Münkler hat eine „gleichsam statische Sicht auf das Militär", die ausschließlich vom „Opfer" als Gabe an die Gesellschaft her konstruiert wird und materiell nicht adäquat entlohnt werden kann.[32] So resümiert Leonhard und plädiert für ein soldatisches Selbstverständnis als „postheroische[r] Krisenheld"[33] statt des von Münkler geförderten opferbereiten Helden.

Ich würde dagegen dafür plädieren, den Helden zu entzaubern und ihn seines quasi-sakralen Nimbus zu entkleiden. Held kann man nicht sein (wollen). Heutigentags gibt es sehr verschiedene Helden – das anzuerkennen, holt Soldatinnen und Soldaten in die Gemeinschaft hinein und hilft ihnen, sich als „Staatsbürger in Uniform" zu fühlen. Soldatinnen und Soldaten bedürfen für ihre Aufgabe keiner besonderen inneren Motivationsbilder wie desjenigen vom Helden, um die Sinnhaftigkeit ihres Berufs zu begreifen. Und sie müssen sich schon gar nicht als „heroische Elite" identifizieren. Sie wirken zusammen mit anderen Einsatzkräften in den unübersichtlichen Situationen, in die sie die Politik schickt, in der Hoffnung, durch Abschreckung und kontrollierten Gewalteinsatz Sicherheit für Zivilisten herzustellen und abzusichern. Das ist ehrenwert und löblich! Uniformierte können sich in einer funktional differenzierten Gesellschaft in die große Gruppe derjenigen einordnen, denen die Sorge für Sicherheit, Entwicklung, Frieden und Recht aufgetragen ist, und die gegebenenfalls überdies für Katastrophen und Notfälle im Inland bereitstehen. Fragen sollten die Soldatinnen und Soldaten der Bundeswehr allerdings die deut-

---

[30] Münkler, „Neue Kriege" und „postheroische Helden", S. 78.
[31] Gerald Wagner: Zaudernder Rat für Helden. In: FAZ, 15. Juni 2016, S. 11.
[32] Leonhard, Militär und Krieg in der postheroischen Gesellschaft, S. 150.
[33] Leonhard, Militär und Krieg in der postheroischen Gesellschaft, S. 154.

sche Politik und Gesellschaft danach, ob ihr Einsatz tatsächlich die gewünschten Ergebnisse erbringen kann, oder ob sie vergebens Mühen und Entbehrungen bis hin zum Todesrisiko auf sich nehmen.

Für Strategie und Einsätze Deutschlands hat die hier vorgetragene Sichtweise ebenso durchaus Konsequenzen wie die Münklersche: Sie macht nämlich nicht nur kleine Gruppen von Gewaltexperten, sondern die ganze Gesellschaft mit ihren unterschiedlichen Ressourcen zum Akteur in der Sicherheits- und Verteidigungspolitik. So steht es im Übrigen auch im neuen Weißbuch.

Literatur:

Bericht der Enquete-Kommission „Zukunft des Bürgerschaftlichen Engagements". Bürgerschaftliches Engagement: auf dem Weg in eine zukunftsfähige Bürgergesellschaft. Deutscher Bundestag. 14. Wahlperiode. Drucksache 14/8900. 03. 06. 2002.

Biehl, Heiko und Bastian Giegerich: Wozu sind Streitkräfte da? Einstellungen zu militärischen Aufgaben. In: Strategische Kulturen in Europa. Die Bürger Europas und ihre Streitkräfte. Ergebnisse der Bevölkerungsbefragungen in acht europäischen Ländern 2010 des Sozialwissenschaftlichen Instituts der Bundeswehr. Hg. von Heiko Biehl u.a. (Forschungsbericht 96). Strausberg 2011, S. 59–73.

BMFSFJ: Abschlussbericht der gemeinsamen Evaluation des Gesetzes über den Bundesfreiwilligendienst (BFDG) und des Gesetzes zur Förderung von Jugendfreiwilligendiensten (JFDG). INBAS-Sozialforschung GmbH, Frankfurt am Main, Susanne Huth (Koordination), INBAS Institut für berufliche Bildung, Arbeitsmarkt- und Sozialpolitik GmbH, Offenbach am Main, Dr. Elisabeth Aram und Susanne Wagner, ISG Institut für Sozialforschung und Gesellschaftspolitik GmbH, Dr. Dietrich Engels und Christine Maur. Frankfurt am Main, Offenbach, Köln 2015.

Bohnert, Marcel und Lukas J. Reitstätter (Hrsg.): Armee im Aufbruch. Zur Gedankenwelt junger Offiziere in den Kampftruppen der Bundeswehr. Berlin, 2014.

Glatz, Rainer L.: Innere Führung. Bewährung im Einsatz. In: Alois Bach und Walter Sauer (Hrsg.): Schützen, Retten, Kämpfen. Dienen für Deutschland. Berlin 2016, S. 42–53.

Heinsohn, Gunnar: Söhne und Weltmacht. Terror im Aufstieg und Fall der Nationen. Zürich 2003.

Kramer, Robert: Evaluation des Freiwilligen Wehrdienstes. Ergebnisse der Zweitbefragung der Freiwilligen Wehrdienst Leistenden mit Diensteintritt im Zeitraum von Juli 2011 bis April 2012. (Forschungsbericht 108). April 2014.

Leonhard, Nina: Militär und Krieg in der postheroischen Gesellschaft: Implikationen einer Krisendiagnose zivil-militärischer Beziehungen. In: Nina Leonhard und Jürgen Franke (Hrsg.): Militär und Gewalt. Sozialwissenschaftliche und ethische Perspektiven. Berlin 2015, S. 137–161.

Michaels, Axel: Opfer. In: Wörterbuch der Religionen. Stuttgart 2006, S. 382 f.

Münkler, Herfried: „Neue Kriege" und „postheroische Helden". In: Birk, Eberhard, Winfried Heinemann und Sven Lange (Hrsg.): Tradition für die Bundeswehr. Neue Aspekte einer alten Debatte. Berlin: Miles 2012.

Münkler, Herfried: Der Wandel des Krieges. Von der Symmetrie zur Asymmetrie, Göttingen 2006.

Münkler, Herfried: Die neuen Kriege. Reinbek 2002.

Münkler, Herfried: Kein Platz für Helden? In: zur sache bw 29, 2016/1, S. 8–13.

Münkler, Herfried: Kriegssplitter. Die Evolution der Gewalt im 20. und 21. Jahrhundert, Berlin 2015.

Unterrichtung durch den Wehrbeauftragten. Jahresbericht 2015 (57. Bericht). Deutscher Bundestag. 18. Wahlperiode. Drucksache 18/7250. 26.01.2016.

Wagner, Gerald: Zaudernder Rat für Helden. In: FAZ, 15. Juni 2016, S. 11.

Werkner, Ines-Jacqueline (Hrsg.): Religion in der Friedens- und Konfliktforschung. Interdisziplinäre Zugänge zu einem multidimensionalen Begriff. (ZeFKo Sonderband 1) Baden-Baden 2016.

Ein Dachdokument ohne Dach.
Konfliktbilder, vernetzter Ansatz und die
Einsatzleitlinien der Bundeswehr

Klaus Naumann

Dokumente zur Truppenführung wie der vorliegende Entwurf der „Einsatzleitlinien der Bundeswehr" (Stand: 21.9.2015) sind in mehrfacher Hinsicht aussagekräftig. Mit ihren Handreichungen zum Führungsverhalten geben sie nicht allein Auskunft über die zugrunde liegenden Konflikt- bzw. Kriegsbilder; sie gewähren auch Aufschluss über die Vorstellungen, *wer* die bewaffneten Konflikte der Zukunft *wie* „führt". Zwangsläufig entsteht dabei zugleich ein professionelles Porträt des gewünschten militärischen Führers. Dieser Verflechtung von Konflikt- und Professionalitätsbildern soll in Auseinandersetzung mit den Einsatzleitlinien im Folgenden nachgegangen werden, denn sie betrifft eines der Kernprobleme der Militärkultur wie der zivil-militärischen Beziehungen.[1]

Der Entwurf der Einsatzleitlinien lädt zu solchen Nachfragen ein, weil sich in ihm exemplarisch einige Grundprobleme zeitgenössischer Truppenführung in einem „komplexen und dynamischen Umfeld" (so die Formulierung des Entwurfs) bündeln, die zugleich weit über den vorliegenden Text hinausweisen. Der Leitgedanke, den ich dabei verfolge, lässt sich in die grundsätzliche Frage kleiden: Wenn Clausewitz vom modernen Krieg als einer „Fortsetzung des politischen Verkehrs mit anderen Mitteln sprach"[2], was bedeutet das für die aktuellen Konflikt- und Kriegsszenarien? Diese Szenarien sind gewiss in vielen Fragen umstritten, doch über drei Punkte lässt sich vielleicht ein Vorabkonsens herstellen: Die meisten dieser Gewaltkonflikte bergen *(ordnungs-)politische* Implikationen, angesichts der Vielfalt der Wirkungsmächte tragen sie *hybriden* Charakter und in Verlauf und Ergebnis sind hochgradig abhängig von dem *öffentlichen* Resonanzboden, auf dem sie stattfinden. Alle drei Punkte, die hier nicht weiter entfaltet werden, spitzen den politischen Gehalt zeitgenössischer Ge-

---

[1] Entstanden sind die folgenden Überlegungen aus Anlass des Workshops, Modul 1923-16, über „Einsatzrichtlinien: Ethische Fragen" (26.-28. Juni 2016), der von Dr. Hartwig von Schubert und Dr. Matthias Gillner veranstaltet wurde. Eine Reihe von Diskussionsergebnissen und Anregungen sind in diesen Beitrag eingegangen. Die Eigenwilligkeit der Schlussfolgerungen geht allein auf mein Konto.

[2] Clausewitz, Carl von, Vom Kriege. 18. Aufl. Bonn 1973, S. 990.

waltkonflikte in einem Maße zu, der die Truppenführung nicht unberührt lassen kann. Die politische „Logik" des Konfliktbildes (um Clausewitz' Terminologie weiter aufzunehmen), die sich daraus ergibt, wird der Blickwinkel sein, um die militärische „Grammatik" der vorliegenden Leitlinien genauer zu betrachten. Daraus ergeben sich Kriterien, um zu prüfen, inwieweit die Mechanismen, Arrangements und Befähigungen, die die Streitkräfte im Wechselspiel von politischen Anforderungen und militärischen Möglichkeiten ausbilden (oder ausbilden sollen), geeignet sind, sie zu einem zweckgerechten und zeitgemäßen „Instrument" machen, das letztlich selbst ein Teil der besagten „Fortsetzung der Politik" ist. Für eine solche Diskussion bieten sich drei Aspekte an.

Aus *militärhistorischer Sicht* ist ein Dokument wie die Leitlinien in mehrfacher Hinsicht aussagekräftig – es belegt die Veränderung von Kriegs- und Konfliktbildern, den Wandel von Konzepten und Doktrinen und damit auch die Historizität dessen, was unter Strategie, Operation und Taktik (um nur diese drei Kernbegriffe zu nennen) verstanden wird. Ein Bewusstsein von der Variabilität und Wandelbarkeit solcher handlungsleitenden Konzepte zu bekommen, ist eine nützliche Lockerungsübung, um die immer nur relative Aussagekraft der vorliegenden Leitlinien im Auge zu behalten. Zweitens lässt sich das Dokument aus *politikwissenschaftlicher Sicht* lesen. Dann gibt es Auskunft über die aktuelle Sichtweise auf das Verhältnis von Militär und Politik, auf die Umwelt- und Kontextwahrnehmungen, die dem militärischen Führer abverlangt oder eben nicht abverlangt werden und damit erschließt sich indirekt der präskriptive Gehalt dieses Dokuments: Es gibt Auskunft, wie ein militärischer Führer zu handeln hat, d.h. mit Blick auf den Einsatzfall zeichnet es ein Porträt der gewünschten militärischen Professionalität und ihres Handlungsrahmens. Ein weiterer, dritter Gesichtspunkt der Betrachtung lässt sich hinzufügen. Wenn von Professionalität und vom Soldatenbild die Rede ist, liegt es nahe, danach zu fragen, wie die grundlegende Organisations- und Führungsphilosophie der Bundeswehr, die *Innere Führung*, in den Leitlinien präsentiert wird. Besonders aufschlussreich dürfte sein, in welchen Zusammenhang diese Konzeption mit dem Einsatzhandeln, also mit dem Kernstück militärischer Professionalität gebracht wird.

Gesichtspunkte zur äußeren und inneren Quellenkritik

Begreift man die Leitlinien als ein zeitgenössisches Dokument, als eine „Quelle", drängt sich zunächst einmal das klassische Verfahren der Quellenkritik auf. Dabei richtet sich die äußere Quellenkritik auf den Status und Kontext des

Dokuments, sie definiert dadurch gleichsam einen Erwartungshorizont; die innere Kritik konzentriert sich hingegen auf die Struktur und den Aussagegehalt der Argumentation.

Die Leitlinien werden vorgestellt als das entscheidende und verbindliche deutsche „Dachdokument" (Anlage 1)[3] der Einsatzführung, in dieser Eigenschaft stehen sie direkt unterhalb der „Konzeption der Bundeswehr"; sie bilden das nationale Pendant zum Grundlagendokument AJP-01 der Nato über die Planung, Ausführung und Unterstützung gemeinsamer alliierter Operationen. Als übergeordnetes Leitdokument verweisen sie auf nachrangige Konzepte, Vorschriften und Verfahrensregelungen. In der Sache vermitteln sie zwischen „strategischem Kontext" und den konzeptionellen wie operativen Vorgaben (S.III). Zudem bilden sie die „fachliche Grundlage für Erziehung und Ausbildung in der Bundeswehr" (ebd.). Militärhistorisch steht das Dokument in einer langen Folge von operativen Dokumenten, deren Genealogie sich bis auf die „Truppenführung" von 1921 zurückverfolgen lässt.[4] Weitere Marksteine dieses Dokumententyps sind u.a. die Truppenführung von 1933, 1960/61 oder die „Leitlinien für die Operative Führung von Landstreitkräften in Mitteleuropa" (1987), die seinerzeit für heftige Diskussionen sorgten.[5] Mit Ende der Blockkonfrontation und dem eindeutigen (und unbestrittenen) operativen Primat der Landes- und Bündnisverteidigung sind die nachfolgenden Leitdokumente einer weitgehenden Revision unterzogen worden, deren Geschichte noch zu schreiben ist.

Die prominente Position in der Dokumentenhierarchie der Streitkräfte ist damit umrissen; sie legt nahe, den Leitlinien eine erschließende Rolle und tragende Bedeutung im Kanon der Dokumente zuzuweisen. Man erwartet demnach Grundinformationen und Verweise auf die nachgeordneten Dokumente. Einerseits sollten hier Grundsatzfragen und -verfahren der Einsatzführung bündig entwickelt und beantwortet werden, andererseits wird man eine Handreichung erwarten, die klarstellt, womit man weiterarbeiten kann. Der vorliegende Entwurf, das sei gleich gesagt, erfüllt diese Erwartungen nur unvollständig. Sicher kann nicht in jedem Dokument immer wieder alles gesagt werden, aber

---

[3] Die Verweise im Text beziehen sich auf die Leitlinien, Entwurf vom 21. September 2015.

[4] Vgl. Gross, Gerhard, Mythos und Wirklichkeit. Geschichte des operativen Denkens im deutschen Heer von Moltke d.Ä. bis Heusinger. Paderborn 2012.

[5] Vgl. Kutz, Martin, Operative Führung als Denkfigur und als Handlungskonzept der Bundeswehr. Implikationen und Gefahren einer Wiederbelebung Schliffenscher Denkmuster, in: Ders., Realitätsflucht und Aggression im deutschen Militär. Baden-Baden 1990, S. 49-86.

ein „Dachdokument" darf schon einen programmatischen Zuschnitt beanspruchen – zumal dann, wenn man seinem Titel gerecht werden will und die Leitlinien als eine Grund- und Pflichtlektüre der Führerausbildung betrachtet. Mehr noch, die herausgehobene Bedeutung dieses Dokuments würde nahelegen, sich in Sprache und Präsentation über den engen Kreis der Fachadressaten hinaus an ein breiteres Fachpublikum zu wenden, das man darüber informieren und davon überzeugen will, wie die Bundeswehr in den Einsatz geht, nach welchen Grundsätzen sie handelt und wie ihr geistiger Horizont beschaffen ist. Das Field-Manual FM 3-24 (2006) der U.S. Army über Counterinsurgency war ein solches Dokument, das bemerkenswerterweise in einem Universitätsverlag herausgegeben und der amerikanischen Öffentlichkeit präsentiert wurde – und damit auch die entsprechenden Diskussionen auslöste.[6]

Aber nicht nur aus legitimatorischen Gründen wäre ein vergleichbarer Umgang mit den Leitlinien wünschenswert, sondern auch aus dem ganz elementaren und praktischen Grund, dass Einsätze heute und in absehbarer Zeit immer in einem Kontext von militärischen und nicht-militärischen Koakteuren stattfinden. Diese Kräfte und Organisationen wären vermutlich sehr daran interessiert zu erfahren, wie sich die Bundeswehr künftige Einsätze und das Führungshandeln vorstellt, wobei sie ja erklärtermaßen nach Maßgabe des „vernetzten Ansatzes" (S. 61ff) vorgehen will. M.a.W., es wäre erfreulich, wenn Ministerium und Streitkräfteführung sich dazu durchringen könnten, schon vorab die Verwendungsweisen dieses Schlüsseldokuments zu durchdenken, sich über dessen Präsentation inner- und außerhalb der Bundeswehr Gedanken zu machen – um daraus (schon jetzt) Schlussfolgerungen für die endgültige Anlage und Sprache der Leitlinien zu ziehen.

Damit ist nun bereits die Perspektive der sog. inneren Quellenkritik angeschnitten. Ihr Kernpunkt lässt sich in einer Frage zusammenfassen: Wird in den Leitlinien vom *Gesamteinsatz, der Mission* her gedacht? Gerade vor dem Hintergrund des neuen Weissbuchs, bei dessen Erstellung Wert auf die Abstimmung zwischen den maßgeblichen Ressorts gelegt worden ist, wäre es ein Desidarat, nun auch die Konzipierung der Einsatzlehre (bzw. zentraler Bausteine) mit den absehbaren Umrissen künftig – mehr oder weniger – politisch, militärisch und zivil integrierter Missionen zu verzahnen. Gewiss, die Bindewirkung von Parlamentsmandaten beschränkt sich bisher auf den militärischen Teil der

---

[6] Vgl. beispielsweise „U.S. Military Doctrine after the Long War", in: World Politics Review, Sonderheft, November 2011.

Veranstaltung, und die gemeinsamen Führungsstrukturen integrierten oder koordinierten Handelns lassen zu wünschen übrig; aber dabei wird man nicht stehen bleiben können und wollen, wenn sich die Befürworter „vernetzter" Außen- wie Sicherheits- wie Entwicklungspolitik selbst ernst nehmen.

Möglich wäre indessen auch der umgekehrte Schluss, aber der wäre fatal: Er würde darauf hinauslaufen, dass ein politisch-institutionelles und organisatorisches Äquivalent zu den Programmsätzen „integrierter", „gesamtstaatlicher" oder „ressortgemeinsamer" Sicherheitspolitik gar nicht vorhanden ist[7] und man sich daher auf die Darlegung der bewährten Praktiken militärischen Führungshandelns zurückziehen muss. Dem künftigen Leser des Leitdokuments würde man damit freilich einiges schuldig bleiben. Er kann sich dann in der vermeintlichen Handlungssicherheit des operativen Repertoires wähnen, während doch die Anforderungen, die die zeitgenössische Einsatzrealität an das Militärhandwerk stellt, um ein vielfaches komplizierter geworden sind. Denn das ist die eigentliche Pointe des Problems – nicht allein die Mängel des politisch-strategischen und organisatorischen „Überbaus" (das „Dach" des Dachdokuments) werfen absehbare Probleme auf (dazu später), auch der Anforderung, die militärfachlichen Konsequenzen für eine Führungslehre und   -praxis zeitgenössischer Einsätze = Missionen auszubuchstabieren, ist bisher nur unzureichend nachgekommen worden. Die Rückzugsposition mit der Aufforderung, dafür Sorge zu tragen, „den Einsatz – zumindest militärisch (!) – zum Erfolg führen zu können" (S.22), ist letztlich ein schaler Trost.

Tritt man einen Schritt von dieser Argumentation zurück, erscheint das Bild, das die Leitlinien bieten, noch einmal in einer anderen Beleuchtung. Worum geht es diesem und ähnlichen Dokumenten? Obwohl durchweg im Infinitiv von Aussagesätzen formuliert, besitzen die Ausführungen eine im Wesentlichen präskriptive Funktion. Sie legen dem militärischen Führer dar, wie er handeln *soll*, um mit der Ungewissheit des modernen Gefechtsfeldes (den Clausewitz'schen „Friktionen") fertig zu werden. Die militärische Logik der Kontingenzbewältigung besteht (vereinfacht gesagt) darin, der *Unsicherheit* der Umwelt ein Höchstmaß an militärischer Handlungs*sicherheit* entgegenzusetzen, m.a.W., Unsicherheit wird externalisiert und durch einen Kanon von gesichertem Spezialwissen und Handlungsregularien neutralisiert. Die große Stärke

---

[7] Der wiederholte Ruf im Weissbuch 2016 nach Kräftigung der deutschen „Strategiefähigkeit" lässt erahnen, dass hier nach wie vor ein beträchtliches Defizit besteht. Vgl. Weissbuch 2016, S. 57, 138.

(und zunehmende Problematik) dieses militärorganisatorischen Verfahrens, in dessen Zentrum nicht zuletzt das „operative Denken" stand (und steht), liegt darin, dass dabei im Interesse der Handlungssicherheit (aber auch der professionellen Exklusivität) mit einer vereinfachenden Unterstellung gearbeitet wird.

Wie andere professionelle Wissenssysteme und Handlungslehren (z.B. der Medizin oder des Rechts) geht auch das herkömmliche Konzept militärischen Berufswissens methodisch-systematisch davon aus, seinen Gegenstand in „reiner" Form zu erfassen, zu analysieren und zu „bearbeiten". Konkretionen und Komplikationen werden danach in Bindestich-Synthesen, Zusatzaspekten oder als Spezialausbildungen und -funktionen hinzugefügt, ohne die Kerngestalt des spezialisierten Fachwissens in Frage zu stellen. Eine der traditionellen militärischen Formeln dieses Ansatzes war die typisierende Annahme, dass das Gefechtsfeld ein leerer Raum sei, der militärisch zu füllen ist, um auf diesem Wege Entscheidungen zu erzwingen.[8] Diese Prämisse ist in den totalen Kriegen des 20. Jahrhunderts sowie unter den Bedingungen einer „Vergesellschaftung der Gewalt" (Michael Geyer) fragwürdig geworden, da die Grenzen zwischen Front und Hinterland, Kombattanten und Nichtkombattanten, militärischen und zivilen Akteuren durchlässig wurden. Unter den zeitgenössischen Bedingungen komplexer Einsätze, gemischter Akteursgruppen und heterogener Öffentlichkeiten geht diese Auffassung vollends ins Leere und wird kontraproduktiv.[9] In der vielfachen Rede der Leitlinien vom „komplexen und dynamischen Umfeld" militärischen Handelns wird das angedeutet, aber letztlich noch nicht konzeptionell durchdacht und erfasst. Das ist nicht unbedingt verwunderlich, denn die Folgerungen, die zu ziehen wären, berühren Kerngehalte der militärischen Professionalitätsauffassung.

Militärisches Handeln, lautet ein alter Satz, zielt ins Ungewisse. Was aber, wenn sich das sicherheits- und erfolgversprechende militärische Handwerkszeug, mit dem Ungewissheit gemeistert werden soll, unter den besagten komplexen Bedingungen selbst als unsicher bzw. schematisch erweist? Am afghanischen Beispiel ist von Philipp Münch gezeigt worden, wie das militärische (operative)

---

[8] Vgl. Gross, Gerhard, Mythos und Wirklichkeit. Geschichte des operativen Denkens im deutschen Heer von Moltke d.Ä. bis Heusinger. Paderborn 2012, S. 40ff., 320; pointiert vgl. Hull, Isabel, Absolute Destruction. Military Culture and the Practises of War in Imperial Germany. Ithaca – London 2005, Ch. II.

[9] Die Folgeprobleme bilden sich in den Defiziten des humanitären Völkerrechts auf z.T. dramatische Weise ab. Vgl. Hankel, Gerd, Das Tötungsverbot im Krieg. Ein Interventionsversuch. Hamburg 2011.

Handeln mit einer anderen Qualität von Ungewissheit konfrontiert wird, sobald Zivilakteure, Bevölkerungsgruppen, prekäre Ordnungsstrukturen und Transformationsaufträge im Spiel sind.[10] Das zu beheben, ist kein Problem landeskundlicher Information oder interkultureller Bildung allein; mehr als zuvor kommt es auf die Fähigkeit des militärischen Führers an, Handlungskontexte und Akteurslogiken zu erfassen und zu reflektieren. Der crowded battlespace stellt das militärische Handeln vor eine Vielzahl von Dilemmata und Abwägungszwängen. Der Entscheidungsdruck wächst, Wirkung von Wirksamkeit zu unterscheiden, Angemessenheit und Verhältnismäßigkeit zu bestimmen und gegen Plausibilitäten militärischer Notwendigkeit abzuwägen. Die präskriptive Sprache des Sollens, die in den Leitlinien vorherrscht, hat dafür jedoch kein Sensorium. Sie will nur eines, Handlungssicherheit vermitteln; das ist verständlich und berechtigt, aber Handlungssicherheit stellt sich erst in Entscheidungsprozessen zwischen verschiedenen Unwägbarkeiten her. Aus der Vorbereitung auf Extremsituationen (z.B. der Geiselnahme) weiß man, dass Antizipationen, Vorab-Reflexionen und Probehandeln von zentraler Bedeutung sind. Daher wäre ein Dokument dieser Art gut beraten, mit Szenarien absehbarer Entscheidungssituationen zu arbeiten.

Der militärische Führer bedarf eines Mindsets, der es ihm erlaubt, über militärische Routinen (to do something; more of the same) hinauszudenken, um sich in den Anforderungen des „komplexen und dynamischen Umfelds" zurecht zu finden.[11] Von dieser Einsicht führt eine Brücke zu einem gern vernachlässigten Aspekt der Inneren Führung. Die Führungslehre der Bundeswehr wird jedoch mit Vorliebe auf ihren sozialintegrativen Gehalt reduziert; dafür werden arbeitsrechtliche Regelungen und soziale Teilhabemöglichkeiten, staatsbürgerliche Kompetenzen und ein geteiltes Wertefundament aufgeboten. Soweit so gut. Doch auch für die Professionalität, d.h. militärfachlich, hat die Innere Führung eine Bedeutung, die über den Dreiklang Motivation, Legitimation, Integration hinausgeht. Das Weissbuch 2006 hatte diese Seite der Führungslehre in der schönen Formulierung zusammengefasst, der Soldat von heute benötige eine „Analyse- und Handlungsfähigkeit, die weit über rein militärische Aspekte

---

[10] Vgl. Münch, Philipp, Die Bundeswehr in Afghanistan. Militärische Handlungslogik in internationalen Interventionen. Freiburg 2015, Kap.V.

[11] Vgl. Naumann, Klaus, Shaping a new soldier? Military professionalism in complex missions, in: Chiari, Bernhard (Hg.), From Venus to Mars? Provincial reconstruction teams and the European military experience in Afghanistan, 2001 - 2014. Freiburg i.Br. 2014; S. 301-315.

hinausreicht",[12] um damit einen „umfassender Bildungsansatz" zu beschreiben. Dabei geht es um eine Klammer anderer Art als in Fragen der sozialen Integration. Diese zielt auf die Korrespondenzen zwischen militärischen und gesellschaftlichen Leitvorstellungen. Die professionelle Verklammerung, die hier angesprochen ist, stellt hingegen ab auf ein grenzüberschreitendes Wissen und Verständnis der komplexen Gesamteinsätze, d.h. Missionen der Gegenwart und Zukunft. Dabei kommt es vor allem auf die Fähigkeit an, im Interesse des gemeinsamen Vorhabens über den eigenen Tellerrand hinauszublicken, die Perspektiven der Akteure und Koakteure nachzuvollziehen und die Auswirkungen des eigenen (militärischen) Handelns auf das Umfeld zu kalkulieren. M.a.W., was hier zur Debatte steht, ist eine Form von grenzüberschreitendem Wissen. Nichts anderes stellt die Innere Führung in Aussicht – wenn sie denn auf die Erfordernisse des Einsatzes eingestellt wird. Spiegeln sich dergleichen Überlegungen in den Leitlinien?

Innere Führung im Einsatz

Die Leitlinien vermitteln einen zwiespältigen Eindruck von der Inneren Führung. In militärgeschichtlicher Perspektive kann man darin das immer noch anhaltende Problem erkennen, das Zusammenwachsen sog. äußerer und innerer Führung angemessen abzubilden.[13] Begünstigt wird das – aus der doktrinären Sicht der „Dokumentenhierarchie" – dadurch, dass die Innere Führung gleichsam „zwischen den Stühlen" sitzt, denn einerseits ist sie eine Art Führungsgebiet mit eigenen „Gestaltungsfeldern", andererseits ist sie dem Anspruch nach als Handlungslehre omnipräsent und drittens fungiert sie - dem Anspruch nach – als eine Art Filter, ein Relais, um nicht zu sagen: als ein Widerstand, der das gesamte militärische Handlungsrepertoire unter Betriebsstrom setzt. Interessant wird es beim letztgenannten Aspekt. – Wie wird die Innere Führung im vorliegenden Dokument vorgestellt (S. 12f)? Der Kanon ihrer Aufgaben wird zunächst sehr formal abgearbeitet. Dann aber, wenn's ans Eingemachte geht, den Einsatz, stößt man erst einmal auf die völlig defensive Beteuerung, die Innere Führung „steht der Auftragserfüllung deutscher Streitkräfte im Einsatz … nicht entgegen" (S.13). Hat man ähnliches jemals über das

---

[12] Weissbuch 2006 zur Sicherheitspolitik Deutschlands und zur Zukunft der Bundeswehr. Berlin 2006, S. 81. Leider fehlt eine entsprechend Aufforderung im neuen Weissbuch 2016.

[13] Darauf aufmerksam machte schon Scheven, Werner von, Die Truppenführung. Zur Geschichte ihrer Vorschrift und zur Entwicklung ihrer Struktur von 1933 bis 1962. Jahresarbeit FüAk, Hamburg 1969.

operative Denken, die Taktiklehre oder andere Kernelemente des professionellen militärischen Selbstverständnisses gehört? Wie auch immer, die Formulierung zeigt an, dass sich die Verfasser auf umstrittenem Terrain wähnen. Und damit liegen sie richtig! Bekanntlich gibt es eine anhaltende Diskussion über die Einsatztauglichkeit der Inneren Führung.[14] Der kann man nicht mit Beteuerungen beikommen, sondern nur damit, sie als Führungsprinzip ernst zu nehmen und auf den militärischen Auftrag, das Konfliktbild und das Berufsbild des Soldaten zu beziehen.

Vielleicht haben die Autoren der Leitlinien gemerkt, in welche Klemme sie sich begeben haben, denn sie retten sich mit einer Flucht nach vorn, die es in sich hat. Der Satz geht nämlich weiter: die IF „erfährt unter diesen (Einsatz-) Bedingungen ihre besondere Bewährung." (ebd.) Auch das klingt noch formelhaft, aber die Pointe besteht darin, dass die darauf folgenden Sätze ein weitreichendes Programm entfalten, das genau ins Schwarze trifft: „Sie befähigt den Befehlsgeber, neben der Rechtmäßigkeit seines Befehls auch stets zu prüfen, wie dessen Folgen vor dem Hintergrund der politischen Vorgaben, den zugrundeliegenden Werterahmen und der Wahrnehmung in Medien und Öffentlichkeit bewertet werden könnten." (ebd.) Der Befehlsgeber müsse sich darüber klar werden, dass „nicht jeder rechtmäßige Befehl ... zwangsläufig zweckmäßig bzw. ‚klug‘ für das Erreichen der eigenen oder gemeinsamen Zielsetzungen" sein muss (ebd.). Was daran ist bemerkenswert? – In diesen Forderungen geht es nicht um die übliche Triade der „Ziele" der Inneren Führung, die aus Legitimation, Integration und Motivation beschrieben werden (ZDv 10/1, Zi. 401), sondern um Führungshandeln im Einsatz. „Zeitgemäße Menschenführung", um diese altehrwürdige Formulierung einmal aufzugreifen, läuft auf einen professionellen Mind Set und Handlungsstil hinaus, auf etwas, das Uwe Hartmann als den „strategischen Kern" einer zeitgemäßen Inneren Führung beschrieben und mit dem Wort von der „Schlagkraft" der Bundeswehr charakterisiert hat.[15] Die Botschaft ist eindeutig – zu den militärfachlichen

---

[14] Die Diskussion verläuft z.T. in konträren Gleisen, einerseits in der Militärsoziologie (vgl. die Beiträge im Jahrbuch Innere Führung), andererseits unter jungen Offizieren. Vgl. Bohnert, Marcel/Reitstetter, Lucas J. (Hg.), Armee im Aufbruch. Zur Gedankenwelt junger Offiziere in den Kampftruppen der Bundeswehr. Berlin 2014.

[15] Vgl. Hartmann, Uwe, Hybrider Krieg als neue Bedrohung von Freiheit und Frieden. Zur Relevanz der Inneren Führung in Politik, Gesellschaft und Streitkräften. Berlin 2015, S. 71ff., unter Rückverweis auf das Handbuch Innere Führung. Hilfen zur Klärung der Begriffe. Bonn ²1960, S. 17.

Fähigkeiten des militärischen Führers von heute gehört ein Reflexions- und Urteilsvermögen, das in Kontexten, Umwelten, Wirksamkeit (nicht nur „Wirkung") und in Klugheitsgeboten denkt. Die im späteren Text vorgenommenen Anforderungen an den „militärischen Führer" entsprechen durchaus diesen Maßstäben (vgl. S. 31f).

Wenn man genauer hinschaut, enthält diese scheinbar marginale Textpassage militärhistorischen Sprengstoff, denn diese Sicht steht quer zum traditionellen militärfachlichen, um nicht zu sagen zum militärhandwerklichen Selbstbild. Schon lange ist dieses überkommene Selbstverständnis in einer Krise, aber es hält sich zäh als ein – oft unausgesprochenes – Credo, das nicht zuletzt vor „übergriffigen" Erwartungen Schutz verspricht. Dahinter steckt das Vertrauen in die (und der professionelle Stolz auf die) selbsterklärende Kraft und Plausibilität des militärfachlichen Wissens, das gegenüber der Einrede „von außen" immun sei. Diese „Immanenz" dieses Berufsbildes, so hatte der Militärhistoriker Manfred Messerschmidt für das 20. Jahrhundert konstatiert, ist durch die gesellschaftliche Integration, den Wertewandel, ja durch die Vergesellschaftung der Kriegsgewalt selbst – und wir würden hinzufügen: durch das Eindringen von Ordnungsfunktionen in den militärischen Auftrag – aufgesprengt worden.[16] Weniger denn zuvor versteht sich Soldatsein aus sich selbst. Es bedarf der Querschnittsfähigkeiten, die geeignet sind, den Kanon des Militärfachlichen zu integrieren, aber diese können nur „von außen" kommen. Die Innere Führung war (und ist) von Haus aus die prominenteste Adresse für diese Fähigkeiten. – Aber leider lässt die einschlägige ZDv 10/1 (2008) den Leser in diesen Fragen im Stich. Hier wäre Neuland zu betreten, und gewiss sind Einsatzleitlinien nicht der Ort dafür, solche Überlegungen auszuformulieren. Aber festzuhalten ist doch, hier werden Anstöße gegeben, die weiter verfolgt werden sollten.

„Einsatzumfeld" – ein erweitertes Konflikt- bzw. Kriegsbild

Für eine vergleichbare Horizonterweiterung spricht die Rede vom „komplexen und dynamischen Einsatzumfeld" (S. 12 Anm. 41, 27, 61 u.a.). Im vorliegenden Dokument wird diese Beschreibung mit hybriden Konfliktszenarien und fragi-

---

16 Vgl. Messerschmidt, Manfred, Die Wehrmacht im NS-Staat. Zeit der Indoktrination. Hamburg 1969, z.B. S. 7f., 206f.; ergänzend und fortführend vgl. Geyer, Michael, The Past as Future: The German Officer Corps as Profession, in: Cocks, Geoffrey/Jarausch, Konrad (Hg.), German Professions, 1800-1950. New York-Oxford 1990, S. 183-212.

ler Staatlichkeit verbunden.[17] Bemerkenswert scheint mir, dass die Leitlinien auf jeden Versuch verzichten, für die Bedrohungs- bzw. Konfliktszenarien der Bündnisverteidigung und der Krisenintervention unterschiedliche „Kriegsbilder" zu entwerfen – etwa im Gefolge der NATO-internen Diskussion zwischen „Easterners" und „Southerners". Damit vermeiden die Leitlinien klugerweise, vermeintliche Gegensätze zu konstruieren, sondern orientieren sich, für ein „Dachdokument" angemessen, an den prägenden Grundzügen gegenwärtiger Konfliktstrukturen.[18]

Für den militärischen Einsatz setzen diese Strukturen eine Reihe von Bedingungen, die von den traditionellen – und hochgradig illusionären – Prämissen abweichen. Das vermeintlich „leere" Gefechtsfeld gehört dazu oder die Realfiktion einer nur-militärischen Operationsführung im politikfreien Raum, aber auch kurzschlüssige Erwartungen, die Erfolg mit „Sieg" identifizieren oder den militärischen Drang nach „Handlungsfreiheit" verabsolutieren.[19] Doch die heutigen militärischen Handlungsbedingungen sind weitgehend verändert (in dogmatischer Sicht würde man sagen: „verunreinigt"), daran lassen die Ausführungen der Leitlinien keinen Zweifel. Sie betonen die Vielfalt der Akteure und Akteursgruppen (zu denen pauschal auch die Zivilbevölkerung gerechnet wird; S. 61), von staatlichen und nichtstaatlichen Organisationen, militärischen und nicht-militärischen Kräften. Militär ist in diesem Kontext nur eine, wenn auch überaus gewichtige „Komponente" des Handlungsfeldes. Der militärische Auftritt erfolgt subsidiär, er kann nicht mehr (aber auch nicht weniger) als „Bedingungen schaffen" für Konfliktlösungen und Friedenskonsolidierung (S. 3). Damit erklärt sich die Prominenz des „vernetzten Ansatzes", die mehrfach hervorgehoben wird (S. 2f; 28f., 61ff.).

Was das bedeutet, läßt sich anhand der Ausführungen der Leitlinien zum „Informationsraum" (S. 26) illustrieren. Er gehört den „Bedingungen", auf die das Militär vorfindet und auf die es einwirkt, um „Deutungshoheit" (ebd.) zu er-

---

[17] Vgl. dazu Wieker, Volker, Gewappnet fürs „Chamäleon Krieg". Gemeinsam planen, um Ressourcen und Kräfte zu bündeln, in: Internationale Politik, 1/2015, S. 81-88.

[18] Eine entsprechende Integration der Konflikt- und Kriegsbilder in einem schlüssigen Rahmen vermisst man dagegen im neuen Weissbuch 2016.

[19] Zum traditionellen Erwartungshorizont vgl. Groß, Gerhard, Mythos und Wirklichkeit. Geschichte des operativen Denkens im deutschen Heer von Moltke d.Ä. bis Heusinger. Paderborn 2012., S. 57ff., 102ff.sowie Kutz, Martin, Deutsche Soldaten. Eine Kultur- und Mentalitätsgeschichte. Darmstadt 2006, S.56ff., 107ff., 173ff.

langen.[20] Dabei geht es um die Meinungsbildung bei anderen Kräften und Akteuren, nicht zuletzt auch der Zivilbevölkerung, um deren Willen, Einstellung und Verhalten zu beeinflussen. Daraus spricht die unbequeme Erkenntnis, dass die militärischen Handlungen qua vermeintlicher „Wirkung" und unterstellter „Effektivität" nicht für sich selbst sprechen, sondern gegenüber allen Beteiligten der Interpretation und Legitimation ihres Sinns und Nutzens bedürfen. „The means is not the message", heißt es bei dem britischen Politikwissenschaftler und ehemaligen Gurkha-Offizier Emile Simpson: Erfolg ist keine direkte Wirkung von Waffengewalt, sondern resultiert erst aus der Interpretation, Deutung, Bewertung und Akzeptanz des Geschehens.[21] Angesichts dieser Folgerungen wirkt die nachfolgende Deduktion der Leitlinien jedoch geradezu naiv: Informationsüberlegenheit sichere Führungsüberlegenheit und diese die Wirkungsüberlegenheit, liest man eine Seite (S. 27) später. Das passt schlecht zum Ringen um Deutungshoheit – und rasch wird klar, dass hier zwei Informationsbegriffe miteinander konkurrieren, mal werden sie zusammengeworfen, dann wieder getrennt. Einmal ist „Information" das Wissen, die Kenntnis und die Deutung des Geschehens für alle Beteiligten, zum anderen ist sie ein militärischer Fachbegriff, der auf Intelligence abstellt und sich naiv des Sender-Empfänger-Modells bedient. Folgt man dem letztgenannten Konzept, verengt sich der umfassende („comprehensive") Ansatz wieder auf den militärfachlichen Horizont.

Nicht unähnlich ist das Verfahren, wenn der „vernetzte Ansatz" unter der Hand mit „vernetzter Sicherheit" (S. 3, Anm.16), also dem Kernstück des militärischen Beitrags gleichgesetzt wird. Das ist zu kurz gesprungen, und die Autoren wissen das, denn gleichzeitig wird im Rahmen des Einsatzes die Synchronisierung der „verzahnten Politikfelder" (S. 3) im Sinne einer „unity of purpose" und einer „shared vision" auf „allen Ebenen" (S. 61f.) „angestrebt" – eine Anstrengung, die bei weitem über den Horizont der militärischen Sicherheitsvorsorge hinausgeht. Ob und inwieweit das immer gelingt, wird zu recht vorsichtig beurteilt; gleichwohl, es handelt sich dabei um ein strategisches Ziel,

---

[20] Stark vertreten wird dieser Aspekt von Dandeker, Christopher, From Victory to Success. The Changing Mission of Western Armed Forces, in: Angstrom, Jan/ Isabelle Duyvesteyn (Hg.), Modern War and the Utility of Force. Challenges, Methods and Strategy, London/New York 2010, S. 16-38.

[21] Vgl. Simpson, Emile, War from the Ground Up: 21st Century Combat as Politics. London ²2013, S. 73.

das von allen Beteiligten ein „Denken im Gesamtzusammenhang" (S. 22) erfordert.

Kurzum, was die Akteursvielfalt im Einsatzumfeld angesichts komplexer Aufträge bedeutet, wird nicht so ganz klar erfasst. Das Gesamtgeschehen hat in diesem „Dachdokument", so scheint es, kein Dach über dem Kopf. Das zeigt sich, wenn man sich anschaut, wie das Strategieproblem entwickelt wird.

Strategie: Der Transfer von Politik in Taktik als Führungsproblem

Die Leitlinien, heißt es im Vorspann, ordnen die Einsatz- und Operationsführung in den „strategischen Kontext" (S. iii) ein. Was ist damit gemeint? Betreten wird damit das Feld der politisch-militärischen Beziehungen. Die aktuelle Strategiediskussion besagt etwa so viel – Strategie ist im Wesentlichen ein beiderseitiger Abstimmungs- und Austauschprozess über Zwecke, Ziele und Mittel, der sich über den gesamten Krisen- bzw. Einsatzzyklus erstreckt bzw. erstrecken sollte.[22] In diesem Prozess realisiert sich, immer wieder aufs Neue, der Primat der Politik. Das gilt seit Clausewitz' Zeiten als unumstößliche Norm, aber über deren Ausgestaltung wird seitdem immer wieder gerungen. Welche Rolle nimmt das Militär im Strategieprozess war, wo verlaufen die Grenzen der politischen Handlungs- und Leitungskompetenz? Ist operative Kriegführung eine politikfreie Zone, nachdem die politischen „Vorgaben" einmal erteilt sind? Oder ist der „strategic corporal", ob er will oder nicht, immer wieder auf den Primat des Politisch-Strategischen verwiesen, wenn er in dem „komplexen und dynamischen Einsatzumfeld" folgenreiche Entscheidungen treffen muss?[23]

Die Leitlinien geben in diesen Fragen eine nur vordergründig eindeutige Antwort. Allzu deutlich merkt man, dass von der Politik alles Mögliche erwartet wird, aber kein strategisches Konzept. Diese Skepsis mag der eigenen leidvollen Erfahrung geschuldet sein und auf die Unterkomplexitäten des Regierungsapparates verweisen; für die Leitlinien ergibt sich daraus die Flucht – erst ins Ungefähre und dann ins Geläufige. Von „strategisch" wird mit Blick auf die

---

[22] Vgl. Strachan, Hew, The Direction of War. Contemporary Strategy in Historical Perspective. Cambridge 2013.

[23] Dazu vgl. Naumann, Klaus, Auch heilige Kühe müssen über den Zaun grasen. Die Einheit des militärischen Denkens und Handelns: Politik, Strategie und militärische Professionalisierung, in: Jahrbuch Innere Führung 2015. Berlin 2015, S. 124-141; Ruffa, Chiara/Dandeker, Christopher/Vennesson, Pascel, Soldiers drawn into politics? The influence of tactics in civil-military relations, in: Small Wars & Insurgencies, 2/2013, S. 322-334.

Politik nur in formaler Hinsicht gesprochen, dann nämlich, wenn die „Zuständigkeitsbereiche anderer Ressorts betroffen sein könnten." (S. IV) Ansonsten formuliert die Politik „Vorgaben" (S. 6) oder „Zielvorgaben" (S. 10) oder erteilt „Weisungen" (ebd.); diese bilden einen „Rahmen" (S. 12) für das militärischen Planen und Handeln. Diese eher vagen Formulierungen führen zu einer Reihe von militärischen Caveats: Politische Vorgaben, so liest man, könnten gelegentlich nur als „politische Absichten" (S. 21) erkennbar sein. Immerhin wird eingeräumt, dass solche Anweisungen „im Gegensatz zu Ableitungen aus dem Sicherheitsumfeld und rechtlichen Vorgaben … stärker dem Wandel unterworfen" (S. 11) seien. – Dämmert hier die Einsicht, dass nicht nur der Krieg, sondern auch die Politik den von Clausewitz so genannten Friktionen ausgesetzt ist, weil beide Handlungstypen unter Kontingenzbedingungen stehen?[24] Die Kunst würde dann aber darin bestehen, beides zum Ab- und Ausgleich zu bringen. Davon erfährt der Leser der Leitlinien leider nichts. Und weil das nicht reflektiert wird, begegnet man der Politik mit Reserven. Sie erweist sich nämlich als anfällig für „vordergründig attraktive Zielsetzungen", die den „mission creep" (S. 19) begünstigen können. Und nicht nur das, denkbar ist auch der worst case, dann nämlich, wenn die „politischen Zielvorgaben" vollends „fehlen" (S. 22). Der militärische Führer ist dann gehalten, „diese Vorgaben beharrlich einzufordern, um" – man höre und staune – „den Einsatz – zumindest militärisch – zum Erfolg führen zu können." (ebd.)

Unverständlich bleibt, warum die militärische Führung nicht verpflichtet sein sollte, auf die Klarheit politisch-strategischer Konzepte zu drängen, an deren Zustandekommen sie selbst beteiligt ist! Das Problem geht aber noch weiter. Erstens bleibt der gesamte Strategieprozess, soweit er in den Leitlinien überhaupt ausdifferenziert wird (und das ist nicht viel) ein Arkanum, eine Geheimwissenschaft – nicht nur, was die Politik, auch was die militärische Führung betrifft. Außer in allgemeinen Zuständigkeits- und Ablaufbeschreibungen (S. 55f.) ist der Transformationsprozess von Politik in Taktik unvollständig und nicht nachvollziehbar. In dieser Frage ist der Duktus des „Dachdokuments" durch und durch traditionell, denn seit 1910 (und da lag der Fall noch anders) hat es keine Führungsvorschriften für die sog. Höhere Führungsebene mehr gegeben; entsprechende Versuche in den 20er und 30er Jahren sind immer wieder ver-

---

[24] Dazu vgl. Daase, Christopher/Schindler, Sebastian, Clausewitz, Guerillakrieg und Terrorismus. Zur Aktualität einer missverstandenen Kriegstheorie, in: Politische Vierteljahresschrift , 4/2009, S. 701-731.

sandet und wurden abgeblasen.[25] Insofern bleibt das, was heute „Militärpolitik" genannt wird, ein Buch mit sieben Siegeln.

Die Leitlinien, das ist der zweite Punkt, setzen sich über mögliche Nachfragen hinweg mit dem Konstrukt der „militärstrategischen Ebene" (S. 14) – und da ist die Welt dann wieder in Ordnung! Nun greift das militärische Procedere mit seinen Zielformulierungen und Zustandsmargen, der Feinabstimmung von Zielen, Mitteln und Wegen und dem Vorschlagen von „Handlungsoptionen" (S. 15). Daraus folgen Vorschläge an die „politische Ebene", die dann wieder Weisungen generiert (S. 16, 55), die operativ ausgeplant und umgesetzt werden. In welcher Gestalt das Strategieproblem bei Operationsführung und Taktik auftritt, wird in den Leitlinien nicht weiter verfolgt. Hier genügt allein der Hinweis, dass die Übergänge zwischen den drei militärischen Führungsebenen „mitunter fließend" (S. 33) und die Anforderungen an den militärischen Führer dementsprechend hoch seien.[26]

Operative Kunst im „komplexen und dynamischen Einsatzumfeld"

Um noch einmal zu rekapitulieren: Der Einsatzraum von heute und morgen ist „komplex und dynamisch"; leer ist er nicht. Zwecke, Ziele und Durchführung von Einsätzen sind bis hinunter auf die taktische Ebene hochpolitische Vorgänge. Zahlreiche Akteursgruppen sind hier am Werk; ob sie dem Einsatzvorhaben positiv oder negativ gegenüber stehen, ob sie „Player" oder „Spoiler" sind, ob Kooperationspartner oder unabhängige Akteure (wie die NGOs), welche Rolle die Zivilbevölkerung im Einsatzgebiet spielt, welche Aufmerksamkeit die lokale und mediale (Welt-)Öffentlichkeit an dem Geschehen nimmt – alle diese Faktoren sind nur konkret zu beurteilen, alle verlangen die Rücksichtnahme des Operateurs wie des taktischen Führers, denn alle sind auf ihre Weise sensibel und ergebnisrelevant. An diesem Komplexitätsniveau orientiert sich

---

25 Vgl. Gross, Gerhard, Mythos und Wirklichkeit. Geschichte des operativen Denkens im deutschen Heer von Moltke d.Ä. bis Heusinger. Paderborn 2012, S. 155f („Leitlinien oberer Führung im Kriege", 1923), 171ff („Vorschrift Höhere Truppenführung", 1930); 191ff. (Denkschrift „Kriegführung als Problem der Organisation", 1938); Scheven, Werner von, Die Truppenführung. Zur Geschichte ihrer Vorschrift und zur Entwicklung ihrer Struktur von 1933 bis 1962. Jahresarbeit FüAk, Hamburg 1969, S.22.

26 Bei Karich, Christoph, Militärische Planung, in: Innere Führung, 4/2014, S.10-16, liest sich das anders. Zur Kritik vgl. Naumann, Klaus, Auch heilige Kühe müssen über den Zaun grasen. Die Einheit des militärischen Denkens und Handelns: Politik, Strategie und militärische Professionalisierung, in: Jahrbuch Innere Führung 2015. Berlin 2015, S. 124-141.

die bereits erwähnte programmatische Schlusspassage des Abschnitts über die Innere Führung (S. 12f.) und nun auch das Leitbild des militärischen Führers (S. 31f.). Erfreulicherweise gilt die operative und Führungskunst als „erlernbar" (S. 32), ganz im Unterschied zum traditionellen Führerbild, dass den „Charakter" höher bewertete als Wissen, Kenntnisse und Fähigkeiten.[27]

Wie soll der militärische Führer mit den besagten Herausforderungen fertig werden? Die An- und Aufforderungen gleichen mitunter einer paradoxen Intervention, in der gegenteilige Aussagen in Konkurrenz treten. Der Grund dafür liegt im Ansatz. Denn die „Scharnierfunktion" (S. 16), die der operativen Führung zugewiesen wird, ist eine doppelte und nicht, wie im Text beschrieben, nur eine einfache: Operationsführung vermittelt zwischen Strategie und Taktik[28] *und* sie soll vermitteln zwischen militärischen und nichtmilitärischen Handlungslinien, soll also die Koakteure „ganzheitlich" und „auf allen Ebenen" „einbinden" (S. 20f, 61). Ob aber diese Koakteure, insbesondere die nichtmilitärischen Kräfte und Organisationen überhaupt einer Handlungslogik folgen, die sich gemäß den drei Führungsebenen des Militärs definieren, ausplanen und „einbinden" lässt, wird nur insoweit (und zwar negativ) beantwortet, als der militärische Planungs- und Handlungsprozess als autonome Größe dargestellt wird und dabei letztlich den klassischen, quasi überzeitlichen „Grundsätzen" der Operationsführung (S. 23f.) folgt.

Realiter handeln die Akteure des „Einsatzumfeldes" nicht unabhängig voneinander, dem vernetzten Anspruch nach auch nicht, doch die militärische Handlungslogik bleibt letzten Endes autonom. Zeigt sich hier doch noch ein letzter Abglanz jener Illusion vom leeren Gefechtsfeld, die das berufliche, militärfachliche Selbstverständnis seit dem 19. Jh. zutiefst geprägt hat?[29] Einen ähnlichen Widerspruch enthalten die Passagen der Leitlinien über das „centre of gravity" (S. 29f.), früher „Schwerpunktbildung" genannt. Einerseits ist das Bedeutungs-

---

[27] Vgl. dazu Keller, Jörg, Leadership – ein folgenschwerer Irrtum? Eine Kritik militärischer Führungsvorstellungen, in: Kutz, Martin/Weyland, Petra (Hg.), Europäische Identität? Versuch, kulturelle Aspekte eines Phantoms zu beschreiben. Bremen 2001.

[28] Wohlgemerkt ist immer nur von „militärstrategischen" Vorgaben die Rede, so dass politische Interventionen, mögen sie auch noch so strategisch kalkuliert sein, per definitionem als Störgrößen erscheinen!

[29] Die Problematik wird diskutiert bei Mattelaer, Alexander, The Crisis in Operational Art. European Security and Defence Forum Workshop 2: New Transnational Security Challenges and Responses, Chatham House, November 2009, http://www.chathamhouse.org/sites/default/files/public/Research/International%20Security /1109esdf_mattelaer.pdf

feld dieses Konzepts sehr umfassend angelegt; es kann sich aus Quellen „materieller oder ideeller Natur und militärischer oder nichtmilitärischer Art" (S. 29) speisen.[30] Auf der anderen Seite erfolgt, wie gehabt, die operative Kraftentfaltung gemäß dem Instrumentarium militärischer Operationsführung in „Operationslinien", Phasenabfolgen, der Bestimmung von „Schlüsselbedingungen" u.a.m. – Was gilt nun? In den Programmaussagen dieser und ähnlicher Texte wird betont, dass „Erfolg" im Einsatz, die Gestaltung von „Bedingungen" und die Ermöglichung von „Lösungen" nur im Zusammenwirken der Akteure erreicht werden kann, aber diese Einsichten erreichen die Ebene organisatorischer und professioneller Ab- und Selbstläufe nur in sehr verdünnter Dosierung. Das Problem war bereits bei der Abfassung des „Leitfadens Aufstandsbewältigung" (Inspekteur des Heeres, 2013) erkennbar; es ist offenbar bis heute nicht ausreichend bearbeitet worden.[31]

Um nicht missverstanden zu werden – dem militärischen Führer wird ein beträchtlicher Freiraum zugestanden. Er soll ein „operatives Design" (S. 29) entwerfen, das den „eigenen Annahmen" in Bezug auf den „angestrebten politischen Endzustand" (S. 28) folgt. Mehr noch, er soll eine „grundlegende Idee" zur Umsetzung der politischen Vorgaben sowie der (militär-)strategischen Zielvorgaben entwickeln. Darin kann man einen Reflex des Prinzips „Führen mit Auftrag" erkennen, der nicht positiv genug bewertet werden könnte – wenn nicht der Eindruck entstünde, der militärische Führer vor Ort habe auszubaden, was „oben" auf der politisch-militärischen, der strategischen Ebene nicht zusammengeführt worden ist. M.a.W., er ist zur Improvisation verurteilt, aber das Rüstzeug, das ihm im Führungsprozess zur Verfügung gestellt wird, ist schlecht ausgelegt. Oder aber, das wäre die andere Option, er geht auf „Nummer sicher" und hält sich an das kleine Einmaleins der Standard Procedures.

---

[30] Hier deuten sich Weiterentwicklungen im Verhältnis von kinetischen und nicht-kinetischen Mitteln an, die in der Coin-Diskussion noch vermisst wurden. Vgl. Noetzel, Timo, Germany's Small War in Afghanistan: Military Learning amid Politico-Strategic Inertia, in: Contemporary Security Policy, 3/2010, S. 486-508; Dyson, Tom, Organizing for Counterinsurgency: Explaining Doctrinal Adaption in Britain and Germany, in: Contemporary Security Policy, 1/2012, S. 27-58.

[31] Vgl. dazu Naumann, Klaus, Der blinde Spiegel. Deutschland im afghanischen Transformationskrieg. Hamburg 2013, S. 83-97.

Führung – Einsatz – Professionalität

Der Zweck der vorstehenden Betrachtungen zu den Einsatzleitlinien bestand darin, anhand einer Fallstudie aktuelle Probleme des militärischen Führungshandelns und der Professionalitätsstandards in Zeiten komplexer Einsätze zu diskutieren, um nicht zuletzt verborgene politische Implikationen des sogenannten Soldatenhandwerks aufzuzeigen. Dabei bin ich einem Hinweis gefolgt, den Michael Geyer in einem seiner ersten Aufsätze als Militärhistoriker so umrissen hatte: „Um die politischen Dimensionen militärischen Handelns abzustecken bedarf es vermehrt einer Realgeschichte militärischer Sachprobleme.“[32]

Der vorliegenden Entwurf der Leitlinien bot dafür viele Stichworte, Ansätze und Anstöße, und wenn diese sich nicht zu einem Ganzen fügen, so ist damit nicht über die Fähigkeit oder Unfähigkeit der Autoren befunden, sondern ein allgemeines, symptomatisches Defizit benannt. Denn die Folgerungen aus den vorhandenen Einsichten in das veränderte Konflikt- und Kriegsbild, das „komplexe und dynamische Einsatzumfeld“, die Anforderungen des vernetzten Ansatzes, die maßgebliche Rolle von Zivilbevölkerung und Öffentlichkeiten bleiben unvollständig und inkonsequent – nicht nur in den Leitlinien.[33]

Das Versprechen, das der Inneren Führung angetragen und auf das Fähigkeitsprofil des militärischen Führers projiziert wird, wird nicht eingelöst. Das Verhältnis von Militär und Politik, die Amalgamierung von Zwecken und Zielen zu einem kohärenten strategischen (Dialog-)Prozess, das Aneinanderrücken der drei (strategischen, operativen, taktischen) Führungsebenen, die Befähigung, zur Synchronisierung des Handelns unterschiedlicher Akteursgruppen und Kräfte beizutragen (ohne alles über den Kamm der Operationslogik zu scheren) – viele diese Grundprobleme zeitgenössischer Einsätze haben in den Einsatzleitlinien noch keine befriedigende Antwort gefunden. Das ist letztlich kein Wunder, denn eine Reihe eingefleischter Selbstverständlichkeiten über das, was Krieg „wirklich“ ist, was „Kampf“ bewirken kann, was der Soldatenberuf „an sich“ letztlich ist, werden von der Einsatzwirklichkeit der Gegenwart infrage gestellt.

---

[32] Geyer, Michael, Die Wehrmacht der Deutschen Republik ist die Reichswehr. Bemerkungen zur neueren Literatur, in: Militärgeschichtliche Mitteilungen, 2/1973, S. 152ff, hier S. 197.
[33] Als ein Vergleichsfall eignet sich das neue Weißbuch; vgl. Naumann, Klaus, Wenig Schwarz auf weiß. Das neue Weißbuch nimmt sich viel vor und lässt noch mehr offen, in: Loyal, 9/2016, S. 20-25.

Widerstand als Forschungsgegenstand[1]

Hans-Hubertus Mack

Ausgeforscht?

Beim Festakt im Bendlerblock werden alle Festredner erneut den Widerstand gegen das nationalsozialistische Verbrecherregime, das Attentat und den Aufstandsversuch vom 20. Juli 1944 als Vorbilder für die Bundeswehr, ja auch als Voraussetzung für ein besseres und friedliches Nachkriegsdeutschland darstellen. Auch wir, und ich als Offizier des Heeres ganz persönlich, verneigen uns vor dem mutigen Opfergang der entschlossenen Verschwörer, Oberst i.G. Claus Graf Stauffenberg, Generalmajor Henning von Tresckow und vieler anderer. Als Leiter der größten geschichtswissenschaftlichen Forschungseinrichtung in Deutschland, noch dazu hier in der Region, frage ich aber ganz provokativ: vor wem genau verneigen wir uns heute? Wer war Henning von Tresckow, wer war Claus Graf Stauffenberg, was wissen wir wirklich über die beiden, über viele andere und ihre Rolle im Widerstand, im Zweiten Weltkrieg überhaupt?

Die Stauffenberg-Biographie von Peter Hoffmann ist unübertroffen, aber stammt auch schon aus dem Jahre 1992[2]. Vielleicht mag der eine oder andere von Ihnen Bodo Scheurigs Tresckow-Biographie[3] gelesen haben, aber die ist sogar schon 1973 erschienen und also fast ein halbes Jahrhundert alt. Sie entsprach schon damals nur mit Mühe wissenschaftlichen Standards und muss heute als völlig veraltet gelten. Zu Carl-Hans Graf von Hardenberg, Gutsherr auf Neuhardenberg, Nachfahr des Staatskanzlers und aktiver Angehöriger der militärischen Widerstandsorganisation, gibt es neben einigen Aufsätzen ein kleines Bändchen aus dem Jahre 1993[4] und eine Quellenedition aus dem Jahr darauf[5]. Seit rund einem Jahr wirkt in Potsdam der neue Lehrstuhlinhaber für Militärgeschichte, Professor Sönke Neitzel. In einem von ihm herausgegebe-

---

[1] Rede im Kommando Heer am 20. Juli 2016 in Strausberg.

[2] Hoffmann, Peter: Claus Schenk Graf von Stauffenberg und seine Brüder. Das Geheime Deutschland, Stuttgart 1992.

[3] Scheurig, Bodo: Henning von Tresckow. Eine Biographie, Oldenburg 1973.

[4] Gerbet, Klaus: Carl-Hans Graf von Hardenberg. 1891-1958. Ein preußischer Konservativer in Deutschland, Berlin 1993 (=Reihe deutsche Vergangenheit, 79).

[5] Carl-Hans Graf von Hardenberg. Ein deutsches Schicksal im Widerstand. Dokumente und Auskünfte, hg. von Günter Agde, Berlin 1994.

nen Quellenwerk[6] findet sich eine Bemerkung, die man so interpretieren kann, als habe sich Oberstleutnant Georg Freiherr von Boeselager, einer von Tresckows Mitverschwörern, aktiv an der Erschießung von Juden beteiligt. Am Boeselager-Gymnasium in der Eifel gibt es Unruhe, die Familie ist besorgt um das Ansehen eines ihrer hervorragendsten Söhne. Wo aber bleibt die historisch-wissenschaftliche Aufarbeitung? Wo die quellenkritische Auswertung, wo die Einordnung in den Gesamtkontext des Zweiten Weltkriegs?

Militärischer Widerstand und Gedenken

Vielleicht sollte jemand mal zählen: wie oft wird, wenn von Stauffenberg bei solchen Festveranstaltungen die Rede ist, von „Oberst Stauffenberg" gesprochen? Und wie oft heißt es „Graf Stauffenberg" oder schlicht „von Stauffenberg"? Wie oft sagt jemand von „Tresckow", „Henning von Tresckow" – und wie oft hören wir „General von Tresckow"? Auf der Webseite des Deutschen Heeres wird Hardenberg für das Jahr 1939 als Major der Reserve genannt – dass er noch Oberstleutnant der Reserve geworden ist, steht da nirgends. Nach meiner Wahrnehmung hat das öffentliche Gedenken alle die militärischen Verschwörer im Nachhinein zivilisiert, und nach allem, was wir über den Oberst i.G. und den Generalmajor sagen können, wäre ihnen das kaum Recht gewesen.

Gelegentlich werde ich gefragt, warum solche Männer Widerstand leisteten, obwohl sie doch Offiziere waren. Die Frage ist falsch gestellt: sie haben Widerstand geleistet, nicht obwohl, sondern weil sie Soldaten waren. Und sie waren ja keine schlechten Soldaten: Tresckow und Stauffenberg gehörten zu den besten Generalstabsoffizieren ihrer Generation, mit Aussicht auf weitere Förderung. Boeselager trug immerhin das Ritterkreuz mit Eichenlaub. Warum also zivilisieren wir diese herausragenden Offiziere, warum verschweigt das öffentliche Gedenken schamhaft, dass sie mit Leib und Seele Offizier und Soldat waren?

Garnisonkirche

Bei uns in Potsdam können Sie das an einem konkreten Ort festmachen, und das ist die seit Jahren umstrittene Garnisonkirche. Ja, die Garnisonkirche ist

---

[6] Neitzel, Sönke: Abgehört. Deutsche Generäle in britischer Kriegsgefangenschaft 1942-1945, Berlin 2005.

der Ort des Tages von Potsdam, auf ihren Stufen ereignete sich der Hand-
schlag des greisen Feldmarschalls mit dem Gefreiten des Weltkrieges, der das
neue, tausendjährige Reich zu schaffen versprach. Aber hier ließ auch Generalmajor Henning von Tresckow seine Kinder konfirmieren, die Gelegenheit,
bei der er ihnen in einer kleinen Rede seine Sicht des „wahren Preußentums"
erklärte: „Vom wahren Preußentum ist der Begriff der Freiheit niemals zu
trennen. Wahres Preußentum heißt Synthese zwischen Bindung und Freiheit,
zwischen selbstverständlicher Unterordnung und richtig verstandenem Herren-
tum, zwischen Stolz auf das Eigene und Verständnis für Anderes […]. Ohne
diese Verbindung läuft es Gefahr, zu seelenlosem Kommiss und engherziger
Rechthaberei herabzusinken […]. Man kann das gerade jetzt nicht ernst genug
betonen und ebenso, dass von solch preußisch-deutschem Denken das christliche Denken gar nicht zu trennen ist." – Wir würden heute manches vielleicht
anders ausdrücken, aber die anti-nationalsozialistische Spitze hört auch unsere
Generation klar heraus. Warum lassen wir es zu, dass das Andenken an ein so
verstandenes Preußen verschwiegen wird, und dass nur noch sein Missbrauch,
seine hypertrophe Übersteigerung, den öffentlichen Diskurs prägen?

Widerstand und Verbrechen an der Ostfront

Ein anderes Beispiel dafür, wie wir über den Widerstand reden, war die vor
nunmehr 20 Jahren ausgelöste Debatte über die Verstrickung von Angehörigen
des Widerstands an der Ostfront, allen voran Tresckow, aber auch Leutnant
der Reserve Fabian von Schlabrendorff, Generalmajor Rudolf-Christoph Freiherr von Gersdorff und in letzter Zeit auch Oberst Georg von Boeselager, in
die in der Sowjetunion von Wehrmacht und SS begangenen Verbrechen[7]. Dass
die Wehrmacht und nicht allein die SS Verbrechen begangen hatte, war ja eigentlich nicht neu – lange, bevor die umstrittene Ausstellung das Auge der
breiteren Öffentlichkeit darauf lenkte, hatte man das in Band 4 unseres Reihenwerks „Das Deutsche Reich und der Zweite Weltkrieg[8]" ausführlich quel-
lengestützt lesen können. Dass aber auch Mitverschworene der Militäropposi-

---

7 Gerlach, Christian: Männer des 20. Juli und der Krieg gegen die Sowjetunion, in: Vernichtungskrieg. Verbrechen der Wehrmacht 1941-1944, hg. von Hannes Heer und Klaus
Naumann, Hamburg 1995, S. 427-446.

8 V.a. Förster, Jürgen: Das Unternehmen "Barbarossa" als Eroberungs- und Vernichtungskrieg,
in: Das Deutsche Reich und der Zweite Weltkrieg, hg. vom Militärgeschichtlichen Forschungsamt, Band 4: Der Angriff auf die Sowjetunion, Stuttgart 1983, S. 413-447.

tion in der Heeresgruppe Mitte beteiligt sein sollten, das war eine neue Unterstellung.

Wir haben im damaligen Militärgeschichtlichen Forschungsamt zusammen mit der Familie von Tresckow reagiert, indem wir die Vorwürfe an den Quellen nachgeprüft und das Ergebnis 1998 in einem Aufsatz publiziert haben[9]. Was war an den Vorwürfen dran? Natürlich haben die Verschwörer im Stab der Heeresgruppe um die Verbrechen gewusst. Manch einer von ihnen, für den Generalmajor Hellmuth Stieff etwa können wir das belegen, ist deshalb in den Widerstand gegangen, weil er darum wusste, dass auch er seinen Anteil an der Schuld für die Verbrechen trug. Der Oberstleutnant d.R. Graf Hardenberg musste ein Massaker bei Borissow in der Sowjetunion miterleben.

Aber eine verantwortungsbewusste Forschung muss diese nüchterne Feststellung in einen weiteren Rahmen stellen: Die militärischen Verschwörer waren Berufsoffiziere und keine Pazifisten. Krieg zur Befreiung Russlands vom stalinistischen Joch zu führen, auch zur Vergrößerung des deutschen Machtbereichs, das schien ihnen keineswegs unmoralisch. Als scharfblickende Generalstabsoffiziere, gelernte Juristen oder Männer der Wirtschaft sahen sie aber, dass Hitlers wahre Kriegsziele ganz woanders lagen, dass dieser Krieg dazu diente, Völkermord im großen Stil zu begehen, und dazu waren sie nicht bereit. Daher rühren die von der NS-Linie abweichenden Vorstellungen darüber, wie die von Partisanen bedrohten rückwärtigen Gebiete der Heeresgruppe zu befrieden seien: „Eine wirkungsvolle Propaganda mit dem Zweck, den russischen Menschen zur positiven Mitarbeit im deutschen Interesse heranzuziehen, kann nur bei einer Umstellung der augenblicklichen Grundsätze erfolgen",[10] so der I b der Heeresgruppe Mitte bei einem Eintrag ins KTB 1941 – Auch hier eine Denkweise, die uns heute fremd ist, die aber eindeutig auf Distanz zum Unrechtsregime des Nationalsozialismus geht. Eine solche Einordnung einzelner Quellenfunde und -zitate ist das, was man von einer wissenschaftlichen Analyse erwarten muss.

Eine verantwortungsbewusste Forschung muss zu den Vorwürfen gegen Boeselager einwenden, dass es um einen Bericht vom Hörensagen, mit höchst unklarer Zeitangabe („1941 oder 1942") und aus zweiter Hand geht, und dass im

---

[9] Heinemann, Winfried: Der Widerstand gegen das NS-Regime und der Krieg an der Ostfront, in: Militärgeschichte 8 (1998), S. 49-55.
[10] Heeresgruppe Mitte I b Nr. 2562/41 geh. an OKH/Gen.St.d.H./Gen.Qu.: Kriegsgefangenenlage. BA-MA RH 19 II/127, f. 139-140.

Text Boeselager zwar als Informant genannt wird, dass darin aber keineswegs unterstellt wird, Boeselager habe selbst beim Judenmord mitgemacht. So etwas nennen die Historiker Quellenkritik, und es dient dazu, den Wert von Informationen einzuschätzen. In diesem Fall muss eine solide Quellenkritik zu dem Ergebnis kommen, dass diese äußerst nebulöse Formulierung in keiner Weise einen Zweifel an dessen Haltung zu den Verbrechen begründet. Niemand aber kann einen abschließenden Beweis dafür erbringen, dass Boeselager sich nie an solchen Aktionen beteiligt hat. Leider geht es aber im öffentlichen Diskurs nach dem Motto „semper aliquid haeret" – irgendetwas bleibt immer hängen. Wissenschaftlich ehrlich ist ein solcher Versuch, einen Angehörigen der Militäropposition zu diskreditieren, aber nicht.

Außen- und innenpolitische Zielsetzungen

In den 1950er Jahren sprach man vom nationalkonservativen Widerstand vor allem als einer moralischen Größe. Buchtitel wie „Die deutsche Opposition gegen Hitler. Eine Würdigung"[11] aus der Feder des großen Hans Rothfels oder „Das Gewissen steht auf"[12], herausgegeben von Annedore Leber, der Witwe des ermordeten Arbeitsführers Julius Leber, beherrschten den Markt. Das kann auch nicht überraschen, immerhin gab es bis dahin nur wenig quellengestützte wissenschaftliche Forschung zum „Dritten Reich", vor allem auch, weil viele Akten noch im Besitz der Alliierten und damit deutschen Forschern nicht zugänglich waren. Erst Anfang der 1960er Jahre begann das Fragen nach den politischen Vorstellungen des Widerstands: Hermann Graml schilderte 1966 dessen außenpolitischen Ziele[13], Hans Mommsen die innen- und gesellschaftspolitischen Konzepte[14]. 1967 publizierte Ger van Roon sein grundlegendes Werk zu den Gedanken des Kreisauer Kreises[15]. Noch später kam die Frage nach

---

[11] Rothfels, Hans: Die deutsche Opposition gegen Hitler. Eine Würdigung, Krefeld 1949.

[12] Das Gewissen steht auf. 64 Lebensbilder aus dem deutschen Widerstand 1933-1945, hg. von Annedore Leber, Berlin 1954.

[13] Graml, Hermann: Die außenpolitischen Vorstellungen des deutschen Widerstandes, in: Der deutsche Widerstand gegen Hitler. Vier historisch-kritische Studien, hg. von Walter Schmitthenner und Hans Buchheim, Köln 1966 (=Information, 17), S. 15-72.

[14] Mommsen, Hans: Gesellschaftsbild und Verfassungspläne des deutschen Widerstandes, in: Der deutsche Widerstand gegen Hitler. Vier historisch-kritische Studien, hg. von Walter Schmitthenner und Hans Buchheim, Köln 1966 (=Information, 17), S. 73-168.

[15] Roon, Ger van: Neuordnung im Widerstand. Der Kreisauer Kreis innerhalb der deutschen Widerstandsbewegung, München 1967.

dem Antisemitismus im deutschen Widerstand, die Christoph Dipper in einem aufsehenerregenden Aufsatz im Jahre 1983 aufwarf[16].

Das MGFA als ein Vorläufer des heutigen ZMSBw hat sich an solchen Forschungskontroversen engagiert beteiligt. Unsere 1984 erstmals gezeigte und später noch einmal gründlich überarbeitete Ausstellung „Aufstand des Gewissens" war lange die erfolgreichste Wanderausstellung des Hauses überhaupt. Der dazugehörige Katalog ist in fünf Auflagen erschienen und heute noch ein viel zitiertes Standardwerk zum Thema. In Band 9/1 unseres Reihenwerks „Das Deutsche Reich und der Zweite Weltkrieg" findet sich ein Großbeitrag von Winfried Heinemann, der zum ersten Mal den militärischen Widerstand als ein Phänomen sui generis beschreibt[17]. Aber „Aufstand des Gewissens" wäre jetzt mehr als dreißig Jahre alt, und die Ausstellung wird nicht mehr gezeigt. Der genannte Beitrag im Weltkriegswerk ist auch schon vor über zehn Jahren erschienen. Ist das Thema ausgeforscht? Sind die Kontroversen zu einem Ende gekommen?

Der russische Präsident Boris Jelzin hat 1997 Bundeskanzler Helmut Kohl Kopien von Akten zum Widerstand aus russischen Archiven übergeben – eine neue, bis dahin im Westen unbekannte Quelle. Aber nach meiner Überzeugung ist mit dem Auftauchen weiterer neuer Quellen kaum mehr zu rechnen. Ob sich in Moskauer Archiven noch weitere unbekannte Stücke verbergen, mag dahingestellt sein – angesichts der zunehmend restriktiveren russischen Politik sind Freigaben jedenfalls nicht zu erwarten. Auch von daher die Frage: wenn keine neuen Quellen mehr zu erwarten sind, ist das Thema ausgeforscht?

Mehr noch: wenn wir aus den Sonntagsreden wissen, wie es gewesen zu sein hat – wollen wir dann noch eine weitere Erforschung? Wollen wir überhaupt unser liebgewordenes Widerstandsbild von einer kritischen Forschung in Frage gestellt sehen? Das gilt auch für die Bundeswehr, die sich bewusst auf den militärischen Widerstand gegen Hitler als ein wesentliches Element ihrer Tradition beruft: will sie dieses Element wirklich selbst hinterfragen?

---

[16] Dipper, Christoph: Der deutsche Widerstand und die Juden, in: Geschichte und Gesellschaft 9 (1983), S. 349-380.

[17] Heinemann, Winfried: Der militärische Widerstand und der Krieg, in: Das Deutsche Reich und der Zweite Weltkrieg, Band 9/1: Die deutsche Kriegsgesellschaft 1939-1945. Politisierung, Vernichtung, Überleben, Stuttgart 2004, S. 743-892.

Netzwerke im Widerstand

Ich bin überzeugt, es gibt noch viel zu forschen und vieles besser zu verstehen. Wichtig ist dabei, an das vorhandene Material, an die bekannten Quellen neue, weiterführende Fragen zu stellen. An der Universität Potsdam entsteht seit einiger Zeit eine Dissertation, welche die Methoden moderner, rechnergestützter Netzwerkforschung anwendet auf den nationalkonservativen Widerstand. Was heißt das? Die Autorin, Leiterin der Abteilung Schriftgut an unserem Militärhistorischen Museum in Dresden, fragt nach den einzelnen Kontakten zwischen den verschiedenen am Widerstand beteiligten Personen. Jeden dieser Kontakte listet sie in ausführlicher Detailarbeit auf und lässt sie von einer eigens für solche Fragestellungen entwickelten, in der internationalen Forschung auch für ganz andere Themen genutzten Software nach verschiedenen Kriterien auswerten. Wie entsteht eigentlich so ein Netzwerk? Hat es eine Struktur? Eher zentralistisch, hierarchisch oder „jeder-kennt-jeden"? Frau von Keyserlingk hat einige vorläufige Ergebnisse bereits publiziert, und daraus ergibt sich, dass der persönliche Gegensatz zwischen Oberst Graf Stauffenberg und dem ehemaligen Leipziger Oberbürgermeister Carl Goerdeler auch strukturelle Konsequenzen hatte: Um Goerdeler hatte sich eine Wolke von Kontakten gebildet, die an den Rändern auch ausfranste – lockere, von Goerdeler nicht mehr zu kontrollierende Verbindungen, die Stauffenberg als Sicherheitsrisiko ansah. Dieser hingegen, ganz Generalstabsoffizier, hatte daneben und parallel dazu eine straffe Staatsstreichorganisation aufgebaut[18].

Forschungsvorhaben des ZMSBw

Auch dieses Projekt zeigt auf, dass der militärische Widerstand mehr war als die willige Exekutive der politischen Opposition. Umso wichtiger ist es, ihn als Teil der deutschen Militärgeschichte des 20. Jahrhunderts zu begreifen und zu erforschen. Welche militärischen Motive trieben die Verschwörer an? Wenn sie aus den konservativen Eliten des Reiches stammten, was waren ihre Vorbilder, ihre Denkschulen in der Reichswehr oder sogar in den Heeren des Kaiserreichs?

---

[18] Keyserlingk, Linda von: Ein geheimes Netzwerk zur Vorbereitung und Durchführung des Attentats- und Staatsstreichversuchs vom 20. Juli 1944, in: Geheime Netzwerke im Militär 1700-1945, hg. von Gundula Gahlen, Daniel Marc Segesser und Carmen Winkel, Paderborn 2016 (=Krieg in der Geschichte, 80), S. 204-220.

Was waren ihre unmittelbaren militärischen Planungen, und wie stellten sie sich langfristig das Verhältnis von Militär und Politik vor? Sollte die Übernahme der vollziehenden Gewalt durch das Heer ein Provisorium bleiben, oder sahen sie für das deutsche Militär einen gewichtigen Anteil am Wiederaufbau nach der sich abzeichnenden Katastrophe voraus? Wie stellten sie sich überhaupt ein Kriegsende vor? Wir wissen, dass Hitler das deutsche Volk in den Untergang führen wollte, wenn er seinen Krieg verlor. Wir wissen schon enttäuschend wenig über die Vorstellungen zu einer Kriegsbeendigung bei etwa Göring, Bormann oder – vielleicht am wichtigsten – bei Himmler. Was aber wissen wir darüber, wie die Soldaten im Widerstand den Krieg zu einem Ende zu bringen gedachten?

Daran anschließend stellt sich die Frage nach ihrer Wirkungsgeschichte. 2012 ist eine Münchener Dissertation erschienen, in der Christine Hikel in beeindruckender Weise analysiert, wie die überlebende Schwester von Sophie und Feldwebel Hans Scholl nach 1945 lange erfolgreich die Überlieferung der „Weißen Rose" monopolisiert hat, und wie es ihr gelungen ist, den Diskurs über die Gruppe jahrzehntelang zu dominieren und zu steuern[19]. In unserem Sammelband über die Gründergeneration der Bundeswehr hat Loretana de Libero eine kleine Vignette über den Oberst Trentzsch veröffentlicht, in der sie darlegt, gegen welche Widerstände dieser im Verteidigungsministerium der späten 1950er Jahre eine positive Bewertung des militärischen Widerstands durchsetzen musste[20].

Ich bin überzeugt, dass hier noch manche innovative Forschungsarbeit zu leisten ist. Der 75. Jahrestag des 20. Juli 1944 steht heran. Das ZMSBw wird sich dieser Herausforderung stellen und versuchen, den erreichten Forschungsstand zusammenzufassen, neue Fragestellungen zu entwickeln und unser Wissen über den Widerstand zu vertiefen.

Die Bundeswehr als eine Armee in der Demokratie wird solche neuen Fragestellungen aushalten müssen und auch können. Wenn am Ende ein besseres Verständnis dafür steht, dass der Oberst Graf Stauffenberg und der General von Tresckow, der Generaloberst Beck und der Oberstleutnant der Reserve

---

[19] Hikel, Christine: Sophies Schwester. Inge Scholl und die Weiße Rose, München 2012 (=Quellen und Darstellungen zur Zeitgeschichte, 94).

[20] Libero, Loretana de: Trentzsch, die Bundeswehr und das Attentat auf Hitler, in: Militärische Aufbaugenerationen der Bundeswehr 1955 bis 1970. Ausgewählte Biografien, hg. von Helmut R. Hammerich und Rudolf J. Schlaffer, München 2011 (=Sicherheit und Streitkräfte der Bundesrepublik Deutschland, 10), S. 181-210.

Graf Hardenberg nicht nur aus moralischer Einsicht, sondern auch aus soldatischem Selbstverständnis heraus, aus der Verantwortung des Offiziers für das Ganze heraus gehandelt haben, dann kann daraus ein wichtiger Beitrag auch für das Selbstverständnis deutscher Offiziere im 21. Jahrhundert entstehen – und darauf kommt es an.

Innere Führung und Tradition.
Mit einem Exkurs zu ‚Treue um Treue'.

Reinhold Janke

Einführende Bemerkungen

Die Tradition der Bundeswehr als Phänomen und Problem erregte von Anfang an politische, gesellschaftliche und mediale Aufmerksamkeit und dies oft in einer eher argwöhnischen, kontrollierenden oder auch ablehnenden Betrachtungsweise. In der Binnenbetrachtung der Bundeswehr selbst war und ist die Tradition seit jeher Gegenstand inhaltlicher Überprüfung, formaler Überarbeitung und methodischer Überformung, wenngleich solche Befassungen und Eingriffe häufig von außen induziert waren. Das liegt in der Natur der Sache, denn Traditionen transportieren kritische Güter wie Menschenbilder, Weltanschauungen und Wertvorstellungen. Die Bundeswehr mit der Inneren Führung als einer ethisch fundierten Führungskultur räumt der Tradition als systemischem Baustein dieser Führungsphilosophie zwar konzeptionell und theoretisch einen beträchtlichen Stellenwert ein, setzt diese vorgegebene Bedeutung aber in der konkreten Traditionspraxis oft nur ungeschickt, lieblos und rudimentär um. Im Vergleich mit den Traditionen anderer Streitkräfte hat die Tradition der Bundeswehr nach innen wie nach außen ohnehin einen schweren Stand. Die Gründe dafür sind vielschichtig. Einige davon sollen in diesem Beitrag erörtert werden. Ein Hauptziel der Inneren Führung ist die Integration der Bundeswehr in Staat und Gesellschaft. Doch aus dieser Richtung kommen auch immer wieder Ansprüche, Zumutungen und Angriffe, seien es unter Verweis auf den Geltungsanspruch des Primats der Politik erhobene, kritische Anfragen oder seien es Ressentiments abweisend bis feindlich gesinnter Gruppierungen und Parteien, die die Bundeswehr, ihre Führungskultur und insbesondere ihre Tradition in Teilaspekten oder in ihrer Gesamtheit in Frage stellen.

In der Zentralen Dienstvorschrift (ZDv) ‚Innere Führung' (ehemals ZDv 10/1, nunmehr A-2600/1) wird Tradition so definiert: „Tradition ist die Überlieferung von Werten und Normen. Sie hilft den Soldatinnen und Soldaten bei der Bestimmung ihres Berufs- und Selbstverständnisses. Sie dient der Selbstvergewisserung, ordnet ihr Handeln in den größeren Zusammenhang der Geschichte ein und gibt ihnen Orientierung für militärisches Führen und Handeln. Die Pflege von Tradition leistet deshalb einen unverzichtbaren Beitrag für die Bundeswehr als Armee im Einsatz."[1] Diese Definition greift auf klassische Elemente des militärischen Traditionsbegriffs zurück und konzentriert ihn gleichzeitig auf den zwischenzeitlich erreichten Einsatzcharakter der Streitkräfte. Hinsichtlich der ausschließlichen Fokussierung auf Soldatinnen und Soldaten ist diese Adressierung im Sinne eines bundeswehrgemeinsamen Führungs- und Selbstverständnisses allerdings defizitär. Darüber muss noch geredet werden. Nicht erst seit dem neuen Impuls im Weißbuch 2016 steht die Tradition heute wieder im Betrachtungsfeld. Vor allem die heftig kritisierte Weisung des Inspekteurs des Heeres von Mai 2014, den traditionellen Wahlspruch der Fallschirmjägertruppe ‚Treue um Treue' für den dienstlichen Gebrauch einzuschränken oder zu untersagen, hat der Debatte über die richtige Bundeswehrtradition erneut Schwung und Schärfe verliehen. Diese Debatte ist indes sehr zu begrüßen, weil sie zeigt, dass die geistigen Quellen, Strömungen und Kräfte in der Bundeswehr noch nicht versiegt sind und dass dieses Thema auch die jüngere Generation beschäftigt und bewegt. Über die Bundeswehrtradition ist im Laufe der Jahre und gerade in letzter Zeit wieder viel geschrieben worden. Ein eigener Forschungsbericht ist hier nicht möglich. Ersatzweise wird auf Standardwerke, signifikante Titel und wesentliche Beiträge zur Tradition in der Bundeswehr und der Nationalen Volksarmee (NVA) verwiesen.[2]

Ambiguität und Ambivalenz des Traditionsbegriffs

Tradition ist keine rückwärtsgewandte Denkungsart, sondern in der Rückschau auf das Vergangene stets Gegenwart und Zukunft, oft mit einem innovativen Impetus. Dieser doppelgesichtige Charakter wird in seiner vordergründigen Zwiespältigkeit insofern aufgehoben, als er in seiner Mittlerfunktion an der Schwelle zu zeitlich getrennten Bereichen steht und sie gedanklich und kulturell verbindet. Damit ist die Tradition wie eine Brücke mit ihren Lagern auf beiden Seiten fest verankert.

---

[1] Bundesministerium der Verteidigung. Führungsstab der Streitkräfte I 4: Innere Führung. Selbstverständnis und Führungskultur der Bundeswehr (ZDv 10/1 A-2600/1). Bonn/Berlin, Januar 2008, Ziffer 630.
[2] Zur Tradition und Traditionspflege der Bundeswehr siehe das Literaturverzeichns.

Die altrömische Gottheit Janus verkörpert mit ihrer doppelten Blickrichtung („Janus Bifrons') geradezu ein Idealbild für den Traditionsbegriff mit seinen Implikationen. Die Befähigung zur Retrospektive schafft die Voraussetzung für den richtigen Blick nach vorne. Denn erst dieses erweiterte Sichtfeld bildet einen umfassenden Gesichtskreis, einen Horizont der Wahrnehmung, Bewertung und Erkenntnis als Grundlage eigenen Handelns. Dank seiner Befähigung zur „Allround-Perspektivität" und seiner daraus gewonnenen Sonderstellung ist Janus die Symbolfigur des aus der Vergangenheit kommenden (Neu-) Anfangs, die örtlich und zeitlich an der Schwelle steht. So ist auch der Monatsname Januar nach ihm benannt. Janus ist der Gott der Durch- und Übergänge, der Brücken und Portale, aber auch der Quellen. Bei Ovid finden wir, nicht, wie man erwarten sollte in den ‚Metamorphosen', sondern im Lehrgedicht über den römischen Festtagskalender, den ‚Fasten' (Buch VI, Verse 101 bis 130), die mythologische Darstellung des Janus. Dort ist er eingewoben in die Geschichte der kleinen Gottheit Cardea (Hüterin der Schwelle), die von Ovid fälschlich mit der Nebengöttin Carna zu einer Person verschmolzen wird. Janus stellt der Göttin nach, lässt sich aber nicht wie andere täuschen. Er durchschaut ihre List, in einem unbeobachteten Augenblick zu verschwinden: „Stulta, videt Ianus quae post sua terga gerantur" (Fasti, VI, 123) – „Du Dummerchen! Janus sieht doch, was hinter seinem Rücken geschieht", kommentiert Ovid ihre Ausweglosigkeit angesichts der optischen Überlegenheit ihres Nachstellers. Um Missverständnisse zu vermeiden: aus platter feministischer Sicht ist diese Mythe selbstverständlich ein Skandal; als erkenntnistheoretisches Exempel, und nur das zählt hier wirklich, bietet sie wunderbare Interpretationsansätze. Die komplexe Ambivalenz und Dualität, die sich in dieser Gottheit zur synthesestarken Symbolfigur vereinen, finden wir in unserem Traditionsbegriff wieder. Auch die Tradition besetzt mit ihrer Schwellenposition zur Gegenwart eine Schlüsselstellung. Sie nimmt von dort aus das Vergangene wie das Zukünftige, das Geschichtliche wie das noch zu Geschehende in ihren umfassenden Blick. Mit dieser Stellung und Funktion bleibt sie unverzichtbar und beansprucht damit auch eine berechtigte Beachtung und Befassung. Wie Janus im Mythos lässt sich auch Tradition nicht auf Spielchen und Ausreden ein, sondern fordert unnachgiebig ihr „göttlich" legitimiertes Recht. Dieser Aspekt des Durchschauens einer Vermeidungsstrategie ist hochaktuell: Tradition erfordert Transparenz mit klarer Konsequenz im Entscheiden und Handeln. Noch ein abschließender Gedanke zu Janus' divinatorischer Dimension, kraft der er sein höheres Recht in Anspruch nimmt: ich beziehe mich hierbei auf Ausführungen in Edgar Winds Mytheninterpretation ‚Heidnische Mysterien in der Renaissance‘. Janus zählt mit seiner Doppelköpfigkeit zu den „mythologischen Mischformen"[3] und unter diesen zum „symmetrischsten aller Monstren"[4]. Doch hütet er auch das Himmelstor (Fasti I, 125) und gilt seit dem Renaissancephilosophen Giovanni Pico della Mirandola als Inkorporation der himmlischen Seelen, da diese ebenfalls „vorn und hinten Augen haben und daher zugleich die geistigen Dinge sehen und für die materiellen Sorge tragen."[5] Im Traditionskontext bedeutet Janus' Qualitätskatalog dreierlei. Erstens: Das ästhetische Ideal der Symmetrie misst beiden Seiten dasselbe Maß zu, damit sie zu einem harmonischen Gleichgewicht kommen. Tradition muss sich dementsprechend um die ausgleichende Symmetrie von Vergangenheit und Gegenwart sowie Zukunft bemühen. Zweitens: Das Hüteramt am Himmelstor (das in christlicher Hagiographie Petrus zukommt) ist als Vertrauensposition mit einer Schlüsselgewalt verbunden. Tradition muss dieser auf Vertrauen beruhenden Autorität gerecht werden. Drittens: Die Doppelbefähigung zu geistiger Perzeption wie zu materieller Praxis und Pflege ist Ausdruck einer höheren Bewusstseinsebene. Tradition muss dem Selbstanspruch dieser integralen Verbindung von Konzeption und Praktikabilität gerecht werden. Die Seelen mit ihrer quasi-identischen Reflexionsleistung haben daran ihren berechtigten und eigenverantwortlichen Anteil. Das bedeutet: Tradition lebt von Beteiligung.

Zum Verhältnis von Geschichte und Tradition

Das Verhältnis von Geschichte und Tradition ist von komplexer Struktur und dialektischer Natur. Eine menschliche Kultur ohne Tradition ist schlechterdings nicht möglich, da sich Kultur stets in einem zeitlichen und somit auch geschichtlichen Kontinuum entwickelt, in dem Tradition als bewahrendes und bewegendes Element wirkt. Tradition ist Träger einer generationsübergreifenden Überlieferung geistiger Kulturgüter, Werte und Gebräuche mit stets neu definierbaren, gestaltbaren und anwendbaren Inhalten, Bedeutungen, Begrif-

---

[3] Edgar Wind: Heidnische Mysterien in der Renaissance (Originaledition: Pagan Mysteries in the Renaissance. London 1958/1968). Mit einem Nachwort von Bernhard Buschendorf. Übersetzt von Christa Münstermann unter Mitarbeit von Bernhard Buschendorf und Gisela Heinrichs. Suhrkamp Verlag, Frankfurt a.M., Dritte Auflage 1984, S. 229.
[4] Ebenda, S. 230.
[5] Ebenda S. 230 sowie im Original bei Giovanni Pico della Mirandola: Commento sopra una canzona de amore composta da Girolamo Benivieni, ed. Buonaccorsi II; XXV (ed. Garin III, 527 ff.)

fen, Formen, Symbolen und weiteren Manifestationen der Kultur. Auch die Bundeswehr hat sich in ihrer Geschichte von Anfang an immer wieder mit Tradition befasst und sie hat sich damit bis heute oft recht schwer getan. Die historische Hypothek einer schwierigen deutschen Vergangenheit – im Wirkungszusammenhang von Geschichte und Tradition – belastet die gesamte Thematik bis zum heutigen Tag. Die Feinde, Gegner und Kritiker der Bundeswehr suchten bei ihren politischen und publizistischen Angriffen auf breiter Front gerade im Frontabschnitt der Tradition und des militärischen Brauchtums immer wieder nach neuen Einbruchstellen, um zum Erfolg zu kommen. Inwieweit dort auf eigener Seite im Einzelfall tapfer verteidigt, zumindest hinhaltend gekämpft oder ob ein durchaus haltbares Terrain beim ersten Beschuss sogleich kampflos aufgegeben wurde, sei dem Urteil des Lesers überlassen.

Tradition verhält sich zur Geschichte wie der Mond zur Erde: Aus dessen Materie entstanden, kreist der kleinere Himmelskörper um den größeren Planeten und wirkt auf ihn zurück. In seiner Laufbahn wird der Mond von der Erdanziehungskraft gelenkt, entfernt sich aber auch jährlich um einige Zentimeter von diesem Gravitationszentrum. Diese kosmologisch relativ konstante Konstellation führt solange zu keiner Kollision, wie die vorgegebene Bahn eingehalten wird. Doch wie die Kosmologie kennt auch die Kultur neben Phasen der Stabilität und Kontinuität immer wieder auch Katastrophen. Die Katastrophe, die 1945 zur Ablösung der alten Weltordnung und zu Deutschlands totalem Zusammenbruch führte, war das Ergebnis eines bewusst herbeigeführten Kollisionskurses, der neben der menschlichen Kultur und Zivilisation auch die alten Bahnen von Tradition und Geschichte aus Hybris verlassen hatte. Dass es danach zumindest für die deutsche Nation einen völligen Neuanfang geben musste, wird kein vernünftiger Mensch bestreiten wollen. Dieser deutsche Neubeginn, zunächst jahrzehntelang in zwei getrennten Staatsgebilden und antagonistischen Systemen, dann als wiedervereinigte Nation, ist ebenfalls Geschichte geworden. Doch wie verhielt es sich dabei mit der Tradition? Welche Rolle spielte bei diesem Prozess des politischen, gesellschaftlichen und kulturellen Neuanfangs und der geistigen Neubegründung die Tradition selbst – als Interpret (Vermittler, Erklärer und Bewirker) und als Interpretament (Gegenstand und Ergebnis der Interpretation) zugleich? Und wie verhält es sich dabei mit der Tradition in der Bundeswehr? Es gab zumindest in Westdeutschland nach 1945 für zehn Jahre keine eigenen deutschen Streitkräfte mehr. Bereits dies führte, ganz abgesehen von der inhaltlichen Zerstörung deutscher Militärtradition durch den Nationalsozialismus, zu einem Traditionsabriss, der nicht mehr reversibel war. Auf welcher geistigen Grundlage, mit welchen Vorbildern, in welchen Formen und mit welchen Symbolen sollte man die neuen deutschen Streitkräfte für eine hoffentlich tragfähige Tradition ausstatten? Und was war dabei mit den zivilen Angehörigen der Bundeswehr? Hatten sie überhaupt einen eigenen, nennenswerten Traditionsanspruch oder wurde nicht zugunsten der traditionell soldatisch geprägten und gestalteten Militärtradition ein bundeswehrgemeinsames Traditionsverständnis von vorneherein und bis heute weitgehend ausgeblendet? Tatsache ist, dass auch die heutige Bundeswehrtradition immer noch vorrangig militärisch und soldatisch definiert und dominiert wird, obwohl es neben vorbildlichen Soldaten auch auf Ministerialebene, in der Wehrverwaltung sowie in der Militärseelsorge und in der Wissenschaft durchaus bedeutende Persönlichkeiten gab, die die Bundeswehr bereits in ihren Anfangsgründen politisch, geistig, organisatorisch, seelsorgerisch, wissenschaftlich und in anderer Hinsicht mitgeprägt haben. Stellvertretend für viele andere meist Vergessene seien nur Namen wie Theodor Blank und Eberhard Wildermuth, Ernst Wirmer und Herbert Blankenhorn, Hermann Kunst und Franz Hengsbach, Helmuth von Grolman und Franz Pöschl, Günter Will und Rolf Elble, Hans Meier-Welcker und Heinz Karst oder Gerhard Möbus und Eberhard Stammler genannt. Doch wer in der Bundeswehr kennt diese Männer der ersten Stunde heute noch? Eine aus der Geschichte der Bundeswehr selbst heraus entwickelte, eigene Traditionslinie sollte die geistige, ideelle und auch moralische Strahlkraft dieser Persönlichkeiten nicht ausblenden.

Eine eigene Traditionsgeschichte der Bundeswehr

Im Erlass des Bundesministeriums der Verteidigung vom 20. September 1982 zu den ‚Richtlinien zum Traditionsverständnis und zur Traditionspflege in der Bundeswehr' findet sich in den dort eingangs aufgeführten ‚Grundsätzen' als deskriptive Definition:

„Tradition ist die Überlieferung von Werten und Normen. Sie bildet sich in einem Prozess wertorientierter Auseinandersetzung mit der Vergangenheit. Tradition verbindet die Generationen, sichert Identität und schlägt eine Brücke zwischen Vergangenheit und Zukunft. Tradition ist eine wesentliche Grundlage menschlicher Kultur. Sie setzt Verständnis für historische, politische und gesellschaftliche Zusammenhänge voraus."[6] Die Bundeswehr besitzt schon

---

[6] BMVg/Fü S I 3 – Az 35-08-07 vom 20.09.1982.

aufgrund ihres langen Bestehens eine eigene ‚Traditionsgeschichte', wobei dieser Begriff sich von der motivkritischen Traditionsgeschichte als Zweig der historisch-kritischen Bibelexegese unterscheidet, da es sich dort um die Untersuchung von Überlieferungskontexten am Beispiel biblischer Erzählmotive, Themen, Begriffe oder Sprichwörter handelt.[7] Militärische Traditionsgeschichte entsteht und entwickelt sich mit der Begründung neuer Streitkräfte, wie es am Beispiel der Reichswehr deutlich wird. Generaloberst von Seeckt erteilte im Aufstellungsabschluss der Reichswehr zum 1. Januar 1921 einen Auftrag zur Traditionsbildung, die er als eine organische, wertegebundene und durchaus individuelle Aufgabe des Führerkorps verstand: „Das Reichsheer ist fertig gebildet. Ein neuer Abschnitt deutscher Heeresgeschichte beginnt. (…) Dem Regimentskommandeur fällt die Sorge dafür zu, dass richtiges Ehrgefühl, echte Kameradschaft, selbstlose Hingabe an den Dienst, würdige Lebensführung in dem Offizierkorps herrschen. Er hat aus den neu zusammengesetzten Elementen erst das Ganze zu schmieden, das Gefühl der Zusammengehörigkeit herzustellen und den Grundstein für neue Tradition und Geschichte des Regiments zu legen. (…) Die Unteroffiziere und Mannschaften einer Kompanie usw. bilden mit ihren Offizieren ein Ganzes, in dem Kameradschaft und Zusammengehörigkeit zu pflegen, Tradition aufzubauen und zu erhalten ist."[8]

Eine Traditionsgeschichte der Bundeswehr beschreibt und bewertet demgegenüber die Konzeption, Entwicklung, Ausgestaltung, Umsetzung, Akzeptanz, Praxis, Kritik und Weiterentwicklung einer spezifischen Tradition der Bundeswehr nach ihren Zielen, Formen, Inhalten, Wahrnehmungen und Erwartungshaltungen in einem komplexen Handlungs- und Wirkungsrahmen von Militär, Politik, Gesellschaft, Kultur und Geschichte. Diese eigene Bundeswehrtradition ist jedoch noch immer nicht ausreichend in den Betrachtungsfokus gerückt. Sie müsste sich als eine ihrer Hauptaufgaben setzen, zunächst für sich selbst ein geistiges und seelisches Gleichgewicht auf dem Fundament eines festen Traditionsstocks zu finden, als austariertes Verhältnis von Selbstanspruch und

---

[7] Vgl. hierzu Wilfrid Haubeck: Traditionsgeschichte. In: Heinz-Werner Neudorfer / Eckhard J. Schnabel (Hrsg.): Studium des Neuen Testaments: Einführung in die Methoden der Exegese. Aktualisierte und revidierte Ausgabe. R. Brockhaus Verlag Wuppertal / Brunnen Verlag Giesen 2006, S. 245–257.

[8] Reichswehrministerium/Chef der Heeresleitung. Nr. 1240/20. Stab. Die Grundlagen der Erziehung des Heeres. (Heeresverordnungsblatt 1920/Nr. 79) Abgedruckt in: Deutsche Heeresgeschichte. Hrsg. von Karl Linnebach. Hamburg 1935, S. 384ff.

Eigenbedarf einerseits und von politischen Vorgaben und gesellschaftlichen Erwartungen andererseits. Vor allem müsste sie gemeinsam mit den politisch Verantwortlichen lernen, sich nicht jedes Mal von irgendwelchen Kritikern sofort ins Bockshorn jagen zu lassen. Stattdessen sollte in derartigen Situationen ‚sine ira et studio‘, mit der notwendigen Ruhe und vor allem mit Zivilcourage geprüft werden, worum es wirklich geht und was dann zu tun ist. Das bedeutet ja keineswegs, dass Tradition völlig unantastbar und unveränderlich ist. Bereits im ‚Handbuch Innere Führung‘ von 1957 wurde der Spannungsbogen der Tradition zwischen einer tendenziell bewahrenden Vergangenheitsorientierung und der historischen Leichtfertigkeit der Gegenwart und Zukunft thematisiert. Die Gefahr eines gedankenlosen Traditionalismus’ einerseits verbindet sich dabei mit der unweit größeren Gefährdung durch eine skrupellose Traditionsfeindlichkeit andererseits zu einer fatalen Mischung aus Ignoranz und Ideologie: „Unter dem Banner der ‚Tradition‘ fliehen die einen vor den Pflichten der Gegenwart in die Vergangenheit; die anderen entweichen den Forderungen der Überlieferung durch die Flucht in das Aktuelle, das Heute – wenn nicht gar in das unverbindliche Morgen. Doch liegt auf der Hand, dass neugestellte Aufgaben am ehesten von Menschen bewältigt werden, die sowohl vorwärts als auch zurück blicken. Ein selbstvergessener Traditionalismus, der bewahrt um des Bewahrens willen, führt ebenso zu Halbwahrheiten wie geschichtsvergessene Traditionsfeindlichkeit, die erneuern will um des Erneuerns willen.“[9]

Dieses Spannungsfeld aus der alten Tradition im Umbruch und der sich erst noch etablierenden Inneren Führung war in der frühen Bundeswehr täglich spürbar, als die jungen Wehrpflichtigen noch lange auf kriegsgediente Ausbilder und Vorgesetzte trafen. Der frühere Wehrmachtsoffizier und spätere Bundeswehroberst Reinhard Hauschild, nach dem am 18. November 2015 die ehemalige General-Delius-Kaserne in Mayen als Stationierungsort des Zentrums für Operative Kommunikation umbenannt wurde, hat dieses Zeitkolorit und die damit verbundene Stimmungslage in seinem Roman „Beurteilung für Hauptmann Brencken“ lebendig dargestellt. Das bierfeuchte und pathosverdunkelte Räsonnieren der Altvorderen anlässlich eines Ehemaligentreffens 1952 über das mystische Wesen des Krieges in der russischen Sternennacht wird illusionslos abgelehnt: „Wenn wir eines gelernt haben, Junior, dann dies: Nicht mehr pathetisch zu sein, sondern zu leben, wie es einem gegeben ist, zu-

---

[9] Handbuch Innere Führung. Hilfen zur Klärung der Begriffe. Hrsg. vom Bundesministerium der Verteidigung, Führungsstab der Bundeswehr – B, 1957, S.49.

frieden, dass man nach all der Scheiße noch leben darf. Und da kommt uns dieser Mensch jetzt, im Jahre 1952, schon wieder mit seinem verfluchten Unfug."[10] Eine Kameradenstimme beschwichtigt und bestätigt zugleich: „Natürlich haben Sie recht, aber diese ewig Jugendbewegten werden Sie auch nicht mehr bekehren können. Nur eines, meine Herren! Unsere jungen Leute, die sollen diesen Unfug nicht mehr mit der Muttermilch einsaugen! Die sollen, sachlich informiert, ihre Probleme durchdenken und dann handeln. Wer denen die Köpfe vernebelt, dem müssen wir an den Kragen."[11] Dennoch war man anfangs, gerade beim militärischen Zeremoniell, noch hin und her gerissen, was an früheren im Vergleich zu den neuen Formen als schöner, zumindest als vertrauter empfunden wurde. Beim Einmarsch eines Musikkorps' und einer Ehrenkompanie stach dies besonders ins Auge: „Vor dem dicken Feldwebel mit dem Schellenbaum schwang ein hagerer Hauptmann den Taktstock. (…) Er trug, wie alle anderen, den neuen Stahlhelm. Ein hässlicher Helm, dachte Brencken, ein amerikanischer Helm. Auch in zwei Teilen tragbar, Pappe drunter, Stahl drüber. Trugen sie Pappe oder Stahl? Er konnte es nicht ausmachen. Nur nichts übernehmen, was deutsch war – und wenn es sich noch so bewährt hatte … Oder bot der nachgemachte US-Stahlhelm wirklich besseren Schutz? (…) Die Ehrenkompanie schwenkte ein, ein scharfes Kommando ließ die Soldaten erstarren. Karabiner 98 k, stellte Brencken fest – und der alte Infanteriegriff. Wie sie ins Holz hieben, das freute ihn. Und wie der Griff saß, verdammt, das war gut. Wie im alten Wachregiment, am Ehrenmal Unter den Linden. Wenn nur diese schrecklichen Fräcke nicht wären! Zweireihig, kurz, vorn etwas ausbeulend. Und Mützen nach New Yorker Polizeischnitt …"[12] Ethik und Ästhetik bilden gerade beim Militär eine spannungsvolle Einheit. Die darin enthaltende Dialektik darf in Traditionsfragen nicht ausgeblendet werden, wenn man die betroffene Truppe nicht verlieren will. Denn Soldatentum ohne Uniform und Reglement, ohne Ordnung und Disziplin, ohne Gehorsam und Tugend wäre ein traditionsloses und damit auch perspektivloses Unternehmen! Brencken wird vor seiner Einstellung in die neuen deutschen Streitkräfte von einem Prüfungsausschuss auf Gesinnung und Tauglichkeit examiniert. So entspinnt sich ein Gespräch über bestimmende Themen soldatischer Existenz. Nachdem

---

[10] Reinhard Hauschild: Beurteilung für Hauptmann Brencken. Roman. C. Bertelsmann Verlag, München / Gütersloh / Wien 1974, S. 12f.
[11] Ebenda, S. 13f.
[12] Ebenda, S. 36.

die Problematik des „Führereides" und des militärischen Widerstandes abgehandelt sind, geht es abschließend um Tradition und Innere Führung:

„'Was halten Sie von Tradition?' fragte er.

,Wertvolles mitnehmen, Wertloses liegen lassen.'

,Säbel? Mützenkordel? Dritte Person? Was lassen Sie da, was nehmen Sie mit?'

Die Armee stand ein knappes Jahr – all das gab es nicht bei ihr. Also, das war eine simple Fangfrage. ,Nichts, kein Säbel und keine Kordel an der Mütze. Und schon gar keine dritte Person in der Anrede. Das sind auch keine Traditionen, sondern höchstens Konventionen.' (…)

,Was nehmen Sie denn mit?' bohrte der Mann rechts außen weiter.

Brencken überlegte einen Augenblick. ,Nun, ich denke: die soldatischen Tugenden –

Mut und Treue und Wahrhaftigkeit und Fürsorge für den Untergebenen und ein rechtes Verhältnis zwischen Befehl und Gehorsam.' (…)

,Wenn Sie nun entschlossen sind, Offizier in dieser neuen Armee zu werden – werden Sie mit dem zurechtkommen, was wir ,Innere Führung' nennen?'

Geistige Rüstung und zeitgemäße Menschenführung. Brencken rekapitulierte in Gedanken, was er kurz zuvor einer Broschüre entnommen hatte. ,Ja', sagte er, ,ich glaube schon. Das Verhältnis zwischen den Generationen hat sich erheblich verändert, dem muss ebenso Rechnung getragen werden wie der Tatsache, dass wir in einer geistigen Auseinandersetzung mit dem Kommunismus stehen. Und dazu fühle ich mich in der Lage."[13] Brenckens Antworten haben die Prüfungskommission überzeugt. So wird er Bundeswehroffizier, wenngleich er keine echte Karriere macht.

Tradition als ,Bau der Gegenwart' und lebendiger Organismus

Der Archivar, Historiker und Soziologe Karl Demeter hat in seinem Standardwerk zur Geschichte des deutschen Offizierkorps' abschließende Gedanken zum erlittenen Schicksal und zur künftigen Bestimmung einer durch zwei Weltkriege geprüften deutschen Militärtradition formuliert. Seine Gedanken zur Tradition sind immer noch aktuell: „Aber ein fester Kern von Überzeugungen und Traditionen schien auch die Feuerprobe des ersten Weltkrieges überstanden zu haben. ,Der Riss wurde vermieden.' Doch schien es nur so. Den Unwettern der dreißiger Jahre, diesem zerstörerischen Klimasturz in Staat

---

[13] Ebenda, S. 47f.

und Gesellschaft war jener Kern doch nicht ganz gewachsen. Auch er wurde von Jahr zu Jahr angefressen, fing vollends an zu bröckeln an allen Ecken und Enden. Von außen, von oben her ward die Tradition in vielerlei Gestalt systematisch verneint, ja geschmäht, sollte ersetzt werden durch etwas völlig Neues, noch nie Dagewesenes. Was den von Gott und der Welt gesetzten Normen für das Zusammenleben der Menschen und Völker ins Gesicht schlug, sollte tausend Jahre währen. Welch eine Hybris! Und die Nemesis folgte ihr auf dem Fuße. Unter ihren Schlägen und Schatten leiden wir noch heute und noch lange. Indes wir dürfen darüber nicht unser Gesicht verlieren. Und nicht andere, wir selbst müssen unsere Vergangenheit ‚bewältigen‘.“[14] Demeter identifiziert die „Zwischenkriegszeit“ von der späten Weimarer Republik bis zum Ausbruch des Zweiten Weltkriegs als die Periode, in der eine dramatische Erosion einer bis dahin insgesamt noch tragenden Traditionstektonik stattfand, ausgelöst durch eine totalitäre Weltanschauung, die gottlos, rechtbeugend, menschenverachtend, geschichtsverzerrend und kulturfeindlich zugleich war. Die uns aus der Antike geläufige Abfolge von Hybris und Nemesis musste demnach geradezu gesetzmäßig im ideellen, moralischen und materiellen Ruin münden. Demeter sieht angesichts dieser historischen Ruinenlandschaft als künftige Aufgabe der Tradition, „das Überzeitliche daran vom Vergänglichen zu sondern. (…) Die Berufenen aber und die, die es werden wollen, mögen prüfen, welche Quadersteine aus dem alten Bauwerk, das in Trümmern lag, für das neue noch brauchbar sind, und wie sie zu fügen sind in den Bau der Gegenwart. Jedoch nicht allein in den Bau der Wehr. Er selbst kann ja nur bestehen als Teil des größeren Ordnungsplanes für den Staat und für den größeren Bund, dem dieser zugeordnet ist. Alsdann wird sich gewiss erweisen: die noch lebenskräftigen Werte deutscher soldatischer Tradition sind eingebettet in den universellen, vielgestaltigen Fundus humaner Gesittung, dienstbar nichts anderem als dem Frieden und der Freiheit des Menschengeschlechtes.“[15] Ich halte Demeters Schlusswort für einen Schlüsseltext zum richtigen Verständnis unserer Tradition und ihrer Aufgaben. Sein großartiges Bild von den erratischen Gesteinsbrocken in einem Trümmerfeld versteht jeder in unmittelbarer Weise, der sich mit dem Schicksal der Dresdner Frauenkirche oder der berühmten Brücke von Mostar befasst hat oder der die durch den Islamischen Staat ver-

---

[14] Karl Demeter: Das deutsche Offizierkorps in Gesellschaft und Staat 1650 - 1945. 4. Überarbeitete und erweiterte Auflage. Bernard & Graefe Verlag für Wehrwissen. Frankfurt a.M. 1965, S. 248.
[15] Ebenda, S. 249.

nichteten Weltkulturdenkmäler beklagt. Demeters Vision einer neuen Tradition beansprucht einen Gestaltungs- und Wirkungshorizont, der von den klassischen Soldatentugenden über die Werteordnung der Verfassung sowie über nationale und bündnisbezogene Grenzen hinweg bis zur Friedensethik und dem Freiheitspostulat einer echten Weltgemeinschaft und Weltfriedensordnung reicht. Das ist noch heute hochaktuelles Gedankengut, entstanden aus Demeters jahrzehntelanger Beschäftigung mit der deutschen Militärgeschichte, auf Grundlage eines akribischen und umfassenden Quellenstudiums und dank eigener Lebenserfahrung in vier verschiedenen Staatssystemen. Einige dieser wie zur Sentenz gemeißelten Sätze sollten uns aufhorchen lassen, wenn wir heute erneut, nunmehr mit einem konkreten Weißbuch-Auftrag versehen, eine Weiterentwicklung und Ausgestaltung der Tradition der Bundeswehr in Angriff nehmen – mit einer zugewiesenen Schwerpunktbildung auf der Identifizierung, Bewertung und Darstellung genuiner und immanenter Traditionselemente aus der mittlerweile über sechzigjährigen Bundeswehrgeschichte selbst. Und im Interesse einer sauberen Begrifflichkeit darf sich diese Befassung nicht wieder nur ausschließlich auf den Streitkräfteanteil beschränken, sondern sollte im Sinne eines tatsächlichen bundeswehrgemeinsamen Selbstverständnisses auch die Geschichte und die darin enthaltenen Traditionskomplexe der Wehrverwaltung, der Militärseelsorge, der Rechtspflege und anderer ziviler Aufgabenbereiche der Bundeswehr angemessen berücksichtigen. Das ist eine gemeinsame Aufgabe, die jedoch auch eine geistige Auseinandersetzung und Bringschuld der zivilen Bundeswehranteile voraussetzt.

Es liegt im Wesen einer guten Tradition, dass sie nicht über die Zeit hinweg beliebig und wahllos ein Element auf das andere setzt, sondern jeweils für die Bedürfnisse der eigenen Zeit eine wertebezogene, aber durchaus funktionale Auswahl dessen trifft, was aus dem historischen Gesamtkonvolut als überliefernswert erachtet wird. Eine wohlverstandene und gelebte Tradition ist keine historische Rumpelkammer. Sie verliert sich nicht selbst in den Kellerlabyrinthen und Museumsmagazinen, sondern präsentiert sich in den Obergeschossen der Öffentlichkeit als thematisch schlüssig konzipierte und ansprechend angeordnete Ausstellung. Von dem Gräzisten Wolfgang Schadewaldt, der in seiner akademischen Ausbildung durch so berühmte Fachgelehrte wie Ulrich von Wilamowitz-Moellendorf und Werner Jaeger noch mit der historistischen Schule in Berührung kam, stammt der zunächst paradox, zumindest provokativ wirkende, aber bei näherer Betrachtung völlig zutreffende Satz „Zur Traditionsbildung gehört Traditionsvernichtung."[16] Das dialektische Verhältnis von Bewahrung und Erneuerung, das uns regelmäßig auch im Umgang mit historischer Bausubstanz begegnet, verweist auf besondere Herausforderungen bei der wertschätzenden und verantwortungsvollen Nutzung eines überkommenen Erbes. Wenn darin kein Lebensrecht mehr für die eigene Generation besteht, wird dieses Erbe abgelehnt oder verstaubt als museales Relikt. Das Überkommene verkommt zu einer Bürde und Belastung für die aktuellen Lebensbedürfnisse. So verhält es sich auch mit einer abgestorbenen Tradition, die nicht mit noch so viel Pflegeaufwand wiederbelebt werden kann. Deshalb bergen Begriffe wie Traditions- und Brauchtumspflege in ihrem Kern bereits ein Element der Schwäche und Unsicherheit, wenngleich der Begriff des Pflegens in seiner ursprünglichen Bedeutung durchaus mehr beinhaltet als das, worauf er heute reduziert wird. Doch was vital und gesund ist, lebt aus sich selbst heraus und bedarf keiner weiteren Stützung. Damit kommt auch ein organisches Verständnis von Tradition ins Spiel. Ein Organismus als solcher lebt, das heißt, er ist kein konservierter Körper oder bloße Hülle einer alten, fremd gewordenen Idee, sondern eine ständig sich entwickelnde und verändernde Aggregation lebendiger, aktiver Zellen. Ein gesunder Traditionskörper ist im Vollbesitz seiner Lebensenergie, der im geordneten Zusammenwirken seiner Organe und Glieder existiert und bei Verletzungen auf die Selbstheilungskräfte seiner Physis und Psyche zurückgreifen kann. Der im Weißbuch 2016 mehrfach bemühte Resilienzbegriff gilt dergestalt auch für eine lebensfähige Tradition. In diesem Verständnis stellt eine gute und geachtete Tradition selbst einen wichtigen Resilienzfaktor für die Bundeswehr dar. Carl Gustav Jung hat bereits 1951 die Erosion der Tradition und ihre Folgen analysiert. Dabei warnt er vor einem posttraditionellen Szenar, das die Massen geistig und seelisch entwurzelt und neurotisiert: „Die heutige Tendenz zur Zerstörung bzw. Unbewusstmachung aller Tradition könnte (…) den normalen Entwicklungsprozess auf mehrere hundert Jahre durch ein barbarisches Intervall unterbrechen. Wo die marxistische Utopie vorherrscht, ist dies bereits der Fall. Aber auch eine überwiegend naturwissenschaftlich-technische Bildung (…) kann eine Rückläufigkeit der geistigen Kultur und damit eine erhebliche Zunahme der psychischen Dissoziation bewirken. Mit Hygiene und Wohlfahrt allein ist der Mensch noch lange nicht gesund, und wenn dem so wäre, so müssten die reichsten und aufgeklär-

---

[16] Zitiert bei Hans-Albrecht Koch: Die Universität. Geschichte einer europäischen Institution. Wissenschaftliche Buchgesellschaft, Darmstadt 2008, S. 9.

testen Leute auch die gesündesten sein. In Hinsicht der Neurosen ist dies aber keineswegs der Fall, im Gegenteil. Die Entwurzelung und Abschneidung von der Tradition neurotisiert die Massen und präpariert sie zur Kollektivhysterie."[17] Tradition als Kulturelement und gesellschaftliches Immunsystem wird nach Jungs Überzeugung durch totalitäre Utopien und einseitige Bildung geschwächt und zerstört. Im positiven Sinn wirkt eine lebendige und überzeugende Tradition demgegenüber geradezu als ein Resilienzfaktor, der dafür sorgt, dass eine Gesellschaft nicht in Hysterie und Nihilismus abdriftet, sondern ein gesundes Maß an geistiger Ausgeglichenheit und seelischer Widerstandskraft behält. Das aktuelle Weißbuch der Bundeswehr hat dem Resilienzbegriff einen prominenten Stellenwert in Hinblick auf die Krisenfestigkeit und Zukunftsfähigkeit der Bundeswehr eingeräumt. Das Modewort „Resilienz" würde in diesem Gebrauchskontext freilich überzeugender wirken, wenn man die geistige und psychische Dimension dieses Begriffs nicht zugunsten technischer, materieller und organisatorischer Faktoren wie Personalmanagement und Rüstung geopfert hätte, sondern in dezidierter Form mit dem Bildungsanspruch und der Werteorientierung auch am Traditionsbewusstsein verankert hätte. Dies wurde leider versäumt. Fehlte für diese tiefere Dimension des Resilienzbegriffs das notwendige Bewusstsein?

Ein organischer Veränderungsprozess innerhalb einer gesicherten Tradition bedeutet keineswegs einen totalen Traditionsabbruch. Doch ein einmal zerstörter Organismus kann schwerlich zu neuem Leben erweckt werden. Was an seiner Stelle neu erschaffen werden muss, wird nicht mehr dasselbe, sondern mit anderer Identität versehen sein. Der Schriftsteller Martin Mosebach beschreibt in seiner Essaysammlung ‚Häresie der Formlosigkeit. Die römische Liturgie und ihr Feinde' diese Gefahr am Beispiel der Liturgiereform nach dem Zweiten Vatikanischen Konzil: „Selbstverständlich bewahrte diese Haltung (i. e. einer konzedierten Unantastbarkeit der Liturgie aufgrund ihres Offenbarungscharakters, R.J.) die Liturgie nicht vor Modifikation, aber diese Änderungen geschahen organisch, unbewusst, unbeaufsichtigt, sie wuchsen aus der kultischen Praxis hervor, wie sich eine Landschaft durch Wind und Wasser in den Jahrtausenden umformt. In der Antike nannte man die Unterbrechung einer Tradition durch den Herrscher einen Akt der Tyrannis."[18] Ob Hybris, Hä-

---

[17] Carl Gustav Jung: Aion. Untersuchungen zur Symbolgeschichte, Rascher Verlag, Zürich, 1951, S. 263.

[18] Martin Mosebach: Häresie der Formlosigkeit. Die römische Liturgie und ihr Feind. Deutscher Taschenbuch Verlag. München 2012, S.18.

resie oder Akt der Tyrannis – aus derartigen Bewertungen wird ersichtlich, dass zum einen jedweder Umgang mit Tradition keineswegs wirkungslos, harmlos oder folgenlos ist. Zum anderen ist dieses Phänomen neben seinen historischen, politischen, rechtlichen, ethischen, gesellschaftlichen und kulturellen Kontexten auch einer dezidiert religiösen Sphäre zuzuordnen. Die Herleitung dieser religiösen Dimension verbindet sich mit der Etymologie und der Semantik des Traditionsbegriffs. Denn begriffsgeschichtlich bezieht er sich zunächst auf den Vorgang des Tradierens selbst, als mechanischer Überlieferungsprozess durch ein Weitergeben von Gegenständen, gleichsam aus einer Hand in die andere. Dieser prozedurale Aspekt erweitert sich schließlich zu einer inhaltlichen Perspektive: Der Begriff Tradition bezeichnet nunmehr die Inhalte und Gegenstände des generationsübergreifenden Überlieferungsprozesses selbst, die in Schriftkulturen insbesondere in deren heiligen Schriften kodifiziert sind. In der Theologie spielt dieser Traditionsbegriff eine zentrale Rolle. Denn gerade in den Offenbarungsreligionen mit ihrer heilsgeschichtlichen Ausprägung und teleologischen Ausrichtung ist es von zentraler Bedeutung, dass die göttlich offenbarte Wahrheit über die Zeit hinweg bis zur eschatologischen Erfüllung in unverfälschter Form weitergelehrt und tradiert wird. Das kirchliche Lehramt als treuer Sachwalter der theologischen Dogmatik hütet und überliefert daher bis zum Ende der Zeit über alle Generationen hinweg dieses unverfälschte Offenbarungs- und Glaubensgut. Der theologische Begriff für dieses Glaubensgut lautet ‚depositum fidei'. *Depositum* ist im klassischen Latein als eigenständiges Substantiv ungebräuchlich. Hingegen finden sich im Diefenbach für den mittelalterlichen Sprachgebrauch deutsche Entsprechungen wie *„spar schatz"* oder *„hindergelegt gut"*[19]. Im deutschen Baurecht sind dafür die Fachbegriffe *Hinterliegenschaft* und *Hinterlassenschaft* geläufig. Sie werden im Kontext einer Grund-stücksverwertung oder Folgenutzung verwendet, wenn beispielsweise vorherige Nutzer, oftmals ehemalige Besatzungstruppen, durch Munitionsteile und Kampfstoffe kontaminiertes Gelände hinterlassen haben. Im privaten Sprach-gebrauch werden Begriffe wie *Hinterlassenschaft* im ironischen Kontext

---

[19] Lorenz Diefenbach: Glossarium Latino-Germanicum Mediae et Infimae Aetatis. Frankfurt am Main 1857. Unveränderter reprographischer Nachdruck. Wissenschaftliche Buchgesellschaft. Darmstadt 1997, S. 175.

[20] Thomas Wiegold (2014): Probleme mit der Tradition: Bundeswehr verbietet ‚Treue um Treue'. Die gesamte Netzdiskussion mit auszugsweiser Anführung des dienstlichen Schriftverkehrs in: ‚Augen geradeaus! (augengeradeaus.net/2014/06/probleme-mit-der-tradition-bundeswehr-verbietet-treue-um-treue/comment-page-)

für Exkremente von Haustieren auf öffentlichen Grundstücken verwendet. Aus diesem Sprachgebrauch wird deutlich, dass diese säkularisierten Begriffe heute einen eher problematischen, pejorativen oder sogar toxischen Bedeutungshorizont aufweisen. Tradition wäre nach diesem Begriffsverständnis eine kostspielige oder gefährliche Altlast, eine Art geistiger Sondermüll, dessen man sich rasch zu entledigen sucht, um das davon gesäuberte Terrain anderweitig nutzen zu können.

Treue um Treue. Vom Tugendbegriff zum toxischen Thema

In diesem abschließenden Exkurs wird die kritische Frage behandelt, ob mit dem durch den damaligen Inspekteur des Heeres am 6. Mai 2014 entschiedenen und seit dem 20. Mai 2014 wirksamen Verbot des dienstlichen Gebrauchs des traditionellen und bislang unbeanstandeten Wahlspruchs der deutschen Fallschirmjägertruppe ‚Treue um Treue‘ nunmehr nicht eine Linie überschritten wurde, hinter der bei den Betroffenen nur noch Unverständnis, Verbitterung, Trotz und Demotivation zurückbleiben? Der damalige Inspekteur des Heeres hatte nach Thomas Wiegolds Bewertung (in seinem Blog ‚Augen geradeaus‘ vom 5. Juni 2014)[20] „allerdings wenig Spielraum“, da er sich in seiner Entscheidung durch eine entsprechende ministerielle Weisung vom 26. Februar 2013 präjudiziert sah. Eine Untersuchung und abschließende Bewertung der dafür offiziell bemühten Argumente ist hier leider nicht möglich, da diese Argumente nach meinem Kenntnisstand nicht publik und damit auch nicht transparent gemacht wurden. Festzuhalten bleibt jedoch, dass die Verwendung des Wahlspruchs vor allem auf Gedenktafeln für Gefallene der Bundeswehr untersagt wurde. Der Kriegsteilnehmer und Schriftsteller Oechelhaeuser lässt seinen Protagonisten Achaz auf ein Angebot zur Desertion entgegnen: „Die Goebbelspropaganda hat viele soldatische Begriffe zu Phrasen abgedroschen, aber trotzdem ist Treue Treue, und schon die lässt uns morgen früh fahren.“[21] In diesem Kontext wird die Treue gegenüber den an der Front stehenden Soldaten betont, die darauf vertrauen, von ihren Kameraden auf Heimaturlaub nicht im Stich gelassen zu werden. Die propagandistisch abgenutzte Systemphrase hat hierbei den ideellen Kernbereich des soldatischen Treueverständnisses noch nicht angetastet. Die Treue als zeitlose soldatische Tugend, gesetzlich

---

[21] Justus Wilhelm von Oechelhaeuser: Adelheit, es ist soweit. Soldatisches Erleben. Rastatt 1984, S.132.

normiert im Paragraphen 7 des Soldatengesetzes als Grundpflicht des Soldaten, ist damit auch ein elementarer Bestandteil des militärischen Diensteides der Bundeswehr. Diese Treue in der Dienstausübung, Pflichterfüllung, Kameradschaft, Hingabe und Opferbereitschaft gilt nicht nur – in der berechtigten Erwartung einer wechselseitigen Treueverpflichtung – dem Staat und Dienstherrn gegenüber, sondern vorrangig gegenüber den eigenen Kameraden, die im Ernstfall auf diesen Treueeid vertrauen können müssen. In seinem Buch ‚Führungsdenken – Stabsarbeit' von 1967 behandelt Rolf Elble im XIII. Kapitel ‚Innere Führung' diesen wechselseitigen Treuebegriff als eine vertragliche Grundlage für die Entwicklung von Verantwortung und Vertrauen am historischen Beispiel des ‚Verteidigungsbuches für Nassau-Dillenburg' des Grafen Johann VIII. von Nassau (Ende des 16. Jahrhunderts): „Graf Johann bekennt sich darin zu der aus dem römischen Recht übernommenen und auch vom Calvinismus vertretenen Auffassung der ‚mutua obligatio' oder des ‚reciprocum foedus', also einer beiderseitigen Vertragsverpflichtung. Diese gegenseitige Bindung wird als Grundlage für Verträge im politischen wie im persönlichen und religiösen Bereich angesehen."[22] Die Formel ‚Treue um Treue' ist nichts anderes als der deutsche Begriff und Ausdruck für diese ‚mutua obligatio' (=wechselseitige Verpflichtung), die sich in vertragsrechtlicher Terminologie als ‚reciprocum foedus' (=Bündnis/Vertrag auf Gegenseitigkeit) äußert. Auch Otto von Bismarck hatte bei seinem Treuebegriff diese alte Verbindung aus individueller und militärisch-politischer Reziprozität im Sinn, als er 1888 anlässlich eines Erntefestes in einer Ansprache an die Feldarbeiter ausführte: „Und so ein Krieg muss zum Siege führen, solange persönliche Treue noch den Deutschen kennzeichnet. Jene Treue, die auf Gegenseitigkeit beruht, wie im Mittelalter das Lehensrecht die gegenseitige Treue zur Voraussetzung hatte."[23] Dieses wechselseitige Treueverhältnis postuliert auch der ‚Bund Deutscher Veteranen', ein Zusammenschluss einsatzerfahrener sowie einsatzge-

---

[22] Rolf Elble: Führungsdenken – Stabsarbeit. Entwicklung und Ausblick. Ein Versuch. Mit einem Vorwort von General J. A. Graf Kielmansegg, Oberbefehlshaber der Verbündeten Streitkräfte Mitteleuropas. Beiträge zur Wehrforschung, Band XIV/XV. Hrsg. vom Arbeitskreis für Wehrforschung. Wehr und Wissen Verlagsgesellschaft mbH, Darmstadt 1967, S. 116.

[23] Zitiert in: Krieg und Soldat in der Spruchweisheit. Sentenzen aus drei Jahrtausenden. Von Heraklit bis Hindenburg. Gesammelt und hrsg. von Dr. Ernst Moritz Kronfeld. Schmidt Verlag, München 1915, S. 113

schädigter Bundeswehrsoldaten. Deren Wahlspruch lautet: ‚Treu gedient –
Treue verdient'.

Wer die Integrität und soldatische Notwendigkeit dieses hier nur grob skizzier-
ten Treuebegriffs aus welchen Gründen auch immer in Zweifel zieht, in ein
falsches Licht rückt oder antastet, handelt nach meiner Überzeugung falsch
und unsoldatisch. Denn das Motto ‚Treue um Treue' meint genau das und
nichts anderes: gegenseitig erwiesene Treue, notfalls bis in den Tod! Und hier
befinden wir uns in der Herzkammer soldatischer Tugenden und Überzeugungen. Deutsche Fallschirmjäger hatten in Afghanistan ein mit dem inkriminier-
ten Wahlspruch und den Namen dreier gefallener Kameraden beschriftetes
Tuch über das Monate später geborgene Wrack eines Dingos gehängt, der bei
dem Gefecht am Karfreitag 2010 in der Ortschaft Isa Khel bei Kunduz ge-
sprengt worden war. Das dabei entstandene und im Netz verbreitete Foto mag
möglicherweise der letzte Stein des Anstoßes für das Verwendungsverbot gewesen sein. Bei nüchterner Betrachtung der verfügbaren Fakten und der nach-
weislichen Traditionslinie des Wahlspruchs, die deutlich hinter das Dritte Reich
zurückweist, erscheint die getroffene Entscheidung unverständlich, willkürlich,
intransparent und damit auch aus Sicht der Inneren Führung inakzeptabel. Die
inhaltliche Begründung für das dienstliche Verwendungsverbot des Mottos
wurde nach meinem Kenntnisstand nicht offiziell publik gemacht. Aus infor-
mierten Kreisen ist aber zu vernehmen, dass das Verbot in erster Linie durch
eine angebliche Nähe zu dem Wahlspruch der SS ‚Meine Ehre heißt Treue'
motiviert und begründet wurde. Dieser Wahlspruch stand seit 1932 auf den SS-
Koppelschlössern, während die Wehrmacht den traditionellen, seit 1701 geläu-
figen Wahlspruch des preußischen Königshauses „Gott mit uns" weiterführte.
Der Eid der SS lautete: „Ich schwöre Dir, Adolf Hitler, als Führer und Kanzler
des Reiches, Treue und Tapferkeit. Ich gelobe Dir und den von Dir bestimmten Vorgesetzten Gehorsam bis in den Tod, so wahr mir Gott helfe." Abgesehen davon, dass bei halbwegs nüchterner Betrachtung ein platter Analogie-
schluss von ‚Meine Ehre heißt Treue' (SS) und ‚Treue um Treue' (Fallschirmjäger) eine grobe Beleidigung jeglichen Intellekts darstellt, ignoriert diese mögliche Argumentation, dass Ehrenhaftigkeit und Treue seit jeher zum militärischen Tugendsystem und zum traditionellen soldatischen Selbstverständnis gehören. Im Kapitel 5 der Zentralen Dienstvorschrift ‚Innere Führung' zu den
Verhaltensnormen in der Führungskultur der Bundeswehr wird dieser Zusammenhang dargestellt. Das Postulat eines „ethisch gefestigten und ehrenhaf-
ten Verhalten(s)" (Ziffer 506) korrespondiert mit einem Tugendkatalog, in dem

die Treue an vorderer Stelle steht (Ziffer 507). Bereits Generaloberst von Seeckt hatte in seinen ‚Grundlagen der Erziehung des Heeres' vom 1. Januar 1921 für die Reichswehr dekretiert: „Ich vertraue, dass das alte Ehrgefühl als heiliges Vermächtnis einer großen Vergangenheit im neuen Heer von seiner Gesamtheit wie von jedem einzelnen treu bewahrt und gepflegt wird. Wahre Ehre kann ohne Treue bis in den Tod, unerschütterlichen Mut, feste Entschlossenheit und selbstverleugnenden Gehorsam, lautere Wahrhaftigkeit, strenge Verschwiegenheit und ohne aufopfernde Erfüllung selbst der anscheinend kleinsten Pflichten nicht bestehen."[24] Auch dieser soldatische Tugendkatalog verbindet lange vor einer nationalsozialistischen Verwendung den Ehrbegriff mit dem Treuebegriff. Und die französische Fremdenlegion verwendet das Begriffspaar ‚Honneur et Fidélité' ebenfalls neben seinem traditionellen Hauptmotto ‚Legio Patria Nostra'. Die faktische Unverfänglichkeit und Unbelastetheit des lange vor dem Dritten Reich und auch danach noch allgemein gebräuchlichen Mottos ‚Treue um Treue' sei nur mit einigen knappen Beispielen belegt:

- ‚Treue um Treue' lautete bereits der Titel eines Heimatfestspiels in fünf Akten, das der Journalist und Reichstagsabgeordnete der Nationalliberalen Partei, Dr. Friedrich Böttcher (1842–1922) auf Bitten seiner Heimatgemeinde schrieb und 1902 erstmals anlässlich des ‚Mengeringhäuser Freischießens' zur Aufführung brachte. Der Inhalt des Stücks bezieht sich auf einen 1502 verübten Überfall eines gewissen Rabe von Canstein auf Mengeringhausen. Das Festspiel wird in einer über hundertjährigen Tradition bis heute unter dem unangefochtenen Titel ‚Treue um Treue' aufgeführt. Böttchers Nachlass liegt heute im ‚Archiv des Liberalismus' der ‚Friedrich-Naumann-Stiftung für die Freiheit' in Gummersbach.

- ‚Treue um Treue' heißt auch der Titel eines Militärmarsches, den der Militärmusiker und Polizeibeamte Carl Teike (1864–1922) komponierte. Von Teike stammt auch der beliebte und gerade im Ausland immer wieder gern gespielte Marsch ‚Alte Kameraden'. Da Teike auch preußischer Polizist war, gehören seine Märsche, unter anderem ‚Treue um Treue', zum festen Repertoire des Polizeiorchesters Potsdam. Das Thema Kameradschaft und Treue spielte in Teikes Kompositionen eine besondere Rolle. So hat er wei-

---

[24] Reichswehrministerium/Chef der Heeresleitung. Nr. 1240/20. Stab. Die Grundlagen der Erziehung des Heeres. (Heeresverordnungsblatt 1920/Nr. 79) Abgedruckt in: Deutsche Heeresgeschichte. Hrsg. von Karl Linnebach. Hamburg 1935, S. 384.

tere Märsche unter den Titeln ‚In Freundschaft und Treue', ‚In Treue fest', ‚Kameradentreue' und ‚Neue Kameraden' komponiert.

- ‚Treue um Treue!' beschließt als Motto auch einen von zwei Nachrufen auf den verstorbenen Berliner Oberbürgermeister und SPD-Politiker Ernst Reuter (1889–1953) auf der Titelseite der sozialdemokratischen ‚Berliner Stimme. Wochenzeitung für Politik, Wirtschaft und Kultur' vom 3. Oktober 1953. Der Verfasser des Nekrologs, Fritz Bühl, war SPD-Abgeordneter des Berliner Abgeordnetenhauses. Bühl betont in seiner Würdigung die Verpflichtung, Reuters Werk in dessen Sinne fortzuführen. Dieses Werk umreißt Bühl mit Reuters Kampf für die Freiheit und gegen die kommunistische Tyrannei sowie Reuters Wirken für ein geeintes Berlin und ein geeintes, freies Deutschland. Dieses verpflichtende Vermächtnis besiegelt der Sozialdemokrat Bühl mit dem offensichtlich als völlig unbelastet erachteten Wahlspruch ‚Treue um Treue'[25].

- ‚Treue um Treue' lautet auch der eingravierte Sinnspruch auf einem Findling an der Wedeler Chaussee in Appen bei Pinneberg. Dieser Gedenkstein würdigt acht gefallene deutsche Soldaten des Ersten Weltkriegs mit der Zeitangabe ‚1914–1918' und den darunter aufgeführten Namen, Geburts- und Sterbedaten. Er dürfte nicht der einzige Gedenkstein mit dieser Inschrift sein.

Eine schlingernde Traditionspraxis, die kampflos einknickt oder vorauseilend den Kotau vor dem Zeitgeist macht, sobald aus der Ferne dumpfe Empörungssalven grollen, wirkt auf betroffene Soldaten so aufbauend und zukunftsweisend wie eine Standortschließung! Persönlich hätte ich in vorliegendem Fall erwartet, dass darüber in der Bundeswehr und vor allem im deutschen Heer vorher eine offene und freie Diskussion geführt worden wäre, auf der Grundlage transparenter Information und nachvollziehbarer Argumentation. Das gehört nach meinem Verständnis zu einer vertrauensvollen Beteiligung sowie zu einer professionellen Medienkompetenz und guten Informationsarbeit. Damit spreche ich auch von wichtigen Grundsätzen und Gestaltungsfeldern der Inneren Führung. Im Übrigen wurde diese notwendige Diskussion in Thomas Wiegolds Blog ohnehin intensiv nachgeholt, wenngleich ohne Mitgestaltungsmöglichkeit seitens der Bundeswehr. Diese kritischen Anmerkungen

---

[25] Fritz Bühl: Ein Mann mit Herz. In: Berliner Stimme. Wochenzeitung für Politik, Wirtschaft und Kultur. 3. Oktober 1953. Berlin, S. 1.

stellen meine persönliche Bewertung und Meinung als Staatsbürger in Uniform dar! Sie werden übrigens von sehr vielen Kameraden geteilt. Sie sind nicht als Akt der Illoyalität gegenüber meiner militärischen Führung oder politischen Leitung zu verstehen, sondern sind lediglich Ausdruck der sprichwörtlich „tiefen Sorge um das deutsche Heer" und vordringlicher noch um die Grundsätze der Inneren Führung sowie um unser Traditionsverständnis.

Von Bilderstürmern ausgeräumte Gotteshäuser wirken leer und leichenhaft. Ihre Verwüstung und ihr hohler Widerhall erzeugen das Gefühl eines ‚horror vacui'. Aus der Kunstgeschichte (Mario Praz) wissen wir, dass Leerräume und Leerflächen bald wieder ausgefüllt werden, vorrangig mit manieristischen Motiven oder fragwürdigem Schwulst! Wer Leerstellen zulässt, die er selbst nicht alsbald durch neue Botschaften und gültige Bilder besetzen kann, schafft zwangsläufig ungewollte, subkulturelle Surrogate und unkontrollierbaren Wildwuchs. Und wer nicht mehr den Mut aufbringt, in einer Sache deutlich vorzugeben, muss darin am Ende mehr nachgeben, als ihm lieb sein kann! Der traditionelle militärische Grundsatz, dass jede, wenn auch falsche Entscheidung besser ist als gar keine, gilt nicht in jedem Fall. Er gilt stets, wenn eine krisenhafte Entwicklung ein sofortiges Entscheiden und Eingreifen erfordert. Er gilt nicht bei einer Entwicklung, die eine Entscheidung auf einer umfassenden und möglichst objektiven Grundlage nicht nur zulässt, sondern sogar erfordert.

Zusammenfassung und Ausblick

Das Weißbuch 2016 postuliert „Neue Wege im Traditionsverständnis". Wer aber die Ausführungen dazu liest, fühlt sich enttäuscht: neben altbekannten Sachverhalten, Begriffsunsicherheiten und Plattitüden („Wichtige Teile der Führungsphilosophie in der Bundeswehr sind ein Werte vermittelndes Traditionsverständnis und dessen Pflege"[26]) findet sich darin nichts substantiell Neues. Selbst das vorgebliche Novum einer stärkeren Berücksichtigung der bundeswehreigenen Tradition ist nur ein mit angestrengterem Sprachaufwand wiederholtes Postulat. Denn bereits im Weißbuch 2006, das nach meiner persönlichen Bewertung im sprachlichen und begrifflichen Vergleich in Teilen präziser und aussagekräftiger formuliert ist, findet sich hierfür folgender Beleg: „Im Mittelpunkt der Traditionspflege für die Bundeswehr stehen die preußischen Heeresreformen, der militärische Widerstand gegen das NS-Regime sowie die

---

[26] Bundesministerium der Verteidigung (Hg.): Weißbuch 2016 zur Sicherheitspolitik und zur Zukunft der Bundeswehr. Berlin 2016; S. 114 - 116.

eigene Geschichte der Bundeswehr selbst. Die 50 erfolgreichen Jahre Bundeswehr haben eine Tradition geschaffen, die es verdient, stärker als bisher in den Blick genommen und damit ins Bewusstsein der Soldatinnen und Soldaten gerückt zu werden."[27] Also nichts Neues unter der Sonne! Man könnte allenfalls die Frage stellen, was die Bundeswehr von 2006 bis 2016 unternommen hat, um diesen eigenen Traditionsgeist herauszudestillieren und als Traditionslinie sichtbar zu machen. In diesem Kontext betont das Weißbuch 2006 die Rolle und Verantwortung der Einheitsführer und Kommandeure für die Traditionspflege und historisch-politische Bildung in der Truppe. Denn die daraus erwachsenden Impulse sollen für die Weiterentwicklung der Traditionspflege genutzt werden.[28] Davon ist im aktuellen Weißbuch nicht mehr die Rede. Immerhin weist es der Traditionspflege eine diskursive und generationenübergreifende Aufgabe zu: „Sie setzt auf eine offene Diskussionskultur und auf persönliches Engagement."[29] Genau das wäre im Vorfeld der Entscheidung zum Wahlspruch ‚Treue um Treue' angebracht gewesen.

Nun ist die Tradition das ungeliebte Kebskind der Bundeswehr und Gesellschaft, immer wieder hin und her gestoßen zwischen politischem Kalkül, medialer Verunglimpfung, ideologischer Diskriminierung und gleichgültiger Behandlung im Truppenalltag. Tradition ist Gegenstand von Lippenbekenntnissen, Sonntagsreden, Absichtserklärungen, Halbherzigkeiten und Halbwahrheiten. Damit verbinden sich Phänomene wie Bildungsschwäche, Geschichtsvergessenheit, Political Correctness, Selbstkasteiung und Verlogenheit in Politik, Gesellschaft und Medienlandschaft. Traditionen müssen aber gemeinsam und einvernehmlich gebildet, verstanden, gelebt, gepflegt und weitergegeben werden. Von oben verordnete Traditionen sind nur Scheintraditionen, ohne wirkliche Akzeptanz und Vitalität. Verbotene, willkürlich abgeschaffte oder fehlende Traditionen erzeugen wiederum einen unkontrollierbaren Wildwuchs. Wir sollten daher noch einmal gemeinsam und in aller Ruhe, ohne Denkverbote, ohne Angst vor Kritik und Anfeindung, vor allem aber ohne Zeitdruck darüber nachdenken, wie es um die Tradition der Bundeswehr steht: was wir heute tatsächlich haben, wertschätzen und pflegen, was davon wirklich traditionswürdig ist, was wir davon nicht mehr brauchen können und was uns demgegenüber

---

[27] Bundesministerium der Verteidigung (Hg.): Weißbuch 2006 zur Sicherheitspolitik Deutschlands und zur Zukunft der Bundeswehr. Berlin 2006; S. 79f.

[28] Ebenda, S.80.

[29] Bundesministerium der Verteidigung (Hg.): Weißbuch 2016 zur Sicherheitspolitik und zur Zukunft der Bundeswehr. Berlin 2016; S. 116.

aber auch noch fehlt, um der Gegenwart zu genügen und damit zukunftsfähig zu werden.

Dieser in mancher Hinsicht bewusst provokativ gefasste und gesellschaftspolitisch adressierte Beitrag versteht sich als erneuter Denkanstoß für einen produktiven Prozess der Neubestimmung des eigenen Selbstverständnisses als Angehörige der Bundeswehr und einer damit verbundenen Tradition. Insbesondere wir Soldaten haben als Staatsbürger in Uniform und als unmittelbar Betroffene auch das Recht und die Pflicht, diese Diskussion selbstbewusst und streitbar zu führen. Und wo uns Polemik entgegenschlägt, haben wir das Recht, mit gleicher Münze heimzuzahlen. Von Soldaten wird in erster Linie Tapferkeit und Treue gefordert, von Staatsbürgern Zivilcourage und Loyalität gegenüber Gemeinschaft und Staat. Letzteres könnte man auch Solidarität und Staatsgesinnung nennen. Diese Einstellungen und Tugenden bilden das Ehrenkleid jedes anständigen Bürgers. Der Staatsbürger in Uniform verkörpert nach seiner sittlichen Idee und in guter Tradition genau diese Tugenden, die auch heute zur Erhaltung und Gestaltung eines blühenden Gemeinwesens unverzichtbar sind. Dass die Bundesrepublik Deutschland der Sehnsuchtsort von Millionen Flüchtlingen aus der ganzen Welt ist, bezeugt den richtigen Weg, den die deutsche Nation nach einer totalen Katastrophe seinerzeit neu und zuversichtlich beschritten hat und damit schließlich auch zu ihrer Einigkeit in Recht und Freiheit zurückgefunden hat. Wir sollten daher als Angehörige der Bundeswehr, die als erste aufgerufen sind, diese Werte und den damit verbundenen Frieden und Wohlstand zu schützen, ruhig so viel Selbstbewusstsein, Selbstverständnis und Selbstwertgefühl entwickeln, dass wir uns die Deutungshoheit über unsere eigene Geschichte und Tradition nicht von anderen aufoktroyieren lassen, sondern selbst gemeinsam herausfinden, bewerten und bestimmen, worin unsere Tradition besteht. Ich spreche dabei von einer Tradition, die durch historisches Wissen ergründet, durch rechtliche Grundlagen abgesichert, durch eine ethische Bewertung als würdig erwiesen, durch soziale Normen des Anstandes und der Ehre geprägt und durch die staatspolitischen Ziele unserer deutschen Verfassung mit ihren Grundwerten legitimiert ist. Werden wir uns endlich über uns selbst und unsere Tradition klar, dann können wir auch nach außen selbstbewusster auftreten. Eine solche geistige und geschichtlich hergeleitete Positionierung wäre auch eine gesicherte Ausgangsposition für einen deutschen Beitrag zu einer künftigen europäischen Führungskultur. Die Himmeroder Denkschrift von Oktober 1950 führt dazu in ihren Schlussbemerkungen – wie Janus mit dem doppeltem Blick: zurück wie nach vorne – aus: „Die stets bewährte Treue und Unbestechlichkeit des deutschen Soldaten wird dem Deutschen Kontingent und den vereinigten Verteidigungsstreitkräften für Europa, in welchen es seine Integration findet, desto mehr zu Gute kommen, je mehr Vertrauen und Offenheit diesem deutschen Soldaten von Anfang an entgegengebracht werden."[30]

Literatur:

Heinz Karst: Das Bild des Soldaten. Versuch eines Umrisses. Harald Boldt Verlag. Boppard 1964 (mit drei Traditionskapiteln S. 225–296).

Walter Transfeldt: Wort und Brauch im deutschen Heer. Bearbeitet von Otto Quenstedt. Hamburg 1976 (7. Auflage).

Tradition als Last? Legitimationsprobleme der Bundeswehr. Hrsg. von Klaus-M. Kodalle. Mit Beiträgen von Peter Balke, Wolf Graf von Baudissin, Ernst Willi Hansen, Klaus-M. Kodalle, Otwin Massing, Manfred Messerschmidt, Willi Oelmüller, Hans-Jürgen Rautenberg, Claus Frhr. Von Rosen, Klaus von Schubert, Günter Will und Günter Wollstein. Verlag Wissenschaft und Politik. Köln 1981.

Hans-Peter Stein: Symbole und Zeremoniell in deutschen Streitkräften vom 18. bis zum 20. Jahrhundert. Mit einem Beitrag von Hans-Martin Ottmer. Verlag E.S. Mittler & Sohn. Herford, Bonn 1984.

Hans-Joachim Harder und Norbert Wiggershaus: Tradition und Reform in den Aufbaujahren der Bundeswehr. Verlag E.S. Mittler & Sohn. Herford, Bonn 1985.

Donald Abenheim: Bundeswehr und Tradition. Die Suche nach dem gültigen Erbe des deutschen Soldaten. Mit einem Vorwort von Gordon A. Craig. Beiträge zur Militärgeschichte. Hrsg. vom Militärgeschichtlichen Forschungsamt. Band 27. R. Oldenbourg Verlag. München 1989.

---

[30] Hans-Jürgen Rautenberg und Norbert Wiggershaus (Hg.): Die „Himmeroder Denkschrift" vom Oktober 1950. Politische und militärische Überlegungen für einen Beitrag der Bundesrepublik Deutschland zur westeuropäischen Verteidigung. Militärgeschichtliches Forschungsamt. 2. Auflage. G.Braun Karlsruhe 1985, S. 57.

Heinrich Walle: Tradition – Floskel oder Form? Neue Wege zu alten Werten. In: Von der Friedenssicherung zur Friedensgestaltung. Deutsche Streitkräfte im Wandel. Im Auftrag des Militärgeschichtlichen Forschungsamtes hrsg. von Heinrich Walle. Verlag E.S. Mittler & Sohn. Herford, Bonn 1991, S. 233–304.

Loretana de Libero: Tradition in Zeiten der Transformation. Zum Traditionsverständnis der Bundeswehr im frühen 21. Jahrhundert. Hrsg. im Auftrag des Sozialwissenschaftlichen Instituts der Bundeswehr. Ferdinand Schöningh Verlag. Paderborn, München, Wien, Zürich 2006.

Frank Nägler: Der gewollte Soldat und sein Wandel. Personelle Rüstung und Innere Führung in den Aufbaujahren der Bundeswehr 1956 bis 1964/65. R. Oldenbourg Verlag, München 2010, S. 442–459.

Frank Pauli: Wehrmachtsoffiziere in der Bundeswehr. Das kriegsgediente Offizierkorps der Bundeswehr und die Innere Führung 1955 bis 1970. Ferdinand Schöningh Verlag. Paderborn, München, Wien, Zürich 2010, insbesondere S. 193–226.

Tradition für die Bundeswehr. Neue Aspekte einer alten Debatte. Hrsg. von Eberhard Birk, Winfried Heinemann und Sven Lange. Mit Beiträgen von Ulrich Schlie, Cora Stephan, Thorsten Loch und Martin Mayer, Herfried Münkler, Donald Abenheim, Peter Andreas Popp, Burkhard Köster, Günter Glaser und Rüdiger Wenzke, Frank Hagemann, Rolf Clement, Winfried Heinemann, Sven Lange, Eberhard Birk. Carola Hartmann Miles-Verlag Berlin 2012.

Matthias Rogg: Kompass Militärgeschichte. Ein historischer Überblick für Einsteiger. Hrsg. vom Zentrum für Militärgeschichte und Sozialwissenschaften der Bundeswehr. Rombach Verlag. Freiburg im Breisgau 2013 (mit Begriffsdarstellungen von Geschichte, Tradition, Brauchtum, S. XIII - XVI).

Sonderfall Bundeswehr? Streitkräfte in nationalen Perspektiven und im internationalen Vergleich. Im Auftrag des Zentrums für Militärgeschichte und Sozialwissenschaften der Bundeswehr Hrsg. von Heiner Möllers und Rudolf Schlaffer. Mit Beiträgen von Peter Lieb, Sarah Katharina Kayß und John Zimmermann zum Themenkomplex 'Vergangenheitsbewältigung, Tradition und Reform'. Oldenbourg Wissenschaftsverlag GmbH, München 2014, S. 261–310.

Als umfangreicher Sammel- und Überblicksband zur DDR-Tradition aus offizieller DDR-Sicht:

Helmut Meier / Walter Schmidt (Hrsg.): Erbe und Tradition der DDR. Die Diskussion der Historiker. Akademie-Verlag Berlin 1988.

Als offizielle Darstellungen der Militärtradition der DDR und NVA:

Edgar Doehler / Rudolf Falkenberg: Militärische Traditionen der DDR und der NVA. Ostberlin 1979.

Edgar Doehler / Horst Haufe: Militärische Traditionen der DDR und der NVA. Ostberlin 1989.

Als Einzeldarstellungen zur Tradition verschiedener Armeen des ehemaligen Warschauer Paktes:

Brenko P. Ahnsteiner (Hrsg.): Nationale Tradition in sozialistischen Armeen. Hohwacht Verlag Bonn-Bad Godesberg 1974 (darin: Jörg Lolland: DDR. S. 37–70.)

Kritik: amtlich verordnet! Politische Bildung als kritische Instanz der Inneren Führung und ein Geburtstagsständchen für den Beutelsbacher Konsens

Peter Buchner[1]

Hört man vielen Sonntagsreden zu, dann wird der Politischen Bildung in der Bundeswehr hohe Bedeutung zugesprochen. Vergleicht man das mit Eindrücken von Soldaten beispielsweise in Pausengesprächen, fällt auf, dass dies häufig hinten runter, d.h. dass Politische Bildung häufig Zeitmangel zum Opfer fällt. Zu den organisatorischen Defiziten gesellt sich didaktische Kritik, wenn beispielsweise Dirk Lange von der Uni Hannover, einer der wenigen Didaktiker politischer Bildungsarbeit in Deutschland, Politische Bildung der Soldaten als „Befehlsempfänger" in Frage stellt, ihnen damit Befähigung und Berechtigung überhaupt abspricht.

Diese Befunde erscheinen gerade unter dem Blickwinkel Kritik als besonders betrüblich, weil unter der Fragestellung nach der Kritikhaftigkeit gerade Politische Bildung – in heute üblicher Differenzierung der Inneren Führung nach Zielen, Grundsätzen und Gestaltungsfeldern ein Hauptsächliches – die günstige Gelegenheit bietet, demokratische Phänomene mitzuerleben und darauf aufbauend zu reflektieren. Damit könnte Politische Bildung für die Einbindung von Streitkräften in die Demokratie viel mehr leisten, als den Soldaten nur Sinnangebote für ihre Einsätze zu machen, um den Legitimationsanspruch Innerer Führung zu erfüllen. Dahinter steht die Grundüberzeugung, dass gelebte Demokratie weniger auf Staat und Macht basiert als vielmehr von Konflikt und Diskurs lebt. Und daran sollen sich auch Bundeswehrsoldaten als Staatsbürger in Uniform beteiligen.

Um die Kritikhaftigkeit Innerer Führung aus dem Fokus des hauptsächlichen Gestaltungsfelds Politische Bildung heraus zu betrachten, wird zunächst die historische Genese dieser eher militärfremden Disziplin nachgezeichnet. Anhand der Vorschriftenentwicklung kann man dann gut erkennen, dass gerade für die Bundeswehr als Einsatzarmee der Stellenwert eigentlich weiter wächst. Und es zeigt sich, dass Kritik mit dem Beutelsbacher Konsens, der in diesem

---

[1] Bewertungen spiegeln die Auffassungen des Autors wider.

Jahr seinen "40-igsten Geburtstag feiert", zumindest konzeptionell fest etabliert ist.

Dass Rechtfertigungen und Selbstversicherungen jedoch ständiger Bemühungen bedürfen, mahnen besorgniserregende Befunde über die Praxis Politischer Bildung an, die abschließend dem Leser ins Bewusstsein gerufen werden.

Wie die Politische Bildung in die Bundeswehr kam ...

Wolf Graf von Baudissin, der Gründervater der Inneren Führung, war in den Jahren bevor Hitler seinen Krieg vom Zaune brach, Regimentsadjutant, also mit heutiger Dienstpostenbezeichnung Chef des Stabes, im Infanterieregiment 9 in Potsdam. Als "Tischältester" im Kasino, so beschreibt er in seiner Abschiedsvorlesung an der Universität Hamburg (abgedruckt in Knoke 2001: 261), führte er damals die Montagsgespräche ein. Das Kasino war zentrales Element im Leben der Offiziere. Er sagte: "Hier im eigenen Hause, konnte er sich mit seinen Freunden treffen und neue Bekanntschaften machen. Bei uns spielte die formale Hierarchie eine geringe Rolle. Die Vielfalt der Ansichten wurde bewusst kultiviert. So konnten sich hier [in Potsdam: P.B.] selbst Schmundt, der Adjutant Hitlers, und Henning von Tresckow, der später zu den führenden Offizieren des Widerstandes gehörte, treffen, ohne dass es zum Eklat kam." Die Montagsgespräche beschreibt Baudissin nicht ohne Verwunderung über die Freiheit des Wortes, die hier gepflegt werden konnte. "Auf der Basis von Referaten, die bekannte, zum Teil befreundete Experten aus Berlin hielten, wurden berufliche und politische Probleme mit erstaunlicher Offenheit diskutiert." Baudissin erschien es geradezu als ein Wunder, wie er selbst sagte, dass nie ein Wort über "das Treiben" der Gestapo zu Ohren gelangt ist.

Als es dann Anfang der Fünfziger Jahre daran ging, Überlegungen zu neuen deutschen Streitkräften anzustellen, knüpfte Baudissin an diese Erfahrungen an. Die guten Erfahrungen mit den Montagsgesprächen aus dem IR 9 und die kritischen Diskussionen im überschaubaren Kameradenkreis inspirierten ihn 20 Jahre später, wie er selber sagte, den politischen Unterricht, der heute als Politische Bildung bezeichnet wird, als Routinepflicht ins Soldatengesetz aufzunehmen. Dabei ging es ihm nicht in erster Linie um den Unterricht für Mannschaften, sondern um den für Offiziere und Feldwebel. "Werden die Führer [in heutiger Diktion die Vorgesetzten: P.B.] mit Konsequenz in Stoff und Methodik dieses Dienstzweiges eingewiesen, bereitet der Unterricht in den Einheiten keine Schwierigkeiten, während politisch ungebildete Vorgesetzte in politischen Krisen hilflos und unglaubwürdig reagieren."

Die damaligen Vorstellungen referiert die Himmeroder Denkschrift. Kapitel V geht unter der Überschrift "Das innere Gefüge" auf die neugedachte politische Verortung von Armee und Soldaten ein:

"Ebenso wichtig wie die Ausbildung des Soldaten ist seine Charakterbildung und Erziehung.

[…]

Der Soldat des Deutschen Kontingents verteidigt zugleich Freiheit im Sinne der Selbstbestimmung und soziale Gerechtigkeit. Diese Werte sind für ihn unabdingbar.

[…]

Das Deutsche Kontingent [sic] darf nicht Staat im Staate werden. Das Ganze wie der Einzelne haben aus innerer Überzeugung die demokratische Staats- und Lebensform zu bejahen.

[…]

Die Erziehung des Soldaten im politischen und ethischen Sinne ist im Rahmen des allgemeinen Dienstunterrichts von vornherein größte Bedeutung zu schenken. Sie hat sich nicht auf das rein Militärische zu beschränken.

[…]

Damit muss zugleich die innere Festigkeit gegen eine Zersetzung durch undemokratische Tendenzen (Bolschewismus und Totalitarismus) erreicht werden" (Himmeroder Denkschrift i.d.F. Rautenberg; Wiggershaus 1985: 53ff.).

In seinem ersten Vortrag als Angehöriger des Amts Blank an der Evangelischen Akademie Hermannsburg führte er aus, dass an der Stelle, wo alle früher gültigen Werte vom Staat bis zum Individuum erschüttert und Stellung, Bedeutung und Notwendigkeit von Soldaten fragwürdig geworden sind ein neues Milieu des staatsbürgerlichen Miteinanders entstehen muss. Soldaten werden darin Träger republikanischer Gesinnung und damit im besten Sinne politisch. Was entsteht, ist der freie waffentragende Staatsbürger, der den Dienst als einen Teil seiner politischen Verantwortung versteht. Als Verteidiger kann deshalb nur der überzeugte und handwerklich hochwertige Einzelkämpfer bestehen, der sich aus Einsicht ein- und unterordnet.

Was dabei entsteht ist das Bild des verantwortungsbewussten Bürgers, das sich bis auf Immanuel Kant zurückführen lässt als "[h]abe den Mut, dich deines eigenen Verstandes zu bedienen!" Dies ist aber nicht nur das Kernprogramm der Aufklärung, sondern überspannt genauso Politische Bildung als Mündigkeit, und zwar nicht nur in der Bundeswehr. Mündigkeit ist in den Augen Kants nicht nur Teil menschlicher Natur, sondern auch Ziel menschlicher Existenz. Sie basiert auf Autonomie und Vernunft und wird im richtigen Gebrauch des Verstandes auf dem Weg der Bildung erlernt (nach Autorengruppe Fachdidaktik 2016: 13). Dieses Verständnis von Mündigkeit schließt Kritikfähigkeit ein, ist also im Sinne Adornos als einem der Gründerväter Kritischer Theorie eine Erziehung zum Widerspruch und zum Widerstand.

Erreichen wird man das, indem "[d]er Disziplinarvorgesetzte in einem gesetzlich vorgeschriebenen staatsbürgerlichen Unterricht das in der Truppe Erlebte zu deuten und dazu beizutragen [hat], es zu Erfahrungen zu verdichten (...) Politische Bildung besteht eben nicht nur in der Vermittlung von Kenntnissen und Einsichten; es müssen auch demokratische Einstellungen und Befähigung gefördert werden." Dazu lebt der neugedachte Bundeswehrsoldat in einer gesellschaftskonformen, d.h. in einer rechtsstaatlich, freiheitlich und sozial strukturierten Ordnung, die die Grundwerte des Staates transparent werden lässt. Der Soldat soll im täglichen Leben erfahren, dass die Verfassung die Praxis in der Truppe bestimmt und auch ihm als Staatsbürger Lebenswichtiges bietet. Erst diese Erkenntnis führt zum politischen Engagement" (Baudissin 1982: 156f.).

Trotz des hehren Anspruchs scheint es in der Praxis dieses ambitionierten Programms der Politischen Bildung immer wieder Defizite zu geben. Davon künden viele Jahresberichte des Wehrbeauftragten, eine Mitte der Neunziger Jahre herausgegebene Weisung des Generalinspekteurs und Stimmen aus der Truppe. Krisensymptome sind aber auch die Jahresweisungen, die die Truppe in ihrer Bildungsarbeit einengen (vgl. hierzu ausführlich im Jahrbuch 2014).

Wandelndes Verständnis über Politische Bildung in der Bundeswehr

Grundlage Politischer Bildung in der Bundeswehr ist das Soldatengesetz. § 33 bestimmt, dass jeder Soldat staatsbürgerlichen und völkerrechtlichen Unterricht erhält. Wie dies konkret auszugestalten ist, legen die einschlägigen Dienstvorschriften fest. Daneben wirken aber auch gesellschaftliche Prozesse, politische Entscheidungen und geschichtliche Ereignisse auf die Praxis der Durchführung. Von Bedeutung sind aber auch fachdidaktische Konzepte, die in die Streitkräfte hinein wirken. Dazu kommen, so vermutet Simon Andrä,

„latente Lernziele", und zwar solche, die nirgendwo offengelegt, geschweige denn eindeutig bestimmt sind (Andrä 1978: 3).

Politische Bildung als Geistige Rüstung

Als erste Dienstvorschrift nicht nur für die Innere Führung, sondern auch für das Gestaltungsfeld Politische Bildung muss das Handbuch Innere Führung gelten[2]. Dessen von heute aus vorgenommene Einordnung legt offen, dass es bei Innerer Führung einerseits um die geistige Rüstung, andererseits um die zeitgemäße Menschenführung als Voraussetzung für die Schlagkraft der Truppe geht (169). Damit werden die Soldaten für den Waffengang gestählt, der als Krieg politischer Ideen und Schlagworte von Propaganda und psychologischer Kriegsführung begleitet ist. So beantwortet das Handbuch die "einzig legitime Frage: Wie kann die deutsche Bundeswehr in der Mitte des 20. Jahrhunderts zu einem Instrument von höchster Schlagkraft gestaltet werden?", indem sie Antworten gibt auf die Themenfelder Soldat und Demokratie, Soldat in der sozialen Wirklichkeit und im permanenten Bürgerkrieg. Damit sind Fragen gestellt, die man heute üblicherweise dem Gestaltungsfeld Politische Bildung zuordnet.

Die formal erste Dienstvorschrift erschien 1966 als ZDv 12/1 unter dem Titel "Geistige Rüstung". Damit wird die Wehrfunktion der Politischen Bildung zum Titel und damit auch zum Schwerpunkt gemacht. Lernziel der so verstandenen Politischen Bildung ist, die "[f]reien Staatsbürger zu einsatzwilligen, tüchtigen Soldaten zu erziehen" (Nr. 5). Sie steht auch in enger Bindung zu den Truppeninformationen, mit denen das Verteidigungsministerium in der damaligen Zeit neben Anderem über die Unfreiheit der Blockgegner breit unterrichtete.

Mit seiner Analyse von Unterrichtsmaterialien, die den Kompaniechefs an die Hand gegeben werden, arbeitet Simon Andrä den affirmativ–funktionalen Charakter der Bildungsarbeit in dieser Epoche heraus. Er zeigt anhand seiner Untersuchung der Informationen für die Truppe, dass ein idealistisches Bild von Demokratie gezeichnet wird. Problematisierungen finden nicht statt, weil sich die Unterlagen ausschließlich auf Vorzüge, Werte und Wesen der freiheitlichen Ordnung beschränken. Auf diese Weise wird Andräs Analyse folgend suggeriert, dass die Demokratie der Bundesrepublik auf dem Höchststand ihrer historischen Entwicklung angelangt sei (Andrä 1978: 64). Er interpretiert Poli-

---

[2] Die Schrift "Vom künftigen deutschen Soldaten, Gedanken und Planungen der Dienststelle Blank" von 1955 liefert außerdem einen Interpretationsrahmen.

tische Bildung somit als Pflichtenlehre, was auch in der verdrehten Wendung "staatsbürgerlicher Pflichten und Rechte" (vgl. ZDv 10/1 Nr. 626) deutlich wird. Fachdidaktisch erkennt er darin die Zielbestimmung der Erziehung zu Einsichten und Kenntnissen, die in den Jahren zwischen 1956 und 1963 in Deutschland dominant war.

Politische Bildung kommt auch in den Streitkräften an

Geistige Rüstung fand ihr Ende mit der neugefassten Dienstvorschrift von 1973. Ihr neuer Titel lautete "Politische Bildung". Dieser Entwicklungsschritt reifte sicherlich auch auf dem politischen Nährboden der 68er-Generation und dem damals besorgniserregenden Anstieg der Kriegsdienstverweigerung. Binnenperspektivisch ist er der pädagogischen Wende in der Bundeswehr geschuldet. Prägnanter Ausdruck dafür war die Bildungskommission. Konkrete Folgen waren damals u.a. ein Lehrgang "Didaktik für Lehrstabsoffiziere" an der damaligen Schule für, heute Zentrum Innere Führung, die neue Reihe Politische Bildung innerhalb der Schriftenreihe Innere Führung mit beispielsweise dem Heft 3 "Didaktik" (1973), die Entsendung von Offizieren zum Pädagogikstudium an 'zivile' Universitäten, der Aufbau der Bundeswehruniversitäten mit der Einführung spezifisch pädagogischer Anteile im sog. "Anleitstudium" EGA und schließlich die Fortbildungsstufe B für Unteroffiziere mit den Fachschulen des Heeres z.B. für Erziehung.[3] Älteren Soldaten ist das damals großzügig in der Truppe verteilte Buch "Militärische Ausbildungspraxis" von Dieter Portner noch in Erinnerung.

Immerhin schien der politische Druck so groß, dass es gerade ein Jahr vorher zur Übergangslösung in Form einer vorläufigen Regelung kam. Bereits im 2. Absatz des Erlasses weist der Generalinspekteur ausdrücklich auf die neue Bezeichnung hin. Dies lässt vermuten, dass die Zeitumstände zügiges Handeln erforderlich machten. Immerhin war mit der ins Amt gekommenen sozialliberalen Koalition ein vertieftes Demokratieverständnis auf die politische Agenda gesetzt worden. Die Studentenunruhen als historisches Ereignis forderten politische Neuorientierungen. Die neue Ostpolitik verbot den Kriegsgegner zu dämonisieren. Schließlich wurde in der Bundeswehr mit der Durchsetzung der Bildungsreform die Diskussion um die Innere Führung, wie sie sich vorher in vielfältigen Pendelbewegungen – Gewerkschaftserlass, Generalskrise, Grashey-Rede, Schnez-Studie, Thesen der Leutnante 70 und der Reflex Hauptleute von

---

[3] Den Hinweis verdanke ich Claus von Rosen.

Unna - gezeigt hat, zugunsten Innerer Führung geklärt. Die Bundeswehr war ein Stück weiter ins Herz der Demokratie vorgestoßen. Dazu kamen aber auch die fachdidaktischen Entwicklungen. Bildungstheoretische Didaktik um Wolfgang Klafki und die Hamburger Schule um Wolfgang Schulz rückten immer näher zusammen. Damit wurde das Lernziel Mündigkeit auch methodisch konturiert. Dass also neben der Begriffsänderung auch ein methodischer Anteil in die Richtlinie und dann in die Vorschrift aufgenommen wurde, war wahrscheinlich von außen genährt. Hat sich doch das Bürgerverständnis von den Resten eines Untertanengeistes der Adenauerzeit endgültig entledigt. Daran konnte auch die Bundewehr nicht vorbeigehen. Dennoch steht die Pflichtendominanz auch in dieser Vorschrift noch vorneweg. Allerdings wird auf der didaktischen Ebene die Teilnehmerzentrierung beispielsweise in den dialogischen Methoden eingefordert. Außerdem rückt die Politische Bildung in der Bundeswehr ins Herz der Gesellschaft vor: "Die allgemeinen Ziele [der Politischen Bildung in Deutschland: P.B.] bestimmen auch die Politische Bildung in der Bundeswehr" (Nr. 202). Das Weißbuch von 1979 führt zudem aus, dass schon die Namensgebung deutlich macht, "dass sich politische Bildung in den Streitkräften als integraler Bestandteil der gesamten politischen Bildungsarbeit in der Gesellschaft begreift" (Weißbuch 1979: 192). Ein eigenes Kapitel für die Politische Bildung der Unteroffiziere und Offiziere mit dem ausdrücklichen Hinweis auf deren Aus- und Fortbildung in didaktischen und methodischen Fragen knüpft an die von Baudissin entwickelten Vorstellungen eng an. Dass sich damit jedoch die Kritikfähigkeit und –bereitschaft der Soldaten noch nicht endgültig durchsetzen konnten, belegt die als Anlage 1 der Vorschrift angehängte Ministerweisung, die zu öffentlicher Zurückhaltung mahnt.

„Grundsätzlich kann alles diskutiert werden, mit einer einzigen Ausnahme: Der Gehorsam gegenüber dem Grundgesetz und der verfassungsmäßigen Bundesregierung, der Gehorsam gegenüber den Gesetzen, die auf dem Grundgesetz beruhen, und der Gehorsam gegenüber Befehlen, die auf dieser Basis gegeben worden sind, kann nicht zur Diskussion stehen."

Etwa zur gleichen Zeit erlebte die Politische Bildung außerhalb der Bundeswehr eine weitreichende Erschütterung in der Folge der Studentenunruhen. Dem progressiven Voranschreiten linksliberaler "politischer Bildner" setzten einige Kultusminister streng konservative Lehrpläne vor. Damit zerbrach der Konsens schulischer Politischer Bildung in Form der Erziehung zur Demokratie, der Ablehnung des Totalitarismus und dem Bekenntnis zum freiheitlichen Rechtsstaat. Den Zündfunken lieferten – rückblickend – die Hessischen Rahmenrichtlinien für Gesellschaftslehre von 1972. Die Richtlinienmacher hatten sich in den Dienst einer parteipolitisch orientierten Gesellschaftsveränderung initiiert durch die aus der Bundesregierung verdrängte CDU stellen lassen. Damit ging es im Kern um die Frage der Reichweite politischer Vorentscheidungen in der Politischen Bildung. Dies überschritt für viele Eltern die Grenzen des Zumutbaren. Für die Politische Bildung bestand die Gefahr der "Verschollung" in eine linksträumende und eine rechtsgläubige Scholle. Die Befürchtung war, dass die wichtige Aufgabe Politischer Bildung im weltanschaulich neutralen Staat, nämlich die Vermittlung eines Minimums an gemeinsamen Wertvorstellungen und Verhaltensweisen, eingebüßt wird.

In dieser verworrenen Situation initiierte die Landeszentrale für politische Bildung in Baden-Württemberg eine Tagung mit dem Ziel, sich auf einen Grundkonsens für die Politische Bildung zu einigen. Siegfried Schiele lud führende Didaktiker unterschiedlicher Richtungen zu einem Gespräch ins schwäbische Beutelsbach ein, um auf dem Boden des Grundgesetzes die Möglichkeit eines didaktischen Minimalkonsenses auszuloten. Als Ergebnis dieser Veranstaltung hielt Hans-Georg Wehling die Gemeinsamkeiten der streitenden Autoren in drei Punkten fest, die von da an unter dem Terminus "Beutelsbacher Konsens" wirksam waren und weiterverhandelt wurden. Von da an ist der Beutelsbacher Konsens in der fachdidaktischen Diskussion präsent.

Politische Bildung nach der konservativen Wende

Die nächste Neufassung der einschlägigen Dienstvorschrift erfolgte erst im Jahre 1988. Gesellschaftlich ging mit der NATO-Nachrüstung ein Ruck durch Deutschland; politisch folgte mit der Wende – Eintritt in die "Kohl-Ära" – die Aufwertung der tradierten Werte. Wichtig galten fortan Leistung, Pflicht, Effizienz und Ordnung. Und diese "geistig-moralische Wende" wurde von Manfred Wörner auch ins Militärische transformiert (Bald 1994: 47). Die neue Dienstvorschrift spricht daher neue Aufgaben Politischer Bildung an. Als ein wichtiges Ziel, das vom Generalinspekteur in seinen Vorbemerkungen unterstrichen wird, gilt es von nun an den "Sinn des Dienens unter den sich ändernden politischen und gesellschaftlichen Bedingungen überzeugend zu vermitteln" (Vorbemerkung Nr. 2). Hier schillert ein affirmatives Verständnis durch. Gleichzeitig spricht die Vorschrift jedoch auch von Erwachsenenbildung (Nr. 108) und richtet die Ausbildung auf das politische Interesse der Lernenden aus (Nr. 110). Schließlich ordnet sie historisch-politische Bildung in den Korpus der Politischen Bildung ein. Konsequenterweise stellt sie den Bezug zur zwischenzeitlich erarbeiteten ZDv 3/1 – Didaktik und Methodik, später Ausbildungslehre – her und zur zwischenzeitlich mit Akribie verfolgten Lernzielorientierung. Allein der Beutelsbacher Konsens findet in der Vorschrift keine Erwähnung.

Überhaupt scheint die Wirkung der Politischen Bildung recht gering. Dies belegen nicht nur die zwischenzeitlich hochkochenden Auseinandersetzungen um Rechtsextremismus in der Bundeswehr, sondern auch Diskussionen um die neu entstehenden Auslandseinsätze. Die Mängelliste enthält der Wehrbeauftragtenbericht von 1993. Zudem zeigt die Praxis ein desaströses Bild: Außer in der Grundausbildung findet Politische Bildung scheinbar gar nicht mehr statt. Als Folge ist ein Kuriosum auf das Jahr 1995 datiert. Angestoßen durch die Stellungnahme zum Jahresbericht des Wehrbeauftragten 1992 sagte der damalige Staatssekretär Wilz dem Verteidigungsausschuss eine umfassende Bestandsaufnahme zur Politischen Bildung in der Bundeswehr zu. Angesichts der dürftigen Ergebnisse entstand vermutlich in der Folge eine Weisung des Generalinspekteurs zur "Durchführung der Politischen Bildung in den Streitkräften ab 1.1.1996", in der nicht nur dezidierte Vorgaben für die bessere Qualifizierung der Vorgesetzten enthalten sind, sondern der der Verteidigungsminister Volker Rühe ein persönliches, appellstarkes Vorwort voranstellte. Darin wird auch die Zielsetzung Politischer Bildung auf die gewachsene Einsatztätigkeit ausgedehnt:

"Der Auftrag der Bundeswehr erfordert bei den Soldaten ein ausgeprägtes Bewusstsein für die politische Dimension militärischen Urteilens und Handelns. Politische und militärische Verantwortung verlangen, den Soldaten auch geistig auf die künftigen Aufgaben vorzubereiten. Er muss diese Aufgaben professionell beherrschen, aber sie zugleich in den politischen Zusammenhang einordnen können. Jeder Soldat muss wissen und verstehen, wofür er ausgebildet und gegebenenfalls eingesetzt wird. Er soll überzeugt sein, dass sein Auftrag *politisch notwendig, militärisch sinnvoll und moralisch begründet ist* [Herv. P.B.]."

Aus heutiger Sicht hat sich mit den Auslandseinsätzen die politische Verbindlichkeit der Einsätze grundlegend verändert. War bei reaktiver Verteidigung der auslösende Grund leicht greifbar, so schlägt bei der Entscheidung über die Auslandseinsätze als wars of choice die volle politische Kontingenz zu. Unzweifelhaft erscheint dabei, dass politische Notwendigkeit, militärische Sinnhaftigkeit und moralische Begründungen sehr gegensätzlich bewertet werden. Konsequenterweise sind auf Grundlage des Beutelsbacher Konsenses neben den naturgemäß affirmativen Regierungspositionen die Gegenpositionen der Opposition und der Öffentlichkeit zu benennen. Dies bringt jedoch expressis verbis erst die weiterentwickelte Dienstvorschrift. 2003 wurden nicht nur die Kernaussage des Ministervorworts in die Vorschrift eingearbeitet (Nr. 303). Gleichzeitig geht die Bundeswehr in Bezug auf ihre Politische Bildung einen Schritt auf die kritische Öffentlichkeit zu und unterwirft ihre Ausbildung von nun an dem Beutelsbacher Konsens.

"Mit der Beachtung dieser Regeln unterwirft sich die Politische Bildung in der Bundeswehr einem in der Gesellschaft geltenden Minimalkonsens" (Nr. 115).

Ab jetzt gelten das Überwältigungsverbot, das Gebot der Kontroversität und Gebot der Berücksichtigung individueller Interessenlagen uneingeschränkt auch für die Politische Bildung der Soldaten:

Überwältigungsverbot:
Es ist nicht erlaubt, den Schüler – mit welchen Mitteln auch immer – im Sinne erwünschter Meinungen zu überrumpeln und damit an der Gewinnung eines selbständigen Urteils zu hindern.

Gebot der Kontroversität:
Was in Wissenschaft und Politik kontrovers ist, muss auch im Unterricht kontrovers erscheinen.

Gebot der Berücksichtigung individueller Interessen:
Der Schüler muss in die Lage versetzt werden, eine politische Situation und seine eigene Interessenlage zu analysieren, sowie nach Mitteln und Wegen zu suchen, die vorgefundene politische Lage im Sinne seiner Interessen zu beeinflussen.

Damit ist die kritisch reflektierende Haltung als Instrument der Inneren Führung im Herz der Soldaten angekommen. Kritik ist dank Kontroversitätsgebot und in Einklang mit dem Überwältigungsverbot mit Inkrafttreten der Dienstvorschrift seit 2003 geradezu amtlich verordnet!

Darüber können auch die Formulierungen der im Jahr 2007 neugefassten Dienstvorschrift nicht hinwegtäuschen. Zwar will der Dienstherr nicht mehr soweit gehen, dass er sich den fachdidaktischen Regeln *unterwirft*. Er folgt lediglich gesellschaftlichen Gepflogenheiten. Doch für die Aufgabenkritik der Soldaten bedeutet dies keine Einschränkung. Aufhorchen lässt da eher der »moderne Anstrich« der Zielformulierung bezüglich der Auslandseinsätze, wenn die Soldaten heute – vielleicht nur noch – überzeugt sein sollen, dass "ihr Auftrag politisch gewollt, militärisch leistbar sowie rechtlich und moralisch begründet ist."

Zukunftsperspektiven Politischer Bildung hier und da

Solche Veränderungen sind das notwendige Ergebnis einerseits von Selbstvergewisserungsprozessen sowohl in fachdidaktischer Hinsicht als auch inhaltlich über die Politische Bildung in der Bundeswehr und andererseits des ideengeschichtlichen Wandels.

Unter dem Stichwort Beutelsbach 2.0 rückt zum Anlass des 40-jährigen Jubiläums die Diskussion um den Fortbestand des Beutelsbacher Konsenses wieder ins Bewusstsein. Nicht nur die Frage was passieren muss, wenn Lernende aus eigenem Urteil zu einer demokratieablehnenden Haltung kommen, ist relevant. Genauso diskutiert man das wenig relevante "Dritte Gebot" unter dem Lernziel Partizipation. Ziel Politischer Bildung könnte zukünftig sein, einen politisch "interessanten Erwachsenen hervorbringen" (Widmeier 2013: 153).

Wie kritisch Politische Bildung eigentlich sein soll, setzte die Bundeszentrale für politische Bildung (bpb) kürzlich auf die Tagesordnung. Wissenschaftliche Vorschläge reichen immerhin von der Utopie herrschaftsloser Verhältnisse bis zur Mahnung, dass die Bürger ihr politisches System gar nicht verstehen. Kritiker begründen ihre Positionen unter Rückgriff auf Denker wie Adorno, Bordieu, Foucault und – über die bpb gut greifbar – Chantal Mouffe. Bettina Lösch benennt dazu konkrete Schlagworte: "Aufkündigung des Wohlfahrtskompromisses, Entmachtung der Parlamente, Privatisierung und Informalisierung von Politik, durch Globalisierungsprozesse verstärkter Konkurrenzgedanke, Polarisierung arm und reich, langfristige Senkung der Reallöhne und Veränderung von Arbeitsverhältnissen, zunehmende Verschuldung öffentlicher Haushalte bei gleichzeitiger Steuersenkung von Vermögenden und steuerlicher Belastung der unteren Einkommensgruppen, die Verschlechterung im Ausbildungs- und Bildungsbereich sowie die Alltäglichkeit von Rassismus und

Sexismus" (Lösch 2013, S. 176 zitiert nach Pohl). Dabei schlägt ihr politischer Anspruch recht unverhüllt durch. Basisdemokratie schillert als latente Zielvorstellung. Mit Soldatenaugen betrachtet erkennt man jedoch leider auch, dass der menschlich verständliche Wunsch nach einem besseren Leben durch Beseitigung autoritärer Regime nach Wegfall friedensschaffender staatlicher Verfasstheit zu noch mehr Chaos führt. Im Gegensatz zu Bettina Lösch steht für Klaus-Peter Hufer fest, dass Kritik jedem Bildungsbegriff bereits immanent ist. Für ein dafür erforderliches intellektuelles Klima scheint der Boden in der Bundeswehr angesichts Aufgabenvielfalt und organisatorischer Enge derzeit kaum bereitet. Schließlich bekommt die Mahnung von Werner Patzelt, Parlamentarismusforscher an der Uni Dresden, gerade für die Politische Bildung in der Bundeswehr ein besonderes Gewicht, wenn er den Bürgern vorhält, sie verstünden ihr politisches System nicht. Dies verbindet er mit der Aufforderung, dass

"politische Bildner dann nicht mehr politikerscheltend den Leuten nach dem Munde reden [dürften], sondern müssten ganz Anderes behaupten: Unsere politischen Institutionen sind gut, unsere Politiker brauchbar – doch Schwachpunkt unserer Demokratie ist die Bürgerschaft mit ihren fossilisierten Vorurteilen, durch Halbbildung überwucherten Wissenslücken und einem oft bloß aufgesetzten Begehren nach politischem Engagement, bei dem man sie – bitte! – nicht über die Spaßgrenze hinaus fordern soll" (Patzelt 2009: 13).

Die Unkenntnisse sind nicht nur allgemein-bürgerlich ärgerlich. Gerade Soldatsein bezieht sich auf das Politische. Vor allem jedoch wird die von Innerer Führung beanspruchte Legitimation der Auslandseinsätze durch dieses parlamentarische Regierungssystem im Sinne eines Parlamentsverständnisses als Kommunikationsraum konstituiert.

Schließlich schlägt – und das gilt gerade für den Bereich der Sicherheitsorgane – die linguistische Wende, also die Entmaterialisierung zugunsten sprachlicher Wirklichkeitskonstruktionen, zu. Die Wissenschaft spricht von "Versicherheitlichung". Immer stärker müssen Begriffe wie Frieden oder Sicherheit, aber auch das bezüglich der Auslandseinsätze strittig gewordene Leitbild des Staatsbürgers in Uniform (Wiesendahl) mit Leben gefüllt werden, um es nicht zum reinen Habitus verkommen zu lassen. Damit wird deutlich, dass kaum Zeit bleibt innezuhalten und abzuwarten. Drängende Fragen stehen längst auf der Agenda. Sowohl in der schulischen und außerschulischen Politischen Bildung bleibt keine Zeit für den biedermeierlichen Schlummer (Gerd Steffens) genauso wenig wie in der Bundeswehr Zeit bliebe, sich lange mit Feierlichkeiten zum

Geburtstag des Beutelsbacher Konsens aufzuhalten. Dies hieße dann nämlich, allein dem Zwang der Umstände das Feld zu überlassen.

Dabei steht die Bundeswehr neben den vielfältigen Erwartungen an Attraktivität, Professionalismus und Personal bzw. Demographie auch mit ihrem Selbstverständnis vor großen Herausforderungen. Da wird es in Rückbesinnung auf den Gründervater Graf Baudissin kaum reichen die Politische Bildung für ranghöhere Soldaten wieder zu forcieren. Erforderlich wäre der Katalysator, der Politische Bildung zum intellektuellen Nährboden verwandelt, auf dem akademisch motiviert und methodisch gesichert Meinungen zu Urteilen reifen. Dafür müsste zu allererst der Stellenwert Politischer Bildung gerade mit Blick auf didaktische Fragen neu bestimmt werden, wenn vor allem klassische Offizierausbildung geschmückt als Vorgesetztenausbildung mehr sein sollte als Taktik, Luftmachtdenken und Navigation. Dann ist die Frage zu beantworten, wieviel Expertise die Durchführenden thematisch und didaktisch haben müssen und wie die in den Vordergrund tretenden intellektuell-analytischen Fähigkeiten in Lernprozessen arrangiert sein müssen. Den Durchführenden jedenfalls rund 700 Seiten Literatur an die Hand zu geben über die Herausforderung Afrika erfüllt die Vorgaben des Beutelsbacher Konsenses noch nicht.

Literatur:

Andrä, Simon (1978): Das Informationsangebot der Bundeswehr im Bereich der Politischen Bildung. Eine quantitative Inhaltsanalyse von 15 Jahrgängen (1958-1972) der Zeitschrift "Informationen für die Truppe. Zugleich Diss. an der philosophischen Fakultät der Ludwig-Maximilian-Universität. München: Sowi.

[www.mgfa.de/html/einsatzunterstuetzung/downloads/bericht13kompr.pdf; letzter Zugriff: 21.08.2016].

Autorengruppe Fachdidaktik (2016): Was ist gute Politische Bildung? Leitfaden für den sozialwissenschaftlichen Unterricht. Schwalbach/Ts.: Wochenschau.

Bald, Detlef (1994): Militär & Gesellschaft 1945-1990. Baden-Baden: Nomos.

Baudissin, Wolf Graf von (1982): Nie wieder Sieg. programmatische Schriften 1951-1981. Herausgegeben Cornelia Bührle und Claus v. Rosen. München: Piper.

Bundesministerium der Verteidigung, Führungsstab Bundeswehr I (Hg.) (1964³): Handbuch Innere Führung. Bonn.

Knoke, Elfriede (Hg.) (2001): … als wären wir nie getrennt gewesen. Briefe von Wolf Graf von Baudissin und Dagmar Gräfin zu Dohna 1941–1947. Bonn: Bouvier.

Lange, Dirk (2014): Der Soldat am Lehrerpult? Bundeswehr in der Schule" [www.wie-krieg-ich-frieden.de/fileadmin/mcs/friedenwie/Flyer_pdf/BW-Schule_Tagung15092014_Vortrag_ Prof._Dirk_Lange.pdf; letzter Zugriff: 26.08.2016].

Patzelt, Werner J. (2009): Politikfern sind die Ahnungslosen. In: kursiv – Journal für Politische Bildung, 13, 1, 12-17.

Pohl, Kerstin (2015): Wie kritisch soll Politische Bildung sein? [http://www.bpb.de/ gesellschaft/kultur/zukunft-bildung/208268/kritik?; letzter Zugriff: 21.08.2016].

Rautenberg, Hans-Jürgen; Wiggershaus, Norbert (1985): Die Himmeroder Denkschrift. Politische und militärische Überlegungen für einen Beitrag der Bundesrepublik Deutschland zur westeuropäischen Verteidigung. Karlsruhe: Braun.

Militärgeschichtliches Forschungsamt (Hg.) (1975): Verteidigung im Bündnis. München: Bernhard & Graefe.

Wehling, Hans-Georg (2016): Der Beutelsbacher Konsens: Entstehung und Wirkung. [http://www.lpb-bw.de/wiebeutelbacherkonsensentstand.html; letzter Zugriff: 16.05.2016].

Widmaier, Benedikt; Overwien, Bernd (Hg.) (2013): Was heißt heute Kritische Politische Bildung, Weinheim.

Politische Bildung in der Sicherheitsgesellschaft. Kritisches oder gemeinsames Verständnis von Bildungsinstitutionen und Bundeswehr?

Hans-Joachim Reeb

Problemskizze

Sicherheit ist zu einem zentralen gesellschaftlichen Thema avanciert. Die Kriege am Rande Europas, die terroristischen Anschläge in Metropolen und Tourismuszentren sowie ansteigende Alltagskriminalität und Flüchtlingsbewegungen verstärken dieses Anliegen. Die Beschäftigung mit dem Thema erlaubt es, von einer Sicherheitsgesellschaft zu sprechen (Reeb 2014; Glaeßner 2016). Daher sollte eigentlich der Erklärungsbedarf für diese Problematik gerade in Bildungsinstitutionen hoch sein.

Die Jugendoffiziere sind als sicherheitspolitische Referenten ein zentraler Bestandteil der Informationsarbeit der Bundeswehr, einem Gestaltungsfeld der Inneren Führung[1]. Sie bieten sachkundige Informationen an, stehen aber bei Teilen der Öffentlichkeit massiv in der Kritik, auch von wissenschaftlichen Vertretern der politischen Bildung (Lange/Haarmann 2015). Bezeichnet ist außerdem, dass das aktuelle Handbuch Politische Erwachsenenbildung (Hufer/Lange 2016) weder die Bundeswehr als einen großen Bildungsanbieter noch das Thema Sicherheitspolitik explizit erwähnt.

Der folgende Beitrag will dieses Spannungsfeld zwischen den Zielvorstellungen der militärischen und der zivilen Seite problematisieren und nach einem gemeinsamen, durchaus kritischen Verständnis von politischer Bildung in einer Sicherheitsgesellschaft fragen.

Dazu werden zwei Thesen aufgestellt:

1. Als Gestaltungsfeld der Inneren Führung trägt die politische Bildung der Bundeswehr zur Integration in die Gesellschaft bei, d.h. ist kompatibel mit einem allgemeinen Verständnis von politischer Bildung.
2. Eine auf Sicherheitsdebatten fokussierte politische Bildung ist in allen Bildungsbereichen einem gemeinsamen Verständnis der zugrundeliegenden Werte verpflichtet.

---

[1] Vgl. ZDv A-2600/1 „Innere Führung. Selbstverständnis und Führungskultur der Bundeswehr", Berlin 2008, Nr. 647-652.

124

Politische Bildung als zentrales Gestaltungsfeld der Inneren Führung

Anspruch

Ziele und Zweck der politischen Bildung sind in Zentralen Dienstvorschriften geregelt, die durch Jahresweisungen des BMVg (zuletzt für das Jahr 2016 am 05.12.2015) konkretisiert werden (dazu bereits Buchner 2015).

Die ZDv A-2600/1 zählt die politische Bildung zu den drei Hauptgestaltungsfeldern der Inneren Führung. Gegenüber der Menschenführung und dem Wehrrecht bzw. der Soldatische Ordnung löste sie seit Gründung der Bundeswehr die meisten kontroversen Diskussionen aus (Fuchs 1995).

Eine ablehnende Position befürchtet den „politischen Soldaten", der in den militärischen Strukturen von Befehl und Gehorsam keinen Platz habe. Demgegenüber sehen andere die Beschäftigung mit den politischen Grundlagen der Bundeswehr als ein zentrales Merkmal des Staatsbürgers in Uniform an. Entsprechend werden die Ziele der politischen Bildung unterschiedlich verstanden. Die einen halten es für ausreichend, den Soldaten über den Auftrag der Bundeswehr zu informieren, die anderen wollen darüber hinaus auch die Debatte und ein kritisches Hinterfragen dieses Auftrages als legitime Ziele der politischen Bildung zulassen. Diese Positionen können den unterschiedlichen Verständnissen vom Bild des Bundeswehrsoldaten zugeordnet werden (für viele: Reeb 2007).

Die Grundsätze der Inneren Führung werden für die Umsetzung in der politischen Bildung in der ZDv A-2620/1 von 2007 konkretisieren[2]. Die Vorschrift gliedert sich nach Grundlagen, Ziele, Inhalte und Themen der politischen Bildung und benennt die unterschiedlichen Adressatengruppen. Es folgen Ausführungen zur Didaktik und Methodik[3].

In dem Dokument wird ein politisch gebildeter, verantwortungsbewusster Soldat beschrieben, der über Reflexionsvermögen sowie Analyse-, Kritik- und Handlungsfähigkeit verfügen soll. „Die Soldatinnen und Soldaten müssen wissen und verstehen, wofür sie ausgebildet und eingesetzt werden. Sie sollen

---

[2] Neue Vorgaben waren zum damaligen Zeitpunkt nach Erlass der Verteidigungspolitischen Richtlinien 2003 und der Herausgabe des Weißbuches 2006 notwendig geworden. Eine Neufassung der Vorschrift ist daher nach Vorlage des Weißbuches 2016 wieder zu erwarten.

[3] Der Anhang beinhaltet sämtliche einschlägigen Bezugsdokumente, Hinweise zur Durchführung der Unterrichte, einen ausführlichen Themenkatalog sowie eine Adressatenliste der ausgewiesenen Institutionen.

überzeugt sein, dass ihr Auftrag politisch gewollt, militärisch leistbar sowie rechtlich und moralisch begründet ist" (Nr. 303).

Angestrebt wird ein umfassender Bildungsansatz, der neben diesen Zielen zusätzlich ethisch-moralische Tugenden, interkulturelle Kompetenz und historische Bildung beinhaltet. Diese Qualifikationen sollen durch einen breiten Bildungsbegriff erreicht werden. Politische Bildung ist nicht nur ein im Truppenalltag durchgängiges Gestaltungsprinzip, das mit Hilfe von Menschenführung zum Dialog anregen soll, sondern auch ein Ausbildungsprogramm und schließlich das Ergebnis eines Bildungsprozesses (Nr. 111). In der Didaktik und der Methodik orientiert sich diese Konzeption an den etablierten Standards der allgemeinen politischen Bildung.

Leitend für die Unterrichtsgestaltung ist der sog. Beutelsbacher Konsens von 1976, der als Resultat einer damaligen Expertentagung die Grundsätze für die Durchführung der politischen Bildung benennt: das Überwältigungsverbot gegen „Indoktrination und Manipulation im Sinne gewünschter Meinungen" (Nr. 115) und die Verhinderung eines eigenständigen Urteils, das Gebot der Kontroversität durch Aufzeigen von Alternativen und unterschiedlichen Standpunkten sowie das Gebot der Berücksichtigung individueller Interessenlagen der Soldaten und der Reflexion der eigenen politischen Situation (Wehling 1977).

Der Themenkatalog orientiert sich an den Zielen der deutschen Sicherheitspolitik und dem Auftrag der Bundeswehr. Er wurde gegenüber der Vorschrift von 2001 von vier auf sieben Themenkreise erweitert. Neben Pflichtthemen lässt die Vorschrift aber genügend Freiräume zur Behandlung weiterer, insbesondere aktueller Themen.

Besondere Berücksichtigung findet in dieser Vorschrift die Handhabung von Unterrichten und Gesprächen vor, während und nach den Auslandseinsätzen. Diese Vorschläge basieren auf der von Bildungsexperten erstellten Bensberger Empfehlung[4]. Dazu wurden Bausteine mit abgestimmten Lernzielen und Inhalten entwickelt, die den Einsatzbedingungen der Streitkräfte angepasst werden können und zielgerichtet in den drei Phasen zur Wirkung kommen.

---

[4] Die Neuformulierung der Anforderungen an die politische Bildung in der Bundeswehr wurde von zivilen und militärischen Experten im Rahmen einer Fachtagung zur politischen Bildung 2004 diskutiert und als Resolution am Tagungsort Bensberg (Bergisch Gladbach) verabschiedet. „Bensberger Gespräche" ist ein eingeführtes Veranstaltungsformat, das jährlich in Zusammenarbeit mit dem BMVg angeboten wird und aktuelle sicherheitspolitische Fragen aufgreift.

In der Vorschrift wird ebenfalls an die Vorgesetzten appelliert, sich gegen den Extremismus zu stellen. Entsprechende Unterrichte werden zur Pflicht gemacht. Besonders erfreulich sind auch die verbindliche Thematisierung der Medienberichterstattung und der Ratschlag, die Medien als Ausbildungsmittel im Unterricht aufzugreifen. Insgesamt findet der für politische Bildung offene Vorgesetzte zahlreiche zeitgemäße Anregungen und Hinweise, um eine motivierende Veranstaltung vorbereiten und durchführen zu können.

Debatten

Die wissenschaftliche Auseinandersetzung um die politische Bildung in der Bundeswehr wurde in den 1970er und 1980er Jahren sehr intensiv geführt und kam Anfang der 1990er Jahre zum Erliegen[5]. Die Studien der damaligen Zeit thematisierten die Defizite auf der Durchführungsebene (Hars 1993, 69ff.). Diese Mängel können aufgrund von Erfahrungsberichten bis heute prinzipiell bestätigt werden (Themenheft IF 2008).

Konzeptionell wird der Interessenkonflikt des unterrichtenden Offiziers beklagt, wenn er einerseits den militärischen Auftrag gegenüber seinen Untergebenen verdeutlichen soll, im Unterricht aber auch die Kontroversität in der öffentlichen Auseinandersetzung um konkrete Auslandseinsätze oder andere sicherheitspolitische Streitpunkte zu thematisieren hat, ohne dabei zu indoktrinieren (Fröhling 2011). Ein Ausweg aus diesem Dilemma wird darin gesehen, besonders zu strittigen Themen externe Referenten vortragen zu lassen.

Weitere Klagen betreffen die geringe Verfügbarkeit von Zeit für Vorbereitung und Durchführung, fehlende aktuelle, „offizielle" Materialien sowie das geringe Interesse bzw. die fehlenden Vorkenntnisse der Soldatinnen und Soldaten.

Kooperationen mit dem zivilen Bereich

Die aufgezeigten Mängel in der Durchführung sollen durch die Zusammenarbeit mit Bildungsträgern aus dem zivilen Bereich ausgeglichen werden. Dazu ist auf Initiative der Bundeszentrale für politische Bildung mit Unterstützung des BMVg 2006 ein Netzwerk aufgebaut worden. Darin versammeln sich 30 Bil-

---

[5] Die letzte fundierte Studie ist die Dissertation von Hars (1993). Der Offizier Hars erhielt später Verwendungen im politischen Bereich und wurde 2010 als Brigadegeneral vom damaligen Verteidigungsminister zu Guttenberg in den vorzeitigen Ruhestand geschickt. Als Grund und wird seine Intervention nach der Entlassung des Generalinspekteurs, General Schneiderhan in der Kundus-Affäre vermutet, vgl. Tagesspiegel vom 13.03.2010.

dungsstätten, die regelmäßig Seminare für Bundeswehr-Gruppen anbieten. Die langjährige Praxis dieser Kooperationen ermöglicht ein Eingehen auf die Belange der jeweiligen Seite.

Das BMVg ist außerdem Teilnehmer an Mitgliederveranstaltungen im Bundesausschuss Politische Bildung und kann sich in diesen Dachverband der politischen Erwachsenenbildung einbringen. Gleichzeitig sichern diese Kooperationen die Anbindung an den allgemeinen Diskurs in der Scientific Community.

Kompatibilität mit dem Verständnis von politischer Bildung in Bildungsinstitutionen

Um das Verständnis von politischer Bildung in der Bundeswehr gegenüber zivilen Bildungsinstitutionen einordnen zu können, ist ihre Stellung im System der organisierten Bildung zu definieren (Kalina 2014).

Die Bundeswehr gehört einerseits wie die Schule zu den staatlichen Einrichtungen und muss sich deshalb einem verfassungsrechtlichen Auftrag auch in Bildungsfragen unterziehen. In dieser Hinsicht ist sie mit der Bundeszentrale für politische Bildung vergleichbar[6].

Die Bundeswehr bietet als Träger der politischen Erwachsenenbildung andererseits in der Regel geschlossene Veranstaltungen an, vergleichbar mit den internen Schulungen der Berufsverbände oder Unternehmen. Die Erwachsenenbildung zeichnet sich nämlich durch einen Pluralismus in der Trägerschaft aus. Wer sich für Veranstaltungen der politischen Bildung interessiert, berücksichtigt dabei die Interessenorientierung des Anbieters.

Im Schnittpunkt dieser beiden Zuordnungen lässt sich das Verständnis von politischer Bildung für die Bundeswehr definieren. Sie hat sich zunächst an den für alle staatlichen Bildungsinstitutionen geltenden Prinzipien zu orientieren, d.h. muss weltanschaulich neutral und tolerant gegenüber allen verfassungsgemäßen Auffassungen sein. Zu berücksichtigen sind dabei eine Objektivität in der Wissensvermittlung, Aktualität sowie die Berücksichtigung von Minderheiten und Chancengleichheit.

---

[6] Dessen Auftrag lautet, „durch Maßnahmen der politischen Bildung Verständnis für politische Sachverhalte zu fördern, das demokratische Bewusstsein zu festigen und die Bereitschaft zur politischen Mitarbeit zu stärken (§ 2 des Erlasses vom 24.01.2001). Problematischer ist dagegen ein konzeptioneller Zusammenhang mit dem Verfassungsschutz, der auf Bundes- und Länderebene ebenfalls Teilaspekte der politischen Bildung im Rahmen seines Auftrages wahrnimmt (Leggewie/ Meier 2016, 15).

Der Bildungsauftrag der Bundeswehr besteht in der Förderung eines Staatsbürgers in Uniform, der als ein freier Mensch um die Schutzwürdigkeit der Werteordnung weiß, die er notfalls professionell sichern und verteidigen will. Als Individuum bleibt er eine eigenständige Persönlichkeit mit allen Grundrechten, die sich ein eigenständiges Bild von sich selbst, der Gesellschaft und der Welt machen soll, um diese zu verstehen und in diesem Verständnis gemäß sich zu artikulieren und handeln zu können. Damit ist er letztendlich ein politisch denkender Soldat.

Dementsprechend können die didaktischen Prinzipien aus den allgemeinen Grundsätzen zur Gestaltung der politischen Bildung abgeleitet werden: Adressatenorientierung, exemplarisches Lernen, Problemorientierung, Kontroversität sowie Wissenschaftlichkeit und Handlungsorientierung (Sander 2014, 241ff.). Diese basieren auf jahrzehntelange Debatten um den besten pädagogischen Weg und spiegeln sich in sehr unterschiedlichen theoretischen Ansätzen wider (Zeuner 2016, 62ff.).

Die Bundeswehr betreibt daher eine bereichsspezifische politische Bildung, die sich den allgemeinen Grundsätzen und Zielen dieser pädagogischen Absichten unterwirft. Damit unterscheidet sie sich fundamental vom „vaterländischen Unterricht" (Kaiserreich), der „wehrgeistigen Führung" (Nationalsozialismus) oder dem „Politunterricht" in der NVA.

Sicherheit und Sicherheitspolitik als zentrale Themen der politischen Bildung

Angebote

Die Themen Sicherheit und Sicherheitspolitik haben in unterschiedlichen Umfängen und Zusammenhängen ihren festen Platz im Angebot der politischen Bildung, insbesondere wenn es sich um aktuelle Sachverhalte handelt.

Die ZDv A-2620/1 setzt in der **Bundeswehr** inhaltliche Vorgaben, lässt aber noch genügend Freiräume. Betrachtet man ergänzend die Jahresausbildungsweisungen, wird erkennbar, dass solche Themen aufgegriffen werden sollen, die für die deutsche Sicherheitspolitik besonders aktuell und relevant sind[7].

Die verschiedenen Bildungsträger in der **politischen Erwachsenenbildung** bieten regelmäßig sicherheitspolitische Themen an. Diese werden meistens nach Aktualität und Kontroversität ausgewählt, d.h. durchlaufen entsprechende

---

[7] Z.B. vernetzte Sicherheit, Globalisierung oder aktuelle Konflikte.

Konjunkturen. Eine ältere Studie stellte heraus, dass viel weniger außenpolitische Themen angeboten als nachgefragt werden (Fritz/ Maier/ Böhnisch 2006). Das Angebot korreliert meist mit den Zielgruppen, so dass Bildungsträger, die mit der Bundeswehr kooperieren, wesentlich häufiger Sicherheitspolitik vermitteln als andere Anbieter (Reeb 2008, 44). Das gilt erst recht für die der Bundeswehr nahestehenden Institutionen[8].

Insgesamt finden die sicherheitspolitischen Angebote für Erwachsene hauptsächlich im Umfeld der Bundeswehr als Anbieter oder Nachfrager statt.

Die politische Bildung nimmt im **Schulunterricht** eher eine Randstellung ein und konkurriert beim Angebot mit ökonomischen, historischen und geografischen Themen (Detjen 2015). Einzelne Schulformen bieten diese aber in einem interdisziplinären Bezug an. Sicherheit und Sicherheitspolitik sind Themen, die zwar im Lehrplan der Länder stehen, teilweise in der gymnasialen Oberstufe sogar einen Schwerpunkt bilden, aber insgesamt betrachtet eher am Rande behandelt werden (Quentmeier 2014).

Vermittlungsinstanz Jugendoffizier

In diese Lücke sind seit Jahrzehnten die Jugendoffiziere der Bundeswehr gestoßen. Sie bieten sich sowohl in der Lehreraus- und fortbildung als gerade auch für den Schulunterricht als sicherheitspolitische Referenten an (BMVg 2015). Ausgelöst durch acht Kooperationsvereinbarungen zwischen den Kultusbehörden und den regionalen Bundeswehrvertretern kam vor einigen Jahren erneut die Diskussion über den Auftritt von Offizieren in Schulen auf (Friedmann 2015, 42). Die Argumentationsstränge verlaufen entlang der Debatten in den 1980er Jahren um den damaligen Streit der Aufnahme von Sicherheitspolitik oder Friedenspädagogik im Schulunterricht (Reeb 2011: 95ff).

Einerseits werden die Jugendoffiziere als Vertreter des Staates angesehen, die genauso wie die öffentlichen Schulen dem Gemeinwesen verpflichtet seien und deshalb sehr wohl Auffassungen entlang des Grundgesetzes im Unterricht vertreten dürften[9]. Bis zur Aussetzung der Wehrpflicht wurde dieses Argument

---

[8] Z.B. Bundesakademie für Sicherheitspolitik, Verband der Reservisten der Bundeswehr, Gesellschaft für Sicherheitspolitik, Clausewitz-Gesellschaft oder die Theodor-Molinari-Stiftung (Deutscher Bundeswehrverband).

[9] Die Befürworter finden sich insbesondere in CDU und CSU, aber auch die Bundesregierung hat sich in Koalitionsvertrag von 2013 für einen Einsatz von Jugendoffizieren ausgesprochen. Der 14. Beirat für Fragen der Inneren Führung befasst sich ebenfalls mit dem Thema.

damit flankiert, dass jeder männliches Heranwachsende vorab über den Wehrdienst unterrichtet werden müsse.

Ergänzend wird von den Befürwortern betont, dass die Jugendoffiziere im Rahmen der Öffentlichkeitsarbeit die aktuelle deutsche Sicherheitspolitik sowie den Auftrag der Bundeswehr im Dialog vorstellen würden. Gemäß einem früheren Urteil des BVerfG besteht zudem die Verpflichtung der Regierung, die Öffentlichkeit über ihre Politik zu informieren (BMVg 2015, 19).

Andererseits bestehen namentlich in der Partei DIE LINKE, in der Gewerkschaft für Erziehung und Wissenschaft (GEW) sowie in militärkritischen Gruppierungen (z.B. Informationsstelle Militarisierung) massive Bedenken gegen einen solchen Einsatz (Bundestag 2016; GEW 2011; Schulze von Glaßer 2012). Als Hauptargument wird die Kraft der Beeinflussung durch den Auftritt der Offiziere vor Schülerinnen und Schülern genannt. Insbesondere eine Befürwortung von Militäreinsätzen und die offizielle Sicherheitspolitik dürften nicht einseitig im Unterricht vertreten werden. Die Maßnahmen der Bundeswehr im Schulbereich, zu denen noch Lehrerfortbildung oder Materialangebote gehören, gehen den Kritikern zu weit. Sie sehen darin insgesamt eine „Militarisierung des Unterrichts" (Bundesregierung 2016, 1).

Der Kern der Problematik dreht sich um die Frage, inwieweit es sich bei einem Auftritt eines Offiziers um eine Veranstaltung der politischen Bildung handelt, die nach entsprechenden Prinzipien zu gestalten ist. Auch hier stehen sich zwei Auffassungen gegenüber. Die Befürworter weisen darauf hin, dass sich die Offiziere an den Geboten des Indoktrinationsverbots, der Kontroversität und der Interessenlage der Schülerinnen und Schüler ausrichten würden (BMVg 2015, 10).

Dem treten die Kritiker mit dem Argument gegenüber, eine Interessengruppe nehme von vornherein einen einseitigen Standpunkt ein, könne also gar nicht nach dem Beutelsbacher Konsens handeln (Lange/Haarmann 2015, 23; Pappenberger 2012, 124).

Zur Bewertung dieses Auffassungsunterschiedes sollten zunächst Konzeption und Praxis in der Betrachtung voneinander getrennt werden. Da der pädagogische Prozess von Vielfältigkeit geprägt ist und es zur Praxis der politischen Bildung sehr unterschiedliche Erfahrungen gibt, könnte die Wirksamkeit des Themas Sicherheitspolitik im Schulunterricht nur über eine fundierte empirische Analyse geklärt werden. Ob der Jugendoffizier gegenüber einer pädagogischen Lehrkraft dabei hinsichtlich Objektivität und Neutralität schlechter abschneiden würde, ist überhaupt nicht vorhersagbar.

Bewertet man daneben den Auftrag an den Jugendoffizier, so erfüllt er sehr wohl die Kriterien an eine politische Bildung. Er tritt deutlich erkennbar als Vertreter der Institution Bundeswehr in Erscheinung, der den derzeitigen Stand der Sicherheitspolitik referiert. Information ist aber immer die Voraussetzung für eine Meinungs- und Urteilsbildung. Sie ist deshalb nicht per se manipulativ, solange die dargestellten Fakten nachprüfbar und nicht willkürlich zusammengestellt sind (Prinzip der Wissenschaftlichkeit). Kontroverse Standpunkte werden von dem Offizier nicht zwingend aktiv vorgetragen, treten aber in einer Unterrichtssituation auf, die entsprechend didaktisch vorbereitet ist. Das ist aber Aufgabe des/der Fachlehrers/in (Schnakenberg 2015, 27). Durch eine solche Vorbereitung auf den Expertenbesuch können auch die Interessen, die die Jugendlichen im Zusammenhang mit dem Thema bewegen sollten, herausgearbeitet werden.

Eine sicherheitspolitische Unterrichtung durch Vertreter der Bundeswehr entspricht durchaus den Kriterien an einer sachgerechten, umfassenden und zur Meinungs- und Urteilsbildung führenden Information.

Gemeinsames Verständnis von sicherheitspolitischer Bildung als Teil der Inneren Führung

Die Informationsarbeit wendet sich nach innen und außen, entspricht daher den Grundsätzen der vernetzten Kommunikation. Diese ist dadurch gekennzeichnet, dass es in den grundlegenden Aussagen einer Institution keine Unterschiede in der Kommunikation mit der Öffentlichkeit einerseits und mit den Angehörigen der Institution andererseits geben darf (Zerfass 2004).

Folglich werden die sicherheitspolitischen Grundauffassungen und die ihnen zugrundeliegenden Werte auch gleichermaßen in der Öffentlichkeitsarbeit und in der politischen Bildung in der Bundeswehr vertreten werden. Es handelt sich um zwei Seiten einer Medaille.

Die oftmals emotional geführten Debatten um die richtige Sicherheit bzw. die Notwendigkeit von Sicherheitsmaßnahmen überhaupt müssen in der politischen Bildung auf rationaler Weise aufgegriffen werden. Die verschiedenen Zielgruppen in Schule, Erwachsenenbildung und Sicherheitsinstitutionen sollten sich auf der Grundlage umfassender und objektiver Informationen eine eigene Meinung bilden können. Die im staatlichen Raum zuweilen erwünschte Erwartung, Sicherheitsmaßnahmen müssten lediglich begründet werden, um sie dann gesellschaftlich zu akzeptieren, greift demgegenüber zu kurz.

Regelmäßig stehen die Sicherheitsthemen in einem konkreten Interesse, sind im alltäglichen Nahbereich erkennbar oder werden durch Medienberichterstattung ins Bewusstsein gebracht. Ausgehend von dieser Interessenorientierung lässt sich dann auch eine Handlungsorientierung anregen. Dabei geht es um dialogische Verfahren, d.h. Aushandlungsprozesse um die richtige Verteilung von Risiken.

Das Individuum hat daher Anforderungen zu bewältigen, die sich übersichtsartig wie folgt darstellen:

- Es muss befähigt werden, Unsicherheit, Risiken und Gefahren gefühlsmäßig und kognitiv angemessen wahrnehmen zu können.

- Es sollte das Streben nach Sicherheiten (Orientierungen, Sinn) richtig einordnen können (gegen Ohnmachtsgefühle) und gleichzeitig Ungewissheiten aushalten und damit umgehen können.

- Das müsste es als Aufklärung und Gewährung von Freiheitsgraden (Spielräume, Optionen) künftigen Handelns verstehen (gegenüber einem Determinismus).

- Dabei ist die eigene Sicherheit oder Unsicherheit richtig einzuschätzen: Bin ich betroffen? Welche Risiken gehe ich ein? Wie weit kann ich mich schützen?

- Die Sicherheitspolitik sollte richtig beurteilen werden können: Wurde darüber sachgerecht entschieden? Welche Nebenwirkungen treten auf oder sind nicht erkannt worden?

- Um daraufhin Sicherheitsfragen richtig entscheiden zu können: Soll man da was machen? Geht uns das etwas an? Was ist mir Sicherheit wert, was muss ich dafür aufgeben?

- Und um schließlich die Teilnahme an Entscheidungen und letztendlich den Willen zur Änderung herauszubilden.

Zu entwickeln sind ein rationales Sicherheitsempfinden, ein Sicherheitsverständnis, die Bereitschaft zu Sicherheitsdiskursen sowie ein sicherheitsbewusstes Handeln einschließlich des Umgangs mit Ungewissheiten. Diese Befähigungen können nur im Zusammenwirken mit Medienkompetenz, Partizipationskompetenz sowie kommunikativer Kompetenz erworben werden (Reeb 2012).

Eine solche Bildung muss die Utopie einer sichereren und gerechteren Gesellschaft vor Augen haben, um auf eine ebenso gerechtere Welt abzuzielen. Die pädagogischen Absichten sind demnach emanzipatorisch. Sie müssen in allen Bildungseinrichtungen gleichermaßen vermittelt werden können.

Ergebnis

Die politische Bildung in der Bundeswehr richtet sich an den allgemeinen Prinzipien und didaktischen Konzeptes ihres Faches wie andere Träger in der Erwachsenenbildung aus und setzt sie ausgerichtet auf die Zielgruppe der Soldatinnen und Soldaten um. Sie ist genauso wie die staatliche Schule an der Werteordnung des Grundgesetzes gebunden.

Die Jugendoffiziere sind diesem Bildungsauftrag verpflichtet und tragen durch ihre Informationen zur Meinungs- und Urteilsbildung von Schülerinnen und Schülern bei. Damit unterstützen sie die Integration der Bundeswehr in die Gesellschaft.

Sicherheit ist ein menschliches Grundbedürfnis und ein politischer Wert. Alle Bildungsmaßnahmen müssen gleichermaßen darauf ausgerichtet sein, jeden Einzelnen zur Sicherheitskompetenz zu befähigen. Ziel ist eine sichere und gerechte Gesellschaft als Voraussetzung für eine gerechtere Welt. Der richtige Weg dorthin muss in einem kritischen Dialog ausgehandelt werden. Die politische Bildung beschreibt ein Feld, auf dem diese Debatten geführt werden können – sowohl innerhalb als auch außerhalb der Bundeswehr. Darin sollte ihre Gemeinsamkeit liegen.

Literatur:

Buchner, Peter (2015): Politische Bildung: 5.0? In: Hartmann, Uwe / Rosen, Claus von (Hrsg.): Jahrbuch Innere Führung 2015. Neue Denkwege angesichts der Gleichzeitigkeit unterschiedlicher Krisen, Konflikte und Kriege, Berlin 2015, S. 236-250.

Bundesministerium der Verteidigung (Hrsg.) (2015): Die Jugendoffiziere der Bundeswehr. Ihre Referenten für Sicherheitspolitik, Strausberg.

Bundesregierung (2016): Antwort auf die Kleine Anfrage der Fraktion DIE LINKE „Einsätze von Jugendoffizieren und Karriereberatern im Jahr 2015". In: Deutscher Bundestag, Drucksache 18/8597 vom 31.05.2016.

Detjen, Joachim (2015): Bildungsaufgabe und Schulfach. In:
http://www.bpb.de/gesellschaft/kultur/politische-bildung/193595/bildungsaufgabe-und-schulfach?p=all.

Friedmann, Jan (2015): In Uniform ans Pult. In: Der Spiegel Nr. 21, S. 24.

Fritz, Karsten/ Maier, Katharina/ Böhnisch, Lothar (2006): Politische Erwachsenenbildung. Trendbericht zur empirischen Wirklichkeit der politischen Bildungsarbeit in Deutschland, Stuttgart.

Fröhling, Hans-Günter (2011): Kann die Politische Bildung in der Bundeswehr Ihrem eigenen Anspruch noch gerecht werden? in: Beck, Hans-Christian/ Singer, Christian (Hrsg.): Entscheiden-Führen-Verantworten, Berlin, S. 165-171.

Fuchs, Hans-Werner (1995): Politische Bildung in der Bundeswehr, in: Hartmann, Uwe/ Walther, Christian (Hrsg.), Der Soldat in einer Welt im Wandel, München, S. 377-386.

Gewerkschaft Erziehung und Wissenschaft Schule (2011): Einsatzgebiet Klassenzimmer – die Bundeswehr in der Schule, Frankfurt.

Glaeßner, Gert-Joachim (2016): Freiheit und Sicherheit. Eine Ortsbestimmung, Bonn.

Hars, Henning (1993): Zwischen Friedenserziehung und Kriegsausbildung. Politische Bildung in der Bundeswehr im Umbruch, Bremen.

Hufer, Klaus-Peter/ Lange, Dirk (Hrsg.) (2016): Handbuch Politische Erwachsenenbildung, Schwalbach/Ts.

IF. Zeitschrift für Innere Führung (2008): Themenheft „Licht und Schatten. Politische Bildung der Soldaten". In: Nr. 2/2008.

Kalina, Andreas (2014): Erfolgreich. Politisch. Bilden. Faktensammlung zum Stand der politischen Bidung in Deutschland, 2., überarbeite und erweiterte Auflage, Konrad-Adenauer-Stiftung, Sankt Augustin/ Berlin.

Lange, Dirk/ Haarmann, Moritz Peter (2015): Politische Bildung oder politische Öffentlichkeitsarbeit? Zur Kritik des Einsatzes von Jugendoffizieren an allgemeinbildenden Schulen. In: Polis Nr.1/2015, S. 22-25.

Leggewie, Claus / Meier, Horst (2016): „Verfassungsschutz". Über das Ende eines deutschen Sonderwegs. In: Lange, Hans-Jürgen/ Lanfer, Jens (Hrsg.): Verfassungsschutz. Reformperspektiven zwischen administrativer Effektivität und demokratischer Transparenz, Wiesbaden, S. 7-20.

Quentmeier, Manfred (2014): Politische Bildung mit neuen Konzepten? Eine Auseinandersetzung um Inhalte wie Krieg und Frieden. In: Quentmeier, Manfred/ Stupperich, Martin/ Wernstedt, Rolf (Hrsg.): Krieg und Frieden 1914-2014. Beiträge für den Geschichts- und Politikunterricht, Schwalbach/Ts., S. 313-332.

Pappenberger, Manfred (2012): Klassenkampf – die Schule im Visier der Bundeswehr. In: Ahlheim, Klaus/ Schillo, Johannes (Hrsg.): Politische Bildung zwischen Formierung und Aufklärung, Hannover, S. 107-125.

Reeb, Hans-Joachim (2007): Transformation und das Berufsbild des Bundeswehr-Soldaten, in: Europäische Sicherheit Nr. 10, S. 24-27.

Reeb, Hans-Joachim (2008): Sicherheitspolitik als Bildungsgegenstand. Normative Grundlagen und empirische Analysen der Unterrichtung an Schulen, Universitäten und in der Erwachsenenbildung, WIFIS aktuell Nr. 39, Bremen.

Reeb, Hans-Joachim (2011): Sicherheitskultur als kommunikative und pädagogische Herausforderung. Der Umgang in Politik, Medien und Gesellschaft, Berlin.

Reeb, Hans-Joachim (2012): Sicherheit als zentraler Gegenstand für die politische Bildung, in: Journal für politische Bildung, Nr. 1, S. 34-43.

Reeb, Hans-Joachim (2014): Auf dem Weg zur Sicherheitsgesellschaft – Neue Herausforderungen für Kommunikation und Pädagogik, unter: www.bmvg.de (Ausgabe 7/2014, Stand 27.06.2014).

Sander, Wolfgang (Hrsg.) (2014): Handbuch Politische Bildung. 4. Auflage, Schwalbach/Ts.

Sander/ Wolfgang/ Steinbach, Peter (Hrsg.) (2014): Politische Bildung in Deutschland. Profile, Personen, Institutionen, Bonn.

Schnakenberg, Ulrich (2015): Der Beutelsbacher Konsens und die Gefahr der Indoktrination durch externe Vorträge im Politikunterricht. Eine Replik. In: Polis Nr. 3/2015, S. 25-28.

Schulze von Glaßer, Michael (2012): Soldaten im Klassenzimmer: Die Bundeswehr an Schulen.

Wehling, Hans-Georg (1977): Konsens à la Beutelsbach? In: Siegfried Schiele/Herbert Schneider (Hrsg.): Das Konsensproblem in der politischen Bildung. Stuttgart, S. 179-180.

Zerfass, Ansgar (2004): Unternehmensführung und Öffentlichkeitsarbeit. Grundlegung einer Theorie der Unternehmenskommunikation und Public Relations, Wiesbaden.

Zeuner, Christine (2016): Theoretische Ansätze der politischen Erwachsenenbildung. In: Hufer, Klaus-Peter/ Lange, Dirk (Hrsg.): Handbuch Politische Erwachsenenbildung, Schwalbach/Ts., S. 62-73.

Innere Führung und hybride Kriegführung – Zur Bedeutung des Kriegsbildes für die Weiterentwicklung der Führungsphilosophie für die Bundeswehr[1]

Uwe Hartmann

Innere Führung wird weithin als eine Führungsphilosophie verstanden, die Grundsätze für den Umgang mit Menschen innerhalb der Bundeswehr vorgibt. Die 'Vereinbarkeit von Dienst und Familie' und das Spitzenkräfte-Coaching sind ebenso wie die Förderung interkultureller Bildung und die Sensibilisierung für Diversität aktuelle Schwerpunktthemen für die Innere Führung. Die Bundeswehr präsentiert sich damit als eine moderne und attraktive Organisation, die sich dem harten Wettbewerb um die klügsten Köpfe und geschicktesten Hände ambitioniert stellt. Kritische Stimmen über die fehlende Relevanz der Führungsphilosophie für die Auslandseinsätze der Bundeswehr sowie der Vorwurf einer Realitätsferne des Leitbildes vom 'Staatsbürger in Uniform' werden als unangenehmes, aber kaum gefährliches Störfeuer an den Rand gedrängt. Völlig aus dem Blick geraten ist die Bedeutung eines Kriegsbildes für die Theorie und Praxis der Inneren Führung. Zu Beginn der 50er Jahre des letzten Jahrhunderts stand die Analyse eines künftigen Krieges in Europa am Anfang der konzeptionellen Arbeiten zur Inneren Führung. Heute, angesichts neuartiger Bedrohungen vor allem durch Formen hybrider Kriegführung, wäre es eigentlich Aufgabe der Inneren Führung, diese zu analysieren und daraus Folgerungen zu ziehen – für den Umgang mit Menschen innerhalb der Bundeswehr, vor allem aber für die Gestaltung des spannungsreichen Wechselwirkungsverhältnisses von Politik, Gesellschaft und Streitkräften. Davon ist im neuen Weißbuch 2016 jedoch kaum etwas zu lesen.

Das Kriegsbild der Inneren Führung – ein Blick zurück in ihre Entstehungsphase

Als die Reformer um Wolf Graf von Baudissin zu Beginn der 50er Jahre des letzten Jahrhunderts die Grundsätze der Inneren Führung erarbeiteten, began-

---

[1] Dieser Beitrag beruht auf einem im Reader Sicherheitspolitik 12/2016 des BMVg erschienenen Artikel des Autors.

nen sie mit einer Analyse des Kriegsbildes. Am Anfang der Inneren Führung stand also nicht die Demokratieverträglichkeit der neuen deutschen Streitkräfte oder ihr Beitrag zur weiteren Demokratisierung des damals noch jungen westdeutschen Staates. Die Innere Führung setzte sich zunächst mit der dringlichen Frage auseinander, wie das Kriegsbild sich seit 1945 verändert hatte und welche Anforderungen daraus für die aufzubauenden Streitkräfte, insbesondere auch für ihr Verhältnis zu Politik und Gesellschaft erwuchsen.

Für die Streitkräfte kam es entscheidend darauf an, dass sie für den künftigen Krieg taugten. Auch für die Väter der Inneren Führung war die „Schlagkraft" der Bundeswehr der übergeordnete Zweck ihrer konzeptionellen Arbeit. Das „Handbuch Innere Führung" formulierte prägnant: „In unserer Situation des Neuaufbaues von Streitkräften lautet die einzig legitime Frage: Wie kann die deutsche Bundeswehr in der Mitte des 20. Jahrhunderts zu einem Instrument von höchster Schlagkraft gestaltet werden?"[2]

Wie beschrieben Baudissin und seine Mitarbeiter das Kriegsbild in der Anfangsphase des Kalten Krieges? In den Mittelpunkt ihrer Analyse stellten sie den Begriff des „permanenten (Welt-)Bürgerkriegs". Baudissin schrieb dazu: „Die Bedrohung der Menschheit durch ein Lebensprinzip, das alle personalen Werte leugnet und vom einzelnen bedingungslose Unterwerfung fordert, ist zu einer Auseinandersetzung ohne Grenzen in Raum und Zeit geworden, die den einzelnen zur Entscheidung fordert und in der geistige Neutralität bereits zur Unterstützung der Gegenseite wird. Der Feind richtet seinen Angriff auf den einzelnen. Mit meisterhafter Beherrschung der Propaganda, im Spiel aller Register von der frechen Drohung bis zu einschläfernder Beruhigung, von der sozialen Zersetzung bis zum Appell an das Nationalgefühl, durch Verkehrung aller Begriffe versucht er den einzelnen in die Unterwerfung zu zwingen, lange bevor er daran denkt, Gewalt anzuwenden. Erst wenn ihm die gegnerische Front genügend geschwächt und unterminiert erscheint, wird er bereit sein, bei gegebenen Umständen auch zu den Waffen zu greifen."[3] Baudissin betonte damit den zeitlich und regional entgrenzten politisch-ideologischen Charakter moderner Konflikte, die gleichwohl ihre Ziele in Herz und Verstand der Soldaten fänden. Kampf und Gefecht seien „... nur noch ein Teil einer auf allen Gebieten angreifenden geistigen Kampfführung, die keine grundsätzlichen Unter-

---

[2] BMVg, Handbuch Innere Führung, Bonn 1957, S. 17.
[3] Wolf Graf von Baudissin, Grundwert Frieden in Politik – Strategie – Führung von Streitkräften, herausgegeben von Claus von Rosen, Berlin 2014, S. 155f.

schiede zwischen Krieg und Frieden kennt."[4] Er arbeitete klar die politische Absicht des damaligen Gegners heraus: Die Schwächung der Demokratien des Westens, ihrer Bündnisse und Streitkräfte, letztlich ihrer Staatsbürger mit und ohne Uniform vor allem durch innere Spaltungen sowie intellekutelle Verunsicherungen. Diese Strategie sei indirekt, da es darum ginge, „… den Gegner auch ohne direkten Waffengebrauch zum Nachgeben und schließlich in die Unterwerfung zu zwingen."[5]

Baudissins Beschreibung des Charakters des Kalten Krieges verdeutlicht, dass dieser seinem ganzen Wesen nach hybrid war. Während an den Frontlinien der geteilten Welt und insbesondere an der innerdeutschen Grenze moderne Streitkräfte ein bisher nicht dagewesenes Bedrohungspotential aufbauten, fand der entscheidende Wettlauf auf dem Gebiet der „geistigen Rüstung" der Menschen statt. Gräben und Brüche zwischen und innerhalb von Politik, Gesellschaft und Militär stellten genauso wie die Gleichgültigkeit der Staatsbürger einen Wettbewerbsnachteil dar. An diese Schwachstellen setzten die gegnerischen Angriffe an. Entscheidend für deren erfolgreiche Abwehr waren auf einem gemeinsamen Wertefundament basierende Geschlossenheit und Handlungsstärke. Folgerichtig durfte die Bundeswehr kein Staat im Staate sein; das Primat der Politik musste sichergestellt werden, ohne auf die Beratung durch militärische Führer und die Beteiligung von Soldaten an öffentlichen Debatten zu verzichten; die Gesellschaft musste von der Verteidigungswürdigkeit ihres Staates überzeugt sein; und der Soldat sollte die Freiheiten und Grundrechte so weit wie möglich auch im militärischen Dienst erleben. Nur so konnten die Staatsbürger mit und ohne Uniform gewappnet werden, um den ideologischen Versuchungen und propagandistischen Angriffen zu widerstehen.

Das Kriegsbild des permanenten (Welt-)Bürgerkriegs als Referenzrahmen verdeutlicht, dass die Innere Führung einen strategischen Kern besaß. Ihr übergeordneter politischer Zweck lautete: In dem ideologischen Konflikt zwischen Ost und West die eigene Lebensform und deren Werte zu behaupten, einen Krieg durch Verteidigungsbereitschaft zu verhindern und dadurch Politik, Wirtschaft und Gesellschaft Handlungsoptionen und Freiräume für die weitere Demokratisierung und Prosperität zu schaffen – nicht zuletzt auch deshalb, um die Überlegenheit der eigenen Lebensform in der Weltöffentlichkeit nachzu-

---

[4] Ebd., S. 170
[5] Wolf Graf von Baudissin, Grundwert Frieden in Politik – Strategie – Führung von Streitkräften, a.a.O., S. 269

weisen. Das „scharfe Schwert" des Westens waren auch die Werte, nicht nur die Waffen.

Aus diesem strategischen Kern heraus wendet sich die Innere Führung auch an den Einzelnen und gibt ihm Hinweise für seine Weiterbildung und Persönlichkeitsentwicklung. Sie belehrt beispielsweise die Vorgesetzten über einschlägige Grundsätze für die Menschenführung und Organisationsentwicklung in der Bundeswehr; sie nimmt den Einzelnen in eine staatsbürgerliche Verantwortung; und sie stellt klare Forderungen an die Ausgestaltung des Beziehungsverhältnisses von Politik, Gesellschaft und Streitkräfte.[6] Dabei grenzt sie sich von allen totalitären Ideologien durch ein striktes kommunikationsethisches Gebot ab: Gespräche über das staatsbürgerliche und soldatische Selbstverständnis dienen der Vermittlung und Versöhnung, um in den zahlreichen gesellschaftspolitischen und innermilitärischen Kontroversen einen „hermeneutischen Bürgerkrieg" über das richtige Verständnis zu vermeiden.[7]

Deutlich wird hier das damals stark ausgeprägte Bewusstsein über die allgegenwärtige Gefahr eines Krieges, dessen Vorbereitung durch Propaganda und Subversion bereits angelaufen war. Die Wende im Verständnis der Inneren Führung in den 70er Jahren, deren Schwerpunkt die Demokratieverträglichkeit des Militärs für die weitere Demokratisierung der Bundesrepublik Deutschland war und die zu enormen internen Kontroversen und Vertrauensbrüchen führte, war dagegen Ausdruck dafür, dass die Gefahren eines möglichen heißen Krieges als auch des stattfindenden Kalten Krieges deutlich an Relevanz verloren hatten.

Diese Situation veränderte sich vor wenigen Jahren drastisch. Die Gleichzeitigkeit unterschiedlichster Krisen, Konflikte und Kriege stellt auch die deutsche Politik vor größte Herausforderungen. Bereits die Analyse dessen, was nah und fern passiert, bereitet Schwierigkeiten. Bei Politikern stellt sich der Eindruck ein, die Welt gerate aus den Fugen. Die Bürger und Bürgerinnen reagieren mit einem gesteigerten Sicherheitsbewusstsein. Der Verteidigungshaushalt wird erhöht, die Befähigung der Bundeswehr zur Landes- und Bündnisverteidigung neu betont.

---

[6] Clausewitz bezeichnet dieses Beziehungsverhältnis als eine 'wunderlichen Dreifaltigkeit'. Siehe Carl von Clausewitz, Vom Kriege, Bonn 1991, S. 213.

[7] Siehe dazu Uwe Hartmann, Die Innere Führung in der Krise? Thesen zur Weiterentwicklung der Führungsphilosophie für die Bundeswehr. In: Jahrbuch Innere Führung 2011, Berlin 2011, S. 306.

Was ist hybride Kriegführung?

In dieser Situation der allgemeinen sicherheitspolitischen Verunsicherung macht der Begriff der hybriden Kriegführung Karriere.[8] Er tauchte vor kaum mehr als zehn Jahren im strategischen Diskurs in den USA auf und schaffte im Zuge des russischen Vorgehens in der Ukraine schnell den Sprung in die deutsche sicherheitspolitische Diskussion. Die Bundesministerin der Verteidigung, Ursula von der Leyen, ordnete diesem Begriff folgende Aktivitäten zu: „... verdeckte Operationen und offener Einsatz von Mitteln, Einsickern von Geheimdienstpersonal, Militärpersonal ohne Hoheitsabzeichen, Desinformationen, sehr gezielte Propaganda, Schüren von sozialen Disparitäten oder Spannungen in einer bestimmten Region, massiver Aufwuchs von Truppen in Grenzregionen, auch als psychologisches Druckmittel – und das Ganze zum Teil kombiniert mit wirtschaftlichem Druck."[9] „Fundamental neu", so sagte sie auf der Münchner Sicherheitskonferenz 2015, sei „die Kombination und die Orchestrierung dieses unerklärten Krieges, bei dem erst die Gesamtbetrachtung der einzelnen Mosaikstücke den aggressiven Charakter des Plans entlarvt."[10]

Förderlich für die breite Akzeptanz des Begriffs war zudem der inklusive Prozess der Erarbeitung des Weißbuchs 2016 zur Sicherheitspolitik und zur Zukunft der Bundeswehr, bei dem Experten aus vielen gesellschaftlichen Institutionen den Autoren des Weißbuchs mit Rat und Tat zur Seite standen. Einer der zahlreichen vom BMVg durchgeführten Workshops beschäftigte sich explizit mit der hybriden Kriegführung. Neben der Frage, wann diese beginnt und wie sie möglichst frühzeitig festgestellt werden könne, wurden auch die

---

[8] Siehe dazu auch Uwe Hartmann, Hybrider Krieg als Bedrohung für Freiheit und Frieden, Berlin 2015.

[9] Rede der Bundesministerin der Verteidigung anlässlich der ersten Lesung des Haushalts 2015. http://www.bmvg.de/portal/a/bmvg/!ut/p/c4/NYvBCsIwEET_aDfxZL1ZCiqIBxG03tI2h JVmU9ZNvfjxJgdn4B3mMfjEUnYrBaeU2M34wH6k3fCBIa4BXilLWSES01u9UI54r5_Jw5jY a6V6VioM4jQJLEl0riaLFAM0YW9s1xpr_rHf5nI7Hs7bZtOd2isuMe5_CvAF-w!!/(aufgerufen am 1.03.2015).

[10] Rede der Bundesministerin der Verteidigung, Dr. Ursula von der Leyen, anlässlich der 51. Münchener Sicherheitskonferenz am 6. Februar 2015, Führung aus der Mitte http://www.bmvg.de/portal/a/bmvg/!ut/p/c4/NYvBCsIwEET_aDfpTW_WgngREUHrRd JmCQtNUtZtvfjxJofO-wIPhMfjC0uRWDk45JzfhE_uR98MXhrgGiJz4oyS8RPAk722DkKeEj3r3BGGNOpJVKSbkwi NMsMGfRqZpFpBhgj72xXWus2WJ_u_vpeLk2je3O7Q3nGA9_o3h5fQ!!/(aufgerufen am 23. März 2015).

Verwundbarkeiten westlicher Staaten, die ein hybrid agierender Gegner ausnutzen könnte, diskutiert.[11]

Im Weißbuch 2016 ist diesem Thema ein eigener Abschnitt gewidmet. Darin wird hybride Kriegführung als ein Vorgehen definiert, das „… auf die subversive Unterminierung eines anderen Staates ab(zielt). Der Ansatz verbindet verschiedenste zivile und militärische Mittel und Instrumente in einer Weise, dass die eigentlichen aggressiven und offensiven Zielsetzungen erst in der Gesamtschau der Elemente erkennbar werden."[12] Nicht nur staatliche Akteure wie beispielsweise Russland, sondern auch nicht-staatliche Akteure wie terroristische Organisationen könnten Formen hybrider Kriegführung anwenden. Deren Angriffe zielten nicht allein auf Streitkräfte, sondern auf „… alle Bereiche gesellschaftlichen Lebens."[13]

Auch im akademischen Diskurs findet der Begriff zunehmend Verwendung. Ein neuer Begriff ist gut geeignet, um Veränderungen im sicherheitspolitischen Umfeld zu verdeutlichen. Herfried Münkler, der bereits den Begriff der 'Neuen Kriege' geprägt hatte[14], zeigt auf, dass unsere nach dem II. Weltkrieg aufgebauten Denk- und Ordnungssysteme angesichts der hybriden Bedrohungen versagen. Unser Denken und Handeln basiere auf den Alternativen Krieg oder Frieden, Staatenkrieg oder Bürgerkrieg, symmetrische oder asymmetrische Kriegführung sowie Kombattanten oder Nicht-Kombattanten. Diese Binarität sei für die Analyse der neuen Konfliktrealität nicht mehr angemessen. Hybride Kriege produzierten ein Drittes, das als unvereinbar bewertete Handlungsweisen vermische. Daher fällt es uns schwer zu erkennen, ob noch Frieden herrscht oder bereits Krieg stattfindet. Konflikte können Staatenkrieg und Bürgerkrieg zugleich sein. Potenzielle Gegner werden noch unberechenbarer, weil sie sowohl symmetrisch als auch irregulär kämpfen und nicht-militärische Mittel einsetzen. Die Frage, ob ein Gegner Kombattant oder Nicht-Kombattant oder etwas noch nicht definiertes Drittes ist, scheint alles andere als tri-

---

[11] BMVg, Wenn der Gegner nicht zu greifen ist – Expertenworkshop zur hybriden Kriegführung, Berlin, 25.06.2015.

[12] Weißbuch 2016, S. 38.

[13] Weißbuch 2016, S. 39. Siehe dazu auch die Konzeption Zivile Verteidigung (KZV) des Bundesministeriums des Innern, die explizit auf das Weißbuch 2016 und die daran beschriebenen hybriden Bedrohungen Bezug nimmt.

[14] Herfried Münkler, Die Neuen Kriege, Reinbek bei Hamburg 2002. Siehe auch ders, Kriegssplitter. Die Evolution der Gewalt im 20. und 21. Jahrhundert, Berlin 2015, S. 208ff..

vial zu sein.[15] Der neue Begriff der hybriden Kriegführung scheint also geeignet zu sein, diese neue Realität bewusst zu machen. Es gibt jedoch auch Wissenschaftler, die den Begriff kritisch hinterfragen und Alternativen anbieten wie beispielsweise den Begriff der 'postmodernen Kriegführung'[16]. Dies bestätigt allerdings die Notwendigkeit, die gegenwärtige sicherheitspolitische Lage mit einem neuen Begriff zu umschreiben.

Erklärungsversuche

Worin liegen mögliche Ursachen dafür, dass Erscheinungsformen gegenwärtiger Kriege sich von der industrialisierten Kriegführung der Weltkriege, die das Denken der Bevölkerungen in Europa und der Soldaten in den westlichen Armeen bis heute prägt, unterscheiden?

Zwei Entwicklungen treffen bei dem Trend zur Hybridisierung aufeinander:

(1) Staaten wie Russland oder China müssen aufgrund der materiellen und technologischen Überlegenheit der USA und ihrer westlichen Verbündeten ihre Ziele unterhalb der Schwelle eines konventionellen Krieges erreichen. Sie haben aus der Geschichte gelernt, dass aggressive Landmächte in einem Konflikt mit einem Seebündnis weniger durchhaltefähig sind und daher militärisch unterliegen. Zudem beruht Machterhalt in autoritären Staaten auch auf dem Militär. Dies schränkt seine außenpolitische Nützlichkeit ein.

(2) Nicht-staatliche Akteure wie die Hisbollah oder der sog. Islamische Staat (IS) nutzen die Chancen marktverfügbarer Technologien sowie der Proliferation, um sich mit modernen Waffensystemen auszurüsten. Hier haben sie sogar Vorteile gegenüber Streitkräften, deren Beschaffungsprozesse oftmals sehr langwierig sind. Sie unterlaufen auch den westlichen Trend zu präziser und skalierbarer, aufgrund des hohen Preises jedoch nur begrenzt verfügbarer Munition, indem sie eine unendliche Zahl von leicht ersetzbaren Zielen bieten.

Eine weitere mögliche Erklärung liegt darin, dass hybrid agierende Akteure von den Erfolgen und Fehlern westlicher Armeen in deren internationalen Militäreinsätzen gelernt haben. Die NATO und ihre in Afghanistan engagierten Mitgliedsstaaten entwickelten vor rund zehn Jahren den *comprehensive approach*, um der Komplexität und Dynamik im Einsatzgebiet besser gerecht zu werden. Absicht war es, Stabilität und Frieden durch die Vernetzung aller Maßnahmen zur

---

[15] Münkler, Kriegssplitter, S. 217ff.

[16] Hans-Georg Ehrhardt, Postmoderne Kriegführung: In der Grauzone von Begrenzung und Entgrenzung kollektiver Gewalt. In: Sicherheit und Frieden, 34. Jg. (2016), H. 2, S. 97–103.

Förderung von Sicherheit, guter Regierungsführung und Entwicklung schneller und nachhaltiger zu erreichen. Dazu sollten Diplomaten, Soldaten, Entwicklungshelfer und Polizisten ihre jeweiligen Ziele, Mittel und Wege stärker koordinieren und synchronisieren – angefangen bei den Ministerien bis hinunter zu den Hauptquartieren in den Einsatzgebieten. In der Praxis gestaltete sich die Umsetzung dieser Strategie als sehr schwierig. Die unterschiedlichen Interessen der beteiligten Ressorts sowie kaum kompatible Führungskulturen waren und bleiben wesentliche Hemmschuhe für einen reibungsloseren vernetzten Ansatz.[17]

Es liegt nahe, dass Russland die Stärken des *comprehensive approach* erkannt und Schwächen behoben hat, indem es u.a. ein nationales Verteidigungskommando aufbaute, das alle Maßnahmen hybrider Kriegführung von oben durchsetzungsstark koordiniert. Zudem ist es weitaus leichter, einen Staat zu destabilisieren als einen *failing* oder *failed state* zu stabilisieren. Dies zeigten nicht zuletzt die Revolutionen in osteuropäischen und nordafrikanischen Ländern. Eindrucksvoller Beleg dafür ist der tunesische Gemüsehändler Mohamed Bouazizii, der sich aus Protest öffentlich anzündete und dadurch eine Revolution auslöste, die den Präsidenten Ben Ali zwang, sein Land zu verlassen. Es ist wohl auch kein Zufall, dass der russische Generalstabschef Gerasimov unmittelbar nach den Revolutionen seine Überlegungen zur nicht-linearen Kriegführung[18] veröffentlichte. Darin stellte er heraus, dass es kein Patentrezept für die Destabilisierung von Staaten gibt. So wie die Ursachen der Revolutionen unterschiedlich waren, so müssen hybride Aktionen an das jeweilige Beziehungsverhältnis von Politik, Gesellschaft und Militär angepasst werden.[19] Deutlich zeigt sich hier die Bedeutung von Wissenschaften für die Erarbeitung von Strategien. Mittel und Wege hybrider Kriegführung sind genauso wie Abwehrmaßnahmen gegen hybride Bedrohungen auf Geistes- und Sozialwissenschaften angewiesen.[20]

---

[17] Fouzieh Melanie Alamir, Vernetzte Sicherheit – Quo Vadis?, Berlin 2015.

[18] Siehe dazu Johann Schmid, Hybride Kriegführung und das „Center of Gravity" der Entscheidung. In: Sicherheit und Frieden, 34. Jg. (2016), H. 2, S. 114-120.

[19] Siehe in diesem Zusammenhang den Artikel von Schmid, a.a.O., S. 118, in dem er die Unterschiede zwischen der russischen Kriegführung in der Ukraine und einer möglichen hybriden Bedrohung für die drei baltischen Staaten beschreibt.

[20] Siehe Schmid, a.a.O., S. 118. Von 1958 bis 1965 hatte die damalige Schule der Bundeswehr für Innere Führung (das heutige Zentrum Innere Führung) einen Wissenschaftlichen Forschungs- und Lehrstab unter Leitung von Gerhard Möbus, der sich intensiv mit Ideologie, Politik und Gesellschaft der Sowjetunion beschäftigte.

Hybride Kriegführung stellt den *comprehensive approach* der westlichen Staatengemeinschaft also auf den Kopf: Während ISAF in Afghanistan versuchte, den Aufbau von Staat und Gesellschaft zu schützen und, wo immer möglich, zu beschleunigen, verfolgt die hybride Kriegführung die Erosion von Staatlichkeit durch Instabilität der politischen, sozialen und wirtschaftlichen Lage sowie durch De-Legitimation von Regierung und Eliten. Zurecht bezeichnete NATO-Generalsekretär Stoltenberg die hybride Kriegführung als „the dark reflection of our comprehensive approach".[21]

Neues Paradigma

Die oben beschriebenen Bedrohungen sind keine Anomalien des bisher vorherrschenden Kriegsbildes des industrialisierten Krieges.[22] Mit der hybriden Kriegführung zeichnet sich indessen eine revolutionäre Veränderung ab.

Der britische General Sir Rupert Smith hat schon vor zehn Jahren einen Paradigmenwechsel diagnostiziert, den er als *War among the people* beschreibt.[23] Militärische Einsätze finden immer unter den Augen der Weltöffentlichkeit statt. Die Menschen verfolgen das Konfliktgeschehen und engagieren sich politisch, ggf. auch gewaltsam. Hybrid agierende Akteure setzen hier an und verleiten die Menschen gezielt durch Terroranschläge oder Informationskampagnen zu bestimmten Verhaltensweisen. Abhängig von ihren jeweiligen politischen Zielen versuchen sie, Menschen zu motivieren, in andere Länder zu flüchten und dortige Regierungen unter Druck zu setzen oder ganz einfach nur militärische Marschbewegungen zu blockieren; sie sollen bestimmte politische Meinungen in Umfragen äußern und damit die Handlungsmöglichkeiten von Regierungen beschränken; oder sie sollen in eingefrorenen Konflikten kämpferisch aktiv werden, damit diese wieder hoch kochen, Regierungen destabilisieren, die Staa-

---

[21] Jens Stoltenberg, Key Note Speech, 15. März 2015. abrufbar unter www.nato.int/cps/en/natohq/opinions_118435.htm

[22] Dieses ist grundsätzlich mit der asymmetrischen Kriegführung nicht-staatlicher Akteure kompatibel. Zum 'Kleinen Krieg' siehe Claus von Rosen, Die 'heutigen Kriege' – nach Clausewitz. Zum Verständnis der neuen Kriege heute. In: Jahrbuch Innere Führung 2010. Die Grenzen des Militärischen, herausg. von Helmut R. Hammerich, Uwe Hartmann, Claus von Rosen, Berlin 2010, S. 201–238; Peter Lieb, Die Wehrmacht und der 'Kleine Krieg': Das Fallbeispiel der 1. Gebirgsdivision auf dem Balkan 1943/44. In: Jahrbuch Innere Führung 2010, a.a.O., S. 152–160.

[23] Rupert Smith, The Utility of Force, New York 2007.

tenwelt beschäftigen und eine Brandschneise schlagen, die das Durchqueren unerwünschter Waren und Werte verhindert.

Vor allem nutzt die hybride Kriegführung aus, dass die Regierungen demokratischer Staaten den Einsatz militärischer Gewaltmittel weitaus intensiver legitimieren müssen als beispielsweise in autoritären Systemen. Dieses Scharnier zwischen Staat und Bürgern wird verstärkt attackiert: Durch schnell vermittelte Informationen werden ,Fakten' schaffen, die die eigene Seite in ein schlechtes Licht rücken. Ob diese stimmen oder nicht, ist dabei völlig irrelevant, wie das Beispiel der angeblichen Vergewaltigung eines russlanddeutschen 13-jährigen Mädchens verdeutlicht. Durch die Verbreitung von widersprüchlichen Informationen, die wie eine Nebelwand wirken, wird die Wahrheit verdeckt, die Interpretation der Geschehnisse erschwert und so abgestimmtes, von den Bürgern getragenes Regierungshandeln behindert. Ideen und Informationen werden also weitaus intensiver als geistige Waffen eingesetzt. Vorrangiges Angriffsziel ist die Schwächung der politischen Entscheidungsprozesse westlicher Bündnisse und Staaten vor allem in deren Krisen- und Konfliktmanagement. Dazu wird die Handlungsfähigkeit von Bündnissen und Staaten genauso angegriffen wie die Wertebasis von Gesellschaften, die Legitimation von militärischen Einsätzen und schließlich die Motivation von Soldaten. Im Idealfall erreichen hybrid agierende Akteure ihre Ziele, ohne einen Schuss abzugeben. Seit Sun Tzu ist dies die Kernbotschaft strategischer Beratung; Baudissin hatte dieses Ziel, wie das vorangegangene Zitat bestätigt,[24] auch der sowjetischen Strategie unterstellt.

Das Ende des industrialisierten Krieges und die neue Rolle von Mensch und Medien in Konflikten wurden in westlichen Staaten allerdings nicht vollumfänglich erkannt. So meinte Sir Rupert Smith einmal mit einem Hauch Zynismus, sein Buch werde zwar von Putin und dem IS, nicht aber in den westeuropäischen Hauptstädten gelesen.[25]

Auch Clausewitz' Theorie der 'wunderlichen Dreifaltigkeit' von Politik, Gesellschaft und Militär hilft, diesen revolutionären Wandel zu erklären. Wenn westliche Staaten in Konflikte involviert sind, können politische Ziele durch das Zerschlagen ihrer Streitkräfte nicht erreicht werden. Wenn das Militär als Hauptziel in den Hintergrund tritt, wird das Kriegsgeschehen zunehmend durch Angriffe auf Politik und Gesellschaft bestimmt. In dieser Situation be-

---

[24] Siehe Anm. 2.
[25] Rupert Smith im Gespräch mit dem Autor am 1. Dezember 2015 in Potsdam.

finden wir uns heute. Das *Center of Gravity* sind heute nicht so sehr die gegnerischen Streitkräfte, sondern die Zivilbevölkerungen in den westlichen Staaten. Daher sind, wie es im Weißbuch 2016 deutlich betont wird, westliche Staaten und Gesellschaften sowie deren Bündnisse und Gemeinschaften gut beraten, eigene Verwundbarkeiten auch jenseits des Militärs zu analysieren und ihre politische und gesellschaftliche Widerstandskraft bzw. Resilienz zu stärken.[26]

Innere Führung im Weißbuch 2016

Die Überzeugungskraft der Inneren Führung beruhte nicht zuletzt darauf, dass sie eine ganzheitliche Analyse der wunderlichen Dreifaltigkeit anbot, aus der konkrete Maßnahmen für die Stellung der Streitkräfte in Staat und Gesellschaft, die Legitimation ihres Auftrags, die Menschenführung in Grundbetrieb und Einsatz sowie die soldatische Ordnung abgeleitet werden konnten. Heute befindet sich die westliche Welt in einer ähnlichen Lage wie in den 50er Jahren. Zwar gibt es keinen neuen Kalten Krieg, gleichwohl aber Bedrohungsformen, die denen in der Anfangsphase des Kalten Krieges (Propaganda, Desinformation, Subversion, Spionage) ähneln und auf deutlich wirksamere Mittel und Wege der digitalisierten und globalisierten Welt zurückgreifen können.[27]

Vor diesem Hintergrund überrascht es, dass das Weißbuch 2016 zwar die hybride Kriegführung beschreibt und herausstellt, dass offene pluralistische und demokratische Gesellschaften vielfältige Angriffsflächen böten und „… damit in besonderem Maße durch hybride Aktivitäten verwundbar"[28] seien. Gleichwohl wird dies in den Kapiteln zur Inneren Führung sowie zur Gesellschaft nicht näher thematisiert[29]. Stattdessen findet der Leser zahlreiche Aussagen zum Verhältnis von Gesellschaft und Streitkräften, die sich durch empirische Erkenntnisse kaum stützen lassen und eher Hinweise darauf geben, wie sich die Regierung die Integration der Streitkräfte wünscht. Die Klarheit der Inne-

---

[26] Zu den Strategien und Maßnahmen der NATO und EU siehe Johannes Varwick und Aylin Matlé, Die NATO und hybride Kriegführung. In: Sicherheit und Frieden, 34. Jg. (2016), H. 2, S. 121-125; Europäische Kommission, Hohe Vertreterin für Außen- und Sicherheitspolitik, Gemeinsame Mitteilung an das europäische Parlament und den Rat. Gemeinsamer Rahmen für die Abwehr hybrider Bedrohungen – eine Antwort der Europäischen Union, Brüssel, 18. Juni 2016.

[27] Dazu gehören u.a. der Cyberraum, die sozialen Medien sowie die Diversität westlicher Gesellschaften.

[28] Weißbuch, S. 39

[29] Ausführungen dazu enthält die Konzeption Zivile Verteidigung (KZV), a.a.O.

ren Führung aus den 50er Jahren des letzten Jahrhunderts hinsichtlich der Verwundbarkeit einer Gesellschaft, deren Streitkräfte nicht optimal integriert sind, fehlt. Der Hinweis auf das aufrichtige Interesse der Bevölkerung an den Soldaten und eine Vielzahl von wertschätzenden Gesten und Worten wird weder mit der deutlich unterschiedlichen Bewertung seitens der Soldaten selbst noch mit dem fundamentalen Problem konfrontiert, dass der Einsatz von Gewalt in der Öffentlichkeit und der veröffentlichen Meinung nur geringe Akzeptanz findet. Dabei macht der Einsatz von Gewalt für politisch legitimierte Zwecke den Kern des soldatischen Berufsverständnisses aus. Fraglich ist zudem, wie trotz jahrzehntelanger Aufforderungen durch Bundespräsidenten, Politiker, Journalisten, Bischöfe u.a., die sicherheitspolitische Debatte zu intensiveren, ausgerechnet die rund 100 Jugendoffiziere dies schaffen sollten. Zumal es Jugendoffiziere schon seit langem gibt.

Wenn hybride Kriegführung uns dazu zwingt, die eigenen Verwundbarkeiten zu analysieren und Maßnahmen zur Steigerung von Resilienz zu treffen, dann ist es zumindest an dieser Stelle des Weißbuchs nicht gelungen, den Kern dieser Bedrohung herauszustellen. Denn eines dürfte deutlich geworden sein: Polarisierungen innerhalb von Gesellschaften, die sich in den Streitkräften widerspiegeln, Spannungen zwischen Gesellschaften und ihren Streitkräften sowie eine fehlende sicherheitspolitische Debatte und strategische Kultur sind Schwachpunkte, die hybrid agierende Gegner geschickt ausnutzen.

Ausblick

Die Analyse der Bedrohungen von Freiheit und Frieden durch die hybride Kriegführung unterstreicht die enorme Relevanz der Inneren Führung für die Bewältigung neuer sicherheitspolitischer Herausforderungen. Die in den letzten Jahren von verschiedener Seite geäußerte Fundamentalkritik an der Inneren Führung spielt hybrid agierenden Gegnern genauso in die Hände wie die Indifferenz, mit der viele Politiker, Bürger und Soldaten dem Weiterentwicklungsbedarf der Inneren Führung begegnen.

Eine wesentliche Leistung von Baudissin und seinen Mitarbeitern bestand darin, dass sie das künftige Kriegsbild früh erarbeitet, ihren weiteren Arbeiten zur Inneren Führung zugrunde gelegt und bereits im Handbuch Innere Führung öffentlich formuliert hatten. Das Kriegsbild war und ist die entscheidende kritische Messlatte für alle Reform- und Transformationsanstrengungen, für die Weißbücher zur Sicherheitspolitik sowie für alle Strategiepapiere – selbst wenn Politik und Gesellschaft dessen Bedeutung bisweilen arg vernachlässigt haben.

Baudissins Analyse des permanenten Weltbürgerkriegs zu Beginn der 50er Jahre ist in vielen Punkten vergleichbar mit den Erscheinungsformen hybrider Kriegführung heute. Die Angriffe auf den einzelnen, die Verkehrung aller Begriffe, die Unterminierung von Gesellschaften, die Androhung und Einschüchterung durch militärische Gewaltmittel – dies trifft auch heute zu. Die Situation ist in gewisser Weise sogar verschärft. Denn heute stehen Gegnern dafür noch wirksamere Mittel und Wege zur Verfügung.

Das Tor zum weiten Feld der Inneren Führung steht damit wieder offen. Das Feld liegt teilweise brach und muss schnellstens bestellt werden. Sozialverträgliche Attraktivität der Streitkräfte ist ein wichtiges Teilstück, aber eben nur ein kleiner Bereich des weiten Feldes. Unverzichtbar ist die sicherheitspolitische Gestaltungsarbeit, die vor der Herausforderung steht, eine neue internationale Ordnung mit neuen Begriffen zu erarbeiten. Spannungen in der wunderlichen Dreifaltigkeit müssen offen und ehrlich analysiert und kommuniziert werden, damit Nahtstellen nicht weiter unter Druck geraten und schließlich aufreißen. Nicht zuletzt müssen Fragen der Erziehung und Bildung von Soldatinnen und Soldaten beantwortet werden. Es kommt darauf an, Voraussetzungen für deren Verstandes- und Herzensbildung zu schaffen, damit diese die Komplexität sicherheitspolitischer und militärischer Herausforderungen besser verstehen, auf die Verführungen und Versuchungen widerstandskräftig reagieren und einen aktiven Beitrag leisten, die Verwundbarkeiten auch von Politik und Gesellschaft zu beheben. Dazu ist eine neue Konzeption der Inneren Führung erforderlich, die auf der Analyse des Kriegs- und Konfliktbildes beruht, eine ehrliche und zukunftsweisende Bestandsaufnahme der wunderlichen Dreifaltigkeit von Politik, Gesellschaft und Streitkräften leistet und in einem soldatischen Selbstverständnis mündet, das die künftig wieder stärker zu betonende staatsbürgerliche Rolle in allen Fragen von Landes- und Bündnisverteidigung, internationalem Krisenmanagement und ziviler Verteidigung reflektiert.[30] Der inklusive Prozess des Weißbuchs kann als gutes Beispiel dafür dienen, wie ein solches Dokument erarbeitet werden müsste.

---

[30] Siehe hierzu Klaus Naumann, Nicht alles anders, aber manches besser machen: Innere Führung 4.0 – Neue Gedanken zum Konzept des Staatsbürgers in Uniform. In: BMVg, Reader Sicherheitspolitik, 11/2016.

Führungsdenken in Militär, Polizeien, Hilfsorganisationen und Wirtschaftsunternehmen.

Dirk Freudenberg

Vorbemerkung

Seit Jahren wird im Zusammenhang mit der Inneren Führung diskutiert, ob es nicht einer neuen Menschenführung bedürfe, welche dem gesellschaftlichen Wandel gerecht werde oder ob es nicht reiche, wenn man sich auf Prinzipien der Menschenführung besinne, diese nach ihrer aktuellen Bedeutung gewichte und sie auf das Notwendige für Gegenwart und Zukunft praktisch ausrichte.[1] Es geht allerdings grundsätzlich beim Führungsthema nicht nur um personelle Aspekte von Führung, sondern zugleich auch um funktionale und strukturelle Perspektiven sowie deren mehrdimensionalen und umfassenden Wechselwirkungsbeziehungen. Es geht bei diesem Thema folglich um wirkungs- und zielorientierte Ausrichtung auf definierte Effekte. Dementsprechend ist leitendes Motiv der Erfolg im Einsatz. Wenn im Zuge der nachfolgenden Ausführungen von „Führung" die Rede ist, so bezieht sich das also zum einen auf personales Verhalten, also Führungsverhalten und zum anderen auf Führungsverfahren bzw. -prozesse im Kontext von strategischem Krisen- und Sicherheitsmanagement und der operativ-taktischen Abarbeitung von krisenhaften Lagen durch die Führungsstäbe bzw. entsprechenden Organisationseinheiten der jeweiligen Akteure. Somit stehen zwei wesentliche Aspekte von Führung im Zentrum dieses Beitrages: Zum einen sollen Prinzipien und Schlüsselfaktoren der Führung im Sinne des steuernden Einwirkens auf Menschen zum Zwecke der gemeinsamen Zielerreichung dargestellt werden und zum anderen soll der Frage nachgegangen werden, wie wirkungsorientierte Führungsentscheidungen in organisierter Form erzeugt und zielgerichtet umgesetzt werden können. Vor dem Hintergrund der Auswirkungen von Globalisierung, Transnationalität, den Herausforderungen des Internetzeitalters[2] und der Bedrohung moderner Ge-

---

[1] Peter Hans Gorski, Aspekte der Menschenführung im Wandel von Gesellschaft und Militär, in: Hans-Christian Beck, Christian Singer (Hrsg.), Entscheiden. Führen. Verantworten. Soldatsein im 21. Jahrhundert, Berlin 2011, S. 129 ff., 130

[2] vergleiche hierzu auch: Daniel Giese, Militärische Führung im Internetzeitalter, Berlin 2014

sellschaften durch hybride Phänomene[3], welche von staatlichen oder auch nicht-staatlichen Akteuren gesteuert werden kommt einer vernetzten Sicherheitspolitik sowie entsprechend umfassendem Handeln eine besondere Bedeutung zu. Die Gesellschaft insgesamt sowie insbesondere alle Sicherheitsakteure müssen sich darauf einstellen, hybriden Bedrohungen zu begegnen. Somit sind hybride Bedrohungen zugleich enorme intellektuelle Herausforderungen deren Komplexität ganzheitlich verstanden werden muss, woraus sich auch zahlreiche Folgen für die vernetzte Sicherheit ergeben.[4] Ein entsprechend ganzheitlich umfassender Ansatz wird denn in der Literatur auch als „Konzentrierte Führung" benannt. Diese Definition bezeichnet einen innovativen Führungsbegriff, welcher die Faktoren Personal, Außenbeziehungen, Recht, Finanzen, Informations- und Kommunikationstechnik, Organisations-/ Geschäftsprozesse ebenenübergreifend und unter externen und internen Rahmenbedingungen so verdichtet, dass eine moderne Führungskraft in der Lage ist, in immer komplexeren und komplizierteren Umgebungen entsprechende Prozesse zu steuern und zu koordinieren und ebenso befähigt wird, in unterschiedlichen Führungsumgebungen von Wirtschaft und Verwaltung zu agieren. Konzentrierte Führung ist also die Kunst, vorhandene Ressourcen mit Hilfe aktueller Instrumente so zu steuern, dass Ziele im Einklang mit den gegebenen Rahmenbedingungen möglichst wirkungsvoll und wirtschaftlich verwirklicht werden."[5] Folglich eröffnet ein grundsätzlich einheitliches nationales Führungsdenken die Chance, diesen Herausforderungen in der Praxis, also in Krisensituationen durch die Fähigkeit der Ressort, Ebenen und Institutionen übergreifenden Zusammenarbeit[6] angemessen zu begegnen und ihnen wirkungsorientiert entgegenzuwirken. Die nachstehenden Ausführungen wollen daher auch wesentliche und grundlegend übereinstimmende Grundzüge des Führungsdenkens der Organisationen in diesen wesentlichen Säulen der nationalen Sicherheitsarchitektur herausarbeiten und einen Beitrag zum grundlegenden und übergreifenden Verständnis leisten. Zu dieser Sicherheitsarchitektur gehören

---

[3] vergleiche hierzu ausführlich: Uwe Hartmann, Hybrider Krieg als neue Bedrohung von Freiheit und Frieden. Zur Relevanz der Inneren Führung in Politik, Gesellschaft und Streitkräften, Berlin 2015

[4] Uwe Hartmann, Hybrider Krieg als neue Bedrohung von Freiheit und Frieden. Zur Relevanz der Inneren Führung in Politik, Gesellschaft und Streitkräften, Berlin 2015, S. 7

[5] Arbeitsgemeinschaft für wirtschaftliche Verwaltung, AWV, (Hrsg.) Führung im Wandel, Eschborn 2008, S. 38

[6] kritisch zum Ansatz vernetzter Sicherheit: Fouzieh Melanie Alamir, Vernetze Sicherheit – Quo Vadis?, Berlin 2015

neben den Nachrichtendiensten, den Polizeien, das Militär, die Organisationen und Verwaltungen des zivilen Bevölkerungsschutzes, wie auch die inzwischen mehrheitlich privatisierten Unternehmen der öffentlichen Daseinsvorsorge als Kritische Infrastrukturen (KRITIS). Der vorliegende Beitrag konzentriert sich allerdings – wie der Titel ausweist - auf Militär, Polizeien, Hilfsorganisationen und Wirtschaftsunternehmen. Es liegt in der Natur der Sache, dass sich die vorliegende Untersuchung auf die in den Vorschriften postulierten Grundsätze der einzelnen Akteure konzentrieren muss und organisationseigene Mentalitäten und Führungskulturen sowie individuelle Ausprägungen von Führungsstilen unberücksichtigt bleiben müssen. Krisenmanagement hat in unterschiedlichen Bereichen und Organisationen immer zugleich auch direkte Bezüge zum Führen. In der Bewältigung von Katastrophen und Großschadensereignissen zeigt sich immer wieder, dass die Ebenen gerechte Koordination von Kräften und Mitten in Raum und Zeit nicht nur die wesentliche Leistung der Verantwortlichen vor Ort ist, sondern dass eben genau diese Leistung die größten Herausforderungen und Schwierigkeiten bereitet. Dabei ist es zunächst einmal weniger von Bedeutung, ob die Lage durch ein kriegerisches Ereignis, einen terroristischen Anschlag oder eine Umwelt- oder Unwetterkatastrophe herbeigeführt wurde. Trotz aller Gemeinsamkeiten sind bestimmte Begriffe mit Bezug zum Führen voneinander abzugrenzen, bzw. zueinander in Beziehung zu setzten, um deren grundlegende Bedeutung für alle Organisationskulturen aufzuzeigen.

Bedeutung und Dimensionen von Führung

Das Thema „Führung" selbst ist wahrscheinlich so alt, wie es Menschen gibt, die gemeinsam mit anderen etwas bewerkstelligen wollen und erkannt haben, dass sie sich hierzu zweckmäßigerweise organisieren müssen. In allen wichtigen Bereichen des gesellschaftlichen Lebens, insbesondere in Gefahrenabwehrorganisationen ist das Thema „Führung" in seinem umfassenden Sinne sowie im ganzheitlichen Verständnis von ganz wesentlicher, wenn nicht sogar entscheidender Bedeutung. Die zentrale Fragestellung der Führungsforschung lautet: „Worauf kommt es an, damit Führung erfolgreich ist?"[7] Die Führung von Menschen stellt auch heute noch einen der zentralen Problembereiche aller Organisationen dar, da sie zu den wichtigsten Erklärungsvariablen für das Ver-

---

[7] Michael Herzka, Führung im Widerspruch. Management in Sozialen Organisationen, Wiesbaden 2013, S. 23

halten der Organisationsmitglieder und damit letztlich auch der organisatorischen Effizienz gerechnet wird.[8] Führungskräfte sind kritische Erfolgsfaktoren.[9] Kompetente Führung ist also eine conditio sine qua non für Effektivität und Erfolg. Und gerade in Krisenlagen kommt es genau hierauf an. Dabei hat „Führung" mehrere wesentliche Dimensionen, aus welchen sich jeweils weitere Aspekte und Fragestellungen ableiten lassen. Die zentralen Dimensionen sind zunächst: Die personelle Dimension, mit der Frage, „Wer führt mit welcher individueller und fachlicher Kompetenz?", die inhaltliche Dimension, mit der Frage: „Auf welches Themenfeld sind die Führungsakte gerichtet?" und die organisatorische Dimension, mit der Frage: „Wie wird Führung umfassend sowie zweck- und wirkungsorientiert organisiert und umgesetzt?". Schon in kleinsten menschlichen Gemeinschaften müssen Kräfte organisiert und zielgerichtet eingesetzt werden, und dabei sind Willensbildung und Steuerung „Führungsakte".[10] Unterschiedliche Organisationsformen bilden dabei unterschiedliche Organisations- und Unternehmenskulturen aus und legen eigene Führungsphilosophien[11] zugrunde. Eine Führungsphilosophie will die Grundbedingungen, das Wesen des Phänomens „Führung" nicht eigentlich im wissenschaftlichen Sinn, sondern aus der personalen Kraft der inneren Überzeugung untersuchen. Sie umfasst somit die Gesamtheit von Grundeinstellungen und Normen, die als Grundlage für die Ableitung und Ausgestaltung von Führungsentscheidungen dienen.[12] Damit beinhaltet der hier benutzte Begriff der Führungsphilosophie nicht nur eine enge Definition, die aus einer Philosophie der Mitarbeiterführung jene herausgreift, die speziell den „personalen Aspekt" betreffen, son-

---

8 K. Lahl, Die Bedeutung von Führungstheorien für eine Allgemeine Führungslehre der Bundeswehr (AllgFüLe[Bw]) – dargestellt an den Konzeptionen von Fiedler, Reddin und Neuberger, Jahresarbeit an der Führungsakademie der Bundeswehr, Hamburg 1982, S. 1

9 Hans-Christian Beck, Gedanken zur militärischen Führungspersönlichkeit in modernen Streitkräften, in: Hubert Annen, Ulrich Zwygart (Hrsg.), Das Ruder in der Hand. Aspekte der Führung und Ausbildung in Armee, Wirtschaft und Politik. Festschrift für Rudolf Steiger, Frauenfeld 2006, S. 105 ff.; 105

10 Frank A. Seethaler, Zeitgemäße Führung in Armee und Unternehmung, in: ASMZ 1982, S. 377 ff.; 377

11 vgl. Dirk Freudenberg, Militärische Führungsphilosophien und –Führungskonzeptionen ausgewählter NATO- und WEU-Staaten im Vergleich, Baden-Baden 2005; vgl. Dirk Freudenberg, Auftragstaktik und Innere Führung. Feststellungen und Anmerkungen zur Frage nach Bedeutung und Verhältnis des inneren Gefüges und der Auftragstaktik unter den Bedingungen des Einsatzes der Deutschen Bundeswehr, Berlin 2014

12 Hans Ulrich, Führungsphilosophie, in: Alfred Kieser, Gerhard Reber, Rolf Wunderer (Hrsg.), Handwörterbuch der Führung, Stuttgart 1987, Spalte 640 ff; 640

dern umfasst die Gesamtheit aller Verhaltensnormen, welche alle Führungsaktivitäten in den Grundzügen betreffen.[13] Es ergeben sich daher Strukturaspekte, wie auch personelle Aspekte bei der Organisation von Führung. Somit gehört Führung zu jenen Grundphänomenen, mit denen jeder Mensch in irgendeiner Form konfrontiert wird, sei es als Führer oder als Geführter.

Führung und Ordnung

Für das Verständnis des Führungsprozesses ist es daher wichtig, die Bedeutung des „Faktors Mensch" richtig zu bewerten.[14] Die besonders nach dem Zweiten Weltkrieg zunehmende Erkenntnis vom personalen Wert des Menschen verlangte eine differenziertere, wissenschaftliche Behandlung des „Faktors Mensch" als Träger produktiver Faktoren mit den nicht bewertbaren Fakten, Veränderungen, Tendenzen, Schwächen und Stärken, die kaum beeinflussbaren wie die leicht anregbaren Verhaltensweisen, schließlich die steigende Bedeutung des Einzelnen als politisch, im Beruf und bei öffentlichen Entscheidungen mitwirkenden Menschen.[15] Zu führen ist immer der Mensch mit seinen individuellen Eigenschaften und Fähigkeiten, mit seinen individuellen Sorgen und Nöten.[16] Dabei sind die Mentalität des Führenden, seine Fähigkeiten, von ebenso großer Bedeutung wie die Veranlagung und Fähigkeiten der von ihm Geführten, und nur wenn es dem Führer gelingt, die Geführten zu motivieren, wird es ihm gelingen, das Ziel in wirkungsvoller Weise zu erreichen.[17] Es geht also im Kern darum, Aufgabenstellungen zu strukturieren, (ggf. Teilaufgaben) zu priorisieren, zuzuordnen und abzuarbeiten. Insofern hat Führung einen ordnenden Charakter. Führung ist ein somit Ordnungsinstrument aus dem sich zugleich ein personeller, individueller Ordnungsanspruch ableitet. Führung –

---

13 vgl. Hans Ulrich, Führungsphilosophie, in: Alfred Kieser, Gerhard Reber, Rolf Wunderer (Hrsg.), Handwörterbuch der Führung, Stuttgart 1987, Spalte 640 ff; 641 f.

14 Harald Wust, Militärisches Führungssystem, in: Harald Wust, Louis Ferdinand Himburg (Hrsg.), Das Militärische Führungssystem, Frankfurt am Main 1974, S. 17 ff.; 18

15 Günter Kirchhoff, Der Mensch in der Militärökonomie – Bildung und Kostenaspekte, in: Forschungsinstitut für Militärökonomie und angewandte Konversion Berlin, Gesellschaft für Militärökonomie e. V. Koblenz (Hrsg.), Sicherheit und Ökonomie, Festschrift für Generalmajor a. D. Dipl. Kfm. Dr. rer. pol. Johannes Gerber zum 75. Geburtstag, Berlin 1994, S. 7 ff.; 7 f.

16 Rudolf Steiger, Menschenorientierte Führung. Anregungen für zivile und militärische Führungskräfte, 10. Aufl., Frauenfeld 1997, S. 18

17 Harald Wust, Militärisches Führungssystem, in: Harald Wust, Louis Ferdinand Himburg (Hrsg.), Das Militärische Führungssystem, Frankfurt am Main 1974, S. 17 ff.; 18

insbesondere in Krisen – heißt letztendlich: Ordnung in das Chaos zu bringen. Das Phänomen der Führung tritt überall dort auf, wo mehrere Menschen gemeinsam Probleme zu lösen haben. Sie ist überall dort erforderlich, wo das Verhalten einer Vielzahl von Menschen auf Ziele hin koordiniert werden muss. Führung dient dazu, dass Chaos zu strukturieren und zu ordnen, um geordnete und koordinierte Maßnahmen in Gang zu setzen und zu steuern. Wesentliche Führungsaufgabe ist es daher, von der anfänglich meist unvermeidlichen Unübersichtlichkeit der Lage zu einem geordneten und überschaubaren Handeln zu kommen.[18]

Einheitlichkeit von Denken und Handeln

Allerdings gibt es neben den hier nur kurz angerissenen Parallelen und gleichartigen Erscheinungen zwischen unterschiedlichen Organisationsbereichen evidente Unterschiede, die in der Natur der Sache begründet sind und die hier auch nicht übersehen werden sollen. Trotzdem sind auch in der Wirtschaft, die ebenfalls mit Menschen zu tun hat, ähnliche bzw. gleiche Problemstellungen, wie z.B. Planung von Abläufen, Auftragserfüllung und Motivation bekannt. Oft werden vergleichbare Kenntnisse und Qualitäten erwartet.[19] Auch in zivilen Betrieben können nicht alle Bereiche und Schwierigkeiten von einer Person übersehen und allein gemeistert werden. Folglich braucht es auch hier unbestritten Mechanismen zur Steuerung von Aufgaben und Auftragserfüllung und ihre Kontrolle. Und somit ergeben sich auch in der Privatwirtschaft ebenfalls Probleme in der Personalführung, die mit ethischen Fragestellungen und Beurteilungsprozessen bei der Abwägung von Entscheidungsalternativen zusammenhängen.[20] Auch wenn unterschiedliche Organisationen zum Teil abweichend Terminologien verwenden bzw. bestimmte Begriffe unterschiedlich belegen und organisationsangepasste Strukturen und Umsetzungen schaffen, sind die grundsätzlichen Problemstellungen von „Führung" übergreifender Natur. In den weiteren Ausführungen wird daher auch zum Teil sehr deutlich auf das militärische Führungsdenken Bezug genommen, da bestimmte Grund-

---

[18] Siegfried Jachs, Einführung in das Katastrophenmanagement, o.OA. 2011, S. 245

[19] Ulrich de Maizière, Dienst für das Allgemeinwohl. Anmerkungen zum Berufsbild des Offiziers, in: Truppenpraxis / Wehrausbildung 1999, Heft 9, S. 614 ff.; 614

[20] vgl. Ferdinand Froning, Wozu brauchen wir eine Führungsethik?, in: Personal 1994, S. 391 ff.; 391

züge in anderen Bereichen eine Rezeption[21] erfahren haben und insofern in ihrem Wesenskern auch für diese Organisationsformen den Ursprung darstellen.[22] Insofern baut Führung auf überkommenen Grundsätzen auf, die das Zusammenwirken von Menschen und Organisationseinheiten und –Elementen auf eine gemeinsame Zielrichtung hin gestalten. Weiterhin besteht nicht nur nach wie vor, sondern, angesichts einer komplexer werdenden Welt mit steigenden Anforderungen an Führungskräften, eine zunehmende Notwendigkeit von organisations-, Institutionen- und Ebenen übergreifender Durchlässigkeit sowie ein entsprechender Transfer von Wissen und Fähigkeiten. Ungeachtet dessen ist es gleichwohl wichtig, neben einer umfassenden Orientierung und angemessenem Weitblick, Ebenen gerecht verortet zu sein und Entscheidungen entsprechend zu treffen und umzusetzen. Dabei bereitet die Einordnung der Ebenen und mitunter auch die Zuordnung von Verantwortlichkeiten und Zuständigkeiten im Krisenmanagement insbesondere im föderativen System der Bundesrepublik Deutschland – aber nicht nur hier – offenkundig Schwierigkeiten[23] und führt auch in der Literatur zu Ungenauigkeiten und Widersprüchen.[24] Das wäre dann unbeachtlich, wenn es sich hier lediglich um eine semantische Frage auf akademischem Niveau handeln würde. Allerdings ist es für ein einheitliches Führungsverständnis unabdingbar, dass einheitliche und bedeutungskonforme Begriffe genutzt werden und ein entsprechendes Ver-

---

[21] vgl. u.a. Thomas Dähler (Hrsg.), Führung aus der Sicht von Armee, Wirtschaft Politik, Beilage zur ASMZ Heft. 6, 2007; vgl. Stephan, Oehen, Nutzen der Führungserfahrung des schweizer Offiziers in der heutigen Wirtschaft, in: ASMZ 2007, Heft 4, S. 9 ff.; vgl. Hans-Christian Witthauer, Militärische Führungsgrundsätze für den zivilen Führungsauftrag, in: ÖMZ 2014, S. 320 ff.; vgl. Bundesagentur für Arbeit (Hrsg.), Handbuch für Führungskräfte. Führungskompass. Führung in der BA, Nürnberg 2014

[22] Dirk Freudenberg, Führung im militärischen und im zivilen Bereich – Wurzeln, Unterschiede und Gemeinsamkeiten, in: Arbeitsgemeinschaft für wirtschaftliche Verwaltung, AWV, (Hrsg.) Führung im Wandel, Eschborn 2008, S. 86 ff.

[23] Dirk, Freudenberg, , Bemerkungen zu strategischen Herausforderungen der Ressort- und Ebenen übergreifenden Abstimmung im Sinne des Ansatzes Vernetzter Sicherheit, in: Unger, Christoph; Mitschke, Thomas; Freudenberg, Dirk (Hrsg.), Krisenmanagement – Notfallplanung – Bevölkerungsschutz. Festschrift anlässlich 60 Jahre Ausbildung im Bevölkerungsschutz dargebracht von Partnern, Freunden und Mitarbeitern des Bundesamtes für Bevölkerungsschutz und Katastrophenhilfe Berlin 2013 S. 71 ff.

[24] Dirk Freudenberg, Anmerkungen zum Strategiebegriff und seiner grundsätzlichen Bedeutung im Kontext des Bevölkerungsschutzes, in Notfallvorsorge 2015, Heft 3, S. 15 ff., S. 16

ständnis von ihren Inhalten besteht.[25] Bereits Carl von Clausewitz hatte diesbezüglich festgestellt: „Das erste Geschäft einer Theorie ist das Aufräumen der durcheinander geworfenen und, man kann wohl sagen, sehr ineinander verworrenen Begriffe und Vorstellungen; und erst, wenn man sich über Namen und Begriffe verständigt hat, darf man hoffen, in der Betrachtung der Dinge mit Klarheit und Leichtigkeit vorzuschreiten, darf man gewiß sein, sich mit dem Leser auf demselben Standpunkt zu befinden."[26] Die Vorschrift für die Truppenführung des Heeres, die TF 62, zitierte des Weiteren noch ein Goethe-Wort[27]: „Wer klare Begriffe hat, kann führen."[28] [29] Denn „Einheitlichkeit im Denken und Handeln beruht auf gemeinsamen geistigen Grundlagen, gleicher Rechtsanschauung, gleicher Erziehung, nicht zuletzt aber auch auf „gleicher Sprache" und gleichen Begriffen."[30] Es kommt dennoch sicherlich häufig vor, dass in unterschiedlichen Arbeitsbereichen gleiche Begriffe unterschiedlich gebraucht werden und ihnen abweichende Eigenschaften oder Bedeutungen zugesprochen werden, um sie für den jeweiligen Arbeitsbereich oder Untersuchungsgegenstand operationalisierbar zu machen.

Insofern können auch Begriffe und Definitionen für andere Organisationen oder Institutionen übernommen werden und dort entsprechend der jeweiligen Organisationskultur zum Nutzen der Sache adaptiert, weiter- und fortentwickelt werden. Dabei kann es durchaus so sein, dass diese Begriffe und Definitionen sich durch die vorgenommenen Anpassungen von der ursprünglichen Bedeutung des Quellbegriffs durchaus auch deutlich entfernen. Eine solche souveräne Begriffshoheit kann grundsätzlich nicht bestritten werden. Allerdings setzt das voraus, dass die Begriffe dann klar definiert und eingeordnet werden, um damit zugleich den abweichenden Gebrauch sinnhaft zu begründen. Eine andere Vorgehensweise ist reine Semantik und stiftet begriffliche

---

[25] Dirk Freudenberg, Anmerkungen zum Strategiebegriff und seiner grundsätzlichen Bedeutung im Kontext des Bevölkerungsschutzes, in Notfallvorsorge 2015, Heft 3, S. 15 ff. 16

[26] Carl von Clausewitz, Vom Kriege, in: Werner Hahlweg (Hrsg.), Hinterlassenes Werk des Generals von Clausewitz, 16. Aufl., Bonn 1952, S. 71 ff.; 175

[27] Gerhard Brugmann, Nationale militärische Verteidigung im Kalten Krieg, in: Dermot Bradley, Heinz-Ludger Borgert, Wolfram Zeller (Hrsg.), MARS. Jahrbuch für Wehrpolitik und Militärwesen, Jg. 2 (1996), Osnabrück 1996, S. 309 ff.; 309

[28] Bernhard Seuffert, Max Hecker, Phillip Strauch, Goethes Werke, 42. Bd., 2. Abteilung, Weimar 1907, S. 236

[29] Dirk Freudenberg, Militärische Führungsphilosophien und –Führungskonzeptionen ausgewählter NATO- und WEU-Staaten im Vergleich, Baden-Baden 2005, S. 90

[30] Bundesminister der Verteidigung, HDv 100/100. Truppenführung (TF), Bonn 1962, RN 52

und sprachliche Verwirrung. Somit ist sie nicht nur unnütz, sondern unter Umständen auch gefährlich und schädlich; zumindest aber in jedem Fall kontraproduktiv. Das gilt insbesondere dann, wenn in der Zusammenarbeit von Organisationen zwar der gleiche Zeichenvorrat benutzt wird, den einzelnen Begriffen aber dem jeweiligen Verständnis nach eine unterschiedliche Bedeutung zukommt, und dieses unterschiedliche Begriffsverständnis auch nicht bekannt ist. Mithin muss es gute Gründe geben und auch entsprechend begründet werden, dieselben Begriffe bei der Übertragung in andere Kontexte anders einzuordnen und zu gebrauchen oder ihnen gar eine völlig andere Bedeutung zuzusprechen. In jedem Fall setzt die Übertragung von Begriffen in andere Kontexte umfängliches Begriffsverständnis voraus. Diese grundlegende Erkenntnis gewinnt umso mehr Bedeutung, als dass es zukünftig in allen gesellschaftlichen verstärkt auf bereichsübergreifende Zusammenarbeit im Sinne vernetzter Ansätze ankommen wird und zukünftig auch der personelle (temporäre) Austausch von Führungskräften auf unterschiedlichen Führungsebenen nicht nur an Bedeutung gewinnen, sondern auch notwendig wird.[31] In der Bewältigung von Katastrophen und Großschadensereignissen zeigt sich immer wieder, dass die Ebenen gerechte Koordination von Kräften und Mitten in Raum und Zeit nicht nur die wesentliche Leistung der Verantwortlichen vor Ort ist, sondern dass eben genau diese Leistung die größten Herausforderungen und Schwierigkeiten bereitet. Dabei ist es zunächst einmal weniger von Bedeutung, ob die Lage durch ein kriegerisches Ereignis, einen terroristischen Anschlag oder eine Umwelt- oder Unwetterkatastrophe herbeigeführt wurde. Trotz aller Gemeinsamkeiten sind bestimmte Begriffe mit Bezug zum Führen voneinander abzugrenzen, bzw. zueinander in Beziehung zu setzten, um deren grundlegende Bedeutung für alle Organisationskulturen aufzuzeigen. Der Grundsatz von der Klarheit der Begriffe gilt daher für den Bereich der Führung im weitesten Sinne.

Führungskultur und Führungsorganisation

Neben einer zweckmäßigen Organisationsform zur Entwicklung und Umsetzung kommt es ganz entscheidend auf die grundlegende Führungsphilosophie an, welche letztendlich das Wesensmerkmal von Führung als Teil einer Führungskultur in einer Organisationsform oder auch organisationsübergreifend

---

[31] Dirk Freudenberg, Aus der Sicht strategischer Führungsausbildung: Stabsarbeit zwischen Bevölkerungsschutz und anderen Akteuren, in: Im Einsatz, Heft 5, 2015, S. 34 ff.; 35

bestimmt.[32] Der Begriff der Führungskultur stellt hier insbesondere auf Routinen, Regeln und Standards für Wahrnehmung, Interpretation, Entscheiden und Handeln im Rahmen eines Lernprozesses ab, indem im Laufe der Zeit eine Verlässlichkeit in der Interaktion mit der natürlichen, künstlichen oder sozialen Umwelt entsteht.[33] Somit ist Kultur auch das Ergebnis langer Traditionen und Prägungen.[34] Zudem sind zu einer gemeinsamen Zweckerreichung Menschen (mit ihren Führungsmitteln) in eine bestimmte Ordnung zu bringen. Eine wesentliche Herausforderung besteht unter anderem darin, Führung zu organisieren und in einen strategischen Gesamtrahmen einzubinden. Die grundlegenden Fragestellungen werden immer wieder aktuell in Fachkreisen von Praktikern wie auch in der Wissenschaft – zum Teil auch nicht unvoreingenommen, interessenunabhängig, vorbehalts- und emotionsfrei – diskutiert: Welche Organisationsform ist zweckmäßig und wie muss diese gegliedert sein, um effektiv und effizient zu wirkungsorientierten Entscheidungen und Planungen als Grundlage für die Umsetzung und Auftragsdurchführung zu kommen? Hierbei sind die Faktoren Raum, Kräfte und Zeit sowie der Faktor Information von entscheidender Bedeutung.

Führung in unterschiedlichen Organisationsumfeldern der nationalen Sicherheitsarchitektur

Natürlich wird effiziente Menschenführung als das wichtigste Mittel, um Menschen in einer bestimmten Richtung zu beeinflussen, in allen Bereichen menschlicher Aktivitäten gebraucht.[35] Damit gehört Führung zum Menschsein in seinen vielfältigsten Bezügen und ist als Merkmal jeder Gruppe oder Gesell-

---

[32] vgl. Dirk Freudenberg, Zum Sinn und Zweck der Stabsarbeit, in: Im Einsatz 2013, Heft 12, S. 10 ff.; vgl. Dirk Freudenberg, Führung im militärischen und im zivilen Bereich – Wurzeln, Unterschiede und Gemeinsamkeiten, in: Arbeitsgemeinschaft für wirtschaftliche Verwaltung, AWV, (Hrsg.) Führung im Wandel, Eschborn 208, S. 86 ff.

[33] Susanne Starke, Führungskultur in High Risk Environments. Eine empirische Untersuchung in den Arbeitsfeldern Polizei, Medizin, Business Continuity Management, Frankfurt 2010, S. 15; vgl. Stefan Strohschneider, Führung im kulturellen Kontext, in: Cornelius Buerschaper, Susanne Starke(Hrsg.), Führung und Teamarbeit in kritischen Situationen, Frankfurt 2008, S. 42

[34] Dirk Freudenberg, Unternehmenssicherheit und -kultur als Bestandteil umfassender Sicherheitspolitik, in: Hans-Jürgen Lange, Michaela Wendekamm, Christian Endreß (Hrsg.), Dimensionen der Sicherheitskultur, Wiesbaden 2014, S. 280 ff.; 291

[35] Mark Hughes, Menschenführung und Management im militärischen Bereich, Originaltitel: Leadership and Management in the Military, in: Defence Force Journal 1989, FIZBw, DOKNR: HH 6219, S. 1 f.

schaft aufweisbar. Hierbei spielen individuelle Führungsstile in einem breiten Spektrum ebenso sehr eine Rolle wie organisationseigene Führungskulturen. Führung, wenn sie gut ist, sichert den Erfolg einer Organisation; schlechte Führung hingegen führt zum Misserfolg. Diese Aussage begründet die Notwendigkeit von Führung und legitimiert sie zugleich.[36] Die einschlägige Dienstvorschrift in der nichtpolizeilichen Gefahrenabwehr, die Dienstvorschrift 100 (DV 100), definiert Führung als „... die Einflussnahme auf die Entscheidungen und das Verhalten anderer Menschen mit dem Zweck, mittels steuerndem und richtungsweisendem Einwirken vorgegebene und aufgabenbezogene Ziele zu verwirklichen."[37] Dies gilt grundsätzlich entsprechend für die Feuerwehren, Hilfsorganisationen und das Technische Hilfswerk (THW).[38] Die deutschen Polizeien definieren „Führung" grundsätzlich als „Zielorientierte Einflussnahme auf Mitarbeiter",[39] die „dem gemeinsamen Erreichen von Zielen [dient]."[40] Kürzer gefasst kann man aus polizeilicher Sicht Führung „... als zielgerichtete soziale Einflussnahme zur Erfüllung gemeinsamer Aufgaben ..." begreifen.[41]

In der Verwaltung wird Führen als das „... zielorientierte und planvolle Einwirken auf Menschen in einer Organisation... " definiert und ausgeführt, dass es sich dabei um einen kontinuierlichen Steuerungsprozess handle, der sich in einer hierarchischen Organisation im personalen Über-/ Unterordnungsverhältnis mit einer oder mehreren Personen vollziehe.[42] An anderer Stelle wird Führung in der Verwaltung noch etwas anders definiert: „Führung ist das Verhalten, mit dem zielorientiert auf die Mitarbeiter eingewirkt wird, um deren

---

[36] Dirk Freudenberg, Zum Sinn und Zweck der Stabsarbeit, in: Im Einsatz 2013, Heft 12, S. 10 ff.; 11

[37] Ständige Konferenz für Katastrophenvorsorge und Katastrophenschutz, Führung und Leitung im Einsatz. Führungssystem. Vorschlag einer Dienstvorschrift. DV 100, Köln 1999, S. 6; vgl. Ständige Konferenz für Katastrophenvorsorge und Katastrophenhilfe, Wörterbuch für Bevölkerungsschutz und Katastrophenhilfe, 2. Aufl., Köln 2006, S. 29; vgl. Hans-Peter Plattner, Führen im Einsatz. Kommentar zur FwDV/DV 100, Stuttgart 2004, S. 28

[38] vgl. Hans-Peter Plattner, Führen im Einsatz. Kommentar zur FwDV/DV 100, Stuttgart 2004, S. 13 f.

[39] Bundesministerium des Inneren, PDV 100, Führung und Einsatz der Polizei, Grundbegriffe, Anlage 20, Berlin 09 .Januar 2000, S. 7

[40] Bundesministerium des Inneren, PDV 100, Führung und Einsatz der Polizei, Berlin 09. Januar 2000, S. 18

[41] Wolfgang Uhlendorf, Michael Jäger, Willy Kösling, Führungslehre, 4. Aufl., Stuttgart, München, Hannover, Berlin, Weimar, Dresden 2003, S. 23

[42] Jürgen Lorse, Führungshandeln im Spannungsfeld von Interessenvertretungen, in: Der Öffentliche Dienst, Heft 5, 2006, S. 93 ff.; 94 m.w.N.

Leistung und Zufriedenheit zu steigern."[43] Zudem wird in der Literatur noch auf eine weitere Dimension von Führung hingewiesen: Die Verankerung des Führungsprozesses im Funktionszusammenhang von Personal und Organisation nach der Führung nicht nur die instrumentelle Anwendung von Gesetzten und (innerdienstlichen) Verwaltungsvorschriften zur Erreichung eines bestimmten Verwaltungszwecks bedeutet, sondern ebenso die Kenntnis und Bedeutung der ungeschriebenen Regeln, die die Organisationsangehörigen ihrem Handeln und ihren Erwartungen an das Verhalten der anderen Mitarbeiter zu Grunde legen.[44] Folglich existieren zwischen Feuerwehren, Hilfsorganisationen, THW, Verwaltung und Polizeien im Kern nahezu gleiche Führungsbegriffe.

Auch in der Wirtschaft finden Führungsfragen naturgemäß große Aufmerksamkeit. Allerdings stößt die Frage nach Parallelen von Führungsproblemen oder gar die Frage nach der Anwendbarkeit von Lösungsansätzen aus anderen Organisationsbereichen sehr häufig auf Unverständnis. Der Begriff der „Führung" spielt dennoch auch in der Wirtschaft eine bedeutende Rolle. In betriebswirtschaftlichen Definitionen wird „Führung" entsprechend als „… Ausrichtung des Handelns von Individuen und Gruppen auf die Realisation vorgegebener Ziele… "[45] oder auch „… die unmittelbare, zielbezogene Einflussnahme auf Gruppenmitglieder… "[46] bezeichnet.

Der hier vertretene Ansatz geht zunächst von einer umfassenden traditionellen (militärischen) Definition aus: „Führung ist richtungweisendes und steuerndes Einwirken auf das Verhalten anderer Menschen, um eine Zielvorstellung zu verwirklichen; sie umfasst auch den Einsatz materieller Mittel."[47] Diese Definition stellt also den Menschen in den Mittelpunkt, anerkennt aber die Bedeutung von hochwertigen Hilfsmitteln zur Auftragserfüllung. Interessanter Weise hatte auch seinerzeit die inzwischen außer Kraft gesetzte Dienstvorschrift des Katastrophenschutzes (KatS-DV 100) exakt diese Formulierung übernom-

---

[43] Georg Wolf, Dieter Draf, Leiten und führen in der öffentlichen Verwaltung. Ein Handbuch für die Praxis, 5. Aufl., München, Berlin, 1999, S. 59

[44] Jürgen Lorse, Führungshandeln im Spannungsfeld von Interessenvertretungen, in: Der Öffentliche Dienst, Heft 5, 2006, S. 93 ff.; 94

[45] Gabler-Wirtschafts-Lexikon, 13. Aufl., Wiesbaden 1992, S. 1218

[46] Karl Berkel, Führung, in: Erwin Dichtl (Hrsg.), Vahlens großes Wirtschaftslexikon, 2. Aufl., München 1993, S. 730

[47] Bundesminister der Verteidigung, HDv 100/200. Führungssystem des Heeres (TF/S), Bonn 1972, RN 101; vgl. Bundesminister der Verteidigung, HDv 100/900. Führungsbegriffe (TF/B), Stichwort: Führung, Bonn 1990

men.[48] Eine neuere Fassung der vorgenannten militärischen Definition der Heeresdienstvorschriften erweitert den Führungsbegriff noch um den informationellen Kontext und bezieht auch die anderen operativen Faktoren von Raum und Zeit mit ein. Dementsprechend ist Führung ein „[s]tändiger Prozeß des richtungweisenden und steuernden Einwirkens auf das Verhalten anderer Menschen, um ein Ziel durchzusetzen. Er umfaßt den zielgerichteten Einsatz von Kräften und Mitteln nach Raum und Zeit und lebt von wechselseitiger Information."[49] In den neuesten Heeresdienstvorschriften heißt es denn auch an gleicher Stelle zusammenfassend: „Führung ist ein Prozess steuernden Einwirkens auf das Verhalten von Menschen um ein Ziel zu erreichen. Sie umfasst den zielgerichteten Einsatz von Kräften und Mitteln sowie Information nach Raum und Zeit."[50] Die HDV 100/900 betont noch einmal, dass es sich bei „Führung" um einen ständigen Prozess handelt.[51] Diese Definition von Führung gemäß der Heeresdienstvorschriften ist demnach umfassender als die der anderen staatlichen und nichtstaatlichen Akteure. Im Ergebnis liegen allerdings die Definitionsansätze von „Führung" in Militär, Polizeien Verwaltung, Wirtschaft und Hilfsorganisationen im Ergebnis zunächst einmal nicht wesentlich auseinander, soweit es jedenfalls um den Bezug auf die Geführten bzw. die Mitarbeiter geht. Demzufolge ist die Definition von Führung in diesen unterschiedlichen Bereichen doch im Kern gleich. Insbesondere gilt dies hinsichtlich des zielgerichten, und steuernden Einwirkens auf Menschen. Entsprechend leitet sich hieraus dem Grunde nach auch ein übereinstimmendes menschenorientiertes Führungsverständnis ab. Letztendlich geht es darum, wie es die DV 100 auch ausdrücklich formuliert, „... andere zu veranlassen, dass zu tun, was zur Erreichung des gesetzten Ziels notwendig ist."[52]

---

[48] NN. Katastrophenschutz-Dienstvorschrift. Führung und Einsatz, o.OA, Stand 21. Dezember 1981, RN 107

[49] Bundesminister der Verteidigung, HDv 100/200. Führungssystem des Heeres (TF/S), Bonn 1972, RN 101; vgl Bundesminister der Verteidigung, HDv 100/900. Führungsbegriffe (TF/B), Stichwort: Führung, Bonn 1998

[50] Bundesminister der Verteidigung, HDv 100/200. Führungssystem des Heeres (TF/FüSys), Bonn 2010, RN 101

[51] Bundesminister der Verteidigung, HDv 100/900. Führungsbegriffe (TF/B), Stichwort: Führung, Bonn 1998

[52] Ständige Konferenz für Katastrophenvorsorge und Katastrophenschutz, Führung und Leitung im Einsatz. Führungssystem. Vorschlag einer Dienstvorschrift. DV 100, Köln 1999, S. 6

Management – Führung – Krisenmanagement

Bei „Management", wie auch bei „Leitung" geht es allerdings zunächst einmal im Wesentlichen um rein technische Problemstellungen, wie Planung, Kontrolle und Abwicklung von Prozessen.[53] „Managen" bedeutet in erster Linie „leiten, zustande bringen, organisieren, geschickt bewerkstelligen".[54] Dementsprechend bezeichnet Leiten die Steuerung von Organisationen (einschließlich deren Menschen) über die Gestaltung von Strukturen und Abläufe mittels Prozessen und Instrumenten.[55] Leiten ist demnach der materielle Inhalt der Managementaufgabe.[56] Dazu kommen noch Planung, Lenkung, Koordination, Kontrolle und Auswertung des Einsatzes von Menschen, Geld, Material, Einrichtungen und Anlagen[57] und deren Verwaltung. Doch Verwalten bedeutet noch längst nicht „Führen",[58] als Methode zur Umsetzung der Leitungsaufgabe in die Tat.[59] Menschen wollen aber geführt und nicht verwaltet werden. Vorgesetzte in einer nur funktional verstandenen Führungsverantwortung, deren Maßstäbe Effektivität, Effizienz, Management und Messbarkeit sind, sehen sich als Technokraten, Manager und Verwalter; der Mensch aber, der im positiven Sinn des Wortes „Geführter" sein sollte, braucht nur noch als zweckdienliches Objekt zu funktionieren.[60] In rein tätigkeitsorientierten Bereichen mit programmierten Handlungsabläufen tritt die motorische Leitungsfunktion in ihrer Bedeutung zwangsläufig gegenüber Funktionen, wo Aufgaben zur Her-

---

[53] Ulrich Zwygart, Menschenführung im Spiegel von Kriegserfahrungen, 3. Aufl., Frauenfeld 1993, S. 17

[54] Wissenschaftlicher Rat der Dudenreaktion (Hrsg.), Duden Fremdwörterbuch, 4. Aufl., Mannheim, Wien, Zürich 1982, S. 469

[55] Michael Herzka, Führung im Widerspruch. Management in Sozialen Organisationen, Wiesbaden 2013, S. 26

[56] Georg Wolf, Dieter Draf, Führen und Leiten in der öffentlichen Verwaltung. Ein Handbuch für die Praxis, 5. Aufl. München Berlin 1999, S. 59

[57] Mark Hughes, Menschenführung und Management im militärischen Bereich, Originaltitel: Leadership and Management in the Military, in: Defence Force Journal 1989, FIZBw, DOKNR: HH 6219, S. 1

[58] H. E. Seuberlich, Die Bedeutung des Unteroffiziers als Gruppenführer, in: Paul Klein (Hrsg.), Das strapazierte Rückgrat. Unteroffiziere der Bundeswehr, Baden-Baden 1983, S. 107 ff.; S. 109; vgl. Ulrich Czisnik, Führungsprinzipien in Wirtschaft und Militär. Militärische Führungslehre als Vorbild, in: Personalwirtschaft 1983, Heft 1, S. 31 f.; 31

[59] Georg Wolf, Dieter Draf, Führen und Leiten in der öffentlichen Verwaltung. Ein Handbuch für die Praxis, 5. Aufl. München Berlin 1999, S. 59

[60] Rainer Pfaffelhuber, Zur Diskussion gestellt. Innere Führung – nur ein Mittel zur Effizienzsteigerung?, in: IFDT 1984, Heft 7, S. 77 ff.; 79

beiführung eines Sacherfolges gestellt sind, zurück.[61] Anders verhält es sich in Krisenlagen – gleich wie Krise hier definiert sein mag – wo es darum geht, rasch Entscheidungen herbei zu führen. Beim „Krisenmanagement" kommen somit vielmehr die Elemente und Besonderheiten des „Führens" zum Tragen. Gerade die Anfangsphase einer Krise ist durch das Chaos geprägt. Das ist das Wesen der Krise. Es kommt also darauf an, diese Chaosphase so kurz wie möglich zu halten und vor die Krise zu kommen, das heißt, die Initiative zu gewinnen, vorausschauend zu planen und zu handeln. Damit korrespondiert das Wesen der Krise mit dem Wesen von Führung, Ordnung in das Chaos zu bringen. Sachverhalte und Abläufe sind zu strukturieren und damit Kräfte Raum Zeit und Informationen. Dazu sind zeitnah Entscheidungen zu treffen und durchzusetzen. Führung unterscheidet sich daher auch deutlich vom Verwalten. Verwaltung füllt den Spielraum zwischen den Grenzen (durch Ermessen); dagegen duldet Führung solche Grenzen nur widerwillig.[62] Management darf also nicht zum Selbstzweck werden, wenn es um Fragen der Führung, Ausbildung und Erziehung von Menschen mit nicht quantifizierbaren Größen geht, und entscheidende Voraussetzungen für die Aufgabenerfüllung in Extremsituationen, wie beispielsweise Persönlichkeit, Charakter, Verantwortungs- und Handlungsbereitschaft sowie Motivation lassen sich nicht quantifizieren. Voraussetzung für erfolgreiches Führen ist das Beherrschen des Führungsprozesses als Regelkreis von Lagefeststellung, Beurteilung der Lage, Abwägen der Möglichkeiten des Handelns, Entschlussfassung und Kontrolle der angewiesenen Maßnahmen[63] und der daraus abgeleiteten Verfahren zur Umsetzung. Insofern ist Führen in der Krise auch vom Führen in der Normallage zu unterscheiden: In Normallagen zwingen die immer begrenzten Finanzmittel zu Sparsamkeit und Kosteneffizienz; daraus folgen Tendenzen zur Zentralisierung, Reglementierung, Statik und Routine. Beim Führen in der Krise steht hingegen der Einsatz zur Gefahrenabwehr im Mittelpunkt mit unterschiedlichen Lagen, in denen Routine tödlich wäre. Demzufolge müssen in der Krise Routine und starre Verwaltungsabläufe dem Einfallsreichtum und der Impro-

---

[61] Georg Wolf, Dieter Draf, Leiten und Führen in der öffentlichen Verwaltung. Ein Handbuch für die Praxis, 5. Aufl., München, Berlin 1999, S. 15

[62] Roland Zedler, Formen künftiger Führung im Heer, in: Wehrkunde 1975, S. 144 ff.; 144

[63] Dirk Freudenberg, „Public Private Partnership und strategische Führung" – Wie staatliche Einrichtungen und Unternehmen sicherheitspolitische Krisen gemeinsam bewältigen können, in: Frank Roselieb, Marion Dreher, Krisenmanagement in der Praxis. Von erfolgreichen Krisenmanagern lernen, Berlin 2008, S. 99 ff.; 111

visation weichen. Hierzu sind – wiederum unabhängig von der Organisations-form – bestimmte Fähigkeiten der Führungspersönlichkeit verlangt.[64] Dennoch bedarf es zur Erreichung von Zielen der Ermittlung von Fähigkeiten und der Koordination von Kräften, Mitteln und Informationen in Raum und Zeit. Führung muss dementsprechend ziel- wirkungsorientiert organisiert werden.[65] Dementsprechend kommt einer flexiblen, lageangepassten und wirkungsorien-tierten Führung eine entscheidende Bedeutung zu. Dementsprechend müssen auch die Akteure lagegerecht und flexibel reagieren. Mithin ist die Führungs-philosophie des „Führens mit Auftrag" bzw. der „Auftragstaktik" als Teil der nationalen Führungskultur ein wesentliches Element auch für die Akteure der nichtpolizeilichen Gefahrenabwehr.[66]

„Auftragstaktik" in der nationalen Sicherheitsarchitektur

In den Organisationen der nicht-polizeilichen Gefahrenabwehr ist das Prinzip der „Auftragstaktik", also des Führens mit Auftrag rezipiert. Die Führungsvor-schriften in diesem Bereich kennen allerdings nicht den Begriff der „Inneren Führung", wenngleich der einschlägige Kommentar den Terminus in Bezug zur „Menschenführung" und im Zusammenhang mit der „Auftragstaktik" er-wähnt – allerdings ohne ihn zu definieren oder hierzu weitere Ausführungen zu machen.[67] Katastrophenschutz und Feuerwehr haben 1975 nach dem gro-ßen Waldbrand in der Lüneburger Heide neben der Übernahme des Stabssys-tems[68] und des Führungsvorgangs auch das Prinzip „Führen mit Auftrag" von der Bundeswehr übernommen.[69] Diese Führungsphilosophie findet sich neben

---

[64] vgl. Thomas Dähler, Krisenmanagement im Unternehmen – ein Sonderfall „militärischer" Führung?, in: Thomas Dähler (Hrsg.), Führung aus der Sicht von Armee, Wirtschaft Politik, Beilage zur ASMZ Heft. 6, 2007; S. 31 ff.

[65] Dirk Freudenberg, Zum Sinn und Zweck der Stabsarbeit, in: Im Einsatz 2013, Heft 12, S. 10 ff.; 11

[66] vgl. Dirk Freudenberg, Terroranschläge – Terrorismus und Anarchismus, in: H.A. Adams, C. Krettek, C. Lange, C. Unger (Hrsg.), Patientenversorgung im Großschadens- und Katastro-phenfall. Medizinische, organisatorische und technische Herausforderungen jenseits der Indi-vidualmedizin, Köln 2014, S. 297 ff.; 302

[67] Hans-Peter Plattner, Führen im Einsatz. Kommentar zur FwDV/DV 100, Stuttgart 2004, S. 30

[68] Jörg Schmidt, Stabsarbeit wieder entdecken … und entspannen! Erkenntnisse bestechender Einfachheit aus der Stadt Köln, in: Christoph Unger, Thomas Mitschke, Dirk Freudenberg, Krisenmanagement – Notfallplanung – Zivilschutz, Berlin 2013, S. 235 ff.; 235

[69] Hans-Peter Plattner, Führen im Einsatz. Kommentar zur FwDV/DV 100, Stuttgart 2004

dem Führungsvorgang als Prozess der Entscheidungsfindung, -formulierung und –durchsetzung als Teil einer im Grunde einheitlichen nationalen Führungskultur als Kern des deutschen Führungsdenkens[70] bei allen Akteuren – einschließlich Verwaltung und ziviler Wirtschaft – der nationalen Sicherheitsarchitektur.[71] Gleichwohl ist diese Führungsphilosophie in den Führungsvorschriften der einzelnen Akteure in ihrer Bedeutung unterschiedlich ausgeprägt. So gilt beispielsweise im Heer die Auftragstaktik als das „oberste Führungsprinzip". Dagegen findet dieses Prinzip in den deutschen Polizeien differenzierte Anwendung So gilt also auch in den Polizeien „Auftragstaktik" als eine Art der „… Auftragserteilung, die Gestaltungsmöglichkeiten zur Zielerreichung lässt."[72] Dagegen ist nach den polizeilichen Vorschriften die „Befehlstaktik" eine Form der „… Auftragserteilung, die keine oder geringe Gestaltungsmöglichkeiten zur Zielerreichung lässt."[73] Somit ist die sehr strikte Methode der Befehlstaktik keine Form der polizeilichen Führung, welche weder von Seiten der Vorschrift noch vom polizeilichen Selbstverständnis her prinzipiell ausgeschlossen ist und stellt somit eine mögliche Alternative in der Führung dar. Wenngleich also gemäß der polizeilichen Führungsvorschriften lageangepasst „Befehlstaktik" notwendig sein kann, so ist in den Polizeien dennoch grundsätzlich mit „Auftragstaktik" zu führen.[74] Somit wird dem Führen mit Auftrag auch von der Vorschrift her eine Priorität eingeräumt. Demzufolge ist das Führen mit Auftrag im polizeilichen wie auch im nicht-polizeilichen Führungsdenken deutlich verankert. Diese Gemeinsamkeit ist hilfreich, Zusammenarbeit zu gestalten und gemeinsame Schnittstellen bzw. integrative Modelle

---

[70] Dirk Freudenberg, Führung im militärischen und im zivilen Bereich – Wurzeln, Unterschiede und Gemeinsamkeiten, in: Arbeitsgemeinschaft für wirtschaftliche Verwaltung, AWV, (Hrsg.) Führung im Wandel, Eschborn 2008, S. 86 ff.

[71] Dirk Freudenberg, Zum Sinn und Zweck der Stabsarbeit, in: Im Einsatz 2013, Heft 12, S. 10 ff.; 12; vgl. Dirk Freudenberg, Bemerkungen zu strategischen Herausforderungen der ressort- und ebenenübergreifenden Abstimmung im Sinne des Ansatzes vernetzter Sicherheit, in: Christoph Unger, Thomas Mitschke, Dirk Freudenberg, Krisenmanagement – Notfallplanung – Zivilschutz, Berlin 2013, S. 71 ff.; 84; vgl. Dirk Freudenberg, Führung im militärischen und im zivilen Bereich – Wurzeln, Unterschiede und Gemeinsamkeiten, in: Arbeitsgemeinschaft für wirtschaftliche Verwaltung, AWV, (Hrsg.) Führung im Wandel, Eschborn 2008, S. 86 ff.; 99

[72] Bundesministerium des Inneren, PDV 100, Führung und Einsatz der Polizei, Grundbegriffe, Anlage 20, Berlin 09 .Januar 2000, S. 4

[73] Bundesministerium des Inneren, PDV 100, Führung und Einsatz der Polizei, Grundbegriffe, Anlage 20, Berlin 09 .Januar 2000, S. 4

[74] Bundesministerium des Inneren, PDV 100, Führung und Einsatz der Polizei, Berlin 09 .Januar 2000, S. 19

des Zusammenwirkens zu entwickeln. Dabei darf allerdings nicht übersehen werden, dass in den unterschiedlichen Organisationen diese gemeinsamen Grundlagen eigene Anpassungen und Entwicklungen genommen haben und in verschiedener Ausprägung gelebt werden.

Stabsorganisationsformen in der nationalen Sicherheitsarchitektur

Stäbe und Stabsorganisation sind kein Selbstzweck. Sie bestehen aus dem Grunde, unter mehr oder weniger großen Druck Entscheidung herbeizuführen und in (konkrete) Handlungsanweisungen umzusetzen.[75] Ihre Aufgabe ist es, Entscheidungen vorzubereiten und zu treffen, Aufgaben zu strukturieren und zu priorisieren sowie dementsprechend diese an nachgeordnete Bereiche umzusetzen und diese in der Durchführung zu koordinieren. Es geht also darum Sachverhalte umfassend zu erfassen und zu analysieren, Herausforderungen zu Priorisieren, zu Portionieren und abzuarbeiten. Dabei sind gegebenenfalls andere Akteure einzubinden. Dementsprechend haben Stäbe immer eine dienende Funktion gegenüber dem Entscheider, das heißt gegenüber dem für die Führungsentscheidung Verantwortlichen (sofern dieser nicht selbst Teil des Stabes ist) und vor allem gegenüber dem nachgeordneten Bereich, der durch den Stab befähigt werden soll, koordiniert zum Einsatz zu kommen. Ein Hauptproblem bei der Einbindung von Spezialisten liegt darin, das spezielle Können einzelner Funktionsträger nutzbar zu machen, ohne dass der Zusammenhang zwischen den einzelnen Tätigkeiten und die jeweilige Ausrichtung auf das gemeinsame Ziel gefährdet werden und somit besteht hier die wesentliche Leistung in der Aufspaltung in regelmäßig wiederholbaren Teilaufgaben bei gleichzeitiger Verknüpfung der Teile.[76] Das System von Stäben für die Gefahrenabwehr auf der operativ-taktischen Ebene, wie wir es heute dem Grunde nach kennen, wurde im 19. Jahrhundert im Militär geboren, als es dem Einzelnen, der an der Spitze stand und aus dem Augenblick zu entscheiden hatte, nicht mehr möglich war, von seinem Feldherrnhügel aus alles Wesentliche selbst zu überblicken und einzusehen. Hier geht es also darum, (Teil-) Verantwortung aufzuteilen und Arbeitsaufträge in Stabsabteilungen zu delegieren, um

---

[75] Dirk Freudenberg, Entscheidungsdruck. Anmerkungen zum Führen unter Zeitdruck und zu Problemen strategischer Führung, in: Bevölkerungsschutz, Heft 3, 2012, S. 10 ff.; vgl. Dirk Freudenberg, Aus der Sicht strategischer Führungsausbildung: Stabsarbeit zwischen Bevölkerungsschutz und anderen Akteuren, in: Im Einsatz, Heft 5, 2015, S. 34 ff.; 35
[76] Klaus Altfelder, Stabsstellen und Zentralabteilungen als Formen der Organisation der Führung, Berlin 1965, S. 11

durch die Zusammenfassung der Ergebnisse wiederum zielführend und schnell zu umfassenden Entscheidungen und Planungen zu kommen. Damit dient ein Stab zunächst nur einem Zweck, nämlich dem Entscheider zuzuarbeiten und dessen Absichten und Entschlüsse zur Erreichung eines Einsatzziels, welche wiederum Produkte dieser Beratung sind, in Direktiven, Weisungen und Aufträge zur Ausführung für die nachgeordneten Bereiche umzusetzen. Dabei wurde die Stabslinienorganisation dem Grunde nach aus dem militärischen Bereich in die zivilen Bereiche der Feuerwehren, Hilfsorganisationen und Polizeien übernommen und dort den eigenen Zuständigkeiten, Erfordernissen und Bedürfnissen angepasst und jeweils entsprechend den jeweiligen Erfordernissen sowie der jeweiligen Führungskulturen weiterentwickelt. Für die Wirtschaft gilt das Vorgesagte für viele Bereiche – wenn auch in unterschiedlicher Ausprägung – dem Grunde nach ebenso.

Führungsdenken und Organisation in der nicht-polizeilichen Gefahrenabwehr

Das Vorgesagte gilt insbesondere für den Führungsvorgang bzw. den Führungsprozess.[77] Somit haben wir in allen Bereichen der Gefahrenabwehr innerhalb der nationalen Sicherheitsarchitektur neben dem Prinzip „Führen mit Auftrag" als Führungsphilosophie, die allgemein besser bekannt ist unter der umgangssprachlichen Bezeichnung „Auftragstaktik", und dem Führungsvorgang als Prozess der Entscheidungsfindung, Entscheidungsformulierung und Entscheidungsdurchsetzung eine im Grundsatz einheitliche Führungsstruktur

---

[77] Dirk Freudenberg, „Public Private Partnership und strategische Führung" – Wie staatliche Einrichtungen und Unternehmen sicherheitspolitische Krisen gemeinsam bewältigen können, in: Frank Roselieb, Marion Dreher, Krisenmanagement in der Praxis. Von erfolgreichen Krisenmanagern lernen, Berlin 2008, S. 99 ff.; Dirk Freudenberg, Führung im militärischen und im zivilen Bereich – Wurzeln, Unterschiede und Gemeinsamkeiten, in: AWV (Hrsg.), Führung im Wandel, Eschborn 2008, S. 86 ff.; 113; vgl. Dirk Freudenberg, Zum Sinn und Zweck der Stabsarbeit, in: Im Einsatz 2013, Heft 12, S. 10 ff.; 12; vgl. Dirk Freudenberg, Führungsausbildung, in: in: H.A. Adams, C. Krettek, C. Lange, C. Unger (Hrsg.), Patientenversorgung im Großschadens- und Katastrophenfall. Medizinische, organisatorische und technische Herausforderungen jenseits der Individualmedizin, Köln 2014, S. 722 ff.; 726; vgl. Claus Lange, Allgemeine Führungslehre, in: H.A. Adams, C. Krettek, C. Lange, C. Unger (Hrsg.), Patientenversorgung im Großschadens- und Katastrophenfall. Medizinische, organisatorische und technische Herausforderungen jenseits der Individualmedizin, Köln 2014, S. 69 ff.; 71

als Teil einer nationalen Führungskultur. Führungsprozess und die Auftrags-taktik – gehören daher zum Kern deutschen Führungsdenkens.[78]

Weiterhin ist zu beachten, dass diese soeben beschriebenen Grundsätze deut-schen Führungsdenkens eher nach innen gerichtet sind, also organisationsin-tern bzw. auf Hierarchien bezogen. Ebenso ist dieser Führungsvorgang bei der Anwendung innerhalb der jeweiligen Organisationseinheit von seinem Ablauf her von oben nach unten gerichtet.[79] Das hat zur Folge, dass dieser Ansatz in schnell und dynamisch ablaufenden Lagen rasch zu Umsetzungen und somit zu Erfolgen führt.[80] Darüber hinaus sind diese Grundsätze auch in der öffentli-chen Verwaltung und in der Privatwirtschaft bedeutend. Ein Stab soll als Or-ganisationsform gewährleisten, dass die zu erwartenden Aufgaben kompetent, zweckmäßig, wirkungsorientiert und in einem hierfür angemessenen Zeitraum erledigt werden. Dementsprechend müssen in einem Stab die entsprechenden Aufgabenfelder Führungsgrundgebiete oder Kompetenzfelder abgebildet wer-den. Die sich hieraus ergebende Herausforderung besteht darin, dass die sich ableitende Gliederung möglichst alle Aufgabenfelder erfasst, aber zugleich nicht zu feingliedrig ist, um nicht selbst überkomplex zu sein und dann im Endeffekt insgesamt nicht mehr von den Stabsmitgliedern selbst verstanden wird.[81] Zudem sind durch einen Stab im Sinne des Führens mit Auftrag Festle-gungen und Auflagen für die Durchführung für die nachgeordneten Bereiche nur insoweit zu treffen, als dass es für die Auftragsdurchführung und die dies-bezügliche tatsächlich Koordination notwendig ist. Nur so ist gewährleistet, dass die nachgeordneten Bereiche ihrerseits die notwendige Freiheit und Zeit

---

[78] Dirk Freudenberg, Führung im militärischen und im zivilen Bereich – Wurzeln, Unterschie-de und Gemeinsamkeiten, in: AWV (Hrsg.), Führung im Wandel, Eschborn 2008, S. 86 ff.

[79] Anders verhält es sich bei Planungen auf militärstrategischer und operativer Ebene. Hier werden Planungen unter dem Begriff Oerational Planning Process (OPP) zusammengefasst und folgen Grundsätzen, welche sowohl in der EU als auch bei der NATO Anwendung fin-den. (Michael Meyer Operative Führung – Herausforderungen bei der Planung und Führung von Joint Operations, in: Europäische Sicherheit 2002, Heft 2, S. 60 ff.; 61)

[80] Dirk Freudenberg, Bemerkungen zu strategischen Herausforderungen der Ressort- und Ebenen übergreifenden Abstimmung im Sinne des Ansatzes Vernetzter Sicherheit, in: Chris-toph Unger, Thomas Mitschke, Dirk Freudenberg (Hrsg.), Krisenmanagement – Notfallpla-nung – Bevölkerungsschutz. Festschrift anlässlich 60 Jahre Ausbildung im Bevölkerungsschutz dargebracht von Partnern, Freunden und Mitarbeitern des Bundesamtes für Bevölkerungs-schutz und Katastrophenhilfe Berlin 2013, S. 71 ff.; 85

[81] Dirk Freudenberg, Zum Sinn und Zweck der Stabsarbeit, in: Im Einsatz 2013, Heft 12, S. 10 ff.; 12

zur ziel- und wirkungsorientierten Umsetzung und Ausführung der erhaltenen Aufträge erhalten. Letztendlich ist es die Hauptaufgabe eines Stabes die nachgeordneten Bereiche erfolgreich wirksam werden zu lassen. So ist der Führungsstab, wie ihn die DV 100 kennt, ein bewährtes Modell, das insbesondere auf den taktischen Ebenen geeignet ist, Lagen der täglichen Gefahrenabwehr gut zu bewältigen. Dieses Modell ist eher hierarchisch ausgerichtet, und es zielt in seinem Melde- und Informationsmanagement vor allem darauf ab, schnelle und effektive Wirkung an der Einsatzstelle zu erzielen. Der Vorteil dieses Modells ist, dass es die Zuständigkeiten und Aufgaben der Mitglieder klar regelt, und so zur raschen Entschlussfassung und Umsetzung von Entscheidungen beitragen kann. Diese hierarchische Ausrichtung erweist sich dann als nachteilig, wenn in komplexen Lagen zuständigkeitsübergreifend andere Akteure in die Entscheidungsfindung integriert werden müssen, die außerhalb der Hierarchie stehen und die dennoch in die Entschlussfassung eingebunden werden müssen.[82]

Hier bietet die DV 100 zusätzlich das Model des administrativ-organisatorischen Stabes bzw. des Verwaltungsstabes[83] an, in dem alle zur Bewältigung der vorliegenden Schadenslage benötigten bzw. zuständigen Ämter der eigenen Verwaltung, anderer Behörden und externe Personen mitarbeiten. Auch wenn es hier eine Entscheidungsebene gibt, ist doch dieser Stab in der Entscheidungsfindung weniger hierarchisch als kooperativ ausgerichtet, so dass die Fachkompetenz der jeweiligen Mitarbeiter in diesem Stab und deren nachgeordneten Bereiche bereits in der Phase der Analyse, also der Lagefeststellung und damit zur bereichsübergreifenden Problemerfassung und zur Lösung komplexer Schadenslagen eingebracht werden kann. Der Verwaltungsstab entscheidet quasi in Form einer „Verwaltungskonferenz" und bedient sich zur Umsetzung der hier getroffenen Entscheidungen seiner Ämter und gegebenen-

---

[82] Dirk Freudenberg, Zum Sinn und Zweck der Stabsarbeit, in: Im Einsatz 2013, Heft 12, S. 10 ff.; 12

[83] vgl. Joachim Schmitz, Administratorisch-organisatorische Führungsorganisation, in: Hanno Peter, Klaus Maurer (Hrsg.), Gefahrenabwehr bei Großveranstaltungen, Edewecht, Wien 2005, S. 71 ff.; vgl. Frank Ehl, Julia Somborn, Aufgaben der administrativ-organisatorischen Komponente, in: Im Einsatz, Heft 2, 2013, S. 20 ff.; vgl. Frank Ehl, Führen mit einem Verwaltungsstab, in: Jürgen Schreiber (Hrsg.), Sicherheit und Gefahrenabwehr bei Großveranstaltungen. Prävention und Reaktion als private und öffentliche Herausforderungen im Eventmanagement, Edewecht 2014, S. 339 ff.

falls weiterer Behörden in Amtshilfe.[84] Zweifelsohne ist dieses Modell weniger auf schnelle Entscheidungsfindung ausgerichtet. Nichtsdestoweniger ist es aber sehr wohl geeignet, komplexe Sachverhalte von ihren Ursachen her umfassend zu analysieren und zu beurteilen und auf dem Zeitstrahl nach vorne – unter Berücksichtigung der jeweiligen Folgen und Auswirkungen der Entschlüsse und unter Einbindung aller notwendigen und verfügbaren Akteure – Entscheidungen zu fällen. Dieses Entscheidungsgremium ist umso besser geeignet, desto „weiter weg" es vom taktischen Geschehen ist, und desto notwendiger es ist, strategisches Krisenmanagement zu leisten. Damit ist dieses Modell insgesamt weniger als Führungsstab geeignet, sondern besser als Gremium zum Krisenmanagement im Sinne der „Strategie für einen modernen Bevölkerungsschutz" zur „… Schaffung von konzeptionellen, organisatorischen und verfahrensmäßigen Voraussetzungen […], die eine schnellstmögliche Zurückführung einer eingetretenen außergewöhnlichen Situation in den Normalzustand unterstützen. Damit werden alle Maßnahmen zur Vermeidung, Erkennung, Bewältigung und Nachbereitung von Krisenfällen umfasst."[85] Vorteilhaft in diesem System ist zudem, dass die Mitarbeiter in dem administrativ-organisatorischem Stab ihre jeweilige Fachkompetenz aus der täglichen Arbeit einbringen können und ebenso auf ihren nachgeordneten Bereich zurückgreifen können, ohne eine neue, für sie unbekannte und gegebenenfalls fachfremde Rolle erlernen zu müssen. Der adminstrativ-organisatorische Stab hat - auf der Zeitachse - gesehen somit vor allem einen (politischen) Entscheidungsbedarf, der nach vorne gerichtet ist. Dieser Stab gibt im Wesentlichen politisch-strategische Zielrichtungen vor und priorisiert diese dementsprechend. Er selbst setzt keine Kräfte ein. Im Vergleich dazu ist der Führungsstab ein handlungsorientiertes Organ, welches zunächst vor allem reaktiv agiert und die ihm zur Verfügung stehenden Kräfte in Raum und Zeit koordiniert. Beide Stäbe stehen unter einer einheitlichen Führung und gemeinsamer Zielsetzung.[86] Mit der Bildung des Modells einer bundeseinheitlichen und durchgängigen Führungsorganisation gem.

---

[84] Frank Ehl, Führen mit einem Verwaltungsstab, in: Jürgen Schreiber (Hrsg.), Sicherheit und Gefahrenabwehr bei Großveranstaltungen. Prävention und Reaktion als private und öffentliche Herausforderungen im Eventmanagement, Edewecht 2014, S. 339 ff.; 340; vgl. Frank Ehl, Julia Somborn, Aufgaben der administrativ-organisatorischen Komponente, in: Im Einsatz, Heft 2, 2013, S. 20 ff.; 21

[85] Bundesministerium des Inneren, Strategie für einen modernen Bevölkerungsschutz, o.OA. 2009, S. 18

[86] Dirk Freudenberg, Zum Sinn und Zweck der Stabsarbeit, in: Im Einsatz 2013, Heft 12, S. 10 ff.; 13

DV 100 wurde dem Wunsche der Länder entsprochen, dem jeweils politisch Gesamtverantwortlichen zwei gleichberechtigte Stäbe unterzuordnen.[87] Allerdings wird in der Literatur auf Schwierigkeiten der Abgrenzung der Aufgaben im Einzelfall[88] und die Notwendigkeit der engen Zusammenarbeit[89] hingewiesen. Allerdings können die Schwierigkeiten der Abstimmung und Zusammenarbeit bei strikter Beachtung der strategisch-politischen Administrationsaufgaben des Verwaltungsstabes und der operativ-taktischen Einsatzaufgaben des Führungsstabes und der konkreten, engen Abstimmung an den Schnittstellen vermieden werden. Soweit also eine Weisungsbefugnis des politisch-administrativen Stabes, der mit den Dezernenten der Verwaltungsabteilungen besetzt ist, gegenüber dem Führungsstab nicht anerkannt wird, kann im Zweifel die Entscheidung des politisch Gesamtverantwortlichen herbeigeführt werden, um einen Dissens aufzulösen.

Zusammenfassung und Schluss

Es ist in allen Bereichen, in denen geführt wird ungemein wichtig, neben einer umfassenden Orientierung und angemessenem Weitblick, nach Ebenen verortet zu sein und Entscheidungen entsprechend zu treffen und durchzusetzen.[90] Klarheit der Begriffe und einheitliches Führungsverständnis sind wesentliche Voraussetzungen für erfolgreiche Führung. Daher kommt es wegen möglicher katastrophaler Folgen bei etwaigen Missdeutungen und Missverständnissen auf die Klarheit von Begriffen und die Einheitlichkeit ihres Gebrauchs an. Auch wenn die Führungsbegriffe, Prozesse und die sich daraus ableitenden Verfahren in den Behörden und Organisationen der nationalen Sicherheitsorganisation entsprechend den jeweiligen Organisationskulturen und (Weiter-) Entwicklungen in den einzelnen Säulen etwas auseinandergehen, ist das grundlegende Führungsdenken mit dem Kern des „Führens mit Auftrag", bzw. der „Auf-

---

[87] Matthias Gahlen, Maike Kanaster, Krisenmanagement. Planung und Organisation von Krisenstäben, Stuttgart 2008, S. 7. An dieser Stelle wird durch die Autoren auch auf die grundsätzliche Möglichkeit der Verschmelzung beider Stäbe unter dem politisch Gesamtverantwortlichen hingewiesen.

[88] Matthias Gahlen, Maike Kanaster, Krisenmanagement. Planung und Organisation von Krisenstäben, Stuttgart 2008, S. 8

[89] Matthias Gahlen, Maike Kanaster, Krisenmanagement. Planung und Organisation von Krisenstäben, Stuttgart 2008, S. 20 f.

[90] Dirk Freudenberg, Anmerkungen zum Strategiebegriff und seiner grundsätzlichen Bedeutung im Kontext des Bevölkerungsschutzes, in Notfallvorsorge 2015, Heft 3, S. 15 ff.; 20

tragstaktik" und dem Führungsprozess gleich. Ebenso ist das Verständnis der Organisation von Führung in zielgerichteten Strukturen grundsätzlich in der gesamten Sicherheitsarchitektur vorhanden. Der hier vorhandene Transfernutzen des in den vorstehenden Ausführungen aufgezeigten, in Grundsätzen gleichen Führungsdenkens, kann insbesondere an den Schnittstellen der unterschiedlichen Bereiche in den unterschiedlichen Säulen der nationalen Sicherheitsarchitektur beim übergreifenden Zusammenwirken in der Gefahrenvorbeugung und -abwehr nutzbar gemacht werden. Es kommt darauf an, zur vollständigen Erfassung von komplexen, mitunter hochdynamischen Lagen, Informationen und Wissen operationalisierbar aufzubereiten, um daraus wirkungsorientierte und zielführende Entschlüsse abzuleiten und diese in durchführbare Aufträge an nachgeordnete oder unterstelle Bereiche umzusetzen. Da in der nationalen Sicherheitsarchitektur unterschiedliche Akteure auf unterschiedlichen Ebenen zusammenwirken müssen, ist ein grundlegendes Führungsverständnis wichtig. Voraussetzung hierfür sind (gemeinsame) Ausbildung und entsprechende Übungen, um Reibungsverluste an den Schnittstellen und damit Effektivitätsverluste in der Aufgabenbewältigung zu vermeiden.[91]

Es stellt sich allerdings die Frage, ob unter den Herausforderungen eines komplexen, interdependenten Feldes von Faktoren, der Aussetzung der Wehrpflicht, dem bedeutsamer werdenden demographischen Faktor[92], der zunehmenden verpflichtenden Mobilität von Arbeitnehmern und der damit korrespondieren und konkurrierenden Bedeutung von Familie und der damit zusammenhängenden Verschiebung der individuellen und gesellschaftlichen Wahrnehmung ehrenamtlicher Tätigkeiten, die Philosophie der Auftragstaktik weiter gelebt werden kann. Gerade der Wegfall der Wehrpflicht (und damit zusammenhängend der zivile Ersatzdienst) als wichtige Basis zur Personalgewinnung für die Streitkräfte, die Feuerwehren, Hilfsorganisationen und das Technische Hilfswerk (THW) ist hier ein einschneidender Faktor. In jedem Fall kommt gerade unter dieser Fragestellung Ausbildung und Übung zukünftig eine noch stärkere Bedeutung zu, um die Führungsphilosophie der Auftragstaktik als Kern des nationalen Führungsdenkens vollumfänglich erfassen, zu

---

[91] vgl. Dirk Freudenberg, Schnittstellen im Krisenmanagement. Das Zusammenspiel von Unternehmen und öffentlicher Verwaltung, in: Notfallvorsorge 2015, Heft 2, S. 3 ff.; 7 f.

[92] vgl. Frank Ehl, Demographischer Wandel und Bevölkerungsschutz – Eine Herausforderung für den Betreuungsdienst, in: Hans-Jürgen Lange, Michaela Wendekamm, Christian Endreß (Hrsg.), Dimensionen der Sicherheitskultur, Wiesbaden 2014, S. 251 ff.

durchdringen, anzuwenden und auch zu leben.[93] Einen besonderen Stellenwert hat hier das einsatzorientierte Üben des Zusammenwirkens an den Schnittstellen der Säulen der nationalen Sicherheitsarchitektur.

Literatur- und Quellenverzeichnis

Alamir, Fouzieh Melanie, Vernetze Sicherheit – Quo Vadis?, Berlin 2015

Altfelder, Klaus, Stabsstellen und Zentralabteilungen als Formen der Organisation der Führung, Berlin 1965

Annen, Hubert; Zwygart, Ulrich (Hrsg.), Das Ruder in der Hand. Aspekte der Führung und Ausbildung in Armee, Wirtschaft und Politik. Festschrift für Rudolf Steiger, Frauenfeld 2006

Arbeitsgemeinschaft für wirtschaftliche Verwaltung, AWV, (Hrsg.) Führung im Wandel, Eschborn 2008

Beck, Hans-Christian, Gedanken zur militärischen Führungspersönlichkeit in modernen Streitkräften, in: Annen, Hubert; Zwygart, Ulrich (Hrsg.), Das Ruder in der Hand. Aspekte der Führung und Ausbildung in Armee, Wirtschaft und Politik. Festschrift für Rudolf Steiger, Frauenfeld 2006, S. 105 ff.

Beck, Hans-Christian; Singer, Christian (Hrsg.), Entscheiden. Führen. Verantworten. Soldatsein im 21. Jahrhundert, Berlin 2011

Berkel, Karl, Führung, in: Dichtl, Erwin (Hrsg.), Vahlens großes Wirtschaftslexikon, 2. Aufl., München 1993, S. 730

Bradley, Dermot; Borgert, Heinz Ludger; Zeller, Wolfram (Hrsg.), MARS. Jahrbuch für Wehrpolitik und Militärwesen, Jg. 2 (1996), Osnabrück 1996

Brugmann, Gerhard, Nationale militärische Verteidigung im Kalten Krieg, in: Bradley, Dermot; Borgert, Heinz Ludger; Zeller, Wolfram (Hrsg.), MARS. Jahrbuch für Wehrpolitik und Militärwesen, Jg. 2 (1996), Osnabrück 1996, S. 309 ff.

---

[93] Dirk Freudenberg, „Auftragstaktik" bzw. „Führen mit Auftrag". Grundsätzliche Anmerkungen zu einer nationalen Führungsphilosophie, in: Bevölkerungsschutz, Heft 3, 2013, S. 16 ff.; 19; vgl. Dirk Freudenberg, Auftragstaktik und Innere Führung. Feststellungen und Anmerkungen zur Frage nach Bedeutung und Verhältnis des inneren Gefüges und der Auftragstaktik unter den Bedingungen des Einsatzes der Deutschen Bundeswehr, Berlin 2014, S. 28

Buerschaper, Cornelius, Starke, Susanne (Hrsg.), Führung und Teamarbeit in kritischen Situationen, Frankfurt 2008

Bundesagentur für Arbeit (Hrsg.), Handbuch für Führungskräfte. Führungskompass. Führung in der BA, Nürnberg 2014

Bundesminister der Verteidigung, HDv 100/100. Truppenführung (TF), Bonn 1962

Bundesminister der Verteidigung, HDv 100/200. Führungssystem des Heeres (TF/S), Bonn 1972

Bundesminister der Verteidigung, HDv 100/200. Führungssystem des Heeres (TF/FüSys), Bonn 2010, RN 101

Bundesminister der Verteidigung, HDv 100/900. Führungsbegriffe (TF/B), Stichwort: Führung, Bonn 1990

Bundesminister der Verteidigung, HDv 100/900. Führungsbegriffe (TF/B), Stichwort: Führung, Bonn 1998

Bundesministerium des Inneren, PDV 100, Führung und Einsatz der Polizei, Grundbegriffe, Anlage 20, Berlin 09. Januar 2000

Bundesministerium des Inneren, Strategie für einen modernen Bevölkerungsschutz, o.OA. 2009

Clausewitz, Carl von, Vom Kriege, in: Hahlweg, Werner (Hrsg.), Hinterlassenes Werk des Generals von Clausewitz, 16. Aufl., Bonn 1952, S. 71 ff.

Czisnik, Ulrich, Führungsprinzipien in Wirtschaft und Militär. Militärische Führungslehre als Vorbild, in: Personalwirtschaft 1983, Heft 1, S. 31 f.

Dähler, Thomas (Hrsg.), Führung aus der Sicht von Armee, Wirtschaft Politik, Beilage zur ASMZ Heft. 6, 2007

Dähler, Thomas, Krisenmanagement im Unternehmen – ein Sonderfall „militärischer" Führung?, in: Dähler, Thomas (Hrsg.), Führung aus der Sicht von Armee, Wirtschaft Politik, Beilage zur ASMZ Heft. 6, 2007; S. 31 ff.

Dichtl, Erwin (Hrsg.), Vahlens großes Wirtschaftslexikon, 2. Aufl., München 1993

Ehl, Frank, Demographischer Wandel und Bevölkerungsschutz – Eine Herausforderung für den Betreuungsdienst, in: Lange, Hans-Jürgen; Wendekamm, Michaela; Endreß, Christian (Hrsg.), Dimensionen der Sicherheitskultur, Wiesbaden 2014, S. 251 ff.

Ehl, Frank, Führen mit einem Verwaltungsstab, in: Schreiber, Jürgen (Hrsg.), Sicherheit und Gefahrenabwehr bei Großveranstaltungen. Prävention und Reaktion als private und öffentliche Herausforderungen im Eventmanagement, Edewecht 2014, S. 339 ff.

Ehl, Frank; Somborn Julia, Aufgaben der administrativ-organisatorischen Komponente, in: Im Einsatz, Heft 2, 2013, S. 20 ff.

Forschungsinstitut für Militärökonomie und angewandte Konversion Berlin, Gesellschaft für Militärökonomie e. V. Koblenz (Hrsg.), Sicherheit und Ökonomie, Festschrift für Generalmajor a. D. Dipl. Kfm. Dr. rer. pol. Johannes Gerber zum 75. Geburtstag, Berlin 1994,

Freudenberg, Dirk, „Auftragstaktik" bzw. „Führen mit Auftrag". Grundsätzliche Anmerkungen zu einer nationalen Führungsphilosophie, in: Bevölkerungsschutz, Heft 3, 2013, S. 16 ff.

Freudenberg, Dirk, „Public Private Partnership und strategische Führung" – Wie staatliche Einrichtungen und Unternehmen sicherheitspolitische Krisen gemeinsam bewältigen können, in: Roselieb, Frank; Dreher, Marion, Krisenmanagement in der Praxis. Von erfolgreichen Krisenmanagern lernen, Berlin 2008, S. 99 ff.

Freudenberg, Dirk, Anmerkungen zum Strategiebegriff und seiner grundsätzlichen Bedeutung im Kontext des Bevölkerungsschutzes, in: Notfallvorsorge 2015, Heft 3, S. 15 ff.

Freudenberg, Dirk, Auftragstaktik und Innere Führung. Feststellungen und Anmerkungen zur Frage nach Bedeutung und Verhältnis des inneren Gefüges und der Auftragstaktik unter den Bedingungen des Einsatzes der Deutschen Bundeswehr, Berlin 2014

Freudenberg, Dirk, Aus der Sicht strategischer Führungsausbildung: Stabsarbeit zwischen Bevölkerungsschutz und anderen Akteuren, in: Im Einsatz, Heft 5, 2015, S. 34 ff.

Freudenberg, Dirk, Bemerkungen zu strategischen Herausforderungen der Ressort- und Ebenen übergreifenden Abstimmung im Sinne des Ansatzes Vernetzter Sicherheit, in: Unger, Christoph; Mitschke, Thomas; Freudenberg, Dirk (Hrsg.), Krisenmanagement – Notfallplanung – Bevölkerungsschutz. Festschrift anlässlich 60 Jahre Ausbildung im Bevölkerungsschutz dargebracht von Partnern, Freunden und Mitarbeitern des Bundesamtes für Bevölkerungsschutz und Katastrophenhilfe Berlin 2013 S. 71 ff.

Freudenberg, Dirk, Entscheidungsdruck. Anmerkungen zum Führen unter Zeitdruck und zu Problemen strategischer Führung, in: Bevölkerungsschutz, Heft 3, 2012, S. 10 ff.;

Freudenberg, Dirk, Führung im militärischen und im zivilen Bereich – Wurzeln, Unterschiede und Gemeinsamkeiten, in: AWV (Hrsg.), Führung im Wandel, Eschborn 2008, S. 86 ff.

Freudenberg, Dirk, Militärische Führungsphilosophien und – Führungskonzeptionen ausgewählter NATO- und WEU-Staaten im Vergleich, Baden-Baden 2005

Freudenberg, Dirk, Schnittstellen im Krisenmanagement. Das Zusammenspiel von Unternehmen und öffentlicher Verwaltung, in: Notfallvorsorge 2015, Heft 2, S. 3 ff.

Freudenberg, Dirk, Terroranschläge – Terrorismus und Anarchismus, in: Adams, H.A.; Krettek C.; Lange C.; Unger C. (Hrsg.), Patientenversorgung im Großschadens- und Katastrophenfall. Medizinische, organisatorische und technische Herausforderungen jenseits der Individualmedizin, Köln 2014, S. 297 ff.

Freudenberg, Dirk, Unternehmenssicherheit und -kultur als Bestandteil umfassender Sicherheitspolitik, in: Lange, Hans-Jürgen; Wendekamm, Michaela; Endreß, Christian (Hrsg.), Dimensionen der Sicherheitskultur, Wiesbaden 2014, S. 280 ff.

Freudenberg, Dirk, Zum Sinn und Zweck der Stabsarbeit, in: Im Einsatz 2013, Heft 12, S. 10 ff.

Froning, Ferdinand, Wozu brauchen wir eine Führungsethik?, in: Personal 1994, S. 391 ff.

Gabler-Wirtschafts-Lexikon, 13. Aufl., Wiesbaden 1992

Gahlen, Matthias; Kanaster, Maike, Krisenmanagement. Planung und Organisation von Krisenstäben, Stuttgart 2008

Giese, Daniel, Militärische Führung im Internetzeitalter, Berlin 2014

Gorski, Peter Hans, Aspekte der Menschenführung im Wandel von Gesellschaft und Militär, in: Beck, Hans-Christian; Singer, Christian (Hrsg.), Entscheiden. Führen. Verantworten. Soldatsein im 21. Jahrhundert, Berlin 2011, S. 129 ff.,

Hahlweg, Werner (Hrsg.), Hinterlassenes Werk des Generals von Clausewitz, 16. Aufl., Bonn 1952

Hartmann, Uwe, Hybrider Krieg als neue Bedrohung von Freiheit und Frieden. Zur Relevanz der Inneren Führung in Politik, Gesellschaft und Streitkräften, Berlin 2015

Herzka, Michael, Führung im Widerspruch. Management in Sozialen Organisationen, Wiesbaden 2013

Hughes, Mark, Menschenführung und Management im militärischen Bereich, Originaltitel: Leadership and Management in the Military, in: Defence Force Journal 1989, FIZBw, DOKNR: HH 6219

Jachs, Siegfried, Einführung in das Katastrophenmanagement, o.OA. 2011, S. 245

Kirchhoff, Günter, Der Mensch in der Militärökonomie – Bildung und Kostenaspekte, in: Forschungsinstitut für Militärökonomie und angewandte Konversion Berlin, Gesellschaft für Militärökonomie e. V. Koblenz (Hrsg.), Sicherheit und Ökonomie, Festschrift für Generalmajor a. D. Dipl. Kfm. Dr. rer. pol. Johannes Gerber zum 75. Geburtstag, Berlin 1994, S. 7 ff.

Lahl, K., Die Bedeutung von Führungstheorien für eine Allgemeine Führungslehre der Bundeswehr (AllgFüLe[Bw]) – dargestellt an den Konzeptionen von Fiedler, Reddin und Neuberger, Jahresarbeit an der Führungsakademie der Bundeswehr, Hamburg 1982

Lange, Claus, Allgemeine Führungslehre, in: Adams, H.A., C. Krettek; Lange C.; Unger, C. (Hrsg.), Patientenversorgung im Großschadens- und Katastrophenfall. Medizinische, organisatorische und technische Herausforderungen jenseits der Individualmedizin, Köln 2014, S. 69 ff.

Lange, Hans-Jürgen; Wendekamm, Michaela; Endreß, Christian (Hrsg.), Dimensionen der Sicherheitskultur, Wiesbaden 2014

Lange, Hans-Jürgen; Wendekamm, Michaela; Endreß, Christian (Hrsg.), Dimensionen der Sicherheitskultur, Wiesbaden 2014

Lorse, Jürgen, Führungshandeln im Spannungsfeld von Interessenvertretungen, in: Der Öffentliche Dienst, Heft 5, 2006, S. 93 ff.

Maizière, Ulrich de, Dienst für das Allgemeinwohl. Anmerkungen zum Berufsbild des Offiziers, in: Truppenpraxis / Wehrausbildung 1999, Heft 9, S. 614 ff.

Meyer, Michael Operative Führung – Herausforderungen bei der Planung und Führung von Joint Operations, in: Europäische Sicherheit 2002, Heft 2, S. 60 ff.

NN., Katastrophenschutz-Dienstvorschrift. Führung und Einsatz, o.OA, Stand 21. Dezember 1981

Oehen, Stephan, Nutzen der Führungserfahrung des schweizer Offiziers in der heutigen Wirtschaft, in: ASMZ 2007, Heft 4, S. 9 ff.

Peter, Hanno; Maurer Klaus (Hrsg.), Gefahrenabwehr bei Großveranstaltungen, Edewecht, Wien 2005

Pfaffelhuber, Rainer, Zur Diskussion gestellt. Innere Führung – nur ein Mittel zur Effizienzsteigerung?, in: IFDT 1984, Heft 7, S. 77 ff.

Plattner, Hans-Peter, Führen im Einsatz. Kommentar zur FwDV/DV 100, Stuttgart 2004

Roselieb, Frank; Dreher, Marion, Krisenmanagement in der Praxis. Von erfolgreichen Krisenmanagern lernen, Berlin 2008

Schmidt, Jörg, Stabsarbeit wieder entdecken … und entspannen! Erkenntnisse bestechender Einfachheit aus der Stadt Köln, in: Unger, Christoph; Mitschke, Thomas, Freudenberg, Dirk, Krisenmanagement – Notfallplanung – Zivilschutz, Berlin 2013, S. 235 ff.

Schmitz, Joachim, Administratorisch-organisatorische Führungsorganisation, in: Peter, Hanno; Maurer Klaus (Hrsg.), Gefahrenabwehr bei Großveranstaltungen, Edewecht, Wien 2005, S. 71 ff.

Schreiber, Jürgen (Hrsg.), Sicherheit und Gefahrenabwehr bei Großveranstaltungen. Prävention und Reaktion als private und öffentliche Herausforderungen im Eventmanagement, Edewecht 2014

Seethaler, Frank A., Zeitgemäße Führung in Armee und Unternehmung, in: ASMZ 1982, S. 377 ff.

Seuberlich, H. E., Die Bedeutung des Unteroffiziers als Gruppenführer, in: Paul Klein (Hrsg.), Das strapazierte Rückgrat. Unteroffiziere der Bundeswehr, Baden-Baden 1983, S. 107 ff.; S. 109

Seuffert, Bernhard; Hecker, Max; Strauch Phillip, Goethes Werke, 42. Bd., 2. Abteilung, Weimar 1907

Ständige Konferenz für Katastrophenvorsorge und Katastrophenhilfe, Wörterbuch für Bevölkerungsschutz und Katastrophenhilfe, 2. Aufl., Köln 2006

Ständige Konferenz für Katastrophenvorsorge und Katastrophenschutz, Führung und Leitung im Einsatz. Führungssystem. Vorschlag einer Dienstvorschrift. DV 100, Köln 1999

Starke, Susanne, Führungskultur in High Risk Environments. Eine empirische Untersuchung in den Arbeitsfeldern Polizei, Medizin, Business Continuity Management, Frankfurt 2010

Steiger, Rudolf, Menschenorientierte Führung. Anregungen für zivile und militärische Führungskräfte, 10. Aufl., Frauenfeld 1997

Strohschneider, Stefan, Führung im kulturellen Kontext, in: Buerschaper, Cornelius, Starke, Susanne (Hrsg.), Führung und Teamarbeit in kritischen Situationen, Frankfurt 2008

Uhlendorf, Wolfgang; Jäger, Michael; Kösling, Willy, Führungslehre, 4. Aufl., Stuttgart, München, Hannover, Berlin, Weimar, Dresden 2003

Ulrich, Hans, Führungsphilosophie, in: Kieser, Alfred; Reber, Gerhard; Wunderer, Rolf (Hrsg.), Handwörterbuch der Führung, Stuttgart 1987, Spalte 640 ff.

Unger, Christoph; Mitschke, Thomas; Freudenberg, Dirk (Hrsg.), Krisenmanagement – Notfallplanung – Bevölkerungsschutz. Festschrift anlässlich 60 Jahre Ausbildung im Bevölkerungsschutz dargebracht von Partnern, Freunden und Mitarbeitern des Bundesamtes für Bevölkerungsschutz und Katastrophenhilfe Berlin 2013

Wissenschaftlicher Rat der Dudenreaktion (Hrsg.), Duden Fremdwörterbuch, 4. Aufl., Mannheim, Wien, Zürich 1982

Witthauer, Hans-Christian, Militärische Führungsgrundsätze für den zivilen Führungsauftrag, in: ÖMZ 2014, S. 320 ff.

Wolf, Georg; Draf, Dieter, Leiten und Führen in der öffentlichen Verwaltung. Ein Handbuch für die Praxis, 5. Aufl., München, Berlin 1999

Wust, Harald, Militärisches Führungssystem, in: Wust, Harald; Himburg, Louis Ferdinand (Hrsg.), Das Militärische Führungssystem, Frankfurt am Main 1974, S. 17 ff.

Wust, Harald; Himburg, Louis Ferdinand (Hrsg.), Das Militärische Führungssystem, Frankfurt am Main 1974

Zedler, Roland, Formen künftiger Führung im Heer, in: Wehrkunde 1975, S. 144 ff.

Zwygart, Ulrich, Menschenführung im Spiegel von Kriegserfahrungen, 3. Aufl., Frauenfeld 1993

Fehlerkultur – Ein neues Thema in der Bundeswehr

Claus von Rosen

Im Weißbuch 2016 erscheint fast unvermittelt im Abschnitt „Bestmögliche Ausrüstung zur Auftragserfüllung" (S. 128) der Satz:
„Erfolgsfaktoren für die Modernisierung des Rüstungsmanagements sind
- das Vorleben einer Wahrheits-, Streit- und Fehlerkultur."

Und im Abschnitt „Die Bundeswehr muss als agile Organisation in der Lage sein, flexibel und adaptionsfähig auf neue oder veränderte Anforderungen zu reagieren" wird als Begründung hinzugefügt: „Aufgrund der hochkomplexen Aufgaben, die die Bundeswehr zu bewältigen hat, gilt es, die gemeinsame Organisationskultur von zivilem und militärischem Personal zu stärken und weiterzuentwickeln." (S. 135)

Auf den ersten Blick spricht daraus, dass die Bundeswehr ein technisches Rüstungs- sowie ein Organisationsproblem hat. Beim Rüstungsthema wird aber auch „die Aus-/ Weiterbildung von Führungskräften für eine solche Kultur" erwähnt. Und zur Verbesserung der Organisationskultur wird darauf hingewiesen, dass „die Vertrauens-, Verantwortungs- und Fehlerkultur weiter gestärkt" werden müsse. Das macht deutlich, dass die Probleme in Rüstung und Organisation in Wirklichkeit im Menschlichen liegen und auf Mängeln in der Vertrauens-, Verantwortungs- und Fehlerkultur beruhen.

Ursula von der Leyen hatte den Terminus Fehlerkultur bereits am 12. Januar 2014, wenige Tage nach Amtsantritt als Verteidigungsministerin, bei der Verabschiedung von Soldaten in den Einsatz auf ihre Agenda gesetzt: „Ich möchte eine bessere Fehlerkultur einführen." Und ein knappes Jahr später, am 8. Oktober 2014, sagte die Ministerin im Bundestag, eine neue Fehlerkultur sei die „Nagelprobe" für „das Haus" – d.h. das Verteidigungsministerium. Er bedürfe mehr Transparenz bei den Rüstungsvorhaben, und „dass die am Projekt Beteiligten Fehler frühzeitig melden, wir daraus Konsequenzen ziehen, aber die Fehlermeldung für den Einzelnen nicht gleich empfindliche Strafen auslöst". Die Frage werde sein: „Halten wir es aus, wenn Fehler gemeldet und Probleme aufgezeigt werden?"

Dies wirkte wie ein Wink mit dem Zaunpfahl: In der Zeitschrift ZUR SACHE BW, Ausgabe 1/2015, den Evangelischen Kommentaren zu Fragen der Zeit, wurde das Thema Fehlerkultur daraufhin ausführlich aus vielerlei Sicht betrachtet.

Und der neue Wehrbeauftragte Hans-Peter Bartels, zuständig für die Beobachtung der Inneren Führung in der Bundeswehr, mahnte zu Recht in seinem Bericht für das Jahr 2015 die „fehlende Flexibilität und eine ‚degenerierte Fehlerkultur'" in der Bundeswehr an. (Deutscher Bundestag Drucksache 18/7250 vom 26. Januar 2016) Der Abschnitt 3, *Führung und Soldatenalltag* (S. 34ff), beginnt mit dem *Thema Fehlerkultur.* Er unterstütze den Vorstoß der Ministerin mit diesem Thema und betont:

„In der Bundeswehr besteht eine Struktur, in der das Bestreben, Fehler zu vermeiden, einen sehr hohen Stellenwert hat, was im Einzelfall zur Vermeidung von Verantwortung überhaupt führen kann. Dies betrifft nicht nur die Rüstungsprobleme, sondern viele Bereiche. Eine Mentalität der Absicherung nach allen Seiten, fehlender Mut zu eigenen Entscheidungen, sie lieber Nachfolgern zu überlassen und möglichst jedes nur denkbare Risiko gerichtsfest zu vermeiden, sind nicht selten. Auch Bürokratie und Überregulierung charakterisieren diese Struktur. Verantwortung verliert sich in der ‚Mitzeichnungsbürokratie'. Das Prinzip des ‚Führens mit Auftrag' wird ausgehöhlt.

Eine derart übersteigerte Absicherungsmentalität ist riskant, denn militärische Führer müssen in der Lage sein, sich in kürzester Zeit auch Situationen zu stellen und Entscheidungen zu treffen, bei denen nicht die Möglichkeit besteht, alle relevanten Fragen vorab zu klären oder sich nach allen Seiten abzusichern. Es ist gute Führungstradition der Bundeswehr, dass Verantwortung persönlich wahrgenommen wird.

Fehlertoleranz ist geeignet, positive Effekte auszulösen. Übungen dienen immer auch dazu, aus Fehlern zu lernen. Vorgesetzte müssen in der Lage sein, geltendes Recht lösungsorientiert anzuwenden. Allerdings müssen die Verantwortlichen auch die Möglichkeit haben, sich entsprechend zu entwickeln. Es muss ein Vertrauensverhältnis zu den nächsten Vorgesetzten bestehen, aus dem die Sicherheit erwächst, dass Entscheidungen mitgetragen werden. Ein Blick auf die kurzen Stehzeiten des Führungspersonals in einzelnen Verwendungen macht deutlich, dass hierin ein Hemmnis liegen könnte. Verantwortungsbewusstsein und ein guter Führungsstil müssen ebenso wie der Aufbau eines Vertrauensverhältnisses reifen können, um sich entsprechend zu entwickeln. Hierfür ist Zeit erforderlich."

Auch wenn der Auslöser für die Debatte um die Fehlerkultur in der Bundeswehr die Probleme im Rüstungsbereich und in der Organisation sind, wurde inzwischen deutlicher, dass es sich dabei um Probleme in einem klassischen Feld der Inneren Führung handelt. Es geht nicht mehr um die üblichen Rügen zum Thema Fehler und Fehlverhalten von einzelnen Vorgesetzten oder Untergebenen, sondern um ein systematisches Problem der Streitkräfte-Kultur. Im Internet konnte man daher auch am 30.06.2016 lesen: „ … wie viel Widerspruchsgeist und Zivilcourage steckt in den heutigen Militärs? Egon Ramms, jahrelang Deutschlands höchster NATO-General und selten um ein offenes Wort verlegen, hat seine Zweifel: ‚Offiziere haben die Pflicht als militärische Ratgeber, auch mal unliebsame Tatbestände bei ihren Vorgesetzten anzusprechen.' Doch das passiere kaum noch, denn, es könnte ja der Karriere schaden' … Stromlinienförmige Ja-Sager machen Karriere, kritische Geister werden ausgebremst und verlassen die Streitkräfte frustriert. ‚Damit haben wir eine Entwicklung, die den Sinn der Inneren Führung unterläuft und dazu noch charakterschwache Leute nach oben spült', sagt Ramms …"[1].

Zur Definition Fehlerkultur

Deswegen wird hier auch nicht von Fehlern – welcher Art auch immer – gesprochen, sondern von einer mehr oder weniger hilfreichen bzw. „degenerierten" Fehlerkultur. Was ist damit gemeint? Fehler-Kultur bezeichnet die Art und Weise, wie in einer Gesellschaft/Organisation bzw. einem System mit Fehlern, Fehlerrisiken und Fehlerfolgen umgegangen wird. Der Begriff gehört zum Gebiet der „Lernenden Organisation". Er hat Bedeutung besonders in Bereichen wie Qualitätsmanagement, Fehlermanagement, Risikomanagement, Innovationsmanagement.

Fehlerkultur gründet auf Normen und Werten, Kompetenzen und Instrumentarien. Es geht um das gezielte Steuern von Aktivitäten im produktiven Umgang mit Fehlern, d.h. um das Einführen und den Umgang mit bestimmten Methoden zur Prophylaxe und Vermeidung von Fehlern sowie bei der Aufarbeitung von Fehlern (fehlerfreundliche/konstruktive Fehlerstrategien).

Dazu wird man sich zunächst bewusst machen müssen, was denn als Fehler zu verstehen ist: Ein Fehler ist das Abweichen, beabsichtigt oder unbeabsichtigt, von einer konkreten wie auch immer bestimmten/vorgegebenen Norm, wenn dadurch der gewünschte/vorgegebene Handlungsablauf (Prozess) bzw. das Handlungsergebnis (Ziel) oder die das Handeln bestimmenden Normen

---

[1] http://www.tagesschau.de/inland/innere-fuehrung-101.html

(Zweck) in Frage gestellt werden und damit die weiteren Folgen sich negativ auswirken, soweit nicht andere „höhere" Normen das Abweichen verlangen.

Weiter gehören zur Fehlerkultur besonders das Klima, in dem Fehler auftreten und abgearbeitet werden, der Umgang mit Fehlern, das Zulassen von Fehlern, das Aus-Fehlern-Lernen, die Bewertung von Fehlern, die Zurechenbarkeit und Schuldfrage bei Fehlern, das tägliche Vorleben/Beispiel-Geben von Fehlertoleranz, der Mut, Fehler zuzugeben, die individuelle Fehlerprophylaxe und die institutionellen organisatorischen Möglichkeiten zur vorausschauenden Fehlervermeidung.

Gelegentlich wird von sieben Säulen der Fehlerkultur gesprochen, ohne dabei jedoch die Fehlerprophylaxe wirklich mit zu betrachten:

1. Das Gut-statt-perfekt-Prinzip
2. Keine Angst vor Fehlern
3. Schnelle Schadensbegrenzung
4. Entwaffnen Sie mit Ehrlichkeit
5. Lösungen statt Schuldige suchen
6. Sammeln Sie Erfahrungen – aber machen sie jeden Fehler möglichst nur einmal
7. Seien Sie Vorbild (Vorleben einer konstruktiven Fehlerkultur).

Und die fünf häufigsten Fehler von Chefs sind laut Sabine Hockling, Autorin der Serie „Chefsache" auf zeit.de,

1. Die Überbetonung der eigenen Ziele
2. Das eigene Image zu wichtig nehmen
3. Kollegen als Feinde betrachten
4. Alles allein umsetzen wollen
5. Auf Erlaubnis von oben warten.

Aufgrund unterschiedlicher Blickrichtungen sind diese zwölf Prinzipien oder Regeln sehr verschieden – besonders wenn es *den fehlenden Handelnden* oder *den wertenden Betrachtenden* betrifft oder wenn es um die mehr psychologische Selbstbetrachtung, um die Bedeutung der fehlerhaften Handlung oder um das schlussendliche Ergebnis trotz des vorausgegangenen Fehlers geht. Dies macht deutlich, dass der schlichte Merksatz aus der Ausbildung für den angehenden Vorgesetzten nach 60 Jahren Bundeswehr nicht mehr reicht: „Fehler erkennen und abstellen!" Es geht heute vielmehr um eine komplizierte und langwierige Bildungsaufgabe für die Vorgesetzten zur Verinnerlichung und Befähigung zur „Fehler-Kultur".

Zum Verständnis von Fehlern

Es gibt viele „Sprüche" von angesehenen Menschen über Fehler, dass sie menschlich und daher wohl auch unvermeidlich seien. Sich damit abzufinden und zu trösten, gehört sicher auch zur persönlichen Fehlerkultur eines jeden Menschen. In einer Gemeinschaft oder Organisation wird der „Looser" jedoch auf Dauer einen schweren Stand haben; da gelten auch objektivierbare Erwartungen der anderen selbst für ihn. Es gibt auch eine Vielzahl von Gründen dafür, dass Fehler geschehen. Zum Teil beruht ein „Fehler" nur darauf, dass es unterschiedliche oder gar gegensätzliche Bewertungen zu dem Geschehen gibt wie bei der Frage nach Kollateralschäden. Und nicht alle Fehler enden irgendwie in einer Katastrophe. Ja, es gibt viele und gute Beispiele dafür, dass aus Fehlern sogar Fortschritt erwächst, sei es die „Erfindung" des Schwarzpulvers oder die Entdeckung des Penicillins. Und dass man auch bewusst „Fehler" mit gutem Erfolg verbinden kann, dafür steht die Schlacht bei Leuthen, die Friedrich II. „wider alle Regeln der Kriegskunst" aufnahm. Und nicht zuletzt gibt es auch ethisch-normativ notwendige bzw. gewünschte Abweichungen von den Normen wie beim Widerstand gegen das NAZI-Regime. Damit stellt sich praktisch und real die Frage nach dem Fehler als solchem, der offensichtlich geschieht oder geschehen ist. Aus der preußischen Kriegsgeschichte gibt es dazu ein interessantes Beispiel:

Peter Eglund beginnt sein Buch „Die Marx-Brothers in Petrograd" (Basis-Druck 1991) mit der Geschichte vom Mythos des Feldherren – gemeint ist der Feldmarschall Blücher, dessen Mythos als „Marschall Vorwärts" von seinem Sieg an der Katzbach am 26. August 1813 über den französischen Marschall Macdonald stammt. – Nachdem Macdonald in den letzten Tagen die Preußischen und Russischen Truppen unter Blücher mehrfach geschlagen hatte, wollte er nun zu einem entscheidenden Schlag gegen Blücher ausholen. Dazu musste er mit seinen Truppen zunächst die Katzbach an drei Stellen überschreiten. Ein Platzregen machten den Truppen schwer zu schaffen und die Katzbach entwickelte sich in kurzer Zeit zu einem reißenden Strom. Als die klatschnassen Kontrahenten plötzlich ineinander stolperten, war die Überraschung auf beiden Seiten total. Im Wechsel von Angriff und Gegenangriff im Nahkampf entstand große Unordnung und als plötzlich einige russische

Schwadronen durch die französischen Truppen brachen, wälzte sich der ganze ungeordnete Haufen der französischen Truppen auf dem schlüpfrigen Gelände hinunter zur Katzbach, während einige preußische Kanonen auf die panisch fliehenden Truppen feuerten.

Beide Marschalle hatten nicht begriffen, was eigentlich geschehen war, nur dass so etwas wie eine Schlacht stattgefunden und Blücher irgendwie gesiegt hatte. Zu Gneisenau sagte er daher, man könne nicht leugnen, dass sie die Schlacht gewonnen hätten, die Frage sei aber, wie man den Leuten begreiflich machen wolle, dass das Ganze sinnreich geplant gewesen sei.

Deutlich wird an dem Beispiel, dass das Handeln und Erleben der verschiedenen Beteiligten zu sehr unterschiedlichen Bewertungen führt. Dies kann mit Hilfe des sogenannten JOHARI-Fensters aufgehellt werden. Demnach stehen sich bei kommunikativem Handeln ein Ego einem Alter gegenüber – bei unserem Thema ist Ego der Fehlende und Alter der den Fehler Bewertende. Jedem ist das, was da geschieht, entweder bewusst oder unbewusst. Daraus ergeben sich vier Felder.

		Ego/ fehlend Handelnder	
		bewusst	*unbewusst*
Alter/	*bewusst*	A öffentlich	B mein blinder Fleck
Erlebender	*unbewusst*	C mein Geheimnis	D allgemein unbekannt

Für die beiden Marschalle an der Katzbach war das Schlachtgeschehen wohl in Feld D.

Zur Frage nach dem oder den Fehlern im Schlachtverlauf wird man festlegen müssen, wer denn Ego und wer Alter war. Militärtypisch können Alter, also die Fehler-Beobachtenden, sein:

1. Ego selbst (persönlich per Selbstbeobachtung, -kontrolle und -korrektur)
2. Der Kamerad/Mitstreiter
3. Der /die Vorgesetzte(n)/ Ausbilder/ Vorgesetzter bis zum/r MinisterIn
4. Der Gegenüber/Gegner
5. Die Gesellschaft und die Öffentlichkeit

Blüchers Selbsterkenntnis (1) hat Gneisenau für uns festgehalten. Seine Fehler lagen z.B. in der mangelnden Aufklärung, der mangelnden Sicherung, der mangelnden Operationsplanung und mangelndem Überblick und Führung während des Schlachtgeschehens. Was Blücher zusätzlich zu seiner Überlegung, wie man das den Männern erklären solle, noch für Schlüsse im Sinne von *lessons learned* gezogen hat, wissen wir nicht.

Gneisenau (2) hat sich wohl in seinem Urteil zurückgehalten.

Der König (3) verlieh Blücher den Titel Fürst von Wahlstatt. Die 4.000 eigenen Verluste waren durch 15.000 auf Seiten der Franzosen und 100 erbeutete Kanonen zu verschmerzen.

Wie Macdonald (4) das Geschehen gesehen hat, wissen wir nicht.

Und die Öffentlichkeit (5) hat Blücher zum „Marschall Vorwärts" stilisiert.

Insgesamt scheinen also aus Sicht der Preußen der oder die Fehler in der Planung, Vorbereitung und Durchführung der Schlacht nicht von Bedeutung gewesen zu sein.

Um diese fünf Sichtweisen, Beobachter und deren Beobachtungsmöglichkeiten sowie deren mögliche sowie reale Reaktionen wird es nun bei der Frage nach dem Umgang mit Fehlern und insgesamt nach dem Fehlermanagement gehen.

Fehlermanagement im Militär – Der Umgang mit Fehlern

Clausewitz wusste sehr wohl von Fehlern im Militär, sogar auf höchster Ebene, auch wenn das Wort Fehler keine prominente Bedeutung in seinen Schriften hat. Seine kriegsgeschichtlichen Analysen decken jedoch schonungslos Fehler auf, selbst beim „Kriegsgott" Napoleon. Schon als junger Leutnant stellte er fest: „Viele Fehler der obersten Führung werden durch Bedachtsamkeit der Truppe im Keime erstickt." Er spricht sogar von dem – heute sogenannten – *Peter-Prinzip* (Vom Kriege, Dümmler, 18. Auflage S. 249), wonach führende Personen so lange gefördert werden, bis sie auf der Stufe ihrer Inkompetenz angelangt sind und dort unvermeidlich Fehler machen. Er warnt aber in seinem Hauptwerk eindringlich vor einer „positiven Lehre", vor dem System-Machen, vor einer „positiven" Theorie des Krieges (im strengen naturwissenschaftlichen oder mechanischen Sinne) oder davor, dass ein Krieg wie eine Maschine ablaufe. Stattdessen führte er in sein Gedankengebäude vom Kriege den Begriff der Reibung, der Friktion, ein (a.a.O. S. 261ff). Unter diesem Gesichtspunkt behandelt er besonders ausführlich den Zufall und die Ungewissheiten (S. 234ff), die Überraschung (a.a.O. S. 379ff) und die List (a.a.O. S. 385ff) sowie den Hinterhalt (Lehre vom Kleinen Krieg): „Diese entsetzliche Friktion, die sich nicht wie in der Mechanik auf wenige Punkte konzentrieren lässt, ist deswegen überall im Kontakt mit dem Zufall und bringt dann Erscheinungen hervor, die sich gar nicht berechnen lassen, eben weil sie zum großen Teil dem Zufall angehören." (a.a.O. S. 262)

Sind die Folgen von Friktionen aber Fehler? Man ist geneigt, eher von Kriegsglück und von Pech zu sprechen. Das ginge aber nur an, wenn Clausewitz als Antwort auf die Friktionen nicht das Genie, das „natürliche Talent" des militärischen Führers, dessen Takt des Urteils sowie die „Betrachtung" des Krieges (im Wortsinn von „Theorie", im Gegensatz zu einer „positiven Lehre") eingeführt hätte. Wo der Militär sich den Friktionen fataler Weise ausliefert, macht er Fehler. Clausewitz sagt dazu: „Im Kriege ist der neue Soldat sehr geneigt, ungewöhnliche Anstrengungen als Folgen großer Fehler, Irrungen und Verlegenheiten in der Führung des Ganzen zu halten." (S. 266) Daher hat der Militär die Fähig- und Fertigkeiten für den Umgang mit den Friktionen zu erlernen, zu studieren, zu üben. Die Theorie aber „soll den Geist des künftigen Führers im Kriege erziehen oder vielmehr ihn bei seiner Selbsterziehung leiten, nicht aber ihn auf das Schlachtfeld begleiten." (S. 291) Wie dieses Üben möglich sein kann, beschreibt Clausewitz am Schluss des I. Buches Vom Kriege. Dort entwickelt er – heute würde man sagen die Schlüsselqualifikation „Friktionsfähigkeit" als Grundlage für alle militärische Ausbildung: „Die Übungen des Friedens so einzurichten, dass ein Teil jener Friktionsgegenstände darin vorkommen, das Urteil, die Umsichtigkeit, selbst die Entschlossenheit der einzelnen Führer geübt werde, ist von viel größerem Wert, als diejenigen glauben, welche den Gegenstand nicht aus der Erfahrung kennen. Es ist unendlich wichtig, dass der Soldat, hoch oder niedrig, auf welcher Stufe er auch stehe, diejenigen Erscheinungen des Krieges, die ihn beim erstenmal in Verwunderung und Verlegenheit setzen, nicht erst im Kriege zum erstenmal sehe; sind sie ihm früher nur ein einziges Mal vorgekommen, so ist er schon halb damit vertraut. Das bezieht sich selbst auf körperliche Anstrengungen. Sie müssen geübt werden, weniger, dass sie die Natur, als dass sich der Verstand daran gewöhne." (S. 265f) – Der persönliche Umgang als „Alter 1" mit Fehlern muss vom Fehlenden selbst gelernt werden. Damit trifft Clausewitz genau das Thema „Fehlerkultur" und die Forderung der Verteidigungsministerin nach einer „Aus-/ Weiterbildung von Führungskräften für eine solche Kultur".

Wie steht es um diese Ausbildung in der Bundeswehr? Dies soll nun anhand einiger wesentlicher Vorschriften für die Führung und die Ausbildung geprüft werden. Die Vorschriften-Auswahl kann nur einen Eindruck davon vermitteln, was im Zusammenhang mit Fehlern in drei Schwerpunkt-Tätigkeitsfeldern des Militärs bereits angesprochen wird bzw. in der Vergangenheit angesprochen wurde – und was nicht. Die Betrachtung, getrennt nach Vorschriftenreihen, darf dabei nicht darüber hinweg täuschen, dass der Umgang mit Fehlern in Sinne einer Streitkräfte-Fehlerkultur einen Unterschied oder gar eine Trennung zwischen den Tätigkeitsfeldern und deren jeweiligen Vorschriftenreihen oder aber nach Frieden und Ernstfall, nach Kasernenhof und Gefechtsfeld, nach Ausbildung, Technischem Dienst, Innendienst o.ä. zulässt.

Der Umgang mit Fehlern im Tätigkeitsfeld Kampf, Gefecht, Taktik und Strategie

Die Vorschrift „Grundsätze der Truppenführung des Heeres (HDv 100/1, 1956) kannte – noch, muss man sagen – den Führungsbegriff „Abbrechen des Gefechts" und widmete dieser „Gefechtsart" neben sieben weiteren ein besonderes Kapitel. 1962 erschien die überarbeitete Neufassung der Vorschrift. Das besondere Kapitel „Abbrechen des Gefechts" stand hier – sogar – als eigene Gefechtshandlung vor den Gefechtsarten, Kampfarten und Kampfweisen. Dem Kapitel wurde als Grundgedanke bzw. Vorwort ein Zitat von Schlieffen vorangestellt (Kapitel H, S. 143-148, hier S. 143): „Fühlt sich ein Führer umfasst, findet er kein Mittel, in irgendeiner anderen Weise den Sieg zu erringen, dann soll er die geistige Freiheit besitzen, nicht am Standpunkt der Waffenehre zu hängen, … sondern die Freiheit des Handelns, der Bewegung rechtzeitig wiederzugewinnen und dann den Kampf irgendwo an günstigerer Stelle aufzunehmen." Sowohl der Führungsbegriff „Abbrechen des Gefechts" als auch das Vorwort von Schliefen machen deutlich, dass es sich hier um einen Fehler in der Führung handelt. Wie selbstverständlich formuliert der preußische Generalstabschef, dass der militärische Führer im Gefecht mit seiner Absicht scheitern kann, z.B. bei der Beurteilung der Lage oder beim Einsatz der Kräfte einen Fehler gemacht hat, so dass er in eine aussichtslose Lage geraten ist. Ebenso selbstverständlich gibt Schliefen dann aber dem Führer den taktischen Rat, sich als „Alter 1" persönlich in dieser Lage nach den Grundsätzen der Auftragstaktik aus freiem Entschluss rechtzeitig abzusetzen, um den Fehler wieder auszubügeln, d.h. an günstigerer Stelle das Gefecht wieder aufnehmen zu können.

Damit wird deutlich, dass in den Anfangsjahren der Bundeswehr aus den Erfahrungen der beiden Weltkriege noch gelehrt wurde, dass im Gefecht bei der sogenannten „Entwicklung der Lage" Fehler passieren können, die es nach taktischen Grundsätzen „auszubügeln" gilt. Im beweglich geführten Gefecht mit raschem Wechsel der Lage werde es häufig vorkommen, dass „eine Fortsetzung des Gefechts keine Aussicht auf Erfolg bietet oder nur durch ein Abbrechen des Gefechts ein Misserfolg verhindert werden kann". Dann sei „aus selbständigem Entschluss [Alter 1] oder auf Befehl [Alter 3]" das Gefecht abzubrechen. Und als taktische Maßregel wird daher auch an mehreren Stellen besonders betont, dass die Maßnahmen für das Lösen vom Feind „frühzeitig zu treffen" und auch „schon im Plan für die Gefechtsführung vorzusehen" sind. (100/1, 1962, Nr. 334 und 335)

An anderen Stellen in dieser Vorschrift finden sich weitere Hinweise auf mögliche Fehlerquellen in der Truppenführung, z.B. bei Belastung der Truppe (Nr. 77 und Nr. 168), bei „Überraschungen" (Nr. 80), bei Reserven als letztes Mittel (Nr. 91), bei Misserfolgen (Nr. 164f), bei Panik (Nr. 166) oder auch bei der Versorgungslage (Nr. 172ff), die nur selten „reibungslos" ablaufen wird, sowie bei Völkerrechtsverletzungen (S. 291ff) – alles Hinweise, dass Abweichungen von der gegebenen Norm zum taktischen Alltag im Militär gehören. Handlungen des Gegners wie z.B. Überraschungen, Täuschung oder List können zum anderen dazu führen, dass daraus leicht eigene Fehler folgen, weil in derartigen militärisch weniger üblichen Lagen der (schnelle) Griff zur Improvisation besonders fehlerbehaftet ist. Daher ist der oberste Grundsatz der „Führungsgrundlagen" für das Führen mit Auftrag in der Vorschrift von 1962 als Grundsatz für den Umgang mit Fehlern so bedeutsam, „dass sie [die Aufträge] der Handlungsfreiheit und Verantwortung des Untergebenen Raum lassen. … Darüber hinaus hat der [vorgesetzte] Truppenführer lediglich dann einzugreifen, wenn er in der Ausführung des Auftrages Mängel feststellt, durch welche die Verwirklichung seiner Absicht gefährdet werden kann." (Nr. 100) Hier wird deutlich, dass auch Alter 3 bei Fehlern gefragt sein kann, wobei die Betonung der Zurückhaltung ein bedeutsamer Hinweis für die herrschende Fehlerkultur war.

Wie mit Fehlern umzugehen ist, finden sich im Kapitel „Soldatisches Führertum" (S. 21ff): Zum einen wird das stete Suchen nach Aushilfen, das selbständige Denken sowie das verantwortungsfreudige Handeln von Alter 1 betont: „dass Unterlassen und Versäumnis ihn [den Soldaten] schwerer belasten als ein Fehlgreifen im Entschluss". (Nr. 36–38) Das Wort „selbständiges Handeln" findet sich in diesem Kapitel immer wieder, es ist so etwas wie eine Kernkompetenz des Führers und steht im Gegensatz zum „Warten auf Befehle" (Nr.

38). Zum anderen zu Alter 3 wird Vertrauen zwischen Führern und Geführten gefordert, das vor allem auf Selbstbeherrschung, maßvollem Handeln, Gerechtigkeit und Geduld beruht. (Nr. 43) Und als drittes wird hinsichtlich Alter 2 die Kameradschaft betont: „Wer mehr zu leisten vermag, muss dem weniger Erfahrenen und Schwächeren helfen." (Nr. 44)

Wie bereits angedeutet, hat sich das Bild in den späteren Fassungen der Truppenführungsvorschrift (HDv 100/100 von 1973/1987) deutlich geändert. Der Führungsbegriff „Abbrechen des Gefechts" und dessen herausgehobene Stellung in der Vorschrift sind entfallen. (s. 100/100, 1973, Kapitel 36) Stattdessen wird nur noch von „Lösen vom Feind" als einer besonderen Gefechtshandlung u. z. als rein taktische Maßnahme gesprochen. Es gibt fünf Anlässe, sich vom Feind zu lösen. Zwei davon erinnern noch an die Formulierungen von 1962: Die Fortsetzung der Operation hat keine Aussicht auf Erfolg, sowie dass dadurch ein Misserfolg verhindert werden kann. (Nr. 3601) Der neue Führungsbegriff wie auch die beiden Gründe für das Lösen vom Feind machen aber deutlich, dass es sich dabei nicht mehr um einen Fehler handelt, sondern dass es nur noch um perfektes taktisches Handeln geht. Die Antworten, wie denn mit Fehlern umzugehen sei, werden – man möchte sagen: vor der Klammer – in den Kapiteln 6 „Der militärische Führer" und 7 „Innere Führung" behandelt:

Zum einen soll der Führer als Alter 1 Einfallsreichtum zeigen und niemals um Aushilfen verlegen sein (Nr. 603) sowie durch „entschlossenes Handeln" (Nr. 604) die Gunst des Augenblicks nutzen, nicht aber „nur auf Befehle warten". Er soll in Grenzen selbständig und bereit sein, Verantwortung zu übernehmen, das darf jedoch nicht dazu führen, „eigenmächtig zu handeln oder Befehle nicht zu befolgen". (Nr. 605) Das Thema „Freiheit des Handelns" wird ausschließlich als taktische Aufgabe gegenüber dem Gegner verstanden (Nr. 1007); dass der Führer selber für sein Handeln Freiheit bedarf, wird in dieser Vorschrift nicht mehr thematisiert. Zum anderen wird vom Führer als Alter 3 ein „gutes menschliches Verhältnis zu seinen Untergebenen" gefordert. (Nr. 602) – Hier zeigt sich schon trotz manch wörtlichen Gleichklangs, dass Selbständigkeit deutlich kleiner geschrieben wird als noch 10 Jahre vorher, ja dass sogar vor eigenmächtigem Handeln und Abweichen vom Befehl gewarnt wird (Alter 1). Es wundert daher auch nicht, dass „Auftragstaktik" oder „Führen mit Auftrag" in der Fassung der Vorschrift von 1973 als Führungsbegriffe nicht mehr vorkommen. Darin deutet sich eine bedenkliche Entwicklung in der Fehlerkultur der Bundeswehr an, die zumindest von der Vorschriftenlage her etwa 30 Jahre lang bis 2000 gedauert hat.

Die Begriffe „Kameradschaft" (Nr. 704) und „Vertrauen" (705) werden in der Vorschrift von 1973 im Kapitel Innere Führung abgehandelt. Dabei wird auch auf Kameradschaft zwischen Vorgesetzten und Untergebenen ebenso hingewiesen wie, dass das Vertrauen darauf beruht, Verständnis für den anderen zu haben sowie dessen Würde und Rechte zu achten (Alter 3). – Hier zeigen sich Ansätze für ein erweitertes Verständnis gegenüber den Anfangsjahren der Bundeswehr auch und gerade beim Behandeln von Fehlern. Da diese Aussagen aber begrifflich nicht direkt im Zusammenhang mit dem „Militärischen Führer" in Kapitel 6 gebracht werden, können sie im Rahmen der Fehlerkultur leicht untergehen.

Erst ab der HDv 100/100 von 2000 wurden im Sinne von Fehlerkultur neue Töne angeschlagen, die sich auch in der Folgevorschrift von 2007 weiter beobachten lassen. Hier wird aus der Vorschrift von 2000 zitiert: Im Kapitel „Soldatisches Führen" wird zunächst klar gestellt: „Soldatisches Führen verbindet soldatische Tugenden mit den, von der Konzeption der Inneren Führung bestimmten, Grundsätzen zeitgemäßer Menschenführung". (Nr. 301) Als erster „Grundsatz" wird die „Auftragstaktik" – erstmalig als Führungsbegriff – eingeführt. Sie beruhe auf gegenseitigem Vertrauen und verlange von jedem Soldaten u.a. die Bereitschaft „zur Übernahme von Verantwortung, zur Zusammenarbeit und zu selbständigem, schöpferischen Handeln im Rahmen des Auftrags". Dies wird mit dem Hinweis an den Vorgesetzen ergänzt, „das Auftreten von Fehlern in der Durchführung hinzunehmen". Das finde nur dort seine Grenzen, „wenn die Erfüllung des Auftrags oder Leib und Leben von Soldaten unnötig gefährdet werden". (Nr. 302) Die unteilbare Verantwortung des Führers basiert auf Befehl und Gehorsam, aber: „Gehorsam ist jedoch nicht absolut und unbedingt, sondern an ethische Normen gebunden". (Nr. 304) „Militärische Führer werden dazu erzogen, diesen Freiraum zu nutzen." Im folgenden Abschnitt „Menschenführung (Nr. 305-312) werden dementsprechend Vertrauen, Disziplin und Selbstbeherrschung sowie Kameradschaft im Zusammenhang mit Alter 1, Alter 2 und auch Alter 3 behandelt. Neu sind in dieser Fassung der Vorschrift die Ausführungen zur Moral. *Sie bilde sich nicht von selbst, sondern wird durch „das Bemühen aller militärischen Führer, die Lage-Information und besonders auch durch die Unterstützung der Öffentlichkeit" und die Medien als Alter 5 gefördert. Quasi als Auslöser für Fehl-Verhalten werden schließlich als „die Bedingungen des Einsatzes" körperliche und seelische Belastungen, Ungewissheiten, Furcht und Panik sowie*

Grenzen der Leistungsfähigkeit des Soldaten (Nr. 313-317) behandelt. Diese Gedanken werden noch durch Aussagen zum militärischen Führer und die Anforderungen an ihn ergänzt, wo es u.a. um dessen Kritikfähigkeit und Zivilcourage geht, hier als Alter 1 gegenüber einem Alter 3, sowie wenn es weiter um dessen „ausgeprägtes soziales Einfühlungsvermögen und Kommunikationsfähigkeit" oder um die Kompetenz und Kommunikationsfähigkeit des Führers als Alter 3 geht. (Nr. 322)

Auch in dieser Vorschrift von 2000 wird wie bisher in einem eigenen Abschnitt vom „Lösen vom Feind" als taktisches Schema/Konzept gesprochen. (2000: Nr. 3101-3114 sowie Anlage 13) Dabei werden nur noch drei Zwecke oder Gründe für das Lösen vom Feind genannt. Die Formulierung, dass ein Lösen vom Feind „*zweckmäßig* oder *notwendig* sei, wenn … die Fortsetzung einer Operation keine Aussicht auf Erfolg hat oder *sich* ein Misserfolg *abzeichnet*", erinnert an frühere Formulierungen. Die sprachlichen Feinheiten, kursiv gesetzt, machen aber deutlich, dass das Bild von einer perfekten, fehlerfreien Führungspraxis nun nicht mehr aufrechterhalten wird.

Insgesamt sind die Aussagen für den Führer als Alter 3, aber auch für Alter 1 und Alter 2 sowie für Alter 5 von einem neuen Geist bestimmt, ganz im Sinne der Forderung nach einer neuen Fehlerkultur.

Der Umgang mit Fehlern im Tätigkeitsfeld Innere Führung

Die erste Vorschrift zur Inneren Führung war das Handbuch Innere Führung von 1957, auch wenn die formelle Bezeichnung das nicht kenntlich macht. Es sollte „Hilfe zur Klärung der Begriffe" und nicht so sehr Handlungsanweisungen bieten. Im Handbuch waren jedoch bereits die „Leitsätze für die Erziehung" mit Kommentierung abgedruckt, die ein Jahr später als ZDv 11/1 an die Truppe ausgeliefert wurden (s.u. im Abschnitt Ausbildung und Erziehung).

Auch wenn der Begriff Fehler kaum benutzt wird, so weisen doch die Schlagworte Disziplin und Selbstdisziplin, Erziehung, Führung und Menschenführung, Gewissen, Kommiss, Kontrolle, Toleranz, Treue, Verantwortung und Mitverantwortung, Vertrauen, Vorbild sowie Widerstand, aber auch das Verhältnis zur Wahrheit darauf hin, wie künftig für Alter 1 und Alter 3 der Umgang in der neuen Bundeswehr bei Kontroversen, in kritischen Situationen, bei Fehlern oder in Konflikten sein sollte. Für den Bereich des Militärischen neu wird hier „Selbstdisziplin" von Alter 1 herausgestellt. Der Begriff fällt mit Selbstverantwortung, Selbstzucht und Selbsterziehung zusammen und trifft den Kern des Leitbildes der Inneren Führung aus den ersten Tagen im Amt Blank. Aufschlussreich ist auch für Alter 3 in den Erläuterungen der Leitsätze (S. 97ff) der Hinweis auf die vier Stufen der Erziehung [sic!] mit der „alten Kurzformel für die erzieherische Stufenleiter": „Belehren, ermahnen, zurechtweisen, verwarnen, melden". (S. 116f) Hier geht es expressis verbis um den Umgang mit Fehlern aus Trägheit bis zum „bösen Willen" und um das „gerechte Verteilen von Lob und Tadel". Und aus damaligen soziologischen Forschungsergebnissen wurde für die neue Bundeswehr der Grundgedanke zum *Inneren Gefüge* übernommen: „Hinter dem rechten Ton verbirgt sich mehr als eine Äußerlichkeit: nämlich der Geist, der Lebensstil der Gemeinschaft, ihre sittliche Atmosphäre. Sie ist von den Menschen abhängig, die in ihr wirken und von ihrem Verhalten zueinander." Hier werden Rahmenbedingungen im Sinne der Fehlerkultur bereits deutlich ausgesprochen. Man kann daher heute wie damals nur sagen: „Wir sollten diese neue Erkenntnis sehr beherzigen." (S. 117)

In der derzeit gültigen ZDv 10/1 Innere Führung von 2008 – heute heißt diese Vorschrift A 2600/1 – findet man manche Begriffe, von denen auf die Fehlerkultur geschlossen werden kann: In Kapitel 3 wird als Grundlage der Inneren Führung „Führen mit Auftrag" (Alter 3) erwähnt; in Kapitel 6 wird der Begriff noch weiter erläutert. Im Kapitel 4 „Ziele" werden für Alter 1 und besonders Alter 3 „gewissengeleiteter Gehorsam" und „Übernahme von Verantwortung" angesprochen und als Ziel weiter ausgeführt: „Vorgesetzte wecken, erhalten und vertiefen Verantwortungsbewusstsein und innere Bereitschaft zur Mitarbeit." (Nr. 403) Und in Kapitel 5 „Verhaltensnormen und Führungskultur" wird darauf hingewiesen, dass die Soldaten als Alter 1 und Alter 2 stets „in der Lage sein [müssen], selbstverantwortlich zu leben und zu handeln und Verantwortung für andere zu übernehmen." (Nr. 508) – Diese beiden Nummern 403 und 508 formulieren aus Sicht der Inneren Führung präzise die beiden Seiten hinsichtlich einer Fehlerkultur und ergänzen sich daher. Konkreter wird dies in den „Gestaltungsfeldern der Inneren Führung" im Kapitel 6 ausgeführt. Von den 3 + 6 Gestaltungsfeldern werden die ersten 3 als „hauptsächliche" Gestaltungsfelder besonders herausgehoben. Das sind Menschenführung, politische Bildung sowie Recht und soldatische Ordnung – wieso das Feld „Dienstgestaltung und Ausbildung" nicht in dem Atemzug mit genannt wird, bleibt unverständlich, denn dort im Alltag muss sich die Innere Führung bewähren, dort „ist das Leben konkret" und dort treten vermutlich auch eine Großzahl von Fehlern auf.

Im Gestaltungsfeld Menschenführung geht es um Vertrauen, Kameradschaft, Verantwortungsbewusstsein, Menschenkenntnis, Einfühlungsvermögen, zusammengefasst in dem Satz für Alter 3: „Wer Menschen führen will, muss Menschen mögen." (Nr. 607) Ein zentraler Gedanke gilt dem Führen mit Auftrag (Nr. 612): „Führen muss Handlungsspielräume, Mitwirkung und Mitverantwortung ermöglichen. Vorgesetzte haben deshalb vorrangig vom Führen mit Auftrag Gebrauch zu machen. Dabei müssen sie gegebenenfalls andere als die eigenen Lösungsansätze akzeptieren. Vorgesetzte sollen vor wichtigen Entscheidungen, wann immer möglich, ihre davon betroffenen Soldatinnen und Soldaten beteiligen." Ein anderer Aspekt ist die „kritische Selbsteinschätzung" der Vorgesetzten als Alter 1: „Sie vergeben sich nichts, wenn sie ihre Soldatinnen und Soldaten um Rat fragen und gegebenenfalls auch Fehler eingestehen. Ehrlicher Umgang mit sich selbst erhöht die Autorität als Vorgesetzte bzw. als Vorgesetzter." (Nr. 622) Und als drittes wird die Dienstaufsicht durch Alter 3 besonders behandelt: „Sie nutzen Kontrolle als eine Möglichkeit, die Leistungen ihrer Untergebenen zu erkennen und zu würdigen. Lob, aber auch Tadel fördern die Motivation und die Einsatzbereitschaft der Untergebenen. Mit helfender, ebenengerechter Dienstaufsicht in Form von Erklärung, Anleitung und Unterstützung prägen Vorgesetzte den Dienst. Vorgesetzte beugen so Fehlverhalten vor …"

Das Gestaltungsfeld Politische Bildung ist besonders geeignet, auf den Umgang mit Fehlern aus der Sicht von Alter 5 einzugehen und für Alter 1 erträglich bis begreifbar zu machen. Man bedenke nur die öffentlichkeitswirksamen Skandale seit Anfang der Bundeswehr. Sie aufzunehmen ist zwar Aufgabe des Ministeriums und darin besonders auch der Stelle für Presse- und Öffentlichkeitsarbeit; der Fehlende, schuldig oder unschuldig, sei es z.B. beim Illerunglück, im Falle Kunduz oder beim Gorch-Fock-Unglück, steht dabei aber ebenso öffentlich am Pranger. In der Nr. 627 werden nun sechs Gründe für die Bedeutung von Politischer Bildung genannt: Die politischen Zusammenhänge zu verstehen, politische Urteilsfähigkeit zu entwickeln, interkulturelle Kompetenz zu verbessern, das Wertebewusstsein zu fördern und die Teilnahme an der politischen Willensbildung anzuregen. Dies sei so wichtig, dass Politische Bildung auch im Einsatz nicht zu vernachlässigen sei. Was dies für den Fehlenden sowie für den Betrachter Alter 5 bedeutet, wird aber nicht behandelt. Umso mehr fällt ins Auge, dass als erster vor diesen fünf genannten Gründen die Vertiefung geschichtlicher Kenntnisse rangiert und in zwei Absätzen zusätzlich ausführlich behandelt wird. Hier wurde von den Bearbeitern der Vorschrift eine Chance im Sinne der Fehlerkultur vertan.

Im Gestaltungsfeld Recht und soldatische Ordnung wird zum einen besonders der Einfluss des Vorgesetzten als Alter 3 durch die sorgfältige Anwendung der Disziplinargewalt auf das Rechtsempfinden der Untergebenen betont. (Nr. 635) Zum anderen wird ihm aufgegeben, das „Spannungsfeld zwischen einem möglichst großen persönlichen Freiraum und den Einschränkungen der Soldatischen Ordnung" gering zu halten, indem er die Ermessensspielräume im Sinne der Inneren Führung nutzt. (Nr. 638) – Hier vermisst man einen Bezug zum Rechtsstaat als Alter 5.

Bei der Dienstgestaltung und Ausbildung als ein „weiteres" Gestaltungsfeld wird u.a. auch darauf verwiesen, dass die sich ändernden gesellschaftlichen Rahmenbedingungen als Alter 5 dabei zu berücksichtigen sind und die Ausbildung ihre Grenzen u.a. in der Achtung der Menschenwürde findet (Nr. 645).

In den sogenannten „Leitsätzen für Vorgesetzte" (Anlage 1) werden die Ausführungen aus den Gestaltungsfeldern noch einmal in der „Ich"-Form des Vorgesetzten aufgenommen. Die individual-psychologische Bedeutung von Alter 3 und auch die gruppendynamische Wirkung von Alter 2 im Sinne von Generalprävention beim Umgang mit Fehlern und das Verständnis für die Bedeutung einer Fehlerkultur insgesamt werden dabei jedoch nicht deutlich.

Zum erweiterten Verständnis von Fehlerkultur wird man neben dieser Vorschrift ebenso die Bestimmungen der Wehrdisziplinarordnung und des Erlasses Erzieherische Maßnahmen, der Beschwerdeordnung, zur Soldatenbeteiligung oder zum Verbesserungswesen mit heranziehen müssen. Dabei kann deutlich werden, dass das Verhältnis von Lob und Tadel seit 1956 besonders durch Maßnahmen auf der Lob-Seite deutlich ausgeweitet worden ist.

Insgesamt zeigen sich in der Vorschrift zur Inneren Führung von 2008 einige neue Akzente und Ansätze für den Umgang mit Fehlern. Dies gilt besonders für das Gestaltungsfeld Menschenführung, wo eine positive Weiterentwicklung der Fehlerkultur sich abzeichnet. Im Wesentlichen geht es in dieser Vorschrift beim Umgang mit abweichendem Verhalten oder Fehlern jedoch (nur) um juristische Fragen. Und insgesamt wäre sicher auch darauf zu achten, dass dies nicht nur für die unteren Führungsebenen gelten soll – der Hinweis auf „ebenengerechte" Dienstaufsicht kann dafür als Leitgedanke angesehen werden.

Der Umgang mit Fehlern im Tätigkeitsfeld Erziehung und Ausbildung

Ein großer Teil des militärischen Alltags wird von Erziehung und Ausbildung bestimmt, sei es in der Grund- und Vollausbildung, sei es in der lehrgangsgebundenen Fort- und Weiterbildung, sei es bei Truppenübungen und selbst im Rahmen von Einsätzen. In all diesen Bereichen wird pädagogische Arbeit geleistet, d.h. nach pädagogischen Gesichtspunkten gehandelt und interagiert.

Es ist eine pädagogische Binsenweisheit, dass das, was gekannt oder gekonnt wird, nicht mehr gelernt werden muss. Alle Ausbildung geht daher von dem fehlerbehafteten Nicht-Wissen oder Nicht-Können aus. Solche sogenannten Regelfehler vorab durch methodisches Lernen zu vermeiden oder aber an ihnen sich probierend zu versuchen, um dann am Erfolg gelernt zu haben, ist die Aufgabe aller Pädagogik. Fehler in diesem Tätigkeitsfeld haben daher vorrangig eine ganz andere, eine pädagogische Bedeutung, selbst wenn die Fehler im Zusammenhang mit einem der beiden anderen Tätigkeitsfelder beim Tagesdienst und gar im Einsatz auftreten. – Diese Verwobenheit zeigt sich auch in der sprachlich-begrifflichen und gedanklichen Verquickung bzw. Gleichsetzung von Erziehung und Innerem Führen in den Schriften und Vorschriften. Anhand der Leitsätze der Erziehung (s.a. ZDv 11/1, 1957) soll der Frage nachgegangen werden, wie im Zusammenhang mit Fehlern pädagogische Wirkung in der **Erziehung** zu erreichen ist.

Für erzieherisches Verhalten können Vorschriften nur eine Richtlinie geben; der Vorgesetzte soll sich als Alter 3 von festen Grundsätzen leiten lassen und wo immer möglich ist an die Werte, Erlebnisse und Erfahrungen anzuknüpfen, die der einzelne Soldat mitbringt. (LS 23)

Insgesamt geht es darum, die Spannung von Selbständigkeit und Willkür sowie von Besserwissen und Gehorsam auszutarieren. (LS 12) Dabei ist dem weniger Erfahrenen und Schwächeren durch Alter 2 oder Alter 3 zu helfen. (LS 11) Erzieherische Wirkungen gehen von den Vorgesetzten Alter 3 wie von den Kameraden Alter 2 aus. (LS 14) Auch durch verständnisvolle Hilfe der Kameraden als Alter 2 können Schwierigkeiten und Mängel ausgeglichen werden. (LS 25)

Der Vorgesetzte als Alter 3 soll angemessene Forderungen stellen; er hilft den Trägen; „bösem Willen" ist aber streng entgegenzuwirken, „ohne deshalb positive Hilfe auszuschließen". (LS 25) Zur Selbstreflexion als Alter 1 wird dem Vorgesetzten mit auf den Weg gegeben, dass erzieherische Autorität und Wirkung nur der erreicht, der „selbst erzogen ist und an sich zu arbeiten bemüht ist", sowie „um die eigenen Grenzen in sich" weiß. (LS 15) Und im Sinne von

198

Alter 3: „Nur wer seine Soldaten kennt, ihnen offen entgegentritt und ihnen Vertrauen schenkt, wird ihr Vertrauen gewinnen. Vertrauen erhält, wer beherrscht und maßvoll bleibt, Gerechtigkeit und Geduld übt und in rechter Weise für seine Truppe sorgt." (LS 17) „Streben nach Gerechtigkeit ist die Voraussetzung aller erzieherischen Wirkung, Liebe die Kraft, die auch Unvollkommenes trägt." (LS 31) „Wer [aber] … Disziplinlosigkeiten übersieht, zerstört jede Möglichkeit der Erziehung." (LS 19)

Erziehen durch Alter 3, aber sicher auch durch Alter 2 bedeutet anleiten und fördern. Der Wille zu helfen und zu ermutigen muss vorherrschend sein. (LS 24) „Weniger in Worten und Lehre als im Beispiel des Erziehers [Alter 3] und in der Art der Aufgabenstellung soll die erzieherische Absicht wirksam werden. Sie ist mit Geduld und Bestimmtheit zu verfolgen. Dabei soll mit dem guten Willen und der Leistungsfreude der Soldaten gerechnet werden." (LS 22) „Gerechtes Verteilen von Lob und Tadel [durch Alter 3] kräftigt das Selbstbewusstsein. Mehr als Tadel und Strafe wirken Anerkennung und Lob. Tadel darf nicht entmutigen." (LS 30)

„Der Soldat (als Alter 1) muss lernen, Disziplin als selbstverständliche Notwendigkeit zu empfinden … Ihre vollendete Form ist die Selbstzucht." (LS 26) Wie weit diese Leitsätze von 1957 heute in Vergessenheit sind, ist aus den Aussagen zu den Gestaltungsfeldern der 2008er Vorschrift abzulesen. Das heißt sicher nicht, dass im Truppenalltag vieles nicht auch nach den Gedanken von 1957 läuft; in den heutigen Vorschriften und damit auch in der heutigen Führer-Ausbildung dürften sie aber eher eine Nebenrolle spielen.

Auch wenn **Ausbildung** als Oberbegriff aller pädagogischen Tätigkeit in der Bundeswehr gilt, wird mit diesem Begriff eher nur ein truppennahes Lehren und Trainieren für den Einsatz beschrieben. Das hat zur Folge, dass es seit den Anfangsjahren der Bundeswehr immer auch Teilstreitkraft-spezifische Vorschriften für die „Ausbildung" gegeben hat, z.B. für das Heer die HDv 102/1 von 1957 *Grundlagen und Grundsätze der militärischen Ausbildung im Heer*, die HDv 101/2 *Übungen* von 1965 und deren Nachfolgevorschrift HDv 101/200 von 2002, die HDv 101/400 von 1986 *Schiedsrichterdienst im Heer* bei Übungen oder ein Entwurf der HDv 102/100 *Die Truppenausbildung im Heer* von 1978. In diesen Vorschriften geht es lediglich um organisatorische Fragen bei der Ausbildung und Erziehung durch den Ausbilder bzw. den jeweiligen Ausbildungsleiter. Und deren Auswertung und Nachbereitung habe (nur) den Zweck, dass er selber als Alter 1 erkennt, was er beim nächsten Mal zu verbessern habe. Bei Besprechungen von Lehrproben geht es schließlich nur um das Feststellen von

Falsch und Richtig, um Lob und Tadel in Form reiner Einwegkommunikation durch den Übungsleiter und dessen Vorgesetzte als Alter 3. Gleiches gilt für die Auswertungen und Besprechungen von Gefechtsübungen, dabei geht es sogar um das öffentliche „Erteilen von Rügen". (HDv 101/2 von 1965, Nr. 101) Dass der Lernende/die Übungstruppe als Alter 1 vom Leiter als Alter 3 angesprochen wird, ist zwar nicht ausgeschlossen; dass und wie damit Lerneffekte anzuregen sind, wird aber nicht thematisiert. Gelegentlich finden sich in diesen Vorschriften auch Querverweise auf die ZDv 11/1 von 1957 und die ZDv 3/1 von 1955. Wie weit diese Querverweise bereits zum Nachdenken im pädagogischen Sinne anregen konnten, ist jedoch fraglich.

Die erste Vorschrift „Methodik der Ausbildung" ZDv 3/1 von 1955 war vom Bearbeiter, dem späteren General Kobe, in engem Austausch mit den Bearbeitern der Inneren Führung entstanden. (S.a. Gerd Kobe: Der Wind kam vom Westen, Würzburg 1974). Sie liest sich daher an vielen Stellen wie die ZDv 11/1. Das fällt besonders bei der Beschreibung des „Ausbilders" auf - so z.B. die Forderungen an ihn als Alter 3: „Ungeduld ist meistens ein Zeichen für mangelnde Lehrbefähigung". (S. 14f; s. Kobe S. 105f) Oder: „Der Vorgang des Lernens" wird in vier Phasen beschrieben: Entstehen einer Frage, Vermutung über die Lösung, Erprobung bis zur Entdeckung einer Lösung, Nachprüfen und Anwendung der Lösung. Hier wird Alter 1 angesprochen. (S. 19-20; s. Kobe S. 173ff) Und das Thema „Gruppenselbstarbeit" aus dem Handbuch Innere Führung findet sich auch in der ZDv 3/1 wieder, bei dem Alter 1 und Alter 2 mit ins Spiel kommen. Nur beim Thema „Anleitung und Aufsicht" (S. 13; s. Kobe S. 133f) bleibt die Vorschrift mit ihren Fragen weitgehend im Organisatorischen verhaftet. Ein Satz hebt sich aber davon ab und erinnert an Aussagen zur Auftragstaktik: „Er [der Aufsicht-Führende als Alter 3] soll dem einzelnen Ausbilder genügend Spielraum und Verantwortung lassen, nach eigenem Ermessen zu handeln."

1997, deutlich nach der „pädagogischen Wende" der 70er Jahre in der Bundeswehr und in derselben Zeit wie die HDv 100/100 von 2000, kam eine wesentlich umfangreichere ZDv 3/1 „Grundsätze der Ausbildungslehre" in die Truppe. In dem umfangreichen Kapitel 4 „Der Ausbilder", im Kapitel 5 „Die Ausbildungsgruppe", sowie z.T. im Kapitel 7 zu den „Ausbildungsformen und –verfahren", in dem Kapitel 9 „Erfolgskontrolle" und in Kapitel 10 „Dienstaufsicht" zeigen sich deutlich neue pädagogische Ansätze, die auch das Verständnis für eine Fehlerkultur neu beflügeln können.

Z.B. heißt es in Nr. 402 „Der Ausbilder verliert nicht an Ansehen, wenn er Fehler oder Wissenslücken freimütig zugibt. Er bemüht sich aber [als Alter 1], diese umgehend zu beseitigen und seine Kenntnisse zu vervollkommnen." Es geht dann weiter um seine Gerechtigkeit und Objektivität; dazu muss er als Alter 3 „alle entscheidenden Faktoren, die eine Situation beeinflussen, erkennen und bewerten. Dabei ist die persönliche Situation des einzelnen und die Gruppensituation immer mit zu berücksichtigen." Und er wird im Einzelnen auf die häufigsten „Beurteilungsfehler" hingewiesen. Das Thema Kritik wird gleichzeitig in drei Richtungen als Alter 1 sowie durch Alter 2 und durch Alter 3 aufgenommen: „Der Ausbilder muss wie jeder Vorgesetzte sachlich weiterführende Kritik ertragen können. Konstruktive Kritik hilft ihm, vorhandene Mängel abzustellen und sein Ausbilderverhalten zu verbessern. Kritik aus der eigenen Lerngruppe kann manchmal auch ein Hinweis auf aufgestaute Aggressionen sein und allgemeine Unzufriedenheit ausdrücken." (Nr. 404) Und ausführlich wird auch die Würdigung durch Lob und Tadel behandelt. (Nr. 405) Die Ausbildungsgruppe wird eindeutig unter sozialen Gesichtspunkten betrachtet: „Als soziales Lernen bezeichnet man auch die Förderung des Lernens durch Zusammenarbeit [mit Alter 2]." (Nr. 504) Solche Gedanken werden dann in Kapitel 7 weiter ausgeführt, wenn es um dialogische Ausbildungsverfahren geht. Das Thema Lehrprobe (Nr. 903 und 904) erfährt besonders durch die Möglichkeiten zur Auswertung mit Hilfe von Feedback eine klare Erweiterung, in das auch die Ausbildungsgruppe im Sinne von Alter 2 mit eingebunden wird: „Rückmeldungen können von Vorgesetzten [als Alter 3], Gleichgestellten und Untergebenen [als Alter 2] gegeben werden." (Nr. 904) Und auch für die zur Dienstaufsicht durch die Dienstaufsichtführenden (als Alter 3) über den oder die Ausbilder gilt, dass sie „Einfühlungsvermögen, Toleranz, Geduld und Takt" walten lassen sollen. Er unterbricht die Ausbildung nur, wenn die Sicherheit gefährdet ist, eine sachliche Unrichtigkeit vorliegt oder der Ausbildungserfolg gefährdet ist. (Nr. 1003) Anschließend bespricht er seine Erkenntnisse mit dem Ausbilder „in angemessener Weise". (Nr. 1005) „Durch differenzierte Bewertung und gegebenenfalls gezielte Erzieherische Maßnahmen stellt der Vorgesetze als Alter 3 sicher, dass in seinem Verantwortungsbereich erfolgreich ausgebildet wird." (Nr. 1001)

Fehlerkultur in der Bundeswehr

Der Begriff „Fehlerkultur" macht deutlich, dass es um mehr geht als nur um einzelne Fehler. Die Geschichte der Bundeswehr hat hinsichtlich ihrer Fehlerkultur, so kann man aus den Darstellungen der verschiedenen Vorschriftenreihen ablesen, einen deutlichen Slalom-Kurs genommen und befindet sich möglicherweise jetzt noch in einer Schuss-Abfahrt. Die letzten 30 Jahre des vergangenen Jahrhunderts waren für eine positive Fehlerkultur regelrecht „desaströs". Die Nachwirkungen hat die Ministerin bei ihrem Dienstantritt schonungslos aufgedeckt. Zum Verständnis dieser Fehlerkultur in der Bundeswehr heute ist aber auch festzustellen, dass mit der Jahrtausendwende eine Schnittstelle zumindest in den Vorschriften auszumachen ist. Es sind an vielen Stellen deutlich neue Töne zum Thema Fehler angeschlagen worden, auch wenn daraus ein Gesamtbild „Fehlerkultur" sicher noch nicht abzulesen ist. Ein Problem für das Heute hinsichtlich eines positiven Umgangs mit Fehlern ergibt sich aber daraus, dass ein Großteil der derzeit aktiven Führer seine prägende Führerausbildung noch nach den Vorschriften aus den Jahren vor 2000 erhalten hat. Die Tagung des Inspekteurs des Heeres, Generalleutnant Vollmer, zum Thema Fehlerkultur im August 2016 mit 50 Vorgesetzten vom Feldwebel bis zum Oberst verlief – möglicherweise daher auch – erstaunlich ruhig. Man wird sich deshalb fragen müssen, ob der Umgang mit Fehlern überhaupt *das* Thema auf Truppen-Ebene ist. Damit stellt sich dann die Frage, wie differenziert man an das offensichtliche Problem gehen muss und wie die Fehlerkultur der Bundeswehr insgesamt positiv anzuheben ist. Ein bloßes Abwarten verbietet sich, z.B. bis Jüngere in die höheren Führungspositionen nachrücken, wenn man die Ministerin mit ihrem Hinweis auf die Fehlerkultur ernst nimmt.

Bewertungen von Fehlern werden üblicherweise erst im Nachhinein vorgenommen. Schon daraus entsteht der schale Geschmack des „Besserwissens". Wer erinnert sich nicht an seine ersten Rekrutentage und die Angst vor dem Stubendurchgang: Der UvD findet immer was, gut für den Nachappell! In einer Welt und Zeit mit komplexen soziotechnischen Systemen reicht aber auch die Suche nach dem Schuldigen nach dem juristischen Schema mit individuell zuzurechnender Tat und Motiv auf der Ebene des einzelnen Kämpfers allein nicht mehr aus. Bei der Aufarbeitung des Schießunglücks von Bergen-Hohne 1964 kam das Gericht bereits zur Auffassung, dass es sich nicht um einen, sondern um einen „Mehrfachfehler" handelte. Jeder einzelne Fehler hätte nicht zu dem Unfall geführt. Fehlersuche und -bewertung wird dadurch immer mehr zu einer (interdisziplinären) multi-tasking-Aufgabe – und damit zu einer Herausforderung an die Fehlerkultur selbst.

Von Vornherein soll man bestrebt sein, Fehler möglichst auszuschließen. Letztendlich ist dies aber in einem dauernden Handlungsstrom mit Zwischenzielen und sich überlappenden Teilschritten nicht möglich. Und während des Bearbeitungsprozesses laufen zusätzlich ständig neue Informationen ein, die es zu sammeln und auszuwerten gilt, obwohl dies, zumindest im Krieg, die Fehlerhaftigkeit nur noch potenziert, denn – so Clausewitz: „Ein großer Teil der Nachrichten, die man im Kriege bekommt, ist widersprechend, ein noch größerer ist falsch und bei weitem der größte einer ziemlichen Ungewissheit unterworfen." (S. 258) Wir wissen heute, dass zusätzlich auch die bereits vor der Handlung liegenden Wirk-Faktoren Fehler produzieren. Der scheinbar offensichtliche individuelle Fehler wird zum Systemfehler. Das bedeutet: Wenn die Fehlerkultur „degeneriert" ist und in mehr als 50 Jahren heruntergefahren wurde, wie aus dem Überblick der Vorschriften abzulesen ist, dann entstehen Fehler erst recht.

Die Unterscheidung nach aktiven, dem einzelnen Menschen unmittelbar zuzuordnenden Fehlern und latenten Bedingungen für Fehler, die raum-zeitlich weit vom Fehlerereignis getrennt sein können – gemeint sind Strukturen und Prozesse sowie Entscheidungen innerhalb eines Systems –, diese Unterscheidung fordert Modelle für die Suche und Bewertung von Fehlern, fernab vom bisher üblichen Denkschemata: Weg vom allein „fehlbaren Soldaten" hin zu auch-Fehler-produzierenden Rahmenbedingungen des Systems: Z.B. die Bewältigung neuer (und damit unbekannter) Herausforderungen wie in jüngster Zeit die hybride Kriegsführung; zum anderen eine nationale (Fehler-)Kultur, ein im Umfeld begründeter Gruppen- und Konformitätsdruck, kollektive blinde Flecken, Glaubenssätze und Verblendungsprozesse oder eine Organisation und ein Klima der praktischen Perfektion und Machbarkeit aus dem Glauben an das Technische und an die totale Organisation. Und nicht zuletzt, wie der ehemalige Wehrbeauftragte sagte: „Eine Struktur, in der ich kämpfen muss, damit ein Fehler behoben wird, wird immer tendenziell dazu führen, dass der Fehler eben nicht behoben wird."

D.h. die Struktur selber, in Vorschriften, in der Aus- und Weiterbildung und im täglichen Umgang in der Truppe bis hinauf ins Ministerium, muss dazu führen, dass Fehler bzw. ihr Folgen behoben und nicht nur juristisch behandelt werden. Dazu können aus den Vorschriften der Bundeswehr einige Grundgedanken beitragen:

Zunächst ist zu betonen, dass das „Führen mit Auftrag" oder anders die „Auftragstaktik" als „die" angemessene Form in Taktik und Strategie gilt, mit der Fehlerkultur und Fehlermanagement von Alter 1 im Militär seit 200 Jahren erfolgreich praktiziert worden war. Sie hat seit 15 Jahren wieder Eingang in die

Vorschriften gefunden. Alles was dazu gehört, muss daher nun in der Lehre und von Alter 1 bis Alter 5 wieder ernsthaft in die Praxis umgesetzt werden. Dazu gehört eine Ausbildung und Erziehung zum Lernen für Alter 1 an und aus Fehlern, wie Clausewitz dies mit dem Üben anhand von möglichen Friktionen gefordert hatte.

Ergänzend zur Auftragstaktik wurde beim Aufbau der Bundeswehr aus Sicht der Inneren Führung als *die* Neuheit für das Militär die Bedeutung eines fünffachen „Selbst-" herausgearbeitet: Selbsterziehung, Selbstdisziplin, Selbstzucht, Selbstreflexion und Selbstverantwortung durch Alter 1. In der ZDv 10/1 von 1993 wurde dies als „kritische Selbsteinschätzung" zu einem der zwölf Kernelemente des Leitbildes und damit der Menschenführung. Wie dieser „Ruf zur Selbsterziehung" für Alter 1 praktisch machbar werden kann, z.B. durch Formen der Selbstreflexion als Alter 1 bei Fehlern wie im after mission report ober durch Reporter-Frage-Antwort-Übungen, ist die andere Hauptaufgabe bei der Implementierung einer tragfähigen Fehlerkultur.

Als drittes geht es um einen sozial und kommunikativ bestimmten Umgang für Alter 2 und Alter 3, wie er sich inzwischen in der Ausbildung z.B. anhand der Feedback-Regeln anstatt durch Einwegkommunikation etabliert hat.

Und als viertes sind die „helfende Dienstaufsicht" von Alter 3, das Feedbackgeben von Alter 2 und Alter 3 sowie die Fehlertoleranz von Alter 3, aber auch Alter 2 und wie man dies beispielhaft vorlebt, konkret zu lernen, d.h. auch praktisch zu üben.

Schließlich wird auch die Wirkung von Alter 5, in welcher Form er sich auch zeigt, mit in die Fehlerkultur der Bundeswehr aufzunehmen sein. Dadurch wird Alter 1 eine Chance gegeben, gegenüber einem übermächtigen und fast anonymen Alter 5 zu bestehen. Dies ist vermutlich nicht nur ein Thema für die Öffentlichkeitsarbeit, sondern auch für den Ausbildungs- und Erziehungsprozess im Rahmen der Politischen Bildung besonders für Vorgesetzte auf allen Ebenen.

Fehlerkultur – Ein Vergleich von Luftfahrt, Medizin und Streitkräften

René Streifer

Einleitung

Der Begriff des Fehlers ist mit Schuld und Scham, persönlichem Versagen und Nichteignung assoziiert. Es ist schwer, sich selbst Fehler einzugestehen, und sehr schwer, dies gegenüber anderen zu tun. Sowohl im privaten Leben, erst recht im beruflichen Umfeld, in dem unmittelbare existentielle Konsequenzen oder Auswirkungen auf den zukünftigen Karriereweg befürchtet werden. Dabei ist menschliches Handeln untrennbar mit Fehlbarkeit verbunden. Der Grund hierfür ist die Funktionsweise menschlicher Wahrnehmung und Informationsverarbeitung. Ein kontinuierlicher Strom unzähliger Umweltreize und eine sich daraus ergebende unendliche Zahl an Handlungsmöglichkeiten zur Interaktion mit der Umwelt zwingt zu heuristischem Vorgehen, um überhaupt handlungsfähig zu sein.

> „…denn die Komplexität der Gesamtwelt ist uns zu groß. Deshalb verarbeiten wir die Informationen, die in die Welt unserer Erwartung passen und finden Gründe, dazu widersprüchliche Informationen auszulassen." (Perrow, 1999)

Sind Menschen also von Geburt an „mangelhaft" und Opfer ihrer beschränkten Fähigkeiten? Der argentinische Autor Jorge Luis Borges beschreibt in seiner Kurzgeschichte „Funes el memorioso" („Das unerbittliche Gedächtnis") eindrucksvoll eine mögliche Alternative. Ireneo Funes, der jugendliche Protagonist, verfügt nach einem Unfall über „absolute Wahrnehmung" und ein „absolutes Gedächtnis". Diese im ersten Moment scheinbar erstrebenswerten Fähigkeiten haben in der Erzählung gravierende Nebenwirkungen. Kognitiver Fähigkeiten wie abstraktem Denken oder der Möglichkeit, sich wesentlichen Aspekten einer Situation zuwenden zu können beraubt, ist der Akteur zunehmend paralysiert und handlungsunfähig – zwar „allsehend" in Bezug auf Details, aber „blind" für das Ganze. Die in literarisch ansprechender Form geschilderten Phänomene entsprechen dabei auffallend verschiedenen Symptomen aus dem Spektrum der Autismus-Störungen und sind hochgradig dysfunktional. Auch in den Kognitionswissenschaften setzte sich in den letzten zwanzig Jahren zunehmend die Perspektive durch, eingeschränkte Kapazität in menschlichen Wahrnehmungsprozessen nicht als Nachteil (*nicht in der Lage zu sein, alle verfügbaren Reize verarbeiten zu können"*), sondern als Leistung (*„fähig zu sein, fast nur handlungsrelevante Reize zu verarbeiten"*) aufzufassen.

Obwohl als „Fehler" bewertete Handlungen in Relation zur enormen Gesamtheit aller Handlungen gering ausfallen, ist ihre absolute Zahl dennoch beträchtlich. Auch wenn die meisten ohne schwerwiegende Folgen bleiben, führen einige zu Katastrophen. Diese im besten Falle zu verhindern oder wenigstens ihre Folgen abzumildern, ist daher sowohl für Individuen als auch Organisationen erstrebenswert.

Wenn menschliches Handeln immer fehlbar ist, folgt daraus, dass es innerhalb jeder Organisation zu Fehlern kommt. Da somit jede Organisation in irgendeiner Form mit Fehlern umgehen muss oder versucht, diese zu vermeiden, besitzt jede Organisation auch eine *Fehlerkultur.* Je nach Art der Organisation oder der Branche, der sie zuzuordnen ist, haben Fehler und ihre Konsequenzen einen unterschiedlichen Stellenwert. In einer Studentenverbindung wird dieser anders sein als in sogenannten Risikobranchen. Als (Hoch-) Risikobranchen bezeichnet man Branchen, deren Aktivitäten zu Katastrophen, also einzelnen Ereignissen mit sehr hohem Schadenspotential, führen können. Dies beinhaltet Schäden an Leib und Leben einer großen Zahl von Menschen, aber auch wirtschaftliche Verluste oder Sach- und Umweltschäden großen Ausmaßes – *Katastrophen* eben. Zu ihnen gehören z.B. Luftfahrt, Medizin, Kernkraft und auch das Militär. Jede dieser Branchen hat eine übergreifende, die ihnen angehörenden Unternehmen haben spezifischere Fehlerkulturen ausgeprägt. Ziel aller Organisationen ist es, Fehler weitestgehend und Katastrophen vollständig zu vermeiden und dazu den Umgang mit Fehlern zu verbessern. Daher scheint es angebracht, Konzepte und Maßnahmen der unterschiedlichen Bereiche zu beleuchten und vor dem Hintergrund der jeweils unterschiedlichen Voraussetzungen und Rahmenbedingungen auf ihre Übertragbarkeit hin zu beurteilen. Dazu werden als Beispiele für den „Weg zu einer positiven Fehlerkultur" das Vorgehen in der Luftfahrt und der eingeschlagene Weg im Bereich des Gesundheitswesens geschildert. Die Darstellung der Gründe zur Etablierung einer positiven Fehlerkultur, der Umsetzung und der verwendeten Instrumente in beiden Branchen, können im Rahmen der aktuellen Diskussion einer vergleichenden Standortbestimmung der Streitkräfte dienen.

Beispiel Luftfahrt – Gründe & Motivation

Die Luftfahrtindustrie gilt als Vorreiter auf vielen Gebieten der Risikosteuerung, sowohl bei der Entwicklung von Konzepten als auch bei deren Umsetzung in konkrete Maßnahmen. Der Grund dafür ist pragmatisch und entspringt wirtschaftlichen Notwendigkeiten. Während des großen Wachstums des Luftverkehrs in den 80iger Jahren ergab eine Studie der Firma Boeing, dass es bei gleichbleibendem Risiko aufgrund der steigenden Verkehrszahlen im zivilen Luftverkehr im Jahr 2000 jede Woche zu einem medienwirksamen Vorfall kommen würde (Wiedemann & Badke-Schaub, 2012). Da Abstürze kommerzieller Flüge aufgrund ihrer hohen Opferzahlen zu einem einzigen Zeitpunkt einschneidende Ereignisse in der öffentlichen Wahrnehmung darstellen und sich eine diesbezügliche Sensibilität entwickelte, entstand ein kontinuierlicher Zwang, entsprechend hohe Sicherheit zu garantieren. Dazu gehen Wiedemann und Badke-Schaub als Zielvorgabe von einem für den Fluggast tolerierbaren Risiko von zehn Jahren zwischen zwei Unfällen für einen großen Flugbetrieb (600 000 Flüge/Jahr) aus. Dies entspricht in etwa den Vorgaben für die Atomwirtschaft und einem Risiko von unter 10^{-6}. Zum Vergleich: das Sterberisiko bei einer Operation am Herzen liegt in Deutschland zwischen 1-3% und ist gesellschaftlich akzeptiert. Bei einem 1%-Risiko für einen Totalverlust hätte ein großer Flugbetrieb 16 Abstürze pro Tag zu beklagen. Zum Totalverlust der Flotte nach ca. 18 Monaten (die Flotte der Lufthansa umfasst ca. 600 Flugzeuge) würde es vermutlich nicht kommen, da davon auszugehen ist, dass spätestens nach zwei Tagen die Bereitschaft der Fluggäste erloschen wäre, bei besagter Airline einen Flug zu buchen. Aus Sicht der Fehlerforschung ist diese nichtrationale menschliche Risikoeinschätzung zu begrüßen, da sie zu permanentem Innovationsdruck für die Luftfahrt führt. Dieser bildete die Grundlage für besagten Vorsprung und den hohen Stellenwert, den der Aspekt der Sicherheit und letztlich die Fehlervermeidung zwangsläufig in der Luftfahrt einnimmt.

In der Pionierzeit kommerzieller Luftfahrt, also ab den 1920er Jahren, konzentrierte man sich zur Erhöhung der Sicherheit auf die Verbesserung der eingesetzten Technik, da Probleme mit den Triebwerken (Kolbenmotoren) als häufigste Absturzursache identifiziert wurden. Doch selbst nach Einführung deutlich zuverlässigerer Turbinentriebwerke in den 1960er Jahren verringerten sich die Unfälle nicht im erwarteten Maße. Stattdessen wurde deutlich, dass überwiegend Fehler der Cockpit-Besatzungen (Abbildung 1.1) die Ursache für die weiterhin auftretenden Vorkommnisse waren (Hagen, 2013).

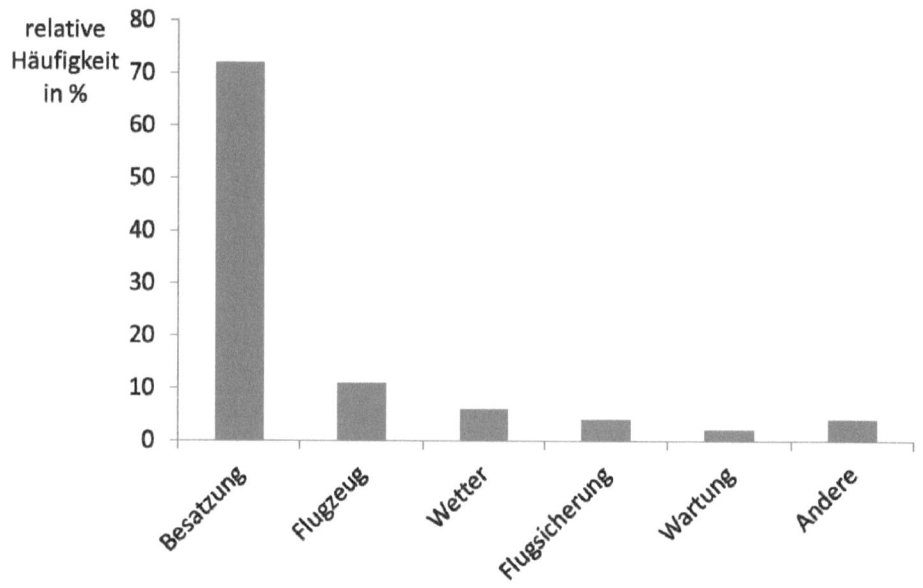

Abbildung 1.1: Unfallursachen von Flugzeugunfällen, 1959–1989
(Abbildung nach Boeing Commercial Airplanes (1990). *Statistical Summary of Commercial Jet Airplane Accidents – Worldwide Operations.* Seattle, USA. In J.U. Hagen, 2013)

Das reflexhaft mit dem Auftreten von Fehlern assoziierte „Unvermögen der handelnden Person" schien bei genauerer Betrachtung nicht angebracht. Piloten durchlaufen seit jeher eine intensive Ausbildung und befinden sich selbst mit im Flieger – ein *Nicht Können* oder *Nicht Wollen* als Grund für Fehlhandlungen war also zumindest fraglich. Wo aber lag das Problem, wenn Ausbildungs- und Motivationsmängel unwahrscheinlich waren? Die Analysen verschiedener Unglücksfälle und Simulatorstudien zeigten, dass es sich überwiegend um Kommunikationsprobleme zwischen den Besatzungsmitgliedern handelte, die auf eine angstbesetzte Atmosphäre im Cockpit zurückgeführt wurden. Aufzeichnungen von Flugschreibern verunglückter Maschinen oder des Funkverkehrs zeigten drastisch, dass Crewmitglieder schwiegen, obwohl sie Informationen besaßen, die zur Vermeidung des Absturzes geführt hätten, oder nicht eingriffen, sondern den Tod aller Passagiere (inklusive des eigenen) in Kauf nahmen.

Als ursächlich für das Entstehen einer stark hierarchisch geprägten Atmosphäre, die eine offene Kommunikation erschwert, wird unter anderem die in den USA übliche Praxis des Zurückgreifens auf ehemalige Militärpiloten gesehen, die nach anderen Anforderungen selektiert und ausgebildet waren, als es für Verkehrspiloten günstig ist (Badke-Schaub et al., 2012). Hagen (2013) ergänzt in diesem Zusammenhang das Pilotenbild des „einsamen, tollkühnen Helden" aus der Frühzeit der Fliegerei, des „allein verantwortlichen Piloten, der allenfalls Helfer hatte, die ihn bei seiner gehobenen und faszinierenden Tätigkeit unterstützen durften". Weiterhin führt er für Militärpiloten bzw. ehemalige Militärpiloten das gleichzeitige Vorliegen zweier einander widersprechender Regelsysteme an. Die Fähigkeit und Notwendigkeit, in Grenzbereichen fliegen zu können und zu müssen, sowie die strikte Einhaltung von Vorgaben unter der Prämisse der Sicherheit. Obwohl sich die Anforderungen unterscheiden und stellenweise unvereinbar scheinen, waren neben Luftfahrtbehörden und Fluglinien von Beginn an Luftstreitkräfte (US Air Force, Royal Air Force und Luftwaffe) an der Entwicklung des Crew-Ressource-Manage-ment Konzepts beteiligt, welches den aufgeführten Ursachen für Unfälle entgegenwirken sollte.

Instrumente: Crew Ressource Management (CRM) & Reporting Systeme

Nachdem die Verbesserung der Zusammenarbeit der Flugzeugbesatzung als wesentlicher Faktor identifiziert wurde, um Flugzeugunglücke zu vermeiden, wurden ab Anfang der 1980er durch die NASA, verschiedene Luftfahrtbehörden und Fluglinien Crew-Ressource-Management-Kon-zepte (zu Beginn Cockpit-Ressource-Management) entwickelt und in Kursen umgesetzt. Die inhaltliche Ausrichtung dieser Kurse wurde über 5 CRM-Generationen angepasst. Stand ursprünglich das einzelne Mitglied der Cockpitbesatzung und seine Rolle im Fokus, wurde in der 2. CRM-Generation der Teambegriff um das Kabinenpersonal erweitert und umfasste somit die gesamte Besatzung. In der 3. und 4. Generation, zu Beginn der 1990er Jahre, erfolgte eine Ausweitung des Konzepts auf die Bodencrew bis hin zur gesamten Organisation (Organisational- oder Company Ressource Management). Spätestens ab dieser Zeit wird eine gezielte Einflussnahme auf die Organisationskultur deutlich, unterstützt durch den Umstand, dass anzunehmen ist, dass ehemalige Piloten, die in ihrer aktiven Zeit Teilnehmer der entsprechenden Kurse waren, zwischenzeitlich in Managementfunktionen „hineingewachsen" waren. In der 5. Generation ab Ende der 1990er Jahre rückte der ursprüngliche Zweck des Programms wieder deutlicher in den Fokus, nachdem in den vorherigen Generationen Aspekte wie Kommunikation, Teamverhalten, Stressmanagement, Entscheidungsfindung oder Situation Awareness den Schwerpunkt bildeten. Ausschlaggebend hierfür war die auf der Forschungsarbeit von James Reason (1990, 1997) beruhende Erkenntnis, dass sich menschliches Fehlverhalten, trotz zwischenzeitlich immer weiter verbesserter Technik und trotz der beschriebenen Schulungs- und Ausbildungsmaßnahmen, auch zukünftig nie völlig vermeiden lassen wird. Die reine *Fehlervermeidung* ist also nur als ein Teil eines umfassenderen *Fehlermanagements* zu sehen. Somit wird CRM aktuell als Set von Gegenmaßnahmen, bestehend aus drei in der Tiefe nachgeschalteten Verteidigungslinien, gesehen (Helmreich, 1999):

- den selbstverständlichen Versuchen, Fehler grundsätzlich zu vermeiden (z.B. durch Ausbildung, Standardisierung von Abläufen und Checklisten)
- Fehler zu erkennen und „einzufangen", während sie entstehen (z.B. durch gegenseitige Kontrolle),
- die Folgen derjenigen Fehler abzumildern, die sich trotz aller vorangegangenen Maßnahmen manifestieren (z.B. durch frühzeitiges Ansprechen) (Abbildung 1.2).

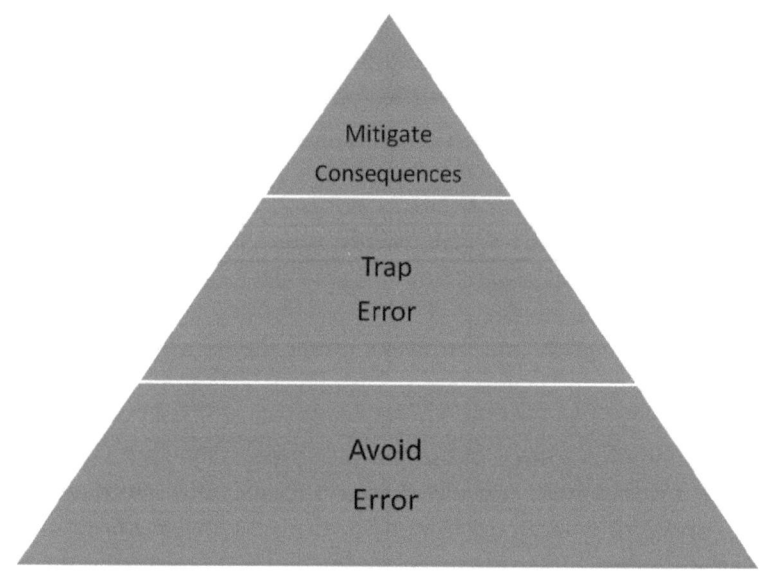

Abbildung 1.2: error troika nach Helmreich (1999).

Das Berichts- und Meldewesen ist ein wesentlicher Bestandteil des Fehlermanagements. Um die Chance zu haben, fernab von individueller Schuldzuweisung organisationale Bedingungen entdecken zu können, die die Entstehung von Fehlern begünstigen oder gar grundlegend verursachen („latente Bedingungen" nach Reason, 1990), benötigt man Berichte über entsprechende Fehlhandlungen. Dabei sind (analog zu Abbildung 1.2) nicht nur Berichte von Fehlern von Interesse, die tatsächlich zu schwerwiegenden Konsequenzen führen, sondern genauso Beinahe-Fehler und auch Fälle, bei denen nach einem Fehler schwerwiegende Konsequenzen abgewendet werden konnten. Zum einen ist die Anzahl von Beinahe-Fehlern oder Beinahe-Katastrophen höher als die Anzahl tatsächlicher Unglücksfälle. Die Bedingungen, die zur Entstehung führen, sind meist gleich und können so identifiziert werden. Gegebenenfalls besteht so sogar die Möglichkeit, eine potentielle Fehlerquelle komplett zum Versiegen zu bringen, bevor sie sich jemals auswirkt. Ein weiterer, in seiner Bedeutung nicht zu unterschätzender Grund ist die für Jedermann üblicherweise geringere Hürde, über Fehlverhalten zu berichten, wenn es ohne ernsthafte Konsequenzen bleibt. Die Aufgaben, die im gesamten Fehlermanagement („*observing, reflecting, creating, acting*", Reason, 1997) auf Reporting Systeme entfallen, sind das Erfassen der Vorfälle, die Analyse und das Zusammenfassen durch Experten sowie die Verfügbarmachung der relevanten Information für den Kreis potentiell Betroffener („*observing & reflecting*"). Dadurch wird Problembewusstsein geschaffen, es werden Lösungen angeregt (*creating*) und, sofern möglich, bereits mit übermittelt. Letztlich können sowohl Problem als auch Lösung in die zukünftige Aus- und Weiterbildung einfließen oder entsprechende organisationale Maßnahmen getroffen werden (*acting*). Üblicherweise sind Reporting Systeme webbasiert.

1975 wurde durch die US-amerikanische Luftfahrtbehörde (Federal Aviation Administration, FAA) ein vertrauliches Berichtssystem eingeführt. Da die FAA jedoch gleichzeitig die aufsichtsführende Behörde ist, wurde dieses aufgrund (vermuteter) Interessenkonflikte nicht genutzt. Daher ging bereits ab 1976 die Federführung bei Entwicklung und Betrieb des Aviation Safety Reporting System (ASRS) an die NASA über. Dieses basiert auf den Säulen „vertraulich, freiwillig, sanktionsfrei", da den Verantwortlichen bereits zu Beginn klar war, dass ein Berichtssystem in diesem sensiblen Bereich Sanktionsfreiheit garantieren muss, um überhaupt genutzt zu werden. Diese ist gesetzlich geregelt und geht soweit, dass sich sogar Disziplinarverfahren bei Regelverstößen nach erfolgtem Bericht abwenden lassen (Hagen, 2013). Eine gesetzliche Ausnahme besteht nur bei schwerwiegenden und vorsätzlichen Verstößen (z.B. Alkohol-einfluss), wobei selbst derartige Fälle durch die NASA nicht an die zuständige Luftfahrtbehörde FAA gemeldet werden und die erfassten Daten durch Ano-nymisierung wesentlicher Informationen für die Strafverfolgung nutzlos sind. Die resultierende strikte Trennung der Aufgabenbereiche der beiden Behör-den, um das Meldeaufkommen zu erhöhen, ist bemerkenswert. Weiterhin be-steht für ein Reporting System die Herausforderung, Denunziantentum zu vermeiden und für die Meldenden einen zeitnah greifbaren Mehrwert zu er-zeugen. Ersteres wird dadurch vermieden, dass bei der Meldung des Fehlver-haltens anderer deren Namen oder zur Identifikation geeignete Daten (Flug-nummern, Flughäfen etc.) nicht gemeldet werden. Ein zeitnaher individueller Mehrwert (über den Wissenszuwachs der Luftfahrtgemeinschaft oder die Übernahme konkreter Fälle in Ausbildung und Simulationen hinaus) entsteht durch monatliches Feedback in Form eines Newsletters.

Im durch die NASA herausgegebenen CALLBACK werden Berichte sortiert und gebündelt. Kommentierungen beschränken sich auf sachliche technische Informationen, und das Melden der Fehler wird durch die NASA schlicht als „professionelles Verhalten" bezeichnet, wobei einzelne Berichte durchaus amüsant sind und so deren Akzeptanz und Lesbarkeit erhöhen (Hagen, 2013). Es ist davon auszugehen, dass ein derartiger Umgang mit Fehlern durch eine Organisation mit beträchtlichem Renommee wesentlich zum Abbau bestehen-der Barrieren bei der Nutzung beiträgt. Mit Beginn der 1980er wurden ver-gleichbare Berichtssysteme von Luftfahrtbehörden anderer Länder, meist in Verbindung mit den jeweiligen nationalen Fluggesellschaften, eingeführt. Die Koordination der nationalen Berichtssysteme, die mittlerweile umfangreiche Datenbanken bilden, obliegt der International Confidential Aviation Safety Systems Group (ICASS). Seit Dezember 2011 verfügt die Deutsche Luftwaffe mit dem Fehlermeldesystem (FMS) über ein entsprechendes Instrument.

ASRS Alerts Issued in August 2016		August 2016 Report Intake	
Subject of Alert	No. of Alerts		
Aircraft or Aircraft Equipment	5	Air Carrier/Air Taxi Pilots	5,279
		General Aviation Pilots	1,229
ATC Equipment or Procedure	1	Controllers	659
		Flight Attendants	604
		Military/Other	313
Other	1	Mechanics	217
		Dispatchers	168
TOTAL	7	TOTAL	8,469

441

A Monthly Safety
Newsletter from

The NASA
Aviation Safety
Reporting System

P.O. Box 189,
Moffett Field, CA
94035-0189

http://asrs.arc.nasa.gov

Abbildung 2.3: rechts: Überblick der Meldungen ASRS des Monats August 2016 im CALLBACK Newsletter der NASA Ausgabe 441, Oktober 2016. links: Überblick veranlasster Sofortmeldungen an zuständige Stellen, nach Bekanntwerden potentieller Gefahrenquellen.

Bewertung & Ausblick

Auch wenn die Entwicklung des Umgangs mit Fehlern im Bereich der Luftfahrt in der Zusammenfassung und Rückschau folgerichtig und sehr erfolgreich scheint, darf man nicht außer Acht lassen, dass es nach dem initialen, durch die NASA organisierten Workshop *Ressource Management on the Flight Deck* im Jahr 1979 (Cooper, White, & Lauber, 1980) ca. zehn Jahre dauerte, bis ein entsprechendes Konzept mit all seinen Facetten umgesetzt war. Und das, obwohl die Voraussetzungen günstig waren:

o   ein durch die öffentliche Wahrnehmung und ökonomische Notwendigkeiten erzeugter gesellschaftlicher und finanzieller Druck und ein damit einhergehendes ehrliches Interesse in den höchsten Führungsebenen betroffener Organisationen,

o   die Koordination durch eine renommierte Behörde mit eigenem Interesse an den Ergebnissen, eigener Fachexpertise und finanziellen Mitteln,

o   die Beteiligung führender Wissenschaftler von Beginn an, zur Wahrung von Unabhängigkeit und fachlicher Kontinuität über Jahre hinweg,

o   die unmittelbare persönliche Betroffenheit der handelnden Personen im Falle von Fehlleistungen und dadurch verursachten Abstürzen,

o   die Möglichkeit, den Betroffenen durch technische Hilfsmittel einerseits sowohl nachteiliges Verhalten, welches zu Abstürzen führte (Cockpit Voice Recorder & Flight Data Recorder), andererseits die Vorteile des Handelns gemäß den entwickelten Ausbildungs- und Schulungsmaßnahmen (Simulatoren) aufzuzeigen.

Die in der Einleitung geschilderten kognitionspsychologischen Aspekte (Wahrnehmung & Informationsverarbeitung) bestehen selbstverständlich weiter und ziehen Fehlbarkeit unweigerlich nach sich. Auch die psycho-sozialen Faktoren (Angst, Rollenkonflikte, Kompetenzschutz), die es dem Individuum erschweren, offen mit Fehlern umzugehen und unerwünschtes Verhalten verstärken, bestehen weiterhin. Auch wenn z.B. die Anzahl der Piloten, die die geschilderten Maßnahmen rundheraus als „charm school" oder „psycho-babble" ablehnen, in mittlerweile über dreizig Jahren gesunken ist, gibt es sie nach wie vor unter Bezeichnungen wie Boomerangs, Cowboys oder Drongos[1] (Helmreich, Merrit, & Wilhelm, 1999). Neben den aktuellen Herausforderungen für die Luftfahrt, wie drohendem Fähigkeitsverlust der Piloten durch weiter steigende Automation (deskilling), der Gefährdung bereits erreichter Sicherheitsstandards durch nochmals gestiegenen Kostendruck im internationalen Flugverkehr oder der Notwendigkeit zur Anpassung des erfolgreichen CRM-Konzepts vor dem Hintergrund nationaler Besonderheiten[2], bleibt das Einwirken auf individuelle Einstellungen, Berufsverständnis und das daraus resultierende Verhalten wohl weiterhin die größte Herausforderung an eine förderliche Fehlerkultur in der Luftfahrt. Abbildung 1.4 verdeutlicht die konsistenten Befunde von Untersuchungen an über 15.000 Piloten in zwanzig Ländern bezüglich ihrer Berufsauffassung (professional culture) und den daraus resultierenden Implikationen für die Flugsicherheit. Bemerkenswert ist, dass sich vergleichbare Ergebnisse bei Seeleuten und einer anderen Berufsgruppe, die wie Piloten ebenfalls einer Risikobranche angehört, fanden – den Ärzten (Helmreich & Merrit, 1998).

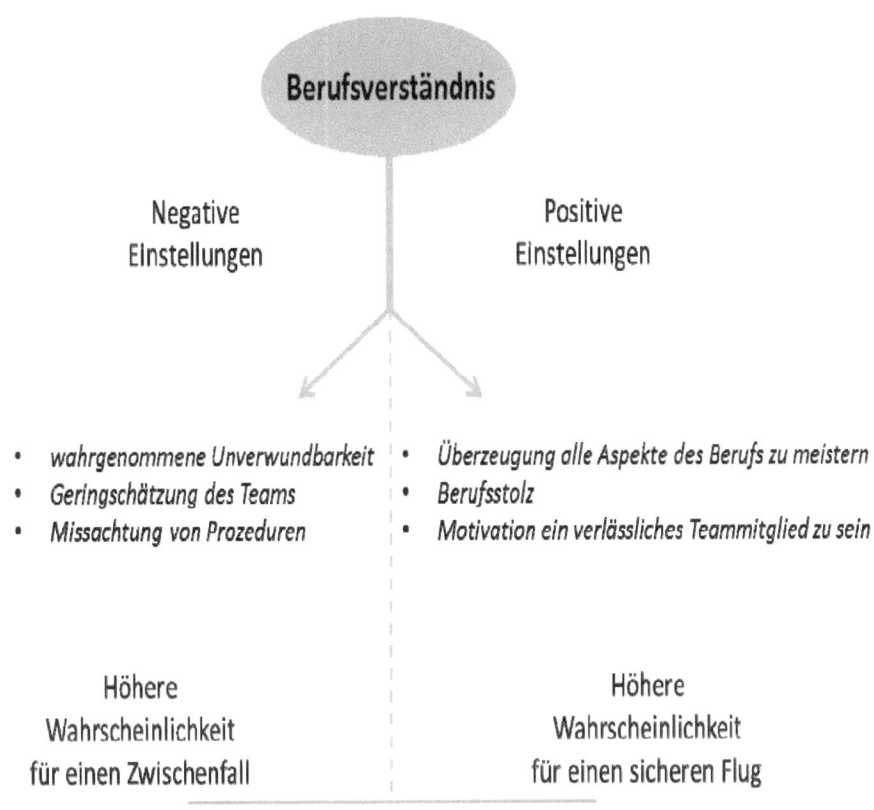

Abbildung 2.4: Positive und negative Einflüsse des Berufsverständnis unter Piloten (*pilots' professional culture*). Abbildung nach Helmreich, Merrit, & Wilhelm (1999). Vergleichbare Ergebnisse fanden sich in Untersuchungen für Ärzte und Seeleute.

---

[1]Ein Drongo ist ein australischer Singvogel, der dahingehend verhaltensauffällig ist, dass er scheinbar angstfrei und äußerst aggressiv selbst größere Greifvögel attackiert, um sein Nest zu verteidigen und dazu auch auf die Köpfe von Passanten defäkiert. Ein drastisches, aber aus Sicht des Vogels wirksames Verhalten.

[2]Vgl. Hofstede (1980, 1991) und Helmreich, Merrit, & Wilhelm (1999) zu den Einflüssen nationaler Kulturen (Dimensionen: *power distance, individualism-collectivism und uncertainty avoidance*) auf die Fehlerkultur.

Beispiel Medizin – Gründe & Motivation

Schätzungen und Hochrechnungen gehen davon aus, dass pro Jahr in Deutschland zwischen 15.000 und 50.000 Menschen an Behandlungsfehlern sterben, die als vermeidbar klassifiziert werden. Dabei stehen den Todesfällen deutlich höhere Zahlen gegenüber, bei denen Patienten Schäden unterschiedlicher Schweregrade davontragen (Dieckmann & Rall, 2012, Sachverständigenrat für die konzertierte Aktion im Gesundheitswesen, 2003). Die Spannbreite der Schätzung und das Fehlen umfassender empirischer Daten deuten auf großen Handlungsbedarf des Gesundheitswesens bezüglich der Patientensicherheit hin. Darüber hinaus liegt selbst die geringste Schätzung 3 bis 5mal über der jährlich zu beklagenden Zahl an Verkehrstoten (7.500-3.500/Jahr in den letzten zehn Jahren, Statistisches Bundesamt, 2016).

Als häufigste Ursache für Behandlungsfehler werden nicht Wissen oder Können der beteiligten Ärzte, die aufgrund ihrer Ausbildung als hochqualifiziert gelten müssen, gesehen. Relevanter sind Kommunikationsdefizite und organisatorische Mängel. Diese werden durch „eine im Gesundheitswesen traditionell verankerte Vorwurfs- und Schamkultur" (*culture of blaming & shaming*, Kohn, Corrigan & Donaldson, 2000) begünstigt. Die Entwicklung und Aufrechterhaltung einer solchen Kultur ist im Zusammenhang mit den negativen Seiten eines stark ausgeprägten beruflichen Rollen- und Selbstverständnisses zu sehen (vgl. Abbildung 1.4). Aufgrund der Bedeutsamkeit der ausgeübten Tätigkeiten und den hohen Anforderungen an die dafür notwendige Qualifikation müssen die handelnden Personen besonders leistungsfähig sein. Werden auftretende Fehler ausschließlich individuell und nicht systemisch betrachtet und sind zusätzlich mit persönlichem Unvermögen assoziiert, wird ein Betroffener daher eigene Fehler verschweigen, verleugnen oder gar aktiv vertuschen, um Selbst- und Fremdbild aufrecht erhalten zu können und nicht zuletzt existentiell bedrohlichen Konsequenzen zu entgehen. Die Organisation hingegen hat ein großes Interesse daran, einzelne Schuldige zu identifizieren und zu sanktionieren, wenn ein Behandlungsfehler mit schwerwiegenden Konsequenzen öffentlich wird. Dadurch geraten umfassendere systemische Defizite nicht in den Blick, und alle übrigen Mitglieder der Organisation können ihr jeweiliges Bild aufrechterhalten (Kompetenzschutz). Dies ist gesellschaftlich auch durchaus erwünscht, unterstreicht es doch die Tendenz, um nicht zu sagen Hoffnung, Ärzte als fehlerlos anzusehen und somit den „Nimbus der Götter in Weiß zu pflegen" (Dieckmann & Rall, 2012). Nicht zuletzt vor dem Hintergrund ethischer Dimensionen ärztlichen Handelns (hier: „*primum nil nocere*" – „erstens nicht schaden"), forderte der Sachverständigenrat für die Konzertierte Aktion im Gesundheitswesen in seinem Gutachten für die Unterrichtung durch die Bundesregierung 2003 eine Neuorientierung: *„Ein systematisches, vorbeugendes Fehlermanagement (…) welches zu einem Qualitätsmerkmal der Medizin werden muss (‚neue Fehlerkultur'), welches den Anspruch ärztlicher Unfehlbarkeit und die Neigung, lediglich nach einzelnen Schuldigen zu suchen, überwindet."*

Dazu wurde ein 12 Punkte umfassender Arbeitskatalog vorgeschlagen:

1. Definition von unerwünschten Ereignissen und Fehlern.
2. Ableitung geeigneter Parameter zu deren Erkennung („Fehler als selbstverständliche Outcome-Variable mit Lehrcharakter").
3. Einheitliche Erfassungs- und Analyseverfahren.
4. Auf- bzw. Ausbau von vernetzbaren Melderegistern (inklusive Einbeziehung von Daten der Haftpflichtversicherer sowie aus gerichtlichen und außergerichtlichen Verfahren).
5. Sanktionsfreiheit bei (Selbst-)Meldung gegenüber den Haftpflichtversicherern; Fragen der sonstigen wirtschaftlichen, zivilrechtlichen und gegebenenfalls strafrechtlichen Sanktionsfreiheit bei (Selbst-) Meldung.
6. Rechtliche Bestimmungen zur Regelung der Zugangsrechte zu Registerdaten (Vertraulichkeit versus Öffentlichkeit).
7. Rückmeldung der Ergebnisse der systematischen Fehleranalysen an die Beteiligten (inklusive planmäßiger Verwendung der Analysen in der Aus-, Weiter- und Fortbildung) und Schaffung zuverlässiger Informationsmöglichkeiten (Transparenz) für Professionelle und Laien.
8. Überprüfung der bestehenden Qualitätsmanagementmaßnahmen in Hinblick auf ihre Eignung zum prospektiven Fehlermanagement.
9. Koordination und Integration der Qualitätssicherung und Fehlermanagementmaßnahmen und gegebenenfalls Etablierung dafür notwendiger neuer Institutionen bzw. Erweiterung von Zuständigkeitsbereichen bestehender Einrichtungen.
10. Förderung einer koordinierten Medizinschadensforschung (als Bestandteil einer praxisorientierten Versorgungsforschung).
11. Fehlervermeidende Gestaltung der Arbeitsbedingungen und -strukturen im Gesundheitswesen.
12. Sonstige Maßnahmen, die geeignet erscheinen, eine präventiv ausgerichtete professionelle und öffentliche Fehlerkultur im deutschen Gesundheitswesen aufzubauen (u. a. einrichtungsinterne und -übergreifende Freiräume zum Erfahrungsaustausch).

Das Critical Incident Reporting System

Am Arbeitskatalog des Sachverständigenrats aus dem Jahr 2003 wird deutlich, dass im Bereich der Medizin dem Berichtswesen innerhalb der angestrebten Änderungen eine zentrale Rolle zukommt. Nahezu alle Punkte (Punkte 1–10) dienen dazu, entsprechende Rahmenbedingungen für ein Reporting System zu schaffen. Das Vorgehen entspricht dabei wissenschaftlicher Methodik: Begriffsbestimmung, Operationalisierung, Objektivierung (Punkte 1-3), Einrichtung des Instruments und Senkung der Barrieren zur Nutzung (4 & 5), Regelung der Verbreitung der Ergebnisse des Berichtssystems (7 & 8), Nutzung der Ergebnisse zur Prognose, Regelung der Kontrolle und Einleitung von Folgestudien (9 & 10). Punkt 11 zielt dagegen auf die Rahmenbedingungen in einer Organisation ab, die Fehlverhalten begünstigen („latente Bedingungen" nach Reason, 1990). Nur unter Punkt 12 (und in der Ergänzung zu Punkt 7, der Nutzung zu Aus- und Weiterbildung) lassen sich Maßnahmen einordnen, die direkt auf eine Einstellungs- und damit verbundener Verhaltensänderung abzielen. Im Vergleich zur Luftfahrt, bei der eher die „menschzentrierten" Maßnahmen des CRM im Mittelpunkt stehen und der Nutzung eines Reporting Systems eine dabei unterstützende Rolle zukommt, scheint die Herangehensweise im Gesundheitswesen eher umgekehrt und „technikzentriert". Ein bemerkenswerter Punkt des Arbeitskatalogs besteht in der unmittelbaren und umfassenden Forderung nach Sanktionsfreiheit.

Dieser Forderung wurde im Jahr 2013 von Seiten des Gesetzgebers im Rahmen des Patientenrechtegesetzes nachgekommen. So ist in § 135a Absatz 3 SGB V geregelt: *„Meldungen und Daten aus einrichtungsinternen und einrichtungsübergreifenden Risikomanagement- und Fehlermeldesystemen (…) dürfen im Rechtsverkehr nicht zum Nachteil verwendet werden." Der Schutz der Meldenden hat erst „…im Bereich schwerwiegender Straftaten, die im Höchstmaß mit mehr als 5 Jahren Freiheitsstrafe bedroht sind…" seine Grenze.* Dies entspricht Straftaten von der Qualität vorsätzlichen Totschlags oder Mordes. In diesem Zusammenhang erwähnenswert ist die Unterscheidung zwischen Fehlermelde- und Schadensmeldesystemen. Schadensmeldesysteme dienen sehr wohl der Klärung zu Fragen der Haftung und Versicherung. Diese Trennung findet sich auch im Bereich der Luftfahrt, dort ist die Zuständigkeit aber auf unterschiedliche Institutionen aufgeteilt (z.B. NASA und FAA). So legt auch das Aktionsbündnis Patientensicherheit (2016) in seinen Handlungsempfehlungen den verantwortlichen Klinikleitungen nahe, beide Bereiche strikt zu trennen. Beim Aktionsbündnis Patientensicherheit (APS) handelt es sich um eine 2005 gegründete und durch das Gesundheitsministeri-

218

um geförderte gemeinnützige Vereinigung, die sich die unabhängige Bündelung von Fachkompetenz zur Erhöhung der Patientensicherheit zum Ziel gesetzt hat. Das APS hat die Einführung von Fehlermeldesystemen im Bereich des Gesundheitswesens wesentlich vorangetrieben. Seine Rolle lässt sich insofern mit der der NASA vergleichen, auch wenn das APS nicht über vergleichbare Mittel verfügt.

Anfang 2014 wurde die Einrichtung eines internem bzw. Beteiligung an einem einrichtungsübergreifendem Critical Incident Reporting Systems (CIRS) für Krankenhäuser durch einen Beschluss des Gemeinsamen Bundesausschusses Pflicht. Dabei gehen lokale Meldungen in regionale Systeme ein. Gleichzeitig wurde den beteiligten Einrichtungen ein finanzieller Anreiz in Aussicht gestellt. Das Reporting System behält dabei seine zentrale Rolle bei der Verbesserung der Fehlerkultur (Abbildung 3.1), was sich bereits im Arbeitskatalog andeutete. So wird in den Handlungsempfehlungen des APS z.B. „aktives und sichtbares Engagement der Führung" als Erfolgsfaktor für die Implementierung eines entsprechenden Systems gefordert. Bezüglich der notwendigen Rahmenbedingungen für den erfolgreichen Betrieb des CIRS konnte u.a. auf die umfangreichen Erfahrungen der Luftfahrt zurückgegriffen werden. Trotz der angesprochenen „Umkehrung der Wirkrichtung" von „Etablierung eines Reporting Systems zur Unterstützung einer positiven Fehlerkultur" zu „Etablierung eines Reporting Systems durch die Unterstützung einer positiven Fehlerkultur" finden sich daher zahlreiche Parallelen wie z.B. dem ASRS oder den Entsprechungen anderer Nationen (Abbildung 3.2).

Erfolgsfaktoren für die Nutzung von CIRS: CIRS braucht...

Abbildung 3.1: Erfolgsfaktoren für die Nutzung von CIRS. Abbildung in Aktionsbündnis Patientensicherheit (2016) adaptiert nach Heuzeroth, Asklepios Kliniken GmbH.

Grundsatz	Erläuterung
Freiwilligkeit	Mitarbeiter werden zum Berichten eingeladen, es besteht dazu keine Verpflichtung.
Anonymität des Berichtenden und der Berichte	Die Identität des Berichtenden ist nicht bekannt und auch nicht de-anonymisierbar. Ausserdem: Es werden keinerlei personenbezogene Daten im Rahmen des Berichts abgefragt oder gespeichert. Die Berichte werden ggf. weiter anonymisiert und de-identifiziert, bevor sie bearbeitet, weitergeleitet oder veröffentlicht werden.
Vertraulichkeit des Berichtens	Jedes CIRS sollte anonymes Berichten ermöglichen. Auf der Basis einer Sicherheitskultur, die es erlaubt, über Fehler und andere Ereignisse offen zu sprechen und zu berichten, ist vertrauliches Berichten möglich und ggf. für die weitere Entwicklung der Sicherheitskultur auch notwendig. Das bedeutet konkret,, dass die Identität des Berichtenden (und die des Patienten) nicht an Dritte weitergegeben wird. Sie kann jedoch (zumindest initial) dem Team des Berichtssystems bekannt sein.
Sanktionsfreiheit	Mitarbeiter dürfen für Ereignisse, über die sie berichten, keine Nachteile erfahren. Insbesondere dürfen sie nicht für Systemfehler verantwortlich gemacht werden.
Unabhängigkeit	Das Berichtssystem ist unabhängig von jeglicher Autorität, die den Berichtenden oder Mitarbeiter des klinischen Risikomanagements bestrafen könnte.
Klare Aufbau- und Ablaufstrukturen	Die Aufgaben, Zuständigkeiten, Rechte sowie Strukturen des CIRS und des Risikomanagements sind standardisiert und werden den Mitarbeitern mitgeteilt.
Klare Definition der zu berichtenden Ereignisse	Die Einrichtung definiert einfach und eindeutig, was im CIRS berichtet werden soll. Die Definition ist allen Mitarbeitern bekannt.
Einfaches Meldeverfahren	Der Zugang zum Berichtssystem ist einfach und die Eingabe eines Berichtes erfordert wenig Zeit.
Unmittelbarkeit	Eingehende Berichte werden umgehend bearbeitet. Informationen, die möglicherweise auf akute Gefahren für die Patientensicherheit hinweisen, kann und soll sofort nachgegangen werden. Berichte werden von Mitarbeitern analysiert, die für diese Aufgabe entsprechend qualifiziert sind.
Analyse durch Experten	Sie arbeiten vom so genannten Systemansatz aus und berücksichtigen bei der Analyse Human Factors und Systemfaktoren und kennen zugleich die Strukturen der Einrichtung.
Systemorientierung	Analyse und Empfehlungen fokussieren auf Veränderungen von Systemen, Prozessen, deren Wechselwirkungen oder Produkten.
Feedback an alle	Rückmeldungen über die Berichte und Massnahmen werden an alle Mitarbeiter weitergegeben. Entscheidungsträger erhalten regelmässig systemische Auswertungen.

Abbildung 3.2: Grundsätze für die Implementierung und beim Betrieb eines Berichts- und Lernsystems. Abbildung in Aktionsbündnis Patientensicherheit (2016).

Bewertung & Ausblick

Obwohl genaue Zahlen nur für die Luftfahrt vorliegen, kann man davon ausgehen, dass die Anzahl von Todesfällen, die sich auf menschliches Fehlverhalten zurückführen lassen, im Bereich des Gesundheitswesens deutlich höher liegen. Da diese jedoch nicht auf einzelne medienwirksame Ereignisse zurückgeführt werden können oder oftmals unentdeckt bleibt, dass ein Fehler ursächlich war, ist der gesellschaftliche Druck bedeutend geringer. Ein weiterer bedeutender Unterschied besteht darin, dass ein Arzt (bzw. ein im Gesundheitswesen Beschäftigter), im Gegensatz zu einem Piloten, nicht unmittelbar selbst von seinem Fehler betroffen ist. Dazu kommt es üblicherweise erst, wenn dieser entdeckt wird. Es gibt zwar Untersuchungen, die zeigen sollen, inwieweit ein offener Umgang mit Fehlern für medizinische Einrichtungen auch ökonomisch erstrebenswert ist (geringere Schadensersatzsummen durch frühzeitige Information des betroffenen Patienten), allerdings ist nicht zu erwarten, dass die daraus resultierende Motivation zur Fehlervermeidung mit der einer Fluggesellschaft vergleichbar ist. Auch die potentielle Fehlerhäufigkeit ist für Mediziner höher. Während Verkehrspiloten in modernen Flugzeugen nur für relativ kurze Zeiträume in stark standardisierten Tätigkeiten gefordert sind und ansonsten eher überwachende Tätigkeiten ausführen (dies kann im Zusammenhang mit *deskilling* oder Ermüdungsphänomenen allerdings auch ein Nachteil sein), gibt es in der Interaktion mit dem Patienten, die durch sehr unterschiedliche Handlungen geprägt ist, ständig die Möglichkeit, Fehler zu machen. Hinzu kommt eine Vielzahl an Geräten, die trotz gleichem Zweck aufgrund unterschiedlicher Hersteller in ihrer Bauart sehr verschieden sein können. Für Verkehrspiloten begründen sich Unterschiede „am Arbeitsplatz" aufgrund weitgehender Standardisierung im Wesentlichen darin, ob es ein Flugzeugmuster des Herstellers Boeing oder Airbus ist (letzterer tendiert stärker zur Automation). Trotzdem ist der medizinische Ansatz eher „technischer" Natur, während bei der Luftfahrt durch die Entwicklung des CRM-Konzepts von Beginn an „menschliche" Faktoren wie Einstellung, Kommunikation und Kooperation im Zentrum standen. Zwar werden im Bereich der Medizin zunehmend auch CRM-Trainings übernommen (z.B. für OP-Teams, vor allem im Bereich der Notfall und Intensivmedizin), die Kernidee ist allerdings bei weitem noch nicht so umfassend in die Ausbildung und Erziehung integriert, wie es im Bereich der Luftfahrt der Fall ist. Eine mögliche Erklärung könnte sein, dass man versucht, vom „Einfachen zum Schweren" zu gelangen. Es stellt eine wesentlich größere Herausforderung (und damit tatsächlich einen „Kulturwandel") dar, durch eine Vielzahl an Maßnahmen organisationsweit *mind sets* zu ändern, als ein in anderen Bereichen bereits bewährtes unterstützendes System zu übernehmen. Dies wird deutlich, wenn man sich vor Augen hält, dass man dazu u.a. die Inhalte in die bereits jetzt sehr langwierige Ausbildung integrieren und später am Arbeitsplatz fortführen müsste, da erst dort alle „Besatzungsmitglieder" aufeinander treffen. Vor diesem Hintergrund erscheint das Vorgehen im Gesundheitswesen plausibel. Ob ein eher sukzessiver Ansatz erfolgreich, oder gar erfolgreicher als der umfassendere Ansatz der Luftfahrt ist, wird sich zeigen müssen.

Die Streitkräfte im Vergleich

Auf die aufgrund „fachlicher Nähe" zwischen Medizin und Sanitätsdienst bzw. Luftfahrt und Luftwaffe bestehenden Schnittmengen bzgl. einer berufsspezifischen Fehlerkultur soll in diesem Abschnitt nicht näher eingegangen werden, obwohl hier gute Möglichkeiten des Erfahrungsaustauschs bestünden. Im Blick stehen eher das Heer bzw. die Landstreitkräfte. Ist die Motivation, also die Summe aus ökonomischem und gesellschaftlichem Druck, für eine positive Fehlerkultur mit denen in Luftfahrt und Medizin vergleichbar? Aufgrund der Mittel zur Anwendung militärischer Gewalt verfügen Streitkräfte über ein hohes Schadenspotential. Abseits von klassischen Konfliktszenarien werden jedoch wohl kaum „Opferzahlen" aufgrund von Fehlern (vermeidbarer Schaden an Leib und Leben Unbeteiligter und eigener Kräfte in Grundbetrieb oder Einsatz) vergleichbar denen in der Medizin erreicht. Allerdings ist von einer höheren Sensibilität der Bevölkerung und auch der Angehörigen der Streitkräfte selbst auszugehen, wenn es zu Vorfällen kommt. Damit entspricht der auf den Streitkräften lastende gesellschaftliche Druck eher dem in der Luftfahrt, auch wenn eine potentielle persönliche Betroffenheit („selbst Fluggast zu sein") nicht im selben Umfang gegeben ist. Eine vergleichbare mediale Präsenz entsprechender Fälle verdeutlicht dies. Über die relativ hohe, aber zeitlich und räumlich verteilte Anzahl von Todesfällen im Bereich des Gesundheitswesens wird eher wenig berichtet, obwohl die Wahrscheinlichkeit, selbst Patient zu sein, nicht gering ist. Der Auslöser der Diskussion über die Fehlerkultur in den Streitkräften war jedoch vorrangig ökonomischer Druck. Bei Problemen in der Realisierung von Rüstungsvorhaben geht es mittelbar zwar auch um Menschenleben (durch zu spät/gar nicht verfügbare oder schlechte Ausrüstung). Die ökonomische Motivation ist hier jedoch offensichtlicher. Da Haushaltsmittel begrenzt sind, müssen Fehler in Projektverläufen möglichst frühzeitig erkannt werden. Fehlinvestitionen größeren Ausmaßes stellen für die Streitkräfte Katastrophen dar, da entweder das Geld an anderer Stelle fehlt oder auf benötigte Fähigkeiten verzichtet werden muss. Auch politischer Schaden und Ansehensverlust in der Bevölkerung sind in diesem Zusammenhang nicht trivial. Die entsprechenden Maßnahmen bestehen unter anderem in der Einführung von Risikomanagement in bestehende Projektprozesse (vgl. dazu z.B. Blümel & Eckner, 2016), also der Anpassung eines Instruments bzw. einer Methode. Dies ist durchaus vergleichbar mit der Einführung des Berichtssystem CIRS im Gesundheitswesen.

Im Zuge der Diskussion wurden jedoch auch Stimmen laut, die neben Optimierungsbedarf bei bestimmten Prozessen eine allgemeine und negative Kultur als wichtigen Teil des Gesamtproblems benannten. Eine Struktur, wie sie z.B. der Wehrbeauftragte in seinem Bericht für das Jahr 2015 erkennt, die über das „Bestreben, Fehler zu vermeiden" systematisch zu „Absicherungsdenken und dem Vermeiden von Verantwortung" führt, würde umfassendere Maßnahmen als ein Berichtssystem erfordern. Also z.B. ein Crew Ressource Management-Konzept für das Heer? Ein organisationsweiter Ansatz zur Verbesserung der Kommunikation und des Teamverhaltens, eingebunden in Ausbildung und Erziehung? Schaffung von gegenseitigem Wissen um Stärken und Schwächen durch gemeinsam bewältigte Aufgaben und dadurch entstehendes gegenseitiges Vertrauen, welches zu offenem und professionellem Austausch auch über Fehlleistungen führt? Das gibt es bereits. Im Übrigen länger, als den Begriff Crew Ressource Management. Die Idee der „kleinen Kampfgemeinschaft" beinhaltet in ihrem Kern alle Elemente, die auch im Falle des CRM wirksam werden. Die Parallelen gehen soweit, dass in kleinen Kampfgemeinschaften häufig ein Abflachen des formalen Autoritätsgefälles beobachtet werden kann. Während dieser Umstand im Rahmen des CRM ein explizites Ziel darstellt, wird er im militärischen Kontext häufig auch kritisch gesehen, da ein negativer Einfluss auf die Disziplin befürchtet wird. Es ist nun nicht davon auszugehen, dass es in der Bundeswehr keine kleinen Kampfgemeinschaften mehr gibt, ganz im Gegenteil. Die Auftragserfüllung unter schwierigen Rahmenbedingungen in den Verbänden, vor allem auch im Hinblick auf die Einsätze, ist ohne die Leistungsfähigkeit, die diese Gemeinschaften auszeichnet, nicht vorstellbar. Wie kann es, trotz eines so bewährten Konzepts, zu Strukturen kommen wie z.B. der Wehrbeauftragte sie beschreibt? Eine mögliche Erklärung ist der Umstand, dass das Vertrauen des Individuums gegenüber Vorgesetzten abnimmt, je weiter entfernt deren Führungsebene von der eigenen entfernt ist, vermutlich gilt auch der umgekehrte Fall. Dies lässt sich damit erklären, dass die Häufigkeit persönlicher Kontakte abnimmt. Es fällt ebenfalls schwerer, Ziele als gemeinsame Ziele wahrzunehmen. Kommt es dann zu direkten Kontakten, entweder persönlicher Natur oder über Arbeitsergebnisse, haben diese „Prüfungscharakter". Sie stellen ja auch tatsächlich seltene Gelegenheiten für den Vorgesetzten dar, sich ein Bild über eine Person zu machen, mit der man nicht ständig zusammenarbeitet. In derartigen Situationen eine angstfreie Atmosphäre zu erzeugen, in der es leicht fällt, offen über Fehler zu sprechen, ist schwer. Dabei ist es irrelevant, ob die Angst z.B. vor Karrierenachteilen begründet ist oder nicht. Hier zählt die subjektive Einschätzung. Dies kann auch für den Vorgesetzten gelten, der dann keine Karrierenachteile, aber z.B. Ansehensverlust befürchtet, wenn er eigene Fehler außerhalb seines Mitarbeiterkreises (also seiner eigenen „Kampfgemeinschaft") kommuniziert. Auch hierfür ist die subjektive Einschätzung entscheidend. Idealtypisch würde man davon ausgehen, dass die einzelnen Gemeinschaften über die Hierarchieebenen hinweg „ineinandergreifen". Ein Kompaniechef bildet eine Gemeinschaft mit den Angehörigen der Kompanieführung, ist aber gleichzeitig Teil der Gemeinschaft des Kommandeurs, und so weiter. Die Nutzung von Informationstechnologie über Hierarchieebenen hinweg, in beide Richtungen, also z.B. als Meldung oder Anweisung, umgeht diese Systematik und kann daher häufig nicht von den Vorteilen persönlicher Beziehungen profitieren. Dies gilt selbstredend auch überall dort, wo Arbeitsbeziehungen per se ohne regelmäßige persönliche Kontakte bestehen. Im Vergleich weist die Luftfahrt die geringste Zahl von für die Fehlerkultur relevanten Hierarchieebenen auf. Auch im Bereich des Gesundheitswesens ist die Zahl der kooperierenden Ebenen geringer als in den Streitkräften, was die Etablierung und den Erhalt der besagten Gemeinschaften begünstigt.

Die Wirkmechanismen der beschriebenen Konzepte haben positiven Auswirkungen auf die Fehlerkommunikation innerhalb der Crew bzw. der Kampfgemeinschaft. Gleichzeitig können sie jedoch zur Barriere werden, wenn es darum geht, Fehler und Erfahrungen nach außen zu tragen, um sie der gesamten Organisation zur Verfügung zu stellen. Dies spiegelt sich im dem Begriff der Gemeinschaft häufig vorangestellten „verschworen" wider. Ein Teil des in der Gemeinschaft herrschenden Vertrauens gründet auf dem Wissen, dass bestimmte Sachverhalte intern bleiben. Dass Fehler und Beinahe-Fehler nicht an die Organisation berichtet werden, verhindert Sanktionen. Organisationen, wie an den Beispielen aus Luftfahrt und Gesundheitswesen ersichtlich, haben jedoch ein großes Interesse an der zentralen Erfassung dieser Vorkommnisse.

Das dazu eingesetzte Mittel sind Reporting Systeme. Diese sind das Mittel, die sehr persönliche und vertrauensbasierte Kommunikation in kleinen Gemeinschaften zu institutionalisieren. Die Erkenntnis, dass die Bereitschaft zu berichten die Grundvoraussetzung für den Betrieb eines Reporting Systems ist, erklärt die in beiden Beispielen sehr umfassende organisationsseitige Garantie von Sanktionsfreiheit. Die Bundeswehr verfügt über verschiedene Reporting Systeme, die unterschiedlichen Zwecken dienen. Dabei ist die Einsatzauswertung am ehesten mit den Reporting Systemen aus den Beispielen vergleichbar. Mit „Aus dem Einsatz lernen" existiert auch ein Format, mit dem Feedback über die gewonnenen Informationen gegeben wird. Dabei liegt die inhaltliche Ausrichtung allerdings nicht so offensichtlich auf individuellen Fehlern wie im Falle des CIRS oder den Systemen der Luftfahrt. „Fehler" beziehen sich hier eher auf Vorkommnisse, die sich technischen Ursachen zuschreiben lassen. Erfahrungen, die sich auf Verhalten oder Prozeduren beziehen, finden sich in Form von *best practices*. Dies mag der eingangs erwähnten negativen Konnotation des Fehlerbegriffs geschuldet sein. Dabei lässt sich genau genommen jedes Verhalten vor der Entwicklung einer *best practice* in Relation zu dieser als Fehler bezeichnen. Weitere Unterschiede zu den Berichtssystemen der beiden anderen Branchen liegen im Umfang der Generalisierbarkeit von Berichten. Während in der Luftfahrt, aufgrund der hochgradigen Standardisierung, sehr viele der berichteten Ereignisse für alle anderen Crews bedeutsam sind, ist im Gesundheitswesen häufig spezifischeres Feedback, z.B. für Fachbereiche oder ein Gerät eines bestimmten Herstellers, notwendig. Im Bereich der Landstreitkräfte kommen zu Unterschieden zwischen einzelnen Truppengattungen bezüglich des verwendeten Materials und angewandter Prozeduren noch die unterschiedlichen Führungsebenen und Führungsgrundgebiete hinzu. Diesem Umstand wird durch die Zuordnung von Auswerteteams zu klassischen Handlungsfeldern Rechnung getragen. Es wird jedoch deutlich, dass die Heterogenität der meldenden Elemente, die gleichzeitig Bedarfsträger für regelmäßiges Feedback sind, im Vergleich zum Gesundheitswesen und besonders der Luftfahrt eine große Herausforderung darstellt.

Fehlerkultur im Bereich der Bundeswehr ist nicht neu. Neu ist eher der organisationsweite Ansatz der Betrachtung unter dem Schlagwort „Fehlerkultur". Die Beispiele aus Luftfahrt und Gesundheitswesen zeigen die Relevanz einer positiven Fehlerkultur für Organisationen in Risikobranchen, die vergleichbaren Schwierigkeiten auf dem Weg zu einer solchen sowie Gemeinsamkeiten und Unterschiede in der Herangehensweise. Gleichzeitig zeigen die Beispiele, dass gerade ein organisationsweiter Ansatz mit erheblichem Aufwand verbunden ist. Das nachhaltige Überzeugen von Führungspersonal in Schlüsselpositionen, das Schaffen einer zwei-Wege-Informationsstruktur, das Schaffen der Rahmenbedingungen zu deren Nutzung und die Integration der Erkenntnisse in Ausbildung und Erziehung, um tatsächlich von einem *Kulturwandel* sprechen zu können, erfordern von jeder Organisation langfristiges Engagement. Die gute Nachricht ist, dass die für die einzelnen Schritte notwendige Infrastruktur in den Streitkräften bereits vorhanden ist. Die Herausforderung wird darin bestehen, die einzelnen Elemente unter einem ganzheitlichen Konzept und einheitlicher Führung weiter zu führen und zu entwickeln. Das Nutzen der Erfahrungen von Organisationen aus anderen Bereichen kann dabei helfen.

Literatur:

Aktionsbündnis Patientensicherheit, Plattform Patientensicherheit, Stiftung Patientensicherheit. (Hrsg.)(2016). *Einrichtung und erfolgreicher Betrieb eines Berichts- und Lernsystems (CIRS): Handlungsempfehlung für stationäre Einrichtungen im Gesundheitswesen.* Berlin: Download unter www.aps-ev.de, abgerufen am 24.10.2016

Boeing Commercial Airplanes (1990). *Statistical Summary of Commercial Jet Airplane Accidents – Worldwide Operations.* Seattle, USA.

Borges, J. L. (1942). *Fiktionen: Erzählungen 1939-1944.* Berlin: Fischer Verlag.

CALLBACK from NASA's Aviation Safety Reporting System (2016). Ausgabe 441, Oktober 2016. Abgerufen am 24.10.2016 unter: https://asrs.arc.nasa.gov/docs/cb/cb_441.pdf

Cooper, G. E., White, M. D., Lauber, J.K. (1980). *Ressource Management on the Flightdeck.* Proceedings of a NASA/Industry Workshop. NASA CP 2120. Moffet Field, CA: NASA-Ames Research Center.

Deutscher Bundestag. (2016). *Drucksache 18/7250 Unterrichtung durch den Wehrbeauftragten – Jahresbericht 2015 (57. Bericht).*

Dieckmann, P., & Rall, M. (2012). Patientensicherheit und Human Factors: Vom Heute in die Zukunft gesehen. In P. Badke-Schaub, G. Hofinger, & K. Lauche (Hrsg.), *Human Factors-Psychologie sicheren Handelns in Risikobranchen* (pp. 235-246). Berlin Heidelberg: Springer-Verlag.

Dyck, C. v., Frese, M., Baer, M., & Sonnentag, S. (2005). Organizational Error Management Culture and Ist Impact on Performance : A Two-Study Replication. *Journal of Applied Psychology, 90* (6), 1228-1240.

Hagen, J. U. (2013). *Fatale Fehler. Oder warum Organisationen ein Fehlermanagement brauchen.* Berlin Heidelberg: Springer-Verlag.

Helmreich, R. L., Wilhelm, J.A., Klinect, J. A., & Merritt, A.C. (in press). Culture, error and Crew Resource Management. In E. Salas, C.A. Bowers, & E. Edens (Eds.), *Applying resource management in organizations: A guide for proffesionals.* Hillsdale: Erlbaum.

Helmreich, R. L., & Merritt, A.C. (1998). *Culture at work: National, organizational, and professional influences.* Aldershot, U.K.: Ashgate.

Helmreich, R. L., Merritt, A.C., & Wilhelm, J.A. (1999). The Evolution of Crew Resource Management Training in Commercial Aviation. *International Journal of Aviation Psychology, 9*(1), 19-32.

Hofstede, G. (1980). *Culture's consequences: International differences in work-related values.* Beverly Hills, CA: Sage.

Hofstede, G. (1991). *Cultures and organizations: Software of the mind.* Maidenhead, U.K.: McGraw-Hill.

Kohn, L.T., Corrigan, J.M., & Donaldson, M.S. (Eds.) (2000). *To err is human. Building a safer health system.* Washington: National Academie of Sciences.

Perrow, C. (1999). *Normal Accidents. Living with high-risk technologies.* Princeton NJ: Princeton University Press.

Reason, J. (1990). *Human Error.* Cambridge: University Press.

Reason, J. /1997). *Managing the Risks of Organizational Accidents.* Aldershot: Ashgate Publishing.

Sachverständigenrat für die Konzertierte Aktion im Gesundheitswesen (2003). Gutachten 2003. *Drucksache des Deutschen Bundestages 15/530.* Abgerufen am 17.10.2016 unter:
http://dip21.bundestag.de/dip21/btd/15/005/1500530.pdf

Statistisches Bundesamt (2016). *Destatis.* Abgerufen am 24.102016 unter:
https://www.destatis.de/DE/ZahlenFakten/Wirtschaftsbereiche/TransportVerkehr/Verkehrsunfaelle/Verkehrsunfaelle.html

Wiedemann, R. & Badke-Schaub, P. (2012). Aktuelle Themen und zukünftige Entwicklungen in der Luftfahrt. In P. Badke-Schaub, G. Hofinger, & K. Lauche (Hrsg.), *Human Factors-Psychologie sicheren Handelns in Risikobranchen* (pp. 222-233). Berlin Heidelberg: Springer-Verlag.

Eine Tagung zur Fehlerkultur im Heer

Uwe Hartmann

Der Inspekteur des Heeres, Generalleutnant Jörg Vollmer, und der Wehrbeauftragte des Deutschen Bundestages, Hans-Peter Bartels, führten im August 2016 im Schloss Neuhardenberg eine zweitägige Tagung zur Verantwortungs- und Fehlerkultur im Heer durch. Anlass für die Tagung war die Forderung der Bundesministerin der Verteidigung, eine neue Fehlerkultur vor allem für die Verbesserung der Rüstungsprozesse zu etablieren. Diese Forderung wurde vom Wehrbeauftragten in seinem Jahresbericht 2015 aufgenommen und auf die Streitkräfte insgesamt erweitert.[1]

Die Planung der Veranstaltung

Der inhaltlichen Gestaltung dieser Tagung lag die Absicht des Inspekteurs des Heeres zugrunde, das Lagebild über die Praxis des Führens mit Auftrag im Heer zu verdichten. Dazu sollten die Teilnehmer als Multiplikatoren für die Förderung einer positiven Verantwortungs- und Fehlerkultur gewonnen und konkrete Handlungsempfehlungen, die auf allen Führungsebenen umgesetzt werden können, erarbeitet werden. Im Mittelpunkt der Diskussionen stand die Beantwortung der Frage, welche Voraussetzungen gegeben sein müssen, damit militärische Führer aller Führungsebenen in einem Handlungsfeld, in dem immer Fehler gemacht werden, bereit sind, Verantwortung zu übernehmen.

Einer fest etablierten Verantwortungs- und Fehlerkultur kommt gerade in den Streitkräften höchste Bedeutung zu. Mehr als in vielen anderen Berufen spielen beim militärischen Handeln Friktion und Fehler eine gewichtige Rolle.[2] Deshalb ist es so wichtig, militärische Führer zu haben, die Verantwortung trotz der mit der Natur des Krieges gegebenen widrigen Rahmenbedingungen übernehmen.

Um ein authentisches Lagebild über die Verantwortungs- und Fehlerkultur im Heer zu erarbeiten, wurden 48 Soldaten vom Feldwebel bis zum Oberst/Oberstarzt aus dem gesamten Heer zu der Tagung eingeladen. Bereits im Vorfeld erhielten alle Teilnehmer einen Reader zur individuellen inhaltlichen Vorbereitung. Vorträge wurden auf ein Minimum reduziert. So sollte den

---

[1] Siehe hierzu auch den Beitrag von Claus von Rosen in diesem Jahrbuch.
[2] Siehe hierzu Carl von Clausewitz, Vom Krieg, Bonn 1991.

Teilnehmern möglichst viel Zeit gegeben werden, ihre individuellen Erfahrungen einzubringen. Die Aufteilung in Kleingruppen mit eigener Fragestellung und jeweils sechs Soldatinnen und Soldaten diente der offenen Diskussion, der Analyse und Bewertung der gesammelten Beiträge sowie der kreativen Erarbeitung von Handlungsmöglichkeiten zur Verbesserung der Verantwortungs- und Fehlerkultur.

Die Arbeitsgruppen wurden durch Moderatoren geleitet. Zuvor bereiteten diese sich in einem zweitägigen Workshop auf ihre Aufgabe vor. Neben inhaltlichen Fragestellungen wurde dabei auch das methodisch-di-daktische Vorgehen besprochen. Damit wurde ein gemeinsamer Kenntnisstand bei den Moderatoren sowie eine Vergleichbarkeit der Arbeitsergebnisse der einzelnen Gruppen erreicht. Die Gruppenarbeit selbst war dazu an drei Schritten orientiert:

1. Lagefeststellung, also die Sammlung der individuellen Erfahrungen der Gruppenmitglieder zur konkreten Fragestellung der Gruppe,
2. Diskussion der gesammelten Erfahrungen zur Identifikation gemeinsamer Faktoren (*enabler & disabler*) als Begründung für das positive bzw. negative Erleben,
3. Vorschläge für Maßnahmen zur Reduzierung negativer bzw. Verstärkung positiver Faktoren.

Neben der Ausgestaltung der Gruppenarbeit war es die Aufgabe der Moderatoren, am zweiten Tag der Veranstaltung die jeweiligen Arbeitsergebnisse vor allen Teilnehmern zu präsentieren. Auf diese Weise wurde verhindert, dass die Gruppendiskussionen von Anfang an mit der Frage belastet wurden, wer die Ergebnisse vorträgt. Diese Regelung sollte den Teilnehmern auch erleichtern, offen und ehrlich das zu thematisieren, was ihnen auf den Nägeln brannte.

Die Diskussionen in den Arbeitsgruppen sowie während der Ergebnispräsentation wurden visualisiert. Die Visualisierung (siehe Abb.) erhielten alle Teilnehmer in Form einer hochauflösbaren digitalen Kopie. Damit verfügen diese über ein Mittel, das sie für Weiterbildungsmaßnahmen im eigenen Bereich nutzen können. Es erleichtert ihnen, die vom Inspekteur des Heeres beabsichtigte Multiplikatorenfunktion wahrzunehmen.

Für die offene Gesprächsatmosphäre war nicht nur die angenehme Umgebung des Schlosses Neuhardenberg hilfreich, sondern auch die durchgehende Anwesenheit des Wehrbeauftragten sowie des Inspekteurs des Heeres. Diese nutzen die vielfältigen Gelegenheiten für persönliche Gespräche und die weiterführende Diskussion von Themen, die in den Arbeitsgruppen aufkamen.

Die Arbeitsgruppen bearbeiteten folgende Fragestellungen:

- Wie gehen meine Vorgesetzten mit meinen Fehlern um?
- Wie gehe ich als Vorgesetzter mit den Fehlern meiner Soldaten um?
- Welche Voraussetzungen müssen geschaffen werden, damit ich eigene Fehler eingestehe oder Verantwortung für meine eigenen Fehler übernehme?
- Gibt es Unterschiede im Umgang mit Fehlern zwischen Einsatz und Grundbetrieb?
- In welchem Umfeld kann die Praxis des Führens mit Auftrag in den Streitkräften gedeihen?[3]
- Wie kann die Bereitschaft zur Übernahme von Verantwortung gefördert werden?[4]

Im Mittelpunkt standen die beiden zuerst genannten Fragestellungen, die jeweils von zwei Arbeitsgruppen bearbeitet wurden. Ganz bewusst wurde ein Perspektivenwechsel eingeplant: Es sollte nicht nur um die Frage gehen, wie die Teilnehmer den Umgang mit Fehlern bei ihren Vorgesetzten wahrnehmen, sondern auch, wie sie selbst mit den Fehlern ihrer Unterstellten umgehen.

---

[3] Fokus: Verantwortungsbereitschaft, Gewissen, Fehlertoleranz, Mikromanagement
[4] Fokus: Führungsstrukturen, Prozesse, sonstige Rahmenbedingungen

232

Die anderen Arbeitsgruppen bauten mit ihren Themen darauf auf. Sie beschäftigten sich mit den Rahmenbedingungen in Einsatz- und Grundbetrieb, die für eine gute Verantwortungs- und Fehlerkultur vorhanden sein sollten. Dabei wurden auch die Unterschiede zwischen Grundbetrieb und Einsatz herausgearbeitet.

Zu den Moderatoren gehörten fünf Psychologen aus dem Heer sowie drei Experten der Inneren Führung, die besondere inhaltliche Akzente setzten. Ein Stabsoffizier vom Zentrum Innere Führung, der über vielseitige Erfahrungen im Spitzencoaching verfügt, moderierte die Arbeitsgruppe, die sich mit der Frage, wie man als Vorgesetzter mit den Fehlern von Soldaten umgehe, beschäftigte. Eine Ethikexpertin vom ZMSBw[1] brachte in ihrer Arbeitsgruppe insbesondere die Verantwortungsbereitschaft und das Gewissen in die Diskussionen ein. Ein ausgewiesener, langjähriger Kenner der Inneren Führung setzte Impulse vor allem hinsichtlich der Gestaltung von Rahmenbedingungen des militärischen Dienstes. Seine Kernfrage lautete: Wie muss ich als Vorgesetzter Führungsstrukturen und Prozesse sowie den Dienst insgesamt gestalten, damit Soldaten zur Übernahme von Verantwortung und zur Fehlertoleranz erzogen werden?

Für den Einstieg in die Diskussionen der Arbeitsgruppen boten sich Fragen nach den persönlichen Erfahrungen und Erlebnissen im Umgang mit Verantwortung und Fehlern an. Der Einstieg sollte also nicht über eine theoretische Analyse, sondern über die Wahrnehmung der Praxis erfolgen. Alle Teilnehmer hatten zuvor einen Reader mit Artikeln über Verantwortungs- und Fehlerkultur für das Selbststudium erhalten.

Es kam in den Arbeitsgruppen darauf an, Probleme aufzuzeigen, die Ursachen für Defizite zu analysieren und Handlungsmöglichkeiten für deren Behebung zu erarbeiten. Dieser Dreiklang lag auch der Präsentation der Arbeitsergebnisse zugrunde.

Ergebnisse der Tagung

Schnell zeigte sich, dass die Teilnehmer sehr engagiert diskutierten. Sie hatten einen hohen Gesprächsbedarf und nutzten die Gelegenheit, offen, ehrlich und über Dienstgradgrenzen hinweg über ihre Erfahrungen und Erlebnisse zu sprechen. Eine Scheu, Mängel und Defizite anzusprechen, bestand nicht.

---

[1] Zentrum für Militärgeschichte und Sozialwissenschaften der Bundeswehr

Dabei zeigte sich, dass typischerweise Fragestellungen, die eine Selbstreflexion über den eigenen Umgang mit Fehlern anderer erforderten, am schwersten zu bearbeiten waren. Häufig glitten die Teilnehmer ab und thematisierten die Fehler anderer. Dies ist allzu menschlich und benötigte Fingerspitzengefühl seitens der Moderatoren. Gleichzeitig stellt der bewusste Perspektivwechsel, gerade bei Fragestellungen zu emotionalen Themen wie Fehlbarkeit und Verantwortung, ein probates Mittel zur Versachlichung dar.

Insgesamt kamen die Teilnehmer zu dem Ergebnis, dass die Verantwortungs- und Fehlerkultur im Heer verbessert werden muss. Schon gleich zu Beginn wurde dies deutlich, als die Teilnehmer intuitiv die Verantwortungs- und Fehlerkultur bewerteten, indem sie Punkte in ein Diagramm mit unterschiedlichen Statements setzten, um so ihre Einstellung zur getroffenen Aussage deutlich zu machen. Die Verteilung der Punkte aller Teilnehmer als „Stimmungsbild" zeigte, dass viele mit der Einstellung zur Veranstaltung angereist waren, dass Handlungsbedarf besteht.

Wo sahen die Teilnehmer wesentliche Ursachen für Defizite? Hier fielen sofort die Stichworte Zeit, Material und Personal. Auch die häufigen Reformen der letzten Jahre und eine damit verbundene „strukturelle Unruhe" hätten die Verantwortungs- und Fehlerkultur beeinträchtigt. Insgesamt sahen sich die Teilnehmer mit einer zu hohen Auftragsdichte sowie einer Einschränkung ihrer Handlungsfreiheit konfrontiert. Dabei differenzierten sie allerdings. Während die Verantwortungs- und Fehlerkultur in den Einheiten noch funktioniere, sei dies nach oben hin nicht mehr der Fall. Das Vertrauen in höhere Führungsebenen sei eingeschränkt. Dabei gäbe es signifikante Unterschiede zwischen Einsatz und Grundbetrieb. Im Einsatz sei vieles besser.

Welche Maßnahmen können ergriffen werden, um die Verantwortungs- und Fehlerkultur zu verbessern? Hierbei sollten sich die Teilnehmer auf Handlungsfelder konzentrieren, in denen Verbesserungen durch eigenes Handeln erreicht werden. Stark verbesserungsbedürftig sei, so die Teilnehmer, die Praxis des Führens mit Auftrag. Allerdings zeigten die Diskussionen, dass es unterschiedliche Verständnisse darüber gibt, was die für den militärischen Führungsprozess wichtigen Begriffe des Führens mit Auftrag und der Auftragstaktik eigentlich meinen.

Ganz entscheidend sei ein verbessertes Informations- und Kommunikationsverhalten. Die Teilnehmer forderten deutlich mehr Zeit für Gespräche und mahnten eine größere Ehrlichkeit und Offenheit an. Überraschend war der Vorschlag, Dienstaufsicht unangemeldet durchzuführen – nicht nur, um den Aufwand zu reduzieren, sondern um den Dienstaufsichtsführenden die Chance zu geben, die unverstellte Realität wahrzunehmen.

Viele Teilnehmer kritisierten die neuen Ausbildungsgänge zum Feldwebel und Offizier. Dem Führungsnachwuchs fehle es vielfach an Erfahrung. Insbesondere der Inspekteur des Heeres wies nachdrücklich darauf hin, dass die älteren Offiziere und Portepeeunteroffiziere dem Führungsnachwuchs als Mentoren zur Seite stehen und diesen weitaus stärker helfen müssten, in ihre Führungsverantwortung hineinzuwachsen.

Handlungsbedarf besteht bei der Rolle des Vorgesetzten als Erzieher. Die Diskussionen bestätigten, dass kein einheitliches Verständnis über den Erziehungsauftrag in der Bundeswehr besteht.

‚Zeitfresser' konnten häufig auf das fehlende Material und Personal zurückgeführt werden. Hierauf haben Vorgesetzte im Heer nur geringen Einfluss. Die Teilnehmer erarbeiteten jedoch zahlreiche Verbesserungsmöglichkeiten, die von Vorgesetzten auf allen Führungsebenen umgesetzt werden könnten. So könnte beispielsweise Zeit bei der Erstellung von Vorlagen und Vorträgen eingespart werden. Diese litten oftmals unter Perfektionsdrang und fehlender klarer Absicht des Vorgesetzten. Hier könnten deutliche Vorgaben von Vorgesetzten aller Führungsebenen zur Gewichtung von Inhalt und Form Entlastung schaffen. Die Abkehr von „im Zweifel 100%" würde zudem den ursprünglichen Zweck von Informationstechnologie, Hilfe zur Auftragserfüllung zu sein, wieder deutlicher in den Blick rücken, statt selbst zum Auftrag und „Zeitfresser" zu werden. Als besonders problematisch wurde in diesem Zusammenhang auch das „Durchschieben" von Mails von oben nach unten bewertet. Hier sei, wie der Wehrbeauftragte es nannte, „Funkdisziplin" erforderlich. Die technische Möglichkeit, Informationen schneller zu verbreiten, dürfe nicht dazu führen anzunehmen, dass Auswertung und Umsetzung gleichermaßen beschleunigt möglich sind.

In einem Berufsumfeld, in dem militärische Führer ständig Entscheidungen treffen müssen, durch Aufträge stark gebunden sind, sich aber gleichzeitig mehr Zeit für Gespräche nehmen soll, kommt es darauf an, nicht nach Perfektion zu streben. 80 Prozent reichten für die überwiegende Anzahl der Aufgaben aus. Gleichzeitig bietet sich so die Möglichkeit, die wenigen Aufträge, die tatsächlich 100% benötigen, angemessen zu erfüllen. Schwerpunktbildung und Priorisierung sind Führungsaufgaben. Sie erfordern jedoch zwangsläufig die Akzeptanz von Abstrichen in weniger wichtigen Bereichen – wenn alles wichtig ist, ist nichts wichtig. Zudem müsste die negative Konnotation des Fehlerbegriffs behoben werden. Soldaten dürften keine Angst haben, Fehler zu melden.

Zwei Tugenden wurden intensiv diskutiert. Soldaten bräuchten eine Gelassenheit im Umgang mit Fehlern, auch im Hinblick auf Auswirkungen auf ihre eigenen Karrieren. Sie könnten zudem darauf vertrauen, dass Vorgesetzte sich schützend vor ihre Soldatinnen und Soldaten, die selbständig handelten und Entscheidungen träfen, stellten. Ein wichtiges Hilfsmittel sei die Förderung derjenigen, die Mut zur Entscheidung haben und Verantwortung wahrnehmen wollen.

Vertrauen vor allem in die höheren Führungsebenen ist unverzichtbar. Weitere Analysen sind erforderlich, um festzustellen, ob und warum Vertrauen verloren gegangen ist und wie Vertrauen wiederhergestellt werden kann.

Ausblick

In seiner Schlussbesprechung stellte der Inspekteur des Heeres heraus, dass es Defizite und damit Handlungsbedarf gibt. Daher war der Ansatz der Tagung, Multiplikatoren für die Verbesserung der Verantwortungs- und Fehlerkultur im Heer zu gewinnen, richtig. Es kommt darauf an, dass diese in ihren Verantwortungsbereichen selbständig geeignete Maßnahmen treffen. Die Tagung kann in dieser Form auch in Einheiten und Verbänden der Truppe durchgeführt werden. Die eingesetzten Methoden (Einsatz externer Moderatoren, die inhaltliche Vorbereitung der Teilnehmer durch einen Reader im Vorfeld, der Verzicht auf Präsentationen zugunsten eines Workshop-Charakters der Veranstaltung, die Nutzung von Statement-Diagrammen zur Erzeugung eines Lagebildes) haben sich bewährt. Nicht bewährt im Rahmen dieser Veranstaltung hat sich hingegen die Nutzung von „Impulskarten" – sie wurden schlicht kaum genutzt. Die Impulskarten enthielten die Fragestellungen aller Gruppen und sollten den Teilnehmern schriftlich ermöglichen, eigene Erfahrungen zu Fragestellungen anderer Gruppen beizutragen. So sollte vermieden werden, dass aufgrund der Gruppeneinteilung und der damit verbundenen Zuteilung der Teilnehmer zu einer einzigen Fragestellung wichtige Impulse verloren gehen. Die Teilnehmer zeigten sich zwar am Format interessiert, nutzten es aber kaum.

Der von allen Teilnehmern mitgetragene Vorschlag, das Thema der Verantwortungs- und Fehlerkultur in die lehrgangsgebundene Ausbildung sowie in die Weiterbildung in der Truppe zu integrieren, wird geprüft. Allerdings sind die Lehrpläne oftmals stark überlastet. Hier könnte der Weg gegangen werden, Vorgesetzte zu einer eigenständigen Weiterbildung über dieses Thema zu motivieren – weil es im Mittelpunkt ihres beruflichen Selbstverständnisses stehen sollte.

Die Verantwortungs- und Fehlerkultur ist nicht allein eine Angelegenheit der Inneren Führung. Sie gehört auch in den Bereich von Führung und Einsatz, wie vor allem ein Blick in die Vorschriften zur Truppenführung im Heer seit 1956 zeigt. Vor allem die älteren Versionen bieten hilfreiche Führungsgrundsätze für eine den Anforderungen von Einsatz und Krieg angemessene Verantwortungs- und Fehlerkultur.[2]

Entscheidend für die Verbesserung der Verantwortungs- und Fehlerkultur sind die höheren Vorgesetzten in den Dienststellen. Die Etablierung einer durchsetzungsstarken *guiding coalition*[3], die über die Teilnehmer an der Tagung hinausgeht, ist eine wichtige, wenn nicht die wichtigste und früh zu nehmende Stufe im Veränderungsmanagement.

---

[2] Siehe dazu von Rosen in diesem Jahrbuch.
[3] John P. Kotter, Leading Change, Harvard Business Review Press 2012, S. 53ff.

Armee im Aufbruch: Zum anhaltenden Diskurs um das Buch der »Leutnante 2014«.

Marcel Bohnert

> *„Die Reaktionen auf dieses Buch verdeutlichen, dass Neues nicht immer gewünscht ist und dass Soldaten mit innovativen Ideen Mut und Durchhaltevermögen benötigen."*[1]

Allgemeines

Als die jungen Offiziere der Hamburger Bundeswehruniversität im November 2014 der Öffentlichkeit ihren Sammelband »Armee im Aufbruch« präsentierten, ahnten sie noch nicht, was für eine Debatte sie in den folgenden Monaten auslösen würden. Wo immer sich über *Innere Führung*, soldatisches Selbstverständnis oder militärische Führungskultur verständigt wurde, nahm man Bezug auf die Thesen der »Leutnante 2014«.[2] Dass es sich bei den 16 Autorinnen und Autoren um Offiziere mit ganz unterschiedlichen Einstellungen und Sichtweisen handelte, wurde dabei oft ausgeblendet.

---

[1] Hartmann, Uwe/von Rosen, Claus (2015): Einleitung, in: U. Hartmann/C.v. Rosen (Hrsg.): Jahrbuch Innere Führung 2015. Neue Denkwege angesichts der Gleichzeitigkeit unterschiedlicher Krisen, Konflikte und Kriege. Miles: Berlin, S. 22.

[2] Die im Diskurs für die Autorenschaft genutzte Bezeichnung »Leutnante 2014« (vgl. u.a. Flocken, Andreas (2015): Interview mit Dr. Claus von Rosen, dem Nachlassverwalter von Graf Baudissin: "Durchsetzen der Inneren Führung war schwieriger Prozess". Streitkräfte und Strategien, NDR Info, 17. Oktober 2015, Im Internet: http://www.ndr.de/info/Durchsetzen-der-Inneren-Fuehrung-war-schwieriger-Prozess,audio259210.html [letzter Abruf: 20. Juli 2016]) entstand wohl in Anlehnung an die Thesen der »Leutnante 70« und der »Hauptleute 71/Hauptleute von Unna«, die 1970 bzw. 1971 ihrerseits umstrittene Anmerkungen zur Führungskultur in den Streitkräften öffentlich machten (vgl. u.a. Lünenborg, Gustav (2015): Bürger und Soldat. Innere Führung hautnah. 1956-1993, 1993-2015. Miles: Berlin, S. 49ff.; König, Josef (2016): „Die Verankerung der Grundsätze der Inneren Führung in einem Bundesgesetz steht für mich nicht auf der Tagesordnung." Interview mit dem 1. Sprecher des Beirats für Fragen der Inneren Führung und ehemaligen Parlamentarischen Staatssekretär Thomas Kossendey. Kompass. Soldat in Welt und Kirche, 3, S. 11; Brammer, Uwe (2016): Kind des Kalten Krieges. Vor 60 Jahren erscheint erstmals die „Information für die Truppe". if. Zeitschrift für Innere Führung, 3, S. 19; Schmider, Klaus (2016): Werner Mölders und die Bundeswehr. Anmerkungen zum Umgang mit der Geschichte der Wehrmacht. Portal Militärgeschichte, Im Internet: http://portal-militaergeschichte.de/schmider_moelders [letzter Abruf: 20. Juli 2016]).

Im Folgenden werden die Phasen der Debatte um den Sammelband chronologisch nachgezeichnet. Damit soll überblicksartig aufgezeigt werden, welcher Kritik – angemessen und unangemessen, berechtigt und unberechtigt – das Buchprojekt ausgesetzt war und wie sich der Weg zu einem sachlichen Diskurs gestaltet hat. Mit Blick darauf werden begleitend Einschätzungen zur Theorie und Praxis der *Inneren Führung* als kritische Instanz vorgenommen.

Phasen der Debatte

Im Folgenden werden vier aufeinanderfolgende Phasen der Debatte um »Armee im Aufbruch« beschrieben. Dabei kann nicht von einer vollkommen geradlinigen Entwicklung ausgegangen werden. Die Diskussionen um das Buch haben in verschiedenen Milieus und Fachkreisen zeitversetzt stattgefunden. Während beispielsweise in der Wissenschaft noch vergleichsweise pikiert um Erklärungen gerungen wurde[3], fand im medialen Kontext sowie in sozialen Netzwerken längst ein konstruktiver Austausch von Kritikern und Befürwortern des Projektes statt.[4]

Phase 1: Indifferenz

Die ersten Wochen nach der Publikation des Sammelbandes verliefen ohne nennenswerte Resonanz. Die Veröffentlichung wurde zwar wahrgenommen

---

[3] Vgl. u.a. Bohn, Jochen (2015): Armee ohne Aufbruch. Randnotiz zur Selbstfunktionalisierung des deutschen Offizierkorps, in: U. Hartmann/C.v. Rosen (Hrsg.): Jahrbuch Innere Führung 2015. Neue Denkwege angesichts der Gleichzeitigkeit unterschiedlicher Krisen, Konflikte und Kriege. Miles: Berlin, S. 258 (Jochen Bohns scharfe Kritik überrascht, da er an anderer Stelle als prägend für die Geisteshaltung einiger Autorinnen und Autoren betrachtet wird [Vgl. Janke, Reinhold (2016): Staatsbürger in Uniform: Ein Bild von gestern?, in: A. Bach/W. Sauer (Hrsg.): Schützen, Retten, Kämpfen – Dienen für Deutschland. Miles: Berlin, S. 147]); s.a. Wiesner, Ina (2015): Grosse Worte. Zur Sache Bw, 27, S. 70 [Replik zu diesem Beitrag: Bohnert, Marcel (2015): Demokratie braucht Gesprächskultur. Zum Beitrag »Große Worte«. Zur Sache Bw, 28, S. 49]; Samulowitz, Kai (2016): Quo Vadis, Innere Führung? Zur Sache Bw, 28, S. 59.

[4] Vgl. u.a. Imort, Benjamin (2015): Gespräch: Das deutsche Soldatenbild, Politikum, WDR 5, 7. April 2015; Sperber, Katharina (2015): Hauptmann: Mehr Anerkennung für Soldaten, ZDF heute, 21. Januar 2015; Edinger, Kathrina (2015): Der brave Soldat und die Zivilgesellschaft. derFreitag, 31. März 2015; Ermes, David (2015): Rezension: Armee im Aufbruch. Politische Studien 462. Orientierung durch Information und Dialog, 66, S. 83ff.; Schröder, Axel (2014): Afghanistan-Rückkehrer verändern die Truppe. DLF-Magazin, Deutschlandfunk, 4. Dezember 2014; Mehringer, Thomas (2015): Die Bundeswehr wirbt um Nachwuchs. Zündfunk, Bayerischer Rundfunk, 17. März 2015.

und erste Exemplare des Buches wurden verkauft, jedoch gab es lediglich aus dem privaten und unmittelbaren dienstlichen Umfeld der Autorinnen und Autoren Reaktionen. Die Buchvorstellung fand am 25. November 2014 in den Räumlichkeiten der Offizierheimgesellschaft der Helmut-Schmidt-Universität/ Universität der Bundeswehr in Hamburg statt und war öffentlich zugänglich. Die Veranstaltung wurde von über 70 Gästen besucht und der Saal des Offiziercasinos war damit gut gefüllt. Die Laudatio hielt der damalige Beauftragte für Erziehung und Ausbildung des Generalinspekteurs der Bundeswehr, Brigadegeneral Volker Barth. Er ließ erkennen, dass er zwar inhaltlich nicht mit jedem Beitrag übereinstimmte, er das Engagement und die Diskussionsbereitschaft der Offiziere allerdings aufrichtig schätzte. Nach der Präsentation des Buchinhaltes diskutierte ein sicherheitspolitisches Podium über soldatisches Selbstverständnis und stellte sich den Fragen des interessierten Publikums. Die Veranstaltung wurde aufgezeichnet und ist als DVD in allen Bundeswehrbibliotheken sowie online verfügbar.[5] Erste Rezensionen hatten überwiegend wohlwollenden Charakter. Zwar wurde dem Buch durchgängig ein kritischer Grundtenor attestiert, das Lob für die Initiative zur Veröffentlichung dieser militärischen Innenansichten überwog die negative Kritik am Sammelband aber deutlich.[6]

Phase 2: Empörung

In der Januarausgabe des auflagestarken sicherheitspolitischen Magazins *loyal* wurde Jan-Philipp Birkhoffs »Führen trotz Auftrag« – unzweifelhaft einer der

---

[5] Vgl. Helmut-Schmidt-Universität/Universität der Bundeswehr Hamburg (Hrsg.)(2014): Buchvorstellung & Podiumsdiskussion. Armee im Aufbruch – Zur Gedankenwelt junger Offiziere in den Kampftruppen der Bundeswehr & Quo Vadis? – Anforderungen an den jungen militärischen Führer. Video-DVD. Helmut-Schmidt-Universität/Universität der Bundeswehr Hamburg: Hamburg, Im Internet: http://youtu.be/4xU9Ga7sO6Q [letzter Abruf: 1. September 2016]. An der Podiumsdiskussion nahmen Winfried Nachtwei, Klaus Naumann, Sascha Stoltenow sowie Jan Hecht teil. Ein ausführlicher Bericht findet sich in: Lünenborg, Gustav (2015): Bürger und Soldat. Innere Führung hautnah. 1956-1993, 1993-2015. Miles: Berlin, S. 253ff.

[6] Siehe etwa Bertram, Bastian (2015): Leseempfehlung. Armee im Aufbruch. Zur Gedankenwelt junger Offiziere in den Kampftruppen der Bundeswehr. Aufsatz. Gemeinschaft Katholischer Soldaten, 297/298, S. 36; Sehr, Mareike (2014): Hier wird alles schön geredet. Westdeutsche Allgemeine Zeitung, 3. Dezember 2014; Hellmann, Kai-Uwe (2014): Kampf und Berufsidentität. Rahmungen eines professionellen Selbstverständnisses. Vortrag auf einem Workshop des Hamburger Instituts für Sozialforschung (HIS), Juli 2014.

provokantesten Beiträge des Sammelbandes – in einer verkürzten Version abgedruckt, was zahlreiche Reaktionen hervorgerufen hat. So führte die Veröffentlichung etwa dazu, dass Generalleutnant Martin Schelleis, damals Kommandierender General des Luftwaffentruppenkommandos, in einem Leserbrief darstellte, für wie bestürzend er es hielt, dass sich ein lebens- und dienstunerfahrener Offizier öffentlich zur *Inneren Führung* äußerte. Ein anderer Leser legte Birkhoff die Entlassung aus der Bundeswehr nahe.[7] Im Februar 2016 erschien zudem eine Rezension des Bandes in der *Frankfurter Allgemeinen Zeitung*. Auch wenn die teils polemischen Ausführungen spüren ließen, dass der Rezensent mit vielem Geschriebenen nicht einverstanden war, hatte er umfassend recherchiert und äußerte sich abschließend konstruktiv.[8]

Beide Publikationen hatten starken Einfluss auf den generellen Meinungsbildungsprozess zum Buchband und sind seither Basis einer jeden Debatte um »Armee im Aufbruch«. Sie waren zudem Impuls für zahlreiche weitere Rezensionen, in denen die vorgelegten Argumente oft aufgegriffen oder mitunter auch schlicht übernommen wurden. Insbesondere im linkspolitischen Raum wurden die Gedanken der jungen Offiziere schnell als revisionistisch und demokratiefeindlich dargestellt: Der Politologe Peer Heinelt verfasste beispielsweise gleich mehrere Beiträge mit gleichem Grundtenor, die u.a. im *German Foreign Policy*-Internetportal[9], der Tageszeitung *Junge Welt*[10] und dem Magazin *Konkret*[11] veröffentlicht wurden.[12]

---

[7] Vgl. loyal, 2, 2015, S. 17; s.a. Dausend, Peter/Niejahr, Elisabeth (2015): Operation Röschen. Das System von der Leyen. Campus: Berlin, S. 163ff.

[8] Vgl. Wagner, Gerald: Keiner weiß, wie der Landser tickt. Frankfurter Allgemeine Zeitung, 25. Februar 2015, S. N4.

[9] Vgl. Heinelt, Peer (2015): Rezension Armee im Aufbruch. Informationen zur Deutschen Außenpolitik. Im Internet: http://german-foreign-policy.com/de/fulltext/59064 [letzter Abruf: 11. September 2016].

[10] Vgl. Heinelt, Peer (2015): Mordsspektakel. Junge Welt, 13. Juni 2015, S. 12.

[11] Vgl. Heinelt, Peer (2015): Kommunikation in Uniform, Konkret, 4.

[12] Ähnliche Sichtweisen: Vgl. Krum, Horsta (2015): Vernichtung im ersten Lehrgang. Die Selbstdarstellung der Bundeswehr in zwei Sammelbänden. Junge Welt, 23. November 2015, S. 10; Rose, Jürgen (2015): Die Wiederkehr des Heldenkults und das Ende der »Inneren Führung«. Anmerkungen zu Deutschlands neuer Wehrmacht. Neue Rheinische Zeitung, 535, 4. November 2015; Carlens, Sebastian (2016a): Neuer Ostlandritt. Bundeswehr stellt Panzerbataillon auf. Junge Welt, 28. Februar 2015, S. 8; Carlens, Sebastian (2016b): Schwarzer Kanal: Neue deutsche Härte. Junge Welt, 21. November 2015, S. 3; Warkentin, Volker (2015): Deutsch-nationaler Muff im Offizierkorps. Opinion Club, 23. März 2015; Tückmantel, Ulli (2015): Junge Bundeswehr-Offiziere hadern mit der Gesellschaft. Westdeutsche Zeitung,

Kritik aus den Streitkräften gab es vor allem aus dem Zentrum Innere Führung[13] sowie im unmittelbaren Umfeld der Offiziere an der Helmut-Schmidt-Universität/Universität der Bundeswehr Hamburg.[14] Verschiedentlich ist dabei deutlich geworden, dass Kritiker sich nur oberflächlich mit dem Sammelband auseinandergesetzt haben. Es ließ sich sowohl in Rezensionen als auch im Verlaufe von Diskussionen oder Gesprächen schnell erkennen, wer den Band wirklich gelesen hatte und wer seine Argumentation lediglich auf Sekundärquellen stützte. Zuverlässige Indizien waren unzutreffende Aussagen, zu der u.a. das häufig genutzte Argument zählt, dass keiner der Autoren über Auslandserfahrungen verfügen würde.[15] Auch aus dem Kontext gerissene und falsch zugeordnete Zitate sowie fachliche Fehler wären bei einer eingehenden Beschäftigung mit dem Sammelband vermeidbar gewesen.[16]

---

16. Mai 2015, S. 10.

[13] Vgl. Weigt, Jürgen (2015): Plädoyer für ein Gefühl. if. Zeitschrift für Innere Führung, 3 [Replik zu diesem Beitrag: Haak, Karen (2015): Plädoyer für ein Konzept. Die Diskussion um Armee im Aufbruch geht weiter. if. Zeitschrift für Innere Führung, 4, S. 65-68]; Marberg, Jan (2015): Armee auf Sinnsuche. Die Innere Führung muss wieder gestärkt werden. if. Zeitschrift für Innere Führung, 3, S. 4.

[14] Vgl. Matschke, Markolf/Knorn, Christian/Theobald, Sebastian (2015): Armee im Aufbruch: Attacke und Gegenattacke. Ein Friedensangebot und Lösungsansätze. Univok, 2, S. 22ff.; Bohnert, Marcel/Unger, Richard P. (2015): Zu den Aktivitäten studierender Panzergrenadiere an der Universität der Bundeswehr Hamburg. Der Panzergrenadier, 1, S. 67ff.

[15] Vgl. u.a. Rosenthal, Jürgen K.G. (2015): Das Zentrum Innere Führung wird auch als Schmiede der „Unternehmensphilosophie" der Bundeswehr gesehen. Interview mit Generalmajor Jürgen Weigt, Kommandeur des ZInFü. Hardthöhenkurier – Das Magazin für Soldaten und Wehrtechnik, 2, S. 46ff.; s.a. Bohnert, Marcel (2015): Military Perceptions: Armed Forces on the Move Lecture. Audiodatei. Bundessprachenamt: Hürth, Im Internet: http://youtu.be/DBizfMdRO3M [letzter Abruf: 21. September 2016]. Tatsächlich hatten die Autoren Hendrik Müller (Pseudonym), Marc Kuhn und Felix Schuck zum Zeitpunkt der Publikation bereits an Auslandseinsätzen der Bundeswehr teilgenommen. Das geht aus ihren Beiträgen bzw. dem im Buch befindlichen Autorenverzeichnis klar hervor.

[16] Beispiele dafür finden sich u.a. im Aufsatz von Burkhard Meißner, der Kritik an Martin Böcker zugeordneten Aussagen über die Innere Führung übt, wobei dieser lediglich den Wissenschaftler Elmar Wiesendahl zitiert (Vgl. Meißner, Burkhard (2015): Athen und Sparta. Kritik spiegelt Krisenerfahrung. if. Zeitschrift für Innere Führung, 2, S. 9). Peer Heinelt empört sich über die im Vorwort genutzte Formulierung »öffentlicher Lethargie« und ordnet diese dem Autor zu (Heinelt, Peer (2015): Rezension Armee im Aufbruch. Informationen zur Deutschen Außenpolitik, Im Internet: http://www.german-foreign-policy.com/de/fulltext/59063 [letzter Abruf: 20. Juli 2016]), obwohl klar auf häufig zitierte Aussagen des Bundespräsidenten, des Außenministers und der Verteidigungsministerin Bezug genommen wird (Vgl. Bohnert, Marcel (2014): Vorwort, in: M. Bohnert/L.J. Reitstetter (Hrsg.): Armee im Aufbruch. Zur Gedanken-

Als gutes Beispiel für die wahrnehmbare intellektuelle Überheblichkeit gegenüber den Autorinnen und Autoren lässt sich die umfassende Kritik am Aufsatz von Diana Dänner anführen, die sich mit der Traditionswürdigkeit von Pferden in der Bundeswehr befasst.[17] Ihr wurden u.a. mangelnder Realitätssinn und altmodische Träumereien vorgeworfen.[18] Ein präziser Blick in unsere und verbündete Streitkräfte offenbart allerdings ein interessantes Bild, denn es gibt durchaus eine Tendenz zur vermehrten Nutzung von Trag-, Reit- und Packtieren. Im Einsatz- und Ausbildungszentrum für Tragtierwesen 230 in der Gebirgsjägerbrigade Bad Reichenhall werden über 50 Maultiere und Haflinger-Pferde zum militärischen Material- und Personaltransport bei extremen Witterungsbedingungen und in unwegsamem Gelände eingesetzt. Sie kamen sowohl während des Kosovo-Einsatzes als auch beispielsweise während der großangelegten NATO-Übung »Trident Juncture 2015« zum Einsatz. Ihre Verlegung in die ISAF[19]-Mission nach Afghanistan wurde vor allem durch Ressentiments im

---

welt junger Offiziere in den Kampftruppen der Bundeswehr. Miles: Berlin, S. 17). Peer Heinelt nutzt zur Beschreibung der jungen Offiziere zudem wiederkehrend die falsche Bezeichnung »Kampfgruppenkommandeure« (Vgl. Heinelt, Peer (2015): Krieg um die Köpfe – Rückwärts voran... Dr. Peer Heinelt im Gespräch. Universitäre Bildung im imperialen Design. Interview am 7. März 2015 an der Freien Universität Berlin, Im Internet: http://www.schattenblick.de/ infopool/sozial/report/sorb0031.html [letzter Abruf: 20. Juli 2016]). Uwe Brammer ordnet das Zitat „Der Staatsbürger in Uniform ist ein Auslaufmodell. Heute wird der Profi in Uniform benötigt" den Autoren zu (Vgl. Brammer, Uwe (2016): Kind des Kalten Krieges. Vor 60 Jahren erscheint erstmals die „Information für die Truppe". if. Zeitschrift für Innere Führung, 3, S. 19), obwohl es im Buch nicht auftaucht. Am ehesten ist es wohl mit einem im Aufsatz von Florian Rotter erwähnten Zitat des ehemaligen Inspekteurs des Heeres im Jahre 2004 vergleichbar („Der Staatsbürger in Uniform hat ausgedient [...] Wir brauchen den archaischen Kämpfer und den, der den High-Tech-Krieg führen kann"; zit. nach Rotter, Florian (2014): Wie dienen? Preußische Tugenden im 21. Jahrhundert, in: M. Bohnert/L.J. Reitstetter (Hrsg.): Armee im Aufbruch. Zur Gedankenwelt junger Offiziere in den Kampftruppen der Bundeswehr. Miles: Berlin, S. 56). Auf Grund der Offensichtlichkeit dieser und weiterer Fehler muss man Rezensenten mitunter tendenziöse Kritik und politisches Kalkül unterstellen.
[17] Vgl. Dänner, Diana (2014): Von Tradition und Kamerad Pferd. Worum sich heut nur mancher noch schert, in: M. Bohnert/L.J. Reitstetter (Hrsg.): Armee im Aufbruch. Zur Gedankenwelt junger Offiziere in den Kampftruppen der Bundeswehr. Miles: Berlin, S. 213ff.
[18] Vgl. u.a. Weigelt, Julia (2016): Junge Offiziere kritisieren die Innere Führung. Streitkräfte und Strategien, NDR Info, 16. Januar 2016, Interviewsequenz mit dem Autor Jan-Philipp Birkhoff: „Innere Führung ist zu komplex", Im Internet: http://www.ndr.de/info/Birkhoff-Innere-Fuehrung-ist-zu-komplex,audio268894.html [letzter Abruf: 20. Juli 2016].
[19] ISAF: International Security Assistance Force, Bezeichnung der internationalen Schutztruppe in Afghanistan bis zum 31.12.2014, seit 2015: Resolute Support (RS).

Einsatzführungskommando der Bundeswehr sowie im damaligen Heeresführungskommando verhindert. Ein Bedarf der Truppe bestand durchaus, wie etwa die lokale Anmietung von afghanischen Eseln durch mehrere Kampfeinheiten der Task Force Kunduz in den Jahren 2010 und 2011 zeigte.[20] Auch Spezialkräfte haben im multinationalen Umfeld sowie hierzulande die Vorzüge des Einsatzes der Tiere zum Reiten oder zum Transport von Wasser und Ausrüstung längst erkannt. In Bad Reichenhall findet inzwischen jährlich ein mehrwöchiger Reit- und Transportkurs für die Angehörigen des Kommandos Spezialkräfte (KSK) statt.[21] Angesichts der zunehmenden Technisierung und Automatisierung des militärischen Gefechtsfeldes mag diese Entwicklung unkonventionell und befremdlich anmuten, die Vorzüge des Einsatzes von Mulis und Pferden in schwierigem Gelände und bei extremen Temperaturen, in minenverseuchten oder durch Sprengfallen gefährdeten Gebieten sowie während Aufklärungsaufträgen oder in urbanen Operationen sind jedoch augenscheinlich und lassen sich je nach Lage und Einsatzgebiet als Alternative zu mechanisierten Transportsystemen zumindest diskutieren. Keiner der Kritiker an Dänners Aufsatz hatte die fachliche Versiertheit und das Wissen um diese Trends, was als einer von vielen Belegen für die anfangs sehr oberflächliche Befassung mit den Buchinhalten betrachtet werden kann. Zudem wurde den Autorinnen und Autoren teilweise eine gerade in wissenschaftlichen Foren übliche offene Kommunikation verwehrt, in dem auf Gesprächsangebote, Feedback oder Rückfragen keine Antwort erfolgte.

Als Reaktion auf die teils ultimative Kritik und den öffentlichen Verriss des Bandes erreichten die Autorenschaft zu dieser Zeit allerdings auch zahlreiche Leserbriefe, in denen ihr der Rücken gestärkt wurde. So schrieb etwa General-

---

[20] Vgl. u.a. Bohnert, Marcel/Schreiber, Björn (2014): 200 Tage Kunduz. Erfahrungen einer Kampfkompanie in Afghanistan. Video-Doppel-DVD. 3. Auflage. Helmut-Schmidt-Universität/Universität der Bundeswehr Hamburg: Hamburg (ab 1h 24min). Im Jahre 2010 erregte schon die erste Task Force Kunduz durch die Anmietung des afghanischen Esels »Hermann« mediale Aufmerksamkeit. Höhere Stellen der Bundeswehr verboten den weiteren Einsatz des Esels für die deutschen Kräfte mit Hinweis auf die Tierseuchenlage. Offiziell hatte die Truppe ihn abgeschafft, weil er nicht über Wassergräben steigen wollte. Weitere Informationen finden sich in den vielen damaligen Meldungen im Internet, u.a.:
http://www.welt.de/politik/ausland/article11015219/Bundeswehr-Esel-Hermann-quittiert-aktiven-Dienst.html [letzter Abruf: 20. Juli 2016].
[21] Persönliche Kommunikation mit dem Dienststellenleiter des Einsatz- und Ausbildungszentrums Tragtierwesen 230 in Bad Reichenhall, Oberfeldveterinär Franz Edler von Rennenkampff, am 14. Juli 2016.

major a.D. Friedrich Freiherr von Senden, dass er während seiner aktiven Dienstzeit als Kommandeur der Offizierschule des Heeres 1994 den bis heute gültigen Leitspruch »In Freiheit Dienen« einführte und dass er »Armee im Aufbruch« als Ausdruck genau dieses Selbstverständnisses empfinden würde. Auch wenn er nicht alle im Band aufgestellten Thesen für abschließend richtig hielt, empfand er die Initiative der Autorinnen und Autoren als »überwältigend positiv«. Weitere bestärkende Leserbriefe sendeten u.a. Brigadegeneral a.D. Dieter Farwick, Oberstleutnant a.D. Gustav Lünenborg und Dr. Wolfgang Klasmeier. Der General der Heeresaufklärungstruppe verlieh den Band als Bestpreis für junge Offiziere und auch der Freundeskreis der Offiziere der Panzertruppe hat ihn mehrfach als Auszeichnung für besonders verdiente Kameraden vergeben.[22] In der Truppe erfreute sich das Buch darüber hinaus offenbar großer Beliebtheit, und immer wieder erreichte die Autorenschaft die Nachricht, dass nun auch die »Unteroffiziere endlich mal lesen« würden. Die vielen bestärkenden Reaktionen leiteten den Übergang in die nächste Phase des Diskurses ein.

Phase 3: Austausch

Seit der zweiten Jahreshälfte 2015 gab es kaum eine Veranstaltung zur militärischen Führungskultur oder zum Berufsbild von Offizieren, die um »Armee im Aufbruch« herum kam – unabhängig davon, ob sie am Zentrum Innere Führung, am Zentrum für Ethische Bildung in den Streitkräften oder an den Universitäten der Bundeswehr stattgefunden hat.

Bei einer durch zwei Professuren initiierten Podiumsdiskussion mit dem Titel »Die Bedeutung des zivilen Studiums für die professionelle Identität von Offizieren« an der Helmut-Schmidt-Universität/Universität der Bundeswehr Hamburg war die Hauptbibliothek bis auf den letzten Platz gefüllt. Neben einigen Wissenschaftlern stellte sich auch Gerald Wagner, Autor des kritischen Beitrages in der *Frankfurter Allgemeinen Zeitung* den jungen Offizieren und gelangte mit ihnen und den diskussionsfreudigen Zuhörern in einen fruchtbaren Austausch.

---

[22] Übrigens ein Prozedere, das die Clausewitz-Gesellschaft für ihre Mitglieder bis heute ablehnt.

Auch die den Aufsätzen vorangestellten Illustrationen von Nathalie Falkowski standen in der Kritik. Nach Auffassung der Autorenschaft stellen sie allerdings unverfängliche historische oder aktuelle Motive dar, die einen klaren inhaltlichen Bezug zu den jeweiligen Beiträgen haben. Hier zu sehen ist das Bild zum Aufsatz »Der erste Einsatz« von Hendrik Müller (Pseudonym).

Am 29. und 30. September 2015 fand am Zentrum für Militärgeschichte und Sozialwissenschaften der Bundeswehr in Potsdam ein durch das Bundesministerium der Verteidigung initiierter Workshop zum soldatischen Selbstverständnis und *Innerer Führung* statt. Neben einigen Autoren nahmen auch ausgewiesene Experten der Militärsoziologie und hochrangige Vertreter der Streitkräfte an der Veranstaltung teil. Allein diese hochkarätige Besetzung war ein Beleg für das Ausmaß, das die Debatte inzwischen erreicht hatte. Zudem wurde im Laufe des Workshops klar, dass die Autorinnen und Autoren inzwischen als ernsthafte Gesprächspartner geschätzt wurden und man ihnen auf Augenhöhe begegnete.

Bei einer Großveranstaltung an der Offizierschule des Heeres in Dresden am 23. November 2015, an der knapp 500 Offiziere und Offizieranwärter teilnahmen, wurde »Armee im Aufbruch« umfassend thematisiert. Wie viele der zwischenzeitlich dorthin versetzten Autoren berichteten, fanden sie hier ein ausgesprochen aufgeschlossenes Umfeld vor, das sich auch führungsseitig ernsthaft für ihre Einstellungen und Sichtweisen interessierte.[23]

Die zunehmende Versachlichung der Debatte zeigte sich auch am allgemeinen Ton des öffentlichen Diskurses: Stefan Fischer stützte seine Analyse in der Rheinpfalz zu Beginn dieses Jahres zwar fast ausschließlich auf die an anderer Stelle schon häufig zitierten Passagen des Aufsatzes von Jan-Philipp Birkhoff, zeigte sich allerdings insgesamt ausgewogen und reflektiert. Sein nachdenkliches Resümee mündet in der Aufforderung, Soldaten mehr als bisher zu unterstützen und das Verhältnis von Bundeswehr und Gesellschaft grundlegend zu klären.[24] Philipp Scheidle rezensierte »Armee im Aufbruch« in einem Journal für Geschichtswissenschaften und befasste sich dabei auch tiefgehend mit den Inhalten einzelner Aufsätze. Er sieht den Band als Ausdruck der derzeitigen Identitätskrise der Bundeswehr und äußert sich ebenfalls ausgewogen. Abschließend konstatiert er, dass die aktive Teilnahme der Autorinnen und Autoren an der Diskussion um die Frage, was eine Armee repräsentieren und leisten soll, einen eigenen Wert hat.[25]

Nachdem der evangelische Militärpfarrer Klaus Beckmann in verschiedenen Beiträgen und Vorträgen sehr scharfe Kritik an »Armee im Aufbruch« geübt hatte[26], tauschte er sich direkt mit einigen Autoren aus und begab sich Ende 2015 mit seinem Buch »Treue. Bürgermut. Ungehorsam« in einen sachlicheren Diskurs.[27] Ihm gelingt es allerdings auch in dieser und neueren Publikationen nicht, das Paradoxon zwischen seiner Forderung nach soldatischem „An-

---

[23] Vgl. u.a. Weigelt, Julia (2016): Junge Offiziere kritisieren die Innere Führung. Streitkräfte und Strategien, NDR Info, 16. Januar 2016, Interviewsequenz mit dem Autor Jan-Philipp Birkhoff: „Innere Führung ist zu komplex", Im Internet: http://www.ndr.de/info/Birkhoff-Innere-Fuehrung-ist-zu-komplex,audio268894.html [letzter Abruf: 20. Juli 2016].

[24] Vgl. Fischer, Stefan (2016): Entfremdet. Die Rheinpfalz, 1, 2. Januar 2016.

[25] Vgl. Scheidle, Philipp (2016): Rezension von: Armee im Aufbruch, sehepunkte, 16, S. 3.

[26] Vgl. u.a. Beckmann, Klaus (2015): Heldenspektakel. Abschied von der Gesellschaft. if. Zeitschrift für Innere Führung, 2, S. 11ff.; Beckmann, Klaus (2015): »Du bist für deinen Gehorsam verantwortlich«. Der »Staatsbürger in Uniform« als (Aus-)Bildungsziel der Bundeswehr. Evangelische Aspekte, 5; Bach, Tobias (2015): Courage oder Heldenspektakel? Radio Andernach, Im Internet: http://audioboom.com/boos/3268947-courage-oder-heldenspektakel [letzter Abruf: 27. September 2016].

[27] Vgl. Beckmann, Klaus (2015): Treue. Bürgermut. Ungehorsam. Anstöße zur Führungskultur und zum beruflichen Selbstverständnis in der Bundeswehr. Miles: Berlin; s.a. Thurau, Markus (2016): Glaube mit ideologiekritischem Potenzial. Leidenschaftliches Plädoyer für den Staatsbürger in Uniform. Zur Sache Bw, 29, S. 56f.

ecken" sowie „Nicht-Beschweigen"[28] und seiner Grundsatzkritik an »Armee im Aufbruch« aufzulösen.

Kontrovers blieben die Debatten um den Sammelband ohnehin: Christian Göbel, der »Armee im Aufbruch« in seinem Buch »Glücksgarant Bundeswehr?« ein ganzes Kapitel widmet, leitet weitere Formungs- und Erziehungsarbeit für den Offiziernachwuchs ab. Er hält u.a. eine verstärkte ethisch-politisch-historische Bildung, gute Vorbilder und eine bessere Vermittlung der *Inneren Führung* für notwendig.[29] Die *Zeit*-Journalisten Peter Dausend und Elisabeth Niejahr fokussieren sich in ihrem Buch »Operation Röschen« ebenfalls auf den vielzitierten Aufsatz von Jan-Philipp Birkhoff und sehen ihn als Spiegel für die Suche junger und einsatzerfahrener Soldaten nach Sinn und einem zeitgemäßen Wertegerüst.[30] Sie stellen zudem fest, dass das Buch „mit vielem bricht, was der Vorläufergeneration noch heilig war."[31]

Jürg Müller-Muralt bezieht sich im schweizerischen Blog *Infosperber* argumentativ auf die Rezension von *German Foreign Policy*. Die einseitige Einordnung des Bandes als »antidemokratisch« und »irritierend« war daher absehbar.[32] Die »antifaschistische Zeitung« *Lotta* sieht einige Beiträge in »Armee im Aufbruch« als Indiz dafür, dass zunehmend auch von Soldaten eine „Militarisierung der Bundeswehr [eingefordert wird] und zivile Maßstäbe für das Berufsbild des Soldaten in Frage [gestellt werden]".[33] Ähnlich der *Arbeitskreis Darmstädter Signal*, der „eine Abkehr von der identitätsstiftenden Grundlage der Bundeswehr"[34] be-

---

[28] Beckmann, Klaus (2016): Loyal, nicht pflegeleicht. Behörden Spiegel, 159, S. 2.

[29] Vgl. Göbel, Christian (2016): Glücksgarant Bundeswehr? Ethische Schlaglichter auf einige neuere Studien des ZMSBw im Kontext von Sinn und Glück des Soldatenberufs, Innerer Führung und Einsatz-Ethos. Miles: Berlin, S. 62f.

[30] Vgl. Dausend, Peter/Niejahr, Elisabeth (2015): Operation Röschen. Das System von der Leyen. Campus: Berlin, S. 163ff.

[31] Dausend, Peter/Niejahr, Elisabeth (2015): Operation Röschen. Das System von der Leyen. Campus: Berlin, S. 163.

[32] Vgl. http://www.infosperber.ch/Politik/Kriegerischer-Altruismus-statt-Hedonismus [Eintrag vom 12. März 2016; letzter Abruf: 20. Juli 2016].

[33] Karneiken, Jan (2016): „Für deutsche Interessen…". „Wehrhaftigkeit" und „Kampferfahrung" innerhalb und außerhalb der Bundeswehr. Lotta – Antifaschistische Zeitung aus NRW, Rheinland-Pfalz und Hessen, 63, Im Internet: http://www.lotta-magazin.de/ausgabe/63/f-r-deutsche-interessen [letzter Abruf: 20. Juli 2016].

[34] Arbeitskreis Darmstädter Signal (2015): Baudissins Vermächtnis bewahren! Das Weissbuch 2016 – Kritische Stimmen zur Sicherheitspolitik und Zukunft der Bundeswehr, 27. September 2015, Im Internet: http://www.weissbuch.org/baudissins-vermaechtnis-bewahren/ [letzter Abruf: 20. Juli 2016].

fürchtet. Im Blog *Braunzone Bundeswehr?* stellen Lucius Teidelbaum und seine Mitstreiter – nachdem sie zunächst einräumen, das Buch gar nicht gelesen zu haben – mit falsch zugeordneten und aus Sekundärquellen zusammengepuzzelten Zitaten unzutreffende Zusammenhänge her, etwa zwischen einer »gefälligen Rezension« in der neurechten Zeitschrift »Sezession«[35] und einem Vortrag des Autors Florian Rotter in der »Bibliothek des Konservativismus« in Berlin.[36] Im Fazit steht es für die Blogger außer Frage, einen jungrechten Offizierkreis am Werk zu sehen.[37]

Die Bundestagsabgeordnete Doris Wagner (Bündnis 90/Die Grünen) führte Ende September 2015 mit Experten eine öffentliche Fachdiskussion zur »Inneren Führung in Zeiten der Einsatzarmee« durch, weil sie meinte, in »Armee im Aufbruch« eine tiefe Verachtung für die Werte und Organisationsprinzipien der liberalen Gesellschaft erkannt zu haben.[38] Für die Veranstaltung hatte sie leider bei keinem der Herausgeber oder Buchautoren angefragt, und auf einen entsprechenden Hinweis und das Signalisieren von Gesprächsbereitschaft erfolgte keinerlei Reaktion. Im späteren Bericht zur Veranstaltung betont Doris Wagner zwar zunächst noch die Unverhandelbarkeit von Baudissins Prinzipien, zitiert dann aber alle von ihr geladenen Referenten mit Hinweisen auf Schwächen und verpasste Chancen in der Integration von Bundeswehr, Politik und Gesellschaft.[39] Ihr Tagungsbericht ist ein unbeabsichtigter Beleg dafür, dass viele Autorinnen und Autoren von »Armee im Aufbruch« richtig liegen.

Elmar Wiesendahl hat schon vor vielen Jahren vor Fehlentwicklungen der *Inneren Führung* im Lichte der zunehmenden Auslandseinsätze der Bundeswehr gewarnt und die dringende Anpassung des Leitbildes angemahnt.[40] Heute muss er

---

[35] Vgl. Spatz, Walter (2015): Vom soldatischen Rückgrat. Sezession, 67, S. 56.

[36] Vgl. http://www.bdk-berlin.org/ [Eintrag vom 11. Februar 2016; letzter Abruf: 20. Juli 2016].

[37] Vgl. http://braunzonebw.blogsport.de/ [Eintrag vom 11. Februar 2016; letzter Abruf: 20. Juli 2016]

[38] Im Internet:
http://www.gruene-bundestag.de/no_cache/news/termin_ID_2000125/veranstaltung/die_innere_fuehrung_in_zeiten_der_einsatzarmee_terminid_929.html [letzter Abruf: 20. Juli 2016].

[39] Im Internet: http://www.doris-wagner-bundestag.de/30-september-2015-innere-fuehrung-in-der-krise/ [letzter Abruf: 20. Juli 2016].

[40] Vgl. u.a. Wiesendahl, Elmar (2002): Neue Bundeswehr und überholte Innere Führung. Ein Anstoß zur Fortentwicklung eines abgestandenen Leitbilds, in: W. Gerhard (Hrsg.): Innere Führung – Dekonstruktion und Rekonstruktion. Edition Temmen: Bremen.

ernüchtert resümieren, dass die offiziell verordnete Führungsphilosophie für die »Generation Einsatz« zur hohlen Beschwörungsformel und zum Ladenhüter geworden ist. Er beobachtet in der Bundeswehr eine »gegengesellschaftliche Wagenburgenmentalität« und sieht diese auch in »Armee im Aufbruch« repräsentiert.[41] Statt sich dieser Abschottung hinzugeben, steuern einige Autoren allerdings auch explizit gegen diesen Trend und drängen sich der Gesellschaft förmlich auf – generell natürlich durch die zur Diskussion auffordernde Publikation des Buches an sich, teilweise aber auch inhaltlich.[42]

Jürgen Weigt, inzwischen zum Generalleutnant befördert und während der Hochphase der Debatte um den Sammelband Kommandeur des Zentrums Innere Führung, galt lange als scharfer Kritiker der Publikation.[43] Inzwischen bezeichnet er die Wortmeldung der jungen Offiziere öffentlich als „couragiert", wünscht ihren Überlegungen „Beachtung und Aufmerksamkeit" und fordert u.a., dass „möglichst viele [ihrer] Ideen aufgegriffen und diskutiert werden, um aus der geistigen Auseinandersetzung ein Bild entwickeln zu können, das zukünftigen Führungskräften Orientierung, Berufsstolz und Identifikation ermöglicht".[44] In einer aktuellen Publikation des Zentrums Innere Führung wird »Armee im Aufbruch« darüber hinaus als „unverzichtbar und wertvoll zugleich"[45] tituliert.

Thomas Kossendey, CDU-Politiker und ehemaliger Parlamentarischer Staatssekretär im Bundesministerium der Verteidigung, gesteht den Autorinnen und Autoren in einem Interview im März dieses Jahres immerhin zu, angesichts der sicherheitspolitischen Realitäten und der Aussetzung der Wehrpflicht völlig

---

[41] Vgl. Wiesendahl, Elmar (2016): Bundeswehr ohne Halt. Zu Fehlentwicklungen der Inneren Führung. Ethik und Militär, 1, S. 45f.

[42] Vgl. u.a. Dänner, Diana (2014): Von Tradition und Kamerad Pferd. Worum sich heut nur mancher noch schert, in: M. Bohnert/L.J. Reitstetter (Hrsg.): Armee im Aufbruch. Zur Gedankenwelt junger Offiziere in den Kampftruppen der Bundeswehr. Miles: Berlin, S. 217f.; Uni Spiegel (2015): Die Anerkennung fehlt. Uni Spiegel Magazin, 2, S. 10.

[43] Vgl. u.a. Seliger, Marco (2015): „Erhebliche Defizite". Ist die Kritik junger Offiziere an der inneren Verfasstheit der Bundeswehr berechtigt? Interview mit Generalmajor Jürgen Weigt, Kommandeur des Zentrums Innere Führung. loyal – Magazin für Sicherheitspolitik, 5, S. 28ff.; Portugall, Bernd (2015): Führungskultur im Wandel. Kommandeur ZInFü will zu versachlichter Diskussion beitragen, Behörden Spiegel, III.

[44] Weigt, Jürgen (2016): Anforderungen an militärische Führungskräfte, in: A. Bach/W. Sauer (Hrsg.): Schützen, Retten, Kämpfen – Dienen für Deutschland. Miles: Berlin, S. 154f.

[45] Zentrum Innere Führung (2016): Innere Führung – Führungskultur in Flecktarn. Streitkräftebasis, 01. Juli 2016, Im Internet: http://www.streitkraeftebasis.de/ [letzter Abruf: 20. Juli 2016].

neuen Herausforderungen gegenüber zu stehen, die folgerichtig in Fragen des beruflichen Selbstverständnisses und zur Rolle der Bundeswehr in der Gesellschaft münden. Er sieht die *Innere Führung* in der Pflicht, die Rahmenbedingungen für eine diesbezügliche Diskussion zu definieren und Antworten auf diese Fragen zu liefern.[46]

Es lässt sich zusammenfassend festhalten, dass die Debatte um »Armee im Aufbruch« in vielen Bereichen sachlicher geworden ist und sich insbesondere in direktem Austausch mit der Autorenschaft ein fruchtbarer Dialog entwickeln konnte, der auf Kritiker- und Befürworterseite Lern- und Verständnisprozesse angestoßen hat. Nach der umfassenden Replik im »Jahrbuch Innere Führung 2015«[47] haben sich zudem nur noch wenige neue Argumente gegen den Sammelband entwickelt.

Phase 4: Veränderungen

> *„Man kann den Band schon jetzt als das wichtigste soldatische Selbstbekenntnis der vergangenen Jahrzehnte betrachten."*[48]

Es ist wohl zu früh, praktische Implikationen der Debatte um »Armee im Aufbruch« herauszuarbeiten. Letztlich ist der Einfluss des Buches zwischen den vielen anderen Einflussfaktoren auf die Diskussion um die militärische Führungskultur ohnehin nicht trennscharf analysierbar. Es ist jedoch möglich, generelle Entwicklungen in der Debatte, die sich seit der Publikation und Rezeption des Buches ergeben haben, und mögliche Verbindungen zu »Armee im Aufbruch« zu benennen.

Unstrittig ist, dass das Buch relativ umfangreiche Diskussionen um die *Innere Führung* und das Verhältnis von Bundeswehr und Gesellschaft ausgelöst hat.

---

[46] Vgl. König, Josef (2016): „Die Verankerung der Grundsätze der Inneren Führung in einem Bundesgesetz steht für mich nicht auf der Tagesordnung." Interview mit dem 1. Sprecher des Beirats für Fragen der Inneren Führung und ehemaligen Parlamentarischen Staatssekretär Thomas Kossendey, Kompass. Soldat in Welt und Kirche, 3, S. 11f.

[47] Vgl. Bohnert, Marcel (2015): Armee im Aufbruch. Hintergründe des Projektes und Replik zu vorgebrachter Kritik, in: U. Hartmann/C.v. Rosen (Hrsg.): Jahrbuch Innere Führung 2015. Neue Denkwege angesichts der Gleichzeitigkeit unterschiedlicher Krisen, Konflikte und Kriege. Miles: Berlin, S. 265ff.

[48] Wagner, Gerald (2016): Großartige Erregung. Der Krieg als Glücksfall für den Soldaten, Frankfurter Allgemeine Zeitung, 7. Oktober 2016, S. 13.

Das attestieren selbst viele Kritiker dem Sammelband.[49] Trotz des Konzeptes der »Staatsbürger in Uniform«, die sich gleichberechtigt und kritisch an gesellschaftlichen Diskursen beteiligen sollen, scheint das Projekt als avantgardistischer Ansatz wahrgenommen worden zu sein. Abgesehen vom Sammelband »Soldatentum«, einem 2013 initiierten Buchprojekt junger Offiziere der Universität der Bundeswehr München[50], gab es in den letzten Jahrzehnten tatsächlich nur wenig Vergleichbares. Cornelia Bührle, die Schülerin Wolf Graf von Baudissins war und der Debatte um die *Innere Führung* bis heute treu geblieben ist, äußerte in einem Radiointerview, dass sie eine so lebendige Diskussion seit der Wortmeldung der »Leutnante 70« vor über 35 Jahren nicht mehr erlebt hätte.[51] Sogar im internationalen Umfeld wurde das Buch besprochen und seine Bedeutung hervorgehoben.[52] Auch höhere Stellen der Bundeswehr kamen deshalb nicht daran vorbei, sich zum Band zu positionieren.[53]

---

[49] Vgl. u.a. Göbel, Christian (2016): Glücksgarant Bundeswehr? Ethische Schlaglichter auf einige neuere Studien des ZMSBw im Kontext von Sinn und Glück des Soldatenberufs, Innerer Führung und Einsatz-Ethos. Miles: Berlin, S. 61ff.; Matschke, Markolf/Knorn, Christian/Theobald, Sebastian (2015): Armee im Aufbruch: Attacke und Gegenattacke. Ein Friedensangebot und Lösungsansätze. Univok, 2, S. 22f. [Replik zu diesem Beitrag: Skwara, Kai/Birkhoff, Jan-Philipp (2015): Armee im Aufbruch: Attacke und Gegenattacke. Die Replik auf das Friedensangebot. Univok, 2, S. 22-25]; Wiebicke, Jürgen (2015): Zwischen Reformdruck und Auslandseinsatz. Welchen gesellschaftlichen Rückhalt hat die Bundeswehr? Deutschlandfunk, 20. Mai 2015; Crome, Erhard (2016): Personalwechsel. Das Blättchen – Zweiwochenschrift für Politik, Kunst und Wirtschaft, 19, 12. September 2016; So auch mehrfach Generalleutnant Jürgen Weigt, bis Mitte 2016 Kommandeur des Zentrums Innere Führung.

[50] Böcker, Martin/Kempf, Larsen/Springer, Felix (2013)(Hrsg.): Soldatentum. Auf der Suche nach Identität und Berufung in der Bundeswehr heute. Olzog: München.

[51] Vgl. Rommeney, Ernst/Marx, Peter (2015): Staatsbürger oder Kämpfer in Uniform? Wortwechsel. Deutschlandradio Kultur, 24. Juli 2015, Im Internet: http://youtu.be/BB99B4LN-Ms [letzter Abruf: 20. Juli 2016].

[52] Vgl. Herspring, Dale (2016): Book Review. Bohnert, M., & Reitstetter, L. (Eds.).(2014). Armee im Aufbruch. Zur Gedankenwelt junger Offiziere in den Kamptruppen (sic!) der Bundeswehr [The military is breaking up. concerning the thoughts of younger officers in the combat troops of the Bundeswehr]. Berlin, Germany: Carola Hartmann Miles-Verlag. Armed Forces & Society, May, p. 1ff.

[53] Vgl. u.a. Clement, Rolf (2015): Interview der Woche: Inspekteur des Heeres. Langfristziel muss eine europäische Armee sein. Deutschlandfunk, 21. Juni 2015; Weigt, Jürgen (2015): Von wegen ausgedient. Innere Führung muss jeden Tag neu vorgelebt werden. if. Zeitschrift für Innere Führung, 2, S. 4; Erfreulich sind in diesem Zusammenhang die Hinweise in der offiziellen Auswahlbibliographie »60 Jahre Bundeswehr. 25 Jahre Armee der Einheit«, die sich einem Beitrag zur Entwicklung der öffentlichen Debatte über die Streitkräfte verschrieben hat. Dort

Dass die hohe militärische Führung sich in öffentlichen Debatten stark zurückhält und sich regelmäßig erst nach der Pensionierung kritisch äußert, hat ihr den Ruf der »schweigenden Generalität« eingebracht.[54] Die Rückkehrerliteratur der »Generation Einsatz« ist Indikator für eine Trendwende[55], deren Nachhaltigkeit insbesondere auf Grund der vorläufigen Entschärfung der deutschen Einsatzrealität jedoch fraglich erscheint: Mit Abschluss der ISAF-Mission im Dezember 2014 wurde der Kampfeinsatz in Afghanistan offiziell beendet und bei den derzeitig knapp 3.300 deutschen Soldatinnen und Soldaten in den verschiedenen Einsatzgebieten kommen Gefechtshandlungen faktisch nicht vor.[56]

In diesem Zusammenhang ist es wichtig zu erwähnen, dass durch den Sammelband auch eine Debatte um das Spannungsfeld von akademischem Studium und der einsatznahen Ausbildung von Offizieren ausgelöst wurde.[57] Für

---

ist »Armee im Aufbruch« als erstes Werk überhaupt sowie als erster Band in den Themenbereich »Gestaltungsfelder der Inneren Führung« aufgenommen worden (Vgl. Lehmann, Christina/Zabel, Barbara (Hrsg.)(2015): 60 Jahre Bundeswehr. 25 Jahre Armee der Einheit. Auswahlbibliographie. Zentrum für Informationsarbeit Bundeswehr: Strausberg, S. 1 & S. 49).

[54] Vgl. u.a. Seliger, Marco (2014): Das Schweigen der Generale. loyal – Magazin für Sicherheitspolitik, 11, S. 3; Dausend, Peter/Niejahr, Elisabeth (2015): Operation Röschen. Das System von der Leyen. Campus: Berlin, S. 166ff.; Thiels, Christian (2016): „Zentrum Innere Führung" der Bundeswehr wird 60. Ja-Sager machen Karriere. Tagesschau, 30. Juli 2016, Im Internet: http://www.tageschau.de/inland/innere-fuehrung-101.html [letzter Abruf: 20. Juli 2016].

[55] Vgl. Bohnert, Marcel (2014): Extremerfahrungen als Zerreißprobe. Zum Wandel der Streitkräftekultur durch den Einsatz in Afghanistan, in: U. Hartmann/C.v. Rosen (Hrsg.): Jahrbuch Innere Führung 2013. Wissenschaften und ihre Relevanz für die Bundeswehr als Armee im Einsatz. Berlin: Miles, S. 334ff.; Hartmann, Uwe (2015): Einleitung, in: U. Hartmann (Hrsg.): Lernen von Afghanistan. Innovative Mittel und Wege für Auslandseinsätze. Berlin: Miles, S. 14f.

[56] Ausgenommen sind hierbei die Einsätze des Kommandos Spezialkräfte (KSK). Im westafrikanischen Mali gerieten patrouillierende Kräfte der Bundeswehr am 6. Juli 2016 erstmals unter Beschuss.

[57] Vgl. u.a. Deutsche Militärzeitschrift (2016): Falscher Schwerpunkt. Soldat oder Student. Leutnant Kai Skwara im DMZ-Gespräch. DMZ, 111, S. 28ff.; Hemicker, Lorenz (2014): Bundeswehruniversitäten. Vom Hörsaal nach Afghanistan. Frankfurter Allgemeine Zeitung, 14. Mai 2014, Im Internet:
http://www.faz.net/aktuell/beruf-chance/campus/bundeswehruniversitaeten-vom-hoersaal-nach-afghanistan-12929938-p2.html [letzter Abruf: 20. Juli 2016]; Hartmann, Uwe (2015): Einleitung, in: U. Hartmann (Hrsg.): Lernen von Afghanistan. Innovative Mittel und Wege für Auslandseinsätze. Berlin: Miles, S. 12f.; Kollmer, Dieter (2015): Offiziersausbildung. Zwischen Studium und Einsatzerfahrung. Katapult, Im Internet:
http://mobile.katapult-magazin.de/?mpage=a&l&artID=64 [letzter Abruf: 20. Juli 2016].

viele Kritiker, insbesondere aus dem linkspolitischen Meinungsspektrum, mag es überraschend sein, wenn aus ihrer Kritik am Buch die Schaffung militärwissenschaftlicher Forschungsfakultäten an den Universitäten der Bundeswehr abgeleitet wird.[58] Auf ihren Vorwurf der militarisierten Geisteshaltung der Autorenschaft soll nun ausgerechnet mit einer weiteren Militarisierung reagiert werden. In der Tat beklagen einige der Autorinnen und Autoren, dass sie sich während ihres Studiums kaum militärischen bzw. militärwissenschaftlichen Themen widmen könnten.[59] Eine unverständliche Situation, denn immerhin können zivile Studierende beispielsweise an der Universität Potsdam einen Abschluss im eigenständigen Studiengang »Military Studies« oder an den Universitäten Hamburg und Marburg als »Friedens- und Konfliktforscher« erhalten.

Dem Vorwurf der Selbstfunktionalisierung der jungen Autorinnen und Autoren[60] lässt sich entgegnen, dass sie sich ihrem Beruf ja gerade nicht unkritisch und unreflektiert hingeben, sondern dass sie – im Gegensatz zur schweigenden Mehrheit – ihre Rolle als mündige Staatsbürger ausfüllen. Es erscheint widersprüchlich, dass diejenigen, die vehement die Idee der *Inneren Führung* verteidigen, ein Verhalten zeigen, dass dem diskursiven Charakter des Konzeptes widerspricht. Die in nahezu jeden Verriss eingebaute Floskel, dass eine Wortmeldung der militärischen Basis natürlich grundsätzlich wünschens- und begrü-

---

[58] Vgl. u.a. Bohn, Jochen (2015): Armee ohne Aufbruch. Randnotiz zur Selbstfunktionalisierung des deutschen Offizierkorps, in: U. Hartmann/C.v. Rosen (Hrsg.): Jahrbuch Innere Führung 2015. Neue Denkwege angesichts der Gleichzeitigkeit unterschiedlicher Krisen, Konflikte und Kriege. Miles: Berlin, S. 263; Wagner, Gerald: Keiner weiß, wie der Landser tickt. Frankfurter Allgemeine Zeitung, 25. Februar 2015, S. N4.

[59] Vgl. Unger, Richard (2014): Offizier sein. Anforderungen an Ausbildung, Erziehung und das Berufsverständnis künftiger militärischer Führer in der Bundeswehr, in: M. Bohnert/L.J. Reitstetter (Hrsg.): Armee im Aufbruch. Zur Gedankenwelt junger Offiziere in den Kampftruppen der Bundeswehr. Miles: Berlin, S. 37ff.; Skwara, Kai (2014): Soldent oder Studat? Der Offizier in der Gesellschaft und der Einfluss des Studiums, in: M. Bohnert/L.J. Reitstetter (Hrsg.): Armee im Aufbruch. Zur Gedankenwelt junger Offiziere in den Kampftruppen der Bundeswehr. Miles: Berlin, S. 149ff.

[60] Vgl. Bohn, Jochen (2015): Armee ohne Aufbruch. Randnotiz zur Selbstfunktionalisierung des deutschen Offizierkorps, in: U. Hartmann/C.v. Rosen (Hrsg.): Jahrbuch Innere Führung 2015. Neue Denkwege angesichts der Gleichzeitigkeit unterschiedlicher Krisen, Konflikte und Kriege. Miles: Berlin, S. 258ff.; Eine Gegenargumentation findet sich u.a. in Greiner, Hubertus (2016): Buchbesprechungen: Jahrbuch Innere Führung 2015. Der Panzerspähtrupp, 59, S. 60: „Steht das nicht im Widerspruch zum Diskurs-Bemühen der jungen Autoren?"

ßenswert sei[61], bedient nur pseudolegitim ein Erfordernis der *Inneren Führung*, wenn sie sich angesichts der nachfolgenden Äußerungen als inhaltslose Worthülse entpuppt. Und wenn sich die Gedanken der Offiziere tatsächlich nicht von den typischen Reform- und Selbstverständigungsdiskursen der letzten Jahre unterscheiden[62], stellt sich die Frage, warum es eigentlich so eine Aufregung um die Publikation des Sammelbandes gibt.

Dass die jungen Offiziere vor allem Zuspruch aus dem konservativen Lager erhalten haben, mag angesichts einiger ihrer Gedanken nicht überraschen, in der Folge darf es dann aber auch nicht verwundern, wenn sie sich einem Klientel stärker zuwenden, das ihre Anliegen ernst nimmt und zu Diskussionen darüber bereit ist.[63] Dass man sich aus anderer Richtung einem offenen Austausch verweigert, ist auch ein Beleg für Schwächen der *Inneren Führung* und die Hilflosigkeit im Umgang mit der Kritik am Konzept. Der Presseinformationsstab des Bundesministeriums für Verteidigung hat noch in der ersten Jahreshälfte 2016 mehrere Interviewanfragen mit Autoren abgelehnt, u.a. von Deutschlandradio, dem Südwestrundfunk und dem ZDF.

»Armee im Aufbruch« ist inzwischen nichtsdestotrotz zu einem der Referenzpunkte für jegliche Debatten um die *Innere Führung* geworden. Der Behauptung uneingeschränkter Kompatibilität von deutschen Streitkräften und Gesellschaft steht schon länger das starke Argument der „sicherheitspolitische[n] Sorglosigkeit"[64] unserer „postheroischen Gesellschaft"[65] gegenüber, in der Soldaten als

---

[61] Vgl. u.a. Wiesner, Ina (2015): Grosse Worte. Zur Sache Bw, 27, S. 70; Weigt, Jürgen (2015): Plädoyer für ein Gefühl. if. Zeitschrift für Innere Führung, 3.

[62] Vgl. Bohn, Jochen (2015): Armee ohne Aufbruch. Randnotiz zur Selbstfunktionalisierung des deutschen Offizierkorps, in: U. Hartmann/C.v. Rosen (Hrsg.): Jahrbuch Innere Führung 2015. Neue Denkwege angesichts der Gleichzeitigkeit unterschiedlicher Krisen, Konflikte und Kriege. Miles: Berlin, S. 258.

[63] Vgl. Bohnert, Marcel (2015): Military Perceptions: Armed Forces on the Move Lecture. Audiodatei. Bundessprachenamt: Hürth, Im Internet: http://youtu.be/DBizfMdRO3M [letzter Abruf: 1. September 2016]; Böcker, Martin (2015): Selbstverständlich Soldat. Junge Freiheit, 14. März 2015, S. 3f, Im Internet: http://www.jf-archiv.de/archiv15/201514032758.htm [letzter Abruf: 1. September 2016].

[64] Hartmann, Uwe (2016): In Uniform als „Antiheld"? Zur Sache Bw, 29, S. 18.

[65] Münkler, Herfried (2016): Kein Platz für Helden? Zur Sache Bw, 29, S. 9ff.; s.a. Birkhoff, Jan-Philipp (2014): Führen trotz Auftrag. Zur Rolle des militärischen Führers in der postheroischen Gesellschaft, in: M. Bohnert/L.J. Reitstetter (Hrsg.): Armee im Aufbruch. Zur Gedankenwelt junger Offiziere in den Kampftruppen der Bundeswehr. Miles: Berlin, S. 105ff.

Fremdkörper und Ärgernisse wahrgenommen werden.[66] Vielleicht konnte »Armee im Aufbruch« einen kleinen Beitrag dazu leisten, diese Diskussion mit etwas mehr Pragmatismus und Ehrlichkeit anzureichern.[67]

Möglicherweise konnte das Buch zudem dazu beitragen, das traditionelle Mittel der militärischen »Winterarbeiten« wiederzubeleben. Historisch galten sie über Jahrzehnte als Möglichkeit, sich als Soldat auch gegenüber der politischen Leitung und der militärischen Führung kritisch zu äußern. Die Generalität und gelegentlich auch Generalstabsoffiziere nutzten dafür über Jahrhunderte das Mittel der militärischen Denkschriften. Die generelle Akzeptanz solcher Formate kann als Beleg geistiger Freiheit und offener Diskussionskultur von Militärangehörigen betrachtet werden. Für in die Demokratie eingebettete Streitkräfte wie die Bundeswehr wäre eine höhere Zahl solcher Streitschriften ganz sicher ein großer Gewinn.

(3) Fazit

> *„Today, such articles indicate, that in the German military mind,*
> *these soldiers perceive themselves as part and parcel of a democracy.*
> *Indeed, that is why many of the articles openly address sensitive topics.“*[68]

Für einen Sammelband, der sich einer thematischen Nische wie der militärischen Führungskultur widmet, ist der Umfang der damit von den jungen Offi-

---

[66] Vgl. Hartmann, Uwe (2016): In Uniform als „Antiheld"? Zur Sache Bw, 29, S. 18f.; Im aktuellen »Weißbuch 2016« bleiben Zweifel an der vollumfänglichen Verankerung der Bundeswehr in der deutschen Gesellschaft allerdings unberücksichtigt (Vgl. Bundesministerium der Verteidigung (Hrsg.) (2016): Weissbuch 2016. Zur Sicherheitspolitik und zur Zukunft der Bundeswehr. Die Bundesregierung: Berlin, S. 111ff.).

[67] Inzwischen macht in Fachkreisen die Rede von einer »Inneren Führung 2.0« oder einer »Inneren Führung Reloaded« die Runde und auch alternative Modelle werden diskutiert (Vgl. u.a. Hartmann, Uwe (2016): Was ist los mit der Inneren Führung? Ethik und Militär, 1, S. 26; Dörfler-Dierken, Angelika/Kramer, Robert (2014): Innere Führung in Zahlen. Streitkräftebefragung 2013. Miles: Berlin, S. 28).

[68] Herspring, Dale (2016): Book Review. Bohnert, M., & Reitstetter, L. (Eds.).(2014). Armee im Aufbruch. Zur Gedankenwelt junger Offiziere in den Kamptruppen (sic!) der Bundeswehr [The military is breaking up. concerning the thoughts of younger officers in the combat troops of the Bundeswehr]. Berlin, Germany: Carola Hartmann Miles-Verlag. Armed Forces & Society, May, p. 2.

zieren entfachten Diskussion ungewöhnlich. Man wird wohl eingestehen können, dass den jungen Autorinnen und Autoren damit ein Impuls für die Debatte um die *Innere Führung* gelungen ist, der seit Jahren aus verschiedenen Richtungen angestrebt wurde und bis dato kaum erfolgreich war. Bereits im ersten Jahr sind weit über 1.000 Buchexemplare verkauft worden und knapp 2.000 Facebook-Nutzer verfolgen nach wie vor die Entwicklung der Diskussion.[69]

Auch wenn die Debatte um den Sammelband inzwischen sehr differenziert erfolgt, scheint das generelle Narrativ von »Armee im Aufbruch« in vielen Bereichen nach wie vor negativ geprägt zu sein. Es zeigt sich immer wieder, dass viele Meinungen aus Sekundärquellen übernommen und weitergegeben werden. Die Vorwürfe gegen die Autorenschaft reichen von finanziellen Bereicherungsabsichten bis hin zu Rechtspopulismus und führten mehrfach zu persönlichen Anfeindungen der jungen Offiziere.[70] Aber wo, wenn nicht an den Universitäten der Bundeswehr, sollen sich Offiziere offen und kritisch mit ihrem Berufsbild auseinandersetzen können?

Die Deutsche Militärzeitschrift verwies kürzlich darauf, dass die angestoßene Debatte um den Band in allen einschlägigen Bundeswehr- und Militärpublikationen geführt wurde und immernoch geführt wird.[71] Zudem attestiert sie, dass das Buch auch weit über die Bundeswehr hinaus gelesen und rezipiert wurde.[72] Offenbar wurde durch den „Mut zur Kritik von jüngeren Offizieren"[73] tatsächlich eine Debatte nach außen getragen, die schon länger unter der Oberfläche garte.[74] Ansonsten wäre das Buch wohl kaum auf so viel Resonanz gestoßen.

---

[69] Vgl. http://www.facebook.com/Armeeia [letzter Abruf: 1. September 2016].

[70] Vgl. Bohnert, Marcel (2016): Armee im Aufbruch. Gastbeitrag: Stellungnahme zur Kritik am Projekt. Das Schwarze Barett, 54, S. 83ff.; Bohnert, Marcel (2015): Armee im Aufbruch. Hintergründe des Projektes und Replik zu vorgebrachter Kritik, in: U. Hartmann/ C.v. Rosen (Hrsg.): Jahrbuch Innere Führung 2015. Neue Denkwege angesichts der Gleichzeitigkeit unterschiedlicher Krisen, Konflikte und Kriege. Miles: Berlin, S. 267ff.

[71] Vgl. Pella, Sebastian (2016): Eine „Armee im Aufbruch". Umfassende Kritik junger Offiziere – auch an der Truppe selber. Deutsche Militärzeitschrift, 111, S. 30.

[72] Vgl. Deutsche Militärzeitschrift (2016): Falscher Schwerpunkt. Soldat oder Student. Leutnant Kai Skwara im DMZ-Gespräch. DMZ, 111, S. 31.

[73] Hartmann, Uwe (2016): In Uniform als „Antiheld"? Zur Sache Bw, 29, S. 20. So neben den Autoren von »Armee im Aufbruch« u.a. auch »etliche« angehende Generalstabs-/Admiralstabsoffiziere im Jahre 2015 am Zentrum Innere Führung (Vgl. Janke, Reinhold (2016): Staatsbürger in Uniform: Ein Bild von gestern?, in: A. Bach/W. Sauer (Hrsg.): Schützen, Retten, Kämpfen – Dienen für Deutschland. Miles: Berlin, S. 147).

[74] Vgl. Naumann, Klaus (2015): Sehnsucht nach dem Kämpfer-Typ. Frankfurter Rundschau, 6. März 2015.

Letztlich sollte man dankbar dafür sein, dass unser Offiziernachwuchs mutig genug war, einen tiefen Einblick in sein Innerstes zu gewähren. Denn auch das sollte klar sein: Die im Buch vertretenen Ansichten und Einstellungen sind nicht erst durch das Buch entstanden. Die Autorinnen und Autoren haben sich ihren Themen durch die Aussicht auf eine Publikation zweifelsfrei gedanklich intensiver gewidmet als andere. Aber was sie bewegt, hat sie zur Teilnahme am Projekt veranlasst. Und auch wenn sie möglicherweise keine repräsentativen Meinungen vertreten, verdient das Aus- und Durchhalten dieses Reflexions- und Gedankenprozesses Aufmerksamkeit. Die Alternative wäre Schweigen, vielleicht sogar innere Abkehr gewesen.[75] Aber sie haben sich für einen offenen Diskurs entschieden – ganz im Sinne der *Inneren Führung*!

Zum Jahresbeginn 2016 zeigte sich, dass sich inzwischen der größte Teil der Autorenschaft resigniert aus der Debatte um »Armee im Aufbruch« verabschiedet hatte.[76] Traurig genug, denn abgesehen von dem bedauerlichen Tod eines Autors und einem anderen, der auf eigenen Wunsch vorzeitig aus der Bundeswehr ausgeschieden ist, sind alle auch weiterhin Offiziere unserer Streitkräfte – die meisten inzwischen mit höherem Dienstgrad und großer Verantwortung. Keiner von ihnen ist heute mehr Studierender an einer der Universitäten der Bundeswehr. Wie sie das, was sie in der Debatte um den Sammelband erlebt haben und – ja, man kann es so formulieren – ertragen mussten, für ihre weitere Dienstzeit geprägt hat, wird sich erst noch herausstellen.

Die Kritik an der *Inneren Führung* ist durch die beschriebene Entschärfung der deutschen Einsatzrealität in den letzten Monaten verhaltener geworden. Sie wird mit erneuten kämpferischen Auseinandersetzungen deutscher Soldatinnen und Soldaten, wie wir sie möglicherweise bald im westafrikanischen Mali erleben werden, allerdings neu entflammen und sich womöglich nicht mehr mit der Behauptung uneingeschränkter Bewährung eindämmen lassen. Junge und rasant wachsende Veteranenverbände wie der *Bund Deutscher EinsatzVeteranen* oder die *Combat Veterans Germany* werden vermutlich schon bald zu einer festen

---

[75] Der Autor Kai Skwara betont Mitte dieses Jahres in einem ausführlichen Zeitschrifteninterview erneut, dass es sich bei »Armee im Aufbruch« keineswegs um ein »Projekt unzufriedener Nachwuchsoffiziere« handelt, wie vom Journalisten unterstellt (Vgl. Deutsche Militärzeitschrift (2016): Falscher Schwerpunkt. Soldat oder Student. Leutnant Kai Skwara im DMZ-Gespräch. DMZ, 111, S. 28).

[76] Unter anderem haben die Autorinnen und Autoren die Internetseite www.Armee-im-Aufbruch.de im Februar 2016 deaktviert und die Facebook-Seite www.facebook.com/ArmeeIA im August 2016 in den Standby-Modus gesetzt.

Größe im militärpolitischen Diskurs heranwachsen und ihrerseits Einfluss auf die Einsatzrhetorik, die Gestaltung der Erinnerungskultur und den Diskurs um das soldatische Selbstverständnis nehmen. Durch die aus dieser Richtung vorgebrachte Kritik – etwa an der schlechten Fehlerkultur in den Streitkräften, mangelnder Fürsorge des Dienstherrn oder am unglaubwürdigen Bewerbermarketing – kann auch die *Innere Führung* wieder unter Druck geraten.[77] Will sie zukünftig glaubwürdig und aktuell bleiben, muss sie Antworten auf diese und andere Fragen liefern, bevor sie von der sich zügig wandelnden Realität abgehängt wird.[78]

Im letzten Quartal 2016 plant eine Geschichtsprofessur der Helmut-Schmidt-Universität/Universität der Bundeswehr Hamburg eine hochkarätige Diskussionsveranstaltung zu »Armee im Aufbruch«. Der Fokus soll dabei auf dem Beitrag des Buchbandes zur Diskussions- und Debattenkultur in der Bundeswehr liegen. Diese Veranstaltung wird knapp zwei Jahre nach seiner Publikation ein Gradmesser für den Einfluss des Buches und die erreichte Sachlichkeit in der Diskussion sein. Zudem ist zu hoffen, dass man dort der Kernfrage näher kommt, die in der Debatte der letzten Monate deutlich hervorgetreten ist: Ist eine öffentliche Beteiligung uniformierter Staatsbürger am politischen und militärischen Diskurs wirklich erwünscht, oder trägt man diese Forderung nur als leere Monstranz vor sich her und erwartet lediglich bequeme und angepasste

---

[77] Zu der zunehmenden Kritik von Einsatzveteranen: Vgl. Bohnert, Marcel/Schreiber, Björn (Hrsg.)(2016): Die unsichtbaren Veteranen. Kriegsheimkehrer in der deutschen Gesellschaft. Miles: Berlin; Sedlatzek-Müller, Robert (2012): Soldatenglück. Mein Leben nach dem Überleben. Edel: Hamburg; Timmermann-Levanas, Andreas/Richter, Andrea (2010): Die reden – wir sterben. Wie unsere Soldaten zu Opfern der deutschen Politik werden. Campus: Frankfurt; Ähnliche Thesen zur »Generation Kampfeinsatz« auch in: Wiesendahl, Elmar (2016): Bundeswehr ohne Halt. Zu Fehlentwicklungen der Inneren Führung, Ethik und Militär, 1, S. 46. Zur zukünftigen Rolle von Veteranen in öffentlichen Diskursen: Daxner, Michael (2016): Afghanistan hat Veteranen produziert – was nun?, in: M. Bohnert/B. Schreiber (Hrsg.): Die unsichtbaren Veteranen. Kriegsheimkehrer in der deutschen Gesellschaft. Miles: Berlin, S. 115.

[78] Zu diesem Themenkomplex lohnt der Blick in die Aufsätze zahlreicher Autorinnen und Autoren der vorangegangenen Ausgaben des seit 2009 erscheinenden »Jahrbuchs Innere Führung«. Die Erkenntnis der Reformbedürftigkeit der Inneren Führung findet zudem im »Weißbuch 2016« Berücksichtigung. Dort wird als Ziel formuliert, „sie zukünftig so auszugestalten, dass sie allen Bundeswehrangehörigen einen sinnstiftenden Rahmen bietet – als einheitliche Unternehmenskultur, die Selbst- und Führungsverständnis sowie Führungsverhalten harmonisiert." (Bundesministerium der Verteidigung (Hrsg.)(2016): Weissbuch 2016. Zur Sicherheitspolitik und zur Zukunft der Bundeswehr. Die Bundesregierung: Berlin, S. 114; Vgl. auch S. 128 & S. 134).

Meinungsäußerungen? Die ehrliche Antwort darauf wird die Zukunftsfähigkeit der *Inneren Führung* bestimmen.

III Zur Diskussion gestellt

Ein zu kurzer Schritt – wenn auch in die richtige Richtung

Michael Brzoska

Das Weißbuch zur Sicherheitspolitik und zur Zukunft der Bundeswehr ist ein Schritt in die richtige Richtung. Besser als in früheren Weißbüchern wird das sicherheitspolitische Umfeld ausführlich beschrieben. Die Interessen, die die deutsche Sicherheitspolitik verfolgt, werden klar benannt. Eine lange Liste von „strategischen Prioritäten" wird formuliert. Demgegenüber sind die Ausführungen zur Bundeswehr und deren Zukunft eher luftig. Zu „weichen" Themen wie der Personalpolitik finden sich konkretere Ausführungen als etwa zu Streitkräftestruktur und Beschaffungsplanung – Themen, die in vergangenen Weißbüchern ausführlich behandelt wurden. Insgesamt gehen die Verantwortlichen für das Weißbuch damit in Richtung auf ein von vielen Kritikern gefordertes Gesamtkonzept der deutschen Friedens- und Sicherheitspolitik.

Es bleibt aber ein zu kurzer Schritt, weil es nur in Teilen die „strategische Standort- und Kursbestimmung" vornimmt, die im Vorwort angekündigt wird. In einer Strategie müssten nicht nur Ziele, Interessen und strategische Prioritäten, sondern auch die Mittel zu deren Erreichung umfassend beschrieben und aufeinander bezogen werden. Dabei sind im Rahmen einer Strategie immer Schwerpunkte des Mitteleinsatzes und der Zielerreichung zu setzen. Das aber erfolgt im Weißbuch nicht. Andere Instrumente der Sicherheitspolitik als die Streitkräfte, wie Diplomatie, Entwicklungs-, Umwelt- oder Handelspolitik, werden nur relativ knapp erwähnt. Grundlegende Hinweise dazu, welche Instrumente wann besonders geeignet wären, um sich den gesteckten Zielen zu nähern, und was daraus für deren Bedeutung, auch in finanzieller Sicht folgt, fehlen weitgehend.

Grundsätzlich wird von allem mehr gefordert – was angesichts weiterhin knapper Kassen nicht gehen kann. Etwas ausführlicher behandelt wird nur die Bundeswehr. Hier wird das in der NATO beschlossene Ziel, zwei Prozent des Bruttosozialprodukts für die Bundeswehr auszugeben, wiederholt, allerdings über eine längere Zeitspanne gestreckt. Das Gewicht, das die Bundeswehr im Weißbuch hat, ist leicht erklärlich, lag doch die Federführung beim Bundesministerium der Verteidigung. Aber es führt dazu, dass einmal mehr dem Eindruck – dem im ersten Teil des Weißbuchs ausdrücklich widersprochen wird -

Vorschub geleistet wird, dass Sicherheitspolitik weitgehend eine Sache des Militärs ist. Und es führt dazu, dass andere Ministerien, wie das Auswärtige Amt, die ebenfalls für Aspekte der Sicherheitspolitik zuständig sind, schon begonnen haben, an einem neuen sicherheitspolitischen Dokument, den Leitlinien für Krisenengagement und Friedensförderung zu arbeiten. Auch im Weißbuch finden sich zum wiederholten Male hehre Absichtserklärungen, die „ressortübergreifende Strategieentwicklung" auszubauen; aber die Praxis spricht einmal mehr eine andere Sprache.

Inhaltlich ist die Standortbestimmung ohne große Überraschungen. Sie umschreibt zutreffend die in den letzten Jahren gewachsenen sicherheitspolitischen Probleme. Deutlich ist im sicherheitspolitischen Teil des Weißbuchs die Handschrift des Auswärtigen Amtes erkennbar, etwa wenn es um das Verhältnis zu Russland geht. So heißt es im Weißbuch: „Deutschland hält am langfristigen Ziel einer strategischen Partnerschaft zwischen der NATO und Russland fest". Zur Grundlegung deutscher Sicherheitspolitik wird die Präambel des Grundgesetzes mit der Formulierung „In einem vereinten Europa dem Frieden der Welt" dienen zu wollen, zitiert. Daraus wird im Weißbuch gefolgert, dass es um „mehr als die Abwesenheit von Krieg und die Sicherheit unseres Landes und seiner Bürger" gehe, nämlich auch darum „die Bedingungen menschlichen Zusammenlebens nachhaltig zu verbessern sowie internationale Menschenrechtsnormen zu wahren und zu stärker". Über die „klassischen" Ziele der Sicherheitspolitik werden daher auch die Erhaltung einer regelbasierten internationalen Ordnung sowie die Förderung des verantwortungsvollen Umgangs mit begrenzten Ressourcen und knappen Gütern benannt. Das Weißbuch spiegelt damit die Diskussion der letzten Jahre über die gestiegene Verantwortung Deutschlands für die Bearbeitung globaler Probleme.

Ein solch umfassendes Sicherheitsverständnis führt allerdings leicht zur Überdehnung der eigenen Ansprüche und Möglichkeiten. Anders als in der jüngst vorgestellten „Global Strategy" der Europäischen Union, die eine Fokussierung der eigenen Aktivitäten auf die im Osten und Süden angrenzenden Räume vorsieht, erfolgt im Weißbuch keine regionale Prioritätensetzung. Stattdessen schleicht sich dann doch immer wieder eine Verengung auf „klassische" sicherheitspolitische Ziele ein. So etwa bei der Benennung relevanter internationaler Organisationen. Im Weißbuch wird an vielen Stellen betont, dass die nationalen Mittel zur Gestaltung des sicherheitspolitischen Umfeldes begrenzt sind und durch Einbindung Deutschlands in multinationale Organisationen gehebelt werden müssen. Diesen ist, von den Vereinten Nationen über die

NATO und die Europäische Union bis zur OSZE, ein ganzer Abschnitt gewidmet. Keine Beachtung finden dabei Organisationen, die für ein umfassendes Sicherheitsverständnis durchaus auch von Bedeutung gewesen wären, wie etwa die internationalen Finanzinstitutionen wie Weltbank und Internationaler Währungsfonds. Auch dazu, wie das Ziel eines „verantwortungsvollen Umgangs mit begrenzten Ressourcen und knappen Gütern" erreicht werden soll, finden sich im Weißbuch lediglich wolkige Hinweise.

Das Schwanken zwischen einem engen und einem weiten Konzept von Sicherheit wird besonders in einer Frage deutlich, die im Umfeld der Veröffentlichung des letzten Weißbuches im Jahre 2006 besonders umstritten war, nämlich die Versorgungssicherheit mit Rohstoffen und Energie als nationales Interesse. Auch im aktuellen Weißbuch findet sich diese strategische Priorität: unsere Wirtschaft ist auf „gesicherte Rohstoffzufuhr und sichere internationale Transportwege angewiesen". Unklar bleibt aber weiterhin, welche Rolle die Bundeswehr bei der Sicherung der Rohstoff- und Energieversorgung haben soll. Im Weißbuch werden die Sicherheit maritimer Versorgungswege und die Garantie der Freiheit der Hohen See genannt. Aber reicht der Schutz internationaler Handelswege, um nationale Versorgungssicherheit herzustellen? Was ist, wenn eine Regierung eines Landes, das in erheblichem Maße Rohstoffe und Energie herstellt, beschließt, diese nicht mehr zu exportieren? Ist das ein Grund, um die Bundeswehr einzusetzen? Wohl nicht, aber die Formulierungen im Weißbuch bleiben trotz der langen Diskussion über diese Fragen vage.

Neues Weißbuch auf altem Kurs

Sabine Jaberg

Was hat das „Weißbuch 2016"[1] gebracht? Zu den Neuerungen zählen zweifelsfrei Überlegungen, im Falle terroristischer Großlagen die Bundeswehr zur Unterstützung der Polizei heranzuziehen.[2] Allerdings geht es hier um einen Sonderfall. Das militärische Kerngeschäft hingegen besteht in der Androhung oder Anwendung militärischer Gewalt nach außen. Das Grundgesetz definiert den einzigen Zweck, der die Aufstellung der Streitkräfte rechtfertigt: die Verteidigung der Bundesrepublik Deutschland gegen einen drohenden oder stattfindenden bewaffneten Angriff. Allenfalls dürfe militärisch attackierten Bündnispartnern beigestanden werden, lautete der ursprüngliche politische, gesellschaftliche und verfassungsrechtliche Konsens. Davon ist nicht viel geblieben. In der Praxis hat sich die Bundeswehr zu einer global einsatzbaren Interventionsarmee mit wechselnden Aufträgen entwickelt, obwohl die Verfassung nach Einfügung der Wehrnovelle (1956) und der Notstandsgesetze (1968) in den einschlägigen Passagen nicht geändert wurde. Die nahezu vollständige Erweiterung des Raums militärischer Möglichkeiten markiert die Ausgangslage, ohne die der spezifische Beitrag des neuen Weißbuchs nicht ermessen werden kann.

Zwei Entwicklungen haben diese Entgrenzung bewirkt.[3] Zum einen erlaubt das Bundesverfassungsgericht seit 1994 auch jenseits des Bündnis- bzw. Verteidigungsfalls den Einsatz der Bundeswehr „im Rahmen und nach den Regeln"[4] kollektiver Sicherheitssysteme. Dazu rechnen die Karlsruher Richter nicht nur die Vereinten Nationen, sondern auch Verteidigungsbündnisse wie die NATO – durchaus zur Überraschung der völkerrechtlichen und friedens-

---

[1] Weißbuch 2016. Zur Sicherheitspolitik und zur Zukunft der Bundeswehr. Berlin: Bundesministerium der Verteidigung, 2016. (zit.: Weißbuch 2016.)

[2] Vgl.: Weißbuch 2016, S. 110.

[3] Vgl.: Jaberg, Sabine: Auslandseinsätze der Bundeswehr: Jenseits der grundgesetzlichen Friedensnorm?, in: Nielebock, Thomas/Meisch, Simon/Harms, Volker (Hrsg.): Zivilklauseln für Forschung, Lehre und Studium. Hochschulen zum Frieden verpflichtet. Theodor Eschenburg-Vorlesung 2011. Mit Beitr. von Jürgen Altmann u.a. Baden-Baden: Nomos Verlagsgesellschaft, 2012. (Theodor Eschenburg-Vorlesungen; 6.) S. 177-221; hier: S. 177-205.

[4] Urteil des Zweiten Senats vom 12. Juli 1994 aufgrund der mündlichen Verhandlung vom 19. und 20. April 1994. 2 BvE 3/92, 5/93, 7/93, 8/93, in: Entscheidungen des Bundesverfassungsgerichts. Hrsg. von den Mitgliedern des Bundesverfassungsgerichts. 90. Bd. Tübingen, J.C.B. Mohr (Paul Siebeck), 1994, S. 286-394; hier: S.286.

wissenschaftlichen Fachwelt. Immerhin etabliert das Bundesverfassungsgericht einen konstitutiven Parlamentsvorbehalt. Ohne Ermächtigung des Bundestags dürfen die Streitkräfte nicht entsandt werden. Zum anderen hat die deutsche Politik seit Ende des globalen Macht- und Systemkonflikts den möglichen Einsatzraum der Bundeswehr durch Praxis und Strategiedokumente vergrößert. Als Türöffner dienten dabei so unterschiedliche Motive wie die Abwendung humanitärer Katastrophen, die Erweiterung des Sicherheits- und Verteidigungsverständnisses sowie die Verfolgung nationaler Interessen. Später kamen Verweise auf gestiegene Erwartungen der Bündnispartner sowie eigene Geltungsansprüche hinzu.[5] Das Weißbuch 2016 schreibt diesen Kurs fort. Erstens baut das Dokument den Raum militärischer Möglichkeiten nicht nur weiter aus, sondern erleichtert es der Politik, ihn zu betreten. Zweitens bettet es Bundeswehreinsätze in eine offensivere Programmatik ein. Damit sind drittens Korrekturen zugunsten reflexiver Sicherheits- oder gar Friedenspolitik ausgeblieben.

1. *Das Weißbuch erweitert den Raum militärischer Möglichkeiten und erleichtert der Politik den Zutritt*

Die Veränderung des militärischen Möglichkeitsraums fällt zunächst kaum auf. Die Gründe liegen auf der Hand: Zum einen ist dieser Raum bereits (nahezu) erschlossen. Zum anderen gibt die Politik einmal eroberte Optionen nur ungern auf. Dennoch sind in beide Richtungen Nuancenverschiebungen zu erkennen. Zwei Legitimationsfiguren aus dem letzten Weißbuch fehlen. Allerdings bietet das Nachfolgedokument genügend Kompensationsmöglichkeiten: Zum einen taucht eine gleichsam antizipatorische Nothilfe für Bündnispartner nicht mehr auf, die seit den Verteidigungspolitischen Richtlinien von 2003 bereits bei Krisen und Konflikten gelten sollte, die erst künftig zu einer konkreten Bedrohung eskalieren könnten.[6] Hier schafft das Weißbuch 2016 vornehmlich mit der Allzweckformel „[i]nternationales Krisenmanagement einschließ-

---

[5] Vgl.: Jaberg, Sabine: Bundeswehrreform ohne Fundament. Neue Richtlinien schreiben Defizite fort,
in: Wissenschaft und Frieden (W&F), 3/2011, S. 9-11.
[6] Vgl.: Verteidigungspolitische Richtlinien für den Geschäftsbereich des Bundesministers der Verteidigung. Berlin: Bundesministerium der Verteidigung, 2003, S. 28, Pkt. 79 sowie Weißbuch 2006 zur Sicherheitspolitik Deutschlands und zur Zukunft der Bundeswehr. Berlin: Bundesministerium der Verteidigung, 2006. (zit.: Weißbuch 2006.) S. 75.

lich aktiver militärischer und zivil-militärischer Beiträge"[7] Ausgleich. Sie umfasst sogar ausdrücklich die „Abwehr und Bewältigung von Herausforderungen, die die Sicherheit des Bündnisses und seiner Mitgliedstaaten gefährden *können*"[8] (Herv. SJ). Zum anderen sucht man die *Responsibility to Protect*, der das Vorgängerdokument noch eine steigende Relevanz für militärische Einsätze prognostizierte, im neuen Weißbuch vergebens.[9] Aber auch derartige Problemlagen ließen sich unter die Allzweckformel Krisenmanagement subsummieren. Noch besser würde die „[h]umanitäre Not- und Katastrophenhilfe"[10] passen, die das Weißbuch zu den „Aufgaben der Bundeswehr"[11] zählt. Mithin fallen das Erschließen ehemaliger Verbotsräume und der Abbau bisheriger Schranken stärker ins Gewicht als das Verschwinden zweier Legitimationsfiguren.

Mit Blick auf den Cyberraum hält sich das aktuelle Weißbuch noch bedeckt. Nebulös mahnt es die „Arbeit an einem gemeinsamen Verständnis über die Anwendung des Völkerrechts"[12] an, das bekanntermaßen auch das Recht auf Selbstverteidigung umfasst. Während hier Einsatzoptionen des Militärischen noch nicht abschließend geklärt scheinen, steht eine eindeutige Weiterung unter der Schlagwortreihe „Gefährdung der Informations-, Kommunikations-, Versorgungs-, Transport- und Handelslinien und der Sicherheit der Rohstoff- und Energieversorgung"[13]. Sie lautet: „Angesichts der Vielzahl potenzieller Ursachen und Angriffsziele muss Deutschland mit seinen Verbündeten und Partnern flexibel Elemente seines außen- und sicherheitspolitischen Instrumentariums einsetzen, um Störungen oder Blockaden *vorzubeugen* oder diese zu *beseitigen*"[14] (Herv. SJ). Wenngleich der Hinweis auf militärische Mittel nicht ausdrücklich erfolgt, ist er doch in der unspezifischen Rede vom sicherheitspolitischen Instrumentarium enthalten. Diese praktische Konsequenz wird zwar bereits im Weißbuch 2006 insinuiert, indem es Verwerfungen im internationalen Beziehungsgefüge sowie Störungen der Rohstoff- und Warenströme auf der sicherheitspolitischen Agenda platziert.[15] Aber erst der damalige Bundespräsi-

---

[7] Weißbuch 2016, S. 92.

[8] Weißbuch 2016, S. 65.

[9] Vgl.: Weißbuch 2006, S. 57 f.

[10] Weißbuch 2016, S. 93.

[11] Weißbuch, 2016, S. 91.

[12] Weißbuch 2016, S. 38.

[13] Weißbuch 2016, S. 41.

[14] Weißbuch 2016, S. 41.

[15] Vgl.: Weißbuch 2006, S. 26.

dent Horst Köhler plädierte im Mai 2010 ausdrücklich dafür, militärische Mittel auch zur Verhinderung regionaler Instabilitäten zu nutzen, die „[negativ] auf unsere Chancen zurückschlagen [...], bei uns durch Handel Arbeitsplätze und Einkommen zu sichern"[16]. Das ist nun im neuen Weißbuch programmatisch befestigt. Mithin wird der Einsatz der Streitkräfte zusehends von der Notwendigkeit einer sicherheits- bzw. verteidigungs- oder auch friedenspolitischen Begleitrhetorik entlastet. Das nationale Interesse emanzipiert sich immer stärker als hinreichende Legitimation bewaffneten Einschreitens. Damit setzt das aktuelle Weißbuch die längst eingeleitete Eroberung dieser Verbotszone fort.

Während es die erste Schranke beim Militäreinsatz, den Parlamentsvorbehalt, als praktisch „bewährt"[17] würdigt, stört das Weißbuch sich an der ebenfalls bundesverfassungsgerichtlich vorgeschriebenen zweiten Schranke, nämlich der Einordnung in Kollektivsysteme.[18] Zwar nennt das mit „Ad-hoc-Kooperationen"[19] befasste Kapitel zuerst politische Formate wie etwa die Verhandlungsgruppe zum iranischen Atomprogramm. Aber auch militärisch unterfütterte Operationen finden bereits dort Erwähnung: das Vorgehen gegen die Piraterie am Horn von Afrika sowie das Engagement in der Allianz zur Bekämpfung des Islamischen Staats.[20] Im Abschnitt über rechtliche Rahmenbedingungen heißt es sogar: „Gerade in Fällen, in denen die völkerrechtliche Voraussetzungen für ein militärisches Vorgehen ohnehin vorliegen (etwa in Form einer Unterstützungsbitte der jeweiligen Gastregierung) und die daher auch keiner weiteren völkerrechtlichen Ermächtigung bedürfen, wird die Einbindung in ein System gegenseitiger kollektiver Sicherheit zunehmend schwierig"[21]. Und wei-

---

[16] „Sie leisten wirklich Großartiges unter schwierigsten Bedingungen". Horst Köhler im Gespräch mit Christopher Ricke vom 22. Mai 2010, http://www.deutschlandradio.de/sie-leisten-wirklich-grossartiges-unter-schwierigsten.331.de.html?dram:article_id=203276. (abgerufen am 18. September 2016).

[17] Weißbuch 2016, S. 109.

[18] Die Karlsruher Richter erkennen im Pegasus-Urteil mittlerweile durchaus die Möglichkeit eines „unilentale[n] Auslandseinsatz[es] bewaffneter deutscher Streitkräfte" an. In diesem Judikat ging es aber ausschließlich um eine Rettungs- und Evakuierungsoperation bedrohter Staatsbürger aus einer Krisenregion. Eine Totalkorrektur des grundlegenden Urteils von 1994, die die Einbindungspflicht in kollektive Sicherheitssysteme vollständig aufhöbe, kann daher nicht angenommen werden. – Bundesverfassungsgericht: Urteil des Zweiten Senats vom 23. September 2015, 2 BvE 6/11, Rdnr. 69. (http://www.bverfg.de/e/es20150923_2bve000611.ht) (abgerufen am 18. November 2016).

[19] Weißbuch 2016, S. 80.

[20] Vgl.: Weißbuch 2016, S. 81.

[21] Weißbuch 2016, S. 109.

ter: „Angesichts der gestiegenen sicherheitspolitischen Verantwortung Deutschlands müssen wir in der Lage sein, auch diesen Herausforderungen gegebenenfalls im Wege des Einsatzes bewaffneter deutscher Streitkräfte kurzfristig Rechnung zu tragen"[22]. Wenngleich die erbetene Intervention als Völkerrechtsfigur anerkannt sein mag, bleibt sie angesichts ihrer Missbrauchsanfälligkeit in der Praxis überprüfungsbedürftig.[23] Vor allem aber stellt Völkerrechtskonformität eine zwar notwendige, aber keineswegs hinreichende Bedingung für Verfassungskonformität dar. Vielmehr muss, wie schon dargelegt, außer einem Parlamentsbeschluss auch die Einbindung in ein Kollektivsystem hinzukommen. Bereits die militärische Ausbildungshilfe im Irak hat diese zweite Schranke gleich doppelt beschädigt: Sie beginnt 2014/2015 allein auf Einladung der irakischen Autoritäten ohne Ermächtigung des UNO-Sicherheitsrats. Dieser Malus ist zwar seit der Resolution 2249 vom November 2015 behoben. Sie ruft Staaten nämlich dazu auf, in Übereinstimmung mit dem Völkerrecht alle notwendigen Maßnahmen auf dem vom Islamischen Staat kontrollierten Gebiet zu ergreifen, um terroristische Anschläge zu verhüten und zu unterbinden.[24] Ein anderer Malus bleibt aber bestehen: Das Engagement erfolgt weiterhin außerhalb kollektiver Sicherheitssysteme. Die Einordnung in eine Koalition der Willigen genügt den Vorgaben des Bundesverfassungsgerichts strenggenommen nicht.[25] Das Weißbuch trägt die bereits brüchige Schranke nunmehr konzeptionell ab.

2. Das Weißbuch bettet Bundeswehreinsätze in eine offensivere Programmatik ein

Erweiterung und Erleichterung militärischer Optionen spiegeln sowohl ein gestiegenes Selbstbewusstsein als auch eine größere Selbstverständlichkeit beim Einsatz der Bundeswehr wider. Ihren sprachlichen Ausdruck finden sie im omnipräsenten Begriffspaar Verantwortung und Führung, das die Begleitbroschüre „Wege zum Weißbuch" zutreffend zum „Leitmotiv"[26] kürt. Dazu passt

---

[22] Weißbuch 2016, S. 109.

[23] Vgl.: Nolte, Georg: Eingreifen auf Einladung. Zur völkerrechtlichen Zulässigkeit des Einsatzes fremder Truppen im internen Konflikt auf Einladung der Regierung. Berlin u.a.: Springer, 1999. (Beiträge zum ausländischen öffentlichen Recht und Völkerrecht; 136.) S. 579-588.

[24] Vgl.: Security Council, S/Res/2249 (2015), 20. November 2015, Pkt. 5.

[25] Vgl.: Talmon, Stefan: Eine Koalition der Willigen reicht nicht, in: Frankfurter Allgemeine Zeitung vom 08. Januar 2015.

[26] Weißbuch 2016. Wege zum Weißbuch. Berlin: Bundesministerium der Verteidigung, 2016, S. 15.

auch der häufig reklamierte Handlungs- bzw. Gestaltungsanspruch.[27] Dieses Programm ist bereits in vorgängigen Debatten geprägt worden. Dabei spielte die Studie zweier *Think Tanks* „Neue Macht. Neue Verantwortung"[28] eine prominente Rolle. Politischen Niederschlag fand sie bereits auf der Münchner Sicherheitskonferenz 2014. Hier forderten Bundespräsident Joachim Gauck und Außenminister Frank-Walter Steinmeier wortgleich, wenn auch mit unterschiedlicher Akzentuierung,[29] Deutschland müsse sich außen- und sicherheitspolitisch früher, entschiedener und substanzieller einbringen.[30] Ähnlich heißt es im neuen Weißbuch: „Deutschland ist bereit, sich früh, entschieden und substantiell als Impulsgeber in die internationale Debatte einzubringen, Verantwortung zu leben und Führung zu übernehmen."[31] Dementsprechend erfährt das bereits in den Verteidigungspolitischen Richtlinien 2011 eingeführte Konzept der Rahmennation eine Aufwertung.[32] „Deutschlands Bereitschaft, als Rahmennation Führungsverantwortung zu übernehmen, ist Ausdruck unseres Selbstverständnisses und unseres Gestaltungsanspruchs."[33] Die Rahmennation gehe gleichsam in Vorlage, um „anderen Nationen zu ermöglichen, ihre Fähigkeiten zum Nutzen aller in einen multinationalen Verbund einzubringen"[34].

Dennoch wirken Selbstbewusstsein und Selbstverständlichkeit beim Einsatz militärischer Mittel zumindest punktuell gebrochen: Zum einen wissen die Au-

---

[27] Vgl.: Weißbuch 2016, S. 15, 47, 68, 88, 130 und 138.

[28] Neue Macht. Neue Verantwortung. Elemente einer deutschen Außen- und Sicherheitspolitik für eine Welt im Umbruch. Berlin: Stiftung Wissenschaft und Politik (SWP); Washington: German Marshall Fund of the United States (GMF), 2013.

[29] Vgl.: Jaberg, Sabine: Das Weißbuch 2016. Kontinuität oder Kurswechsel?, in: Wissenschaft und Frieden (W&F), 4/2015, S. 15-18; hier: S. 18.

[30] Vgl.: „Deutschlands Rolle in der Welt: Anmerkungen zu Verantwortung, Normen und Bündnissen". Rede von Bundespräsident Joachim Gauck zur Eröffnung der 50. Münchner Sicherheitskonferenz vom 31. Januar 2014,
http://www.bundespraesident.de/SharedDocs/Reden/DE/Joachim-Gauck/Reden/2014/01/140131-Muenchner-Sicherheitskonferenz.html. (abgerufen am 18. September 2016). Rede von Außenminister Frank-Walter Steinmeier anlässlich der 50. Münchner Sicherheitskonferenz vom 1. Februar 2014,
http://www.auswaertiges-amt.de/DE/Infoservice/Presse/Reden/2014/140201-BM_M%C3%BCSiKo.html. (abgerufen am 18. September 2016).

[31] Weißbuch 2016, S. 23.

[32] Vgl.: Bundesministerium der Verteidigung: Verteidigungspolitische Richtlinien. Berlin, 18. Mai 2011. S. 16.

[33] Weißbuch 2016, S. 68.

[34] Weißbuch 2016, S. 68.

toren des Weißbuchs um das (begrenzte) „Maß unserer Möglichkeiten"[35]. Zum anderen scheinen die insgesamt eher ernüchternden Ergebnisse militärischer Großinterventionen wie in Afghanistan, Irak und Libyen ihre konzeptionellen Spuren hinterlassen zu haben. So zumindest ließe sich der ins Dokument eingearbeitete Ertüchtigungsansatz Angela Merkels lesen. Er zielt vordergründig „darauf ab, Staaten und Regionalorganisationen im fragilen Umfeld zur eigenständigen Übernahme von Sicherheitsverantwortung in einem umfassenden Sinne zu befähigen"[36]. Die damit eigentlich verbundene Hoffnung lautet: „In dem Maße, wie regionale und lokale Akteure gestärkt werden, kann das deutsche […] Engagement in Krisenregionen angepasst und langfristig vermindert werden."[37] Eingeordnet in den Gesamtkontext kann der Ertüchtigungsansatz nicht nur als Absicht gelesen werden, die Fähigkeit anderer Akteure bei der Bewältigung ihrer Konflikte zu verbessern. Vielmehr lässt er sich darüber hinaus als Optimierungsstrategie begreifen, die auch andere Gruppen, Staaten oder Organisationen für sich einspannt. Jedenfalls sollen eigene begrenzte (nicht zuletzt militärische) Ressourcen künftig möglichst sparsam und effizient verwendet werden.

3. *Korrekturen zugunsten reflexiver Sicherheits- oder gar Friedenspolitik sind ausgeblieben*
Das Weißbuch 2016 steht in Kontinuität zu den Vorgängerdokumenten. Wenngleich es den internationalen Kontext stärker als das Vorgängerdokument zu bedenken scheint, bleibt es doch dem Paradigma nationaler Sicherheit verhaftet. Demnach sind es stets die anderen, die Probleme generieren, die für Deutschland und seine Verbündeten zur Herausforderung werden, die sie glauben, notfalls auch militärisch bewältigen zu müssen. Der eigene Anteil am globalen Unfrieden hingegen gerät zum blinden Fleck. Besonders eklatant zeigt sich das Problem mit Blick gen Moskau. Laut Weißbuch „stellt Russland die europäische Friedensordnung offen in Frage"[38]. Grund dafür sei die auf der Krim und im Osten der Ukraine „zutage getretene Bereitschaft, die eigenen Interessen auch gewaltsam durchzusetzen und völkerrechtlich garantierte Grenzen einseitig zu verschieben"[39].

---

[35] Weißbuch 2016, S. 23.
[36] Weißbuch 2016, S. 52.
[37] Weißbuch 2016, S. 52.
[38] Weißbuch 2016, S. 31.
[39] Weißbuch 2016, S. 31.

Zweifellos liegt die Verantwortung dafür beim Kreml. Aber: Der Westen, auch Deutschland, trägt mit seiner Politik seit Ende des globalen Macht- und Systemkonflikts Mitschuld daran, dass eine belastbare gesamteuropäische Friedens- und Sicherheitsordnung nicht entstanden ist. Die Marginalisierung der KSZE (später OSZE) bei gleichzeitiger Ostausdehnung insbesondere der NATO sind hier die Stichworte.[40] Dazu findet sich im Weißbuch aber nichts. Immerhin plädiert es ähnlich dem Harmel-Bericht für eine „richtige Mischung aus kollektiver Verteidigung und dem Aufbau von Resilienz einerseits und Ansätzen kooperativer Sicherheit und sektoraler Zusammenarbeit andererseits"[41]. Wie bei einem Dokument kaum anders zu erwarten, das zwar für die Bundesregierung spricht, aber traditionell unter Federführung des Verteidigungsministeriums steht, kommt es zu einer Schieflage zugunsten des ersten (militärischen) Pfeilers. Hier wartet das Weißbuch mit konkreten Maßnahmen auf, etwa „die zyklische Übernahme der Verantwortung als Führungsnation" bei der sogenannten Speerspitze, Engagement bei „der verstärkten Vornepräsenz" sowie ein „Beitrag zur NATO-Raketenabwehr"[42]. Demgegenüber wirkt der zweite (kooperative) Pfeiler vernachlässigt. Hier erschöpft sich die Phantasie der Autoren in einem recht allgemeinen Bekenntnis zur OSZE mit dem „Ziel, gesamteuropäische Sicherheit zu befördern, zu erneuern und zu vertiefen"[43]. Offenkundig bleibt es dem Auswärtigen Amt als Hort der Diplomatie überlassen, insbesondere das Jahr des OSZE-Vorsitzes (2016) in diesem Sinne zu nutzen. Steinmeiers jüngst eingeführte Denkfigur der *reflective power* setzt zumindest einen Gegenakzent zum militärischen Muskelspiel, das sich im Weißbuch abzeichnet. Sie zielt auf „Vermeidung von vorschnellen Weichenstellungen, die spätere Lösungen erschweren statt erleichtern", und damit auf einen analysegestützten Versuch, „den Frieden zu gewinnen"[44]. Allerdings: Selbstreflexive Sicherheits- oder gar Friedenspolitik ginge darüber hinaus. Sie verlangte, den eigenen Anteil an der Problemgenese analytisch wie strategisch ins Visier zu

---

[40] Vgl.: Jaberg, Sabine: Der Pariser Gipfel 1990. Der Westen blockierte eine Friedens- und Sicherheitsordnung in Europa, in: Friedenforum, 4/2016, S. 31 f.

[41] Weißbuch 2016, S. 32.

[42] Weißbuch 2016, S. 69.

[43] Weißbuch 2016, S. 78.

[44] Der Westfälische Frieden als Denkmodell für den Mittleren Osten. Rede von Außenminister Frank-Walter Steinmeier bei den Osnabrücker Friedensgesprächen am 12. Juli 2016, http://www.auswaertiges-amt.de/DE/Infoservice/Presse/Reden/2016/160712-Westfaelischer_Frieden.html. (abgerufen am 02. August 2016).

nehmen. Einen solchen Paradigmenwechsel programmatisch auszugestalten und politisch einzufordern – dazu müssten auch Wissenschaft und Gesellschaft ihren Beitrag leisten.

Mehr Verantwortung – wofür und wie?

Winfried Nachtwei

Der ehemalige Bundespräsident Horst Köhler hielt auf dem Festakt der Deutschen Gesellschaft für die Vereinten Nationen (DGVN) zum 70-jährigen Jubiläum der Vereinten Nationen am 21. Oktober 2015 in der Berliner Kaiser-Wilhelm-Gedächtnis-Kirche die Festrede vor ca. 500 Gästen. Es war eine nachdenkliche, selbstkritisch-ehrliche, ermutigende Rede an die Regierungen und Zivilgesellschaften, die Chancen der Vereinten Nationen endlich besser zu nutzen.

Im vergangenen Jahrzehnt hätten wir „eine Interventionspolitik gesehen, die einem angesichts ihrer Kurzsichtigkeit und, ja, Inkompetenz den Atem verschlägt. Die Leidtragenden sind jetzt Millionen Frauen, Männer und Kinder besonders im Nahen Osten – und natürlich muss die Suppe wieder vor allem die VN auslöffeln." Die Liste der globalen Herausforderungen, die sich um Staatsgrenzen nicht scheren, sei lang: Terrorismus, Ebola, Klimawandel, Migration … „All diese Themen rufen nach einer global governance, deren Ziel sich nicht mehr darauf beschränkt sicherzustellen, dass die nationalstaatlichen Boote nicht miteinander kollidieren, sondern welche die Weltpolitik in dem einen Boot koordiniert, in dem alle Völker längst sitzen. Diese Tatsache erfordert, den Begriff des nationalen Interesses neu zu denken, denn unsere Interessen sind längst so sehr miteinander verwoben, dass es tatsächlich so etwas wie ein globales Interesse, ein globales Gemeinwohl gibt." Die VN seien das „dickste aller Bretter, das es zu bohren gilt. Langsam und geduldig, an vielen Stellen gleichzeitig. (…) Es wäre (…) ein Fehler, die VN nur unter der Bedingung ernst zu nehmen, dass sie sich reformiert. Erst umgekehrt wird ein Schuh daraus: wenn die Mitgliedsstaaten den Multilateralismus und damit die Vereinten Nationen wieder ernst nehmen und echtes politisches Kapital investieren, dann wird es auch zu Reformen kommen können."

Die Rede verdiente breiteste Beachtung, nicht zuletzt auch beim damals laufenden Weißbuchprozess des Verteidigungsministeriums.

(1) Öffnung

Erstmalig entstand mit dem Weißbuch 2016 ein sicherheitspolitisches Grundlagendokument der Bundesregierung unter Mitberatung und Konsultation einer großen Zahl von sicherheits- und außenpolitischen Fachleuten. Das war ein wichtiger Fortschritt. Als Teilnehmer vieler Workshops erlebte ich diesen Prozess als anregend und Beitrag zu einer vertieften sicherheitspolitischen Debattenkultur. Eine Öffnung zu/gegenüber militärischer Sicherheitspolitik fundamental ablehnenden Kreisen wurde meines Wissens nicht versucht.

(2) Fehlende Gesamtstrategie

Ein vielfach kritisierter fundamentaler Mangel war der Ansatz eines Ressortdokuments, wo – wie bei früheren Weißbüchern – die umfassende sicherheitspolitische Analyse nur in militärisch verengte Schlussfolgerungen für die Bundeswehr mündet. Damit kann einer Fehlwahrnehmung Vorschub geleistet werden, als solle jedwede Sicherheitsbedrohung militärisch beantwortet werden. Gefördert wird eine solche Fehlinterpretation durch die verbreitete Militärlastigkeit von öffentlicher Wahrnehmung und Debatte, wo zugleich politische und zivile Krisenbewältigung kaum Beachtung finden.

Wo aber grundsätzlich Konsens besteht über ein umfassendes Verständnis von kollektiver Sicherheitspolitik, wo staatliche und menschliche Sicherheit aufeinander angewiesen sind, wo der Primat bei der politischen Konfliktlösung liegt und Militär diese in bestimmten Fällen „nur" absichern und unterstützen kann, müsste das zentrale Grundlagendokument zur deutschen Sicherheitspolitik eigentlich ein ressortgemeinsames unter Federführung des Auswärtigen Amtes oder des Kanzleramtes sein.

Offenbar besteht aber in der Bundesregierung, insbesondere beim Kanzleramt, ein beharrlicher Unwille gegenüber einer solchen sicherheitspolitischen Gesamtstrategie. Wenn die Rahmenbedingungen so sind, wie sie sind, kann deshalb nicht die Alternative sein, ganz auf die Erarbeitung von Ressortdokumenten zu verzichten.

Allerdings: Indem das Weißbuch zum „obersten sicherheitspolitischen Grundlagendokument Deutschlands" mit einer strategischen Standort- und Kursbestimmung erklärt wird und vom Kabinett verabschiedet wurde, ist das Weißbuch deutlich mehr als ein Ressortdokument. Das zeigt sich auch darin, dass das Auswärtige Amt wesentlich beim sicherheitspolitischen Teil I mitgeschrieben hat und der gesamtstaatliche Ansatz von Sicherheitspolitik so umfassend und konkretisiert betont wird wie nie zuvor.

(3) Deutschlands Rolle in der Welt und sicherheitspolitisches Selbstverständnis

„Deutschland ist bereit, sich früh, entschieden und substanziell als Impulsgeber in die internationale Debatte einzubringen, Verantwortung zu leben und Führung zu übernehmen."

Wo die Welt vielfältig unsicherer ist, das relative Gewicht Deutschlands – und insbesondere die internationalen Erwartungen an die Bundesrepublik – und die Handlungsmöglichkeiten gewachsen sind, da ist die Übernahme von mehr Verantwortung in der internationalen Politik richtig und legitim. Die Überwindung einer oftmals nur reaktiven Haltung und eines Versteckens im Multilateralismus ist meines Erachtens schon länger überfällig.

Das Mehr an Verantwortung gilt für die Außen- und Sicherheitspolitik insgesamt, die an den Friedensauftrag des Grundgesetzes und das Völkerrecht gebunden ist. Falsch wäre es – und aus dem Weißbuchtext ist es auch nicht ableitbar -, dies mit einem Mehr an Militäreinsätzen, gar einem „Primat des Militärischen" gleichzusetzen. Das Weißbuch betont mehrfach, dass die Bundeswehr Beiträge zur deutschen Sicherheitspolitik leiste – nicht mehr und nicht weniger. Gerade Bundeswehroffiziere drängen vor dem Hintergrund ihrer Einsatzerfahrungen seit Jahren darauf, dass der Primat der Politik strategischer und weniger oberflächlich und halbherzig wahrgenommen wird.

(4) Deutschlands Werte und sicherheitspolitische Interessen

Die Wertebindung deutscher Sicherheitspolitik (Präambel des Grundgesetzes, Friedensgebot nach Art. 26 GG, Menschenwürde, Rechtsstaatlichkeit; Völkerrecht, Schutz universaler Menschenrechte) wird kurz benannt. Widersprüche und Dilemmata, die bei dem hohen Anspruch einer so ausdrücklich wertegebundenen Politik immer wieder auftreten, werden nicht angesprochen, so dass der Wertebezug schnell als Sonntagsrede wahrgenommen und nicht ernst genommen werden kann.

Die ersten aufgeführten sicherheitspolitischen Interessen Deutschlands (Schutz der eigenen BürgerInnen und der nationalen Souveränität und der Verbündeten, Aufrechterhaltung der regelbasierten internationalen Ordnung auf Grundlage des Völkerrechts), sind legitim und gehören zu den staatlichen Grundpflichten. Sie sind komprimiert zusammengefasst im Amtseid der Mitglieder der Bundesregierung. Humanitäre und Nichtregierungsorganisationen sind demgegenüber nicht prioritär dem Schutz der eigenen Bürger, sondern dem Wohl (aller) bedürftigen Menschen verpflichtet.

Als weitere sicherheitspolitische Interessen werden genannt

- der Wohlstand der eigenen BürgerInnen „durch Prosperität unserer Wirtschaft und freien sowie ungehinderten Welthandel" (ohne den Zusatz von 2006 „und dabei die Kluft zwischen armen und reichen Weltregionen überwinden zu helfen")

- „Förderung des verantwortungsvollen Umgangs mit begrenzten Ressourcen und knappen Gütern in der Welt" (neu gegenüber 2006)
- „Vertiefung der europäischen Integration und Festigung der transatlantischen Partnerschaft."

Die Anregung von Horst Köhler, angesichts der Verwobenheit elementarer nationaler Interessen auch auf ein globales Gemeinwohl hin zu orientieren (ähnlich die Bischöfliche Kommission „Justitia et Pax"), wurde nicht aufgenommen.

Die Verhütung von Völkermord, Verbrechen gegen die Menschlichkeit, ethnischen Säuberungen und Kriegsverbrechen (die Tatbestände der Responsibility to Protect/RtoP, auf die die VN-Generalversammlung 2005 die Staaten verpflichtete) wird nicht als explizites nationales Sicherheitsinteresse Deutschlands genannt. Im Unterschied zum Weißbuch 2006 (S. 44) wird die RtoP heute nicht einmal mehr benannt – auch nicht bei den strategischen Prioritäten „Vorbeugen und Eindämmen von Krisen und Konflikten" und „Engagement für die regelbasierte internationale Ordnung". In Anbetracht der beanspruchten – und in Deutschland viel selbstbelobigten – „Lehren aus der Geschichte" klafft hier eine eklatante Lücke der Verantwortung. Nach der internationalen und deutschen Diskussion über die RtoP in den letzten Jahren ist das eine Flucht aus der Verantwortung durch Wegsehen.

(5) Das sicherheitspolitische Umfeld

Es ist noch „komplexer, volatiler sowie dynamischer und damit immer schwieriger vorhersehbar geworden." Das heißt im Klartext: staatliche und Bürgersicherheit zu gewährleisten, Ursachen von Risiken und Bedrohungen zu bekämpfen, wird immer schwieriger. Angesichts des üblichen „Wir-schaffen-das"-Grundtenors von Regierungsdokumenten wird nicht einmal angedeutet, was seit geraumer Zeit mein Eindruck ist: Die sicherheitspolitischen Akteure und Verantwortlichen sind mit der Dichte, Dynamik und Komplexität der Krisenverwicklungen längst an der Grenze der Leistungsfähigkeit – bei aller Professionalität, mit der Einzellagen noch bewältigt werden.

Die Analyse der internationalen Ordnung im Umbruch (a) und der Herausforderungen für die deutsche Sicherheitspolitik (b) ist differenziert, realistisch – und ausgesprochen beunruhigend.

(a) Treiber des Umbruchs (Globalisierung, Digitalisierung, Kräfte der Antiglobalisierung, von oft radikalem Nationalismus, Extremismus, religiösem Fanatismus), Multipolarität und Machtdiffusion, Infragestellung der regelbasierten euro-atlantischen Friedens- und Stabilitätsordnung, Europäisches Projekt unter Druck;

(b) Internationaler Terrorismus, Herausforderungen aus dem Cyber- und Informationsraum, Renaissance zwischenstaatlicher Konflikte, fragile Staatlichkeit und schlechte Regierungsführung, weltweite Aufrüstung und Proliferation von Massenvernichtungswaffen, Gefährdung der Kommunikations- und Transportlinien und Sicherheit der Rohstoff- und Energieversorgung, Klimawandel, unkontrollierte und irreguläre Migration, Pandemien und Seuchen.

Dass hierbei allerdings der soziale und politische Sprengstoff der weltweit wachsenden Ungleichverteilung von Einkommen, Vermögen, Lebenschancen und Macht (Ungerechtigkeit treibt Unfrieden) nur in Einzelaspekten angetippt, aber insgesamt außer Acht gelassen wird, ist völlig unverständlich. Immerhin hatte Entwicklungsminister Müller den Sachverhalt bei zwei gemeinsamen Veranstaltungen mit der Verteidigungsministerin vehement angesprochen: Er fragte, ob es auf Dauer gut gehen könne, dass weltweit 10% 90% des Vermögens besitzen, dass 70 Personen so viel besitzen wie 3,5 Mrd., dass 20% der Weltbevölkerung 80% der Ressourcen verbrauchen, die namentlich aus den Entwicklungsländern kämen.

Nichtsdestoweniger verdient die Analyse des sicherheitspolitischen Umfeldes breite Wahrnehmung, Debatte und Bemühen um tragfähige Lösungsvorschläge. Allzu oft werden die genannten Herausforderungen aber noch verdrängt oder es bleibt bei ritualisierten „Antworten".

Eine sicherheits- und friedenspolitische Analyse, die Ansätze für Prävention finden will, darf sich nicht mit der Erfassung von Risiken und Bedrohungen begnügen, sondern muss unbedingt auch Chancen, konstruktive Prozesse und Akteure identifizieren.

Zu einzelnen Herausforderungen:

- Russland, das die „europäische Friedensordnung offen in Frage" stelle und die strategische Rivalität betone, sei eine „Herausforderung für die Sicherheit auf dem Kontinent". Zugleich gebe es aber ein „breites Spektrum gemeinsamer Interessen und Beziehungen". Nachhaltige Sicherheit in und für Europa gebe es „nicht ohne belastbare Kooperation mit Russland". (Die Wahrnehmung der gegenwärtigen russischen Politik durch die Bundesregierung ist damit auffällig differenzierter als die Wahrnehmung der deutschen Außen- und Sicherheitspolitik in manchen Stellungnahmen aus der Friedensbewegung.)

- Zur „effektiven Bekämpfung des transnationalen Terrorismus" werden ziemlich dieselben Empfehlungen gegeben, wie sie z.B. der Bundestag im November 2001 flankierend zum Enduring-Freedom-Mandat beschlossen hatte. Der „Schönheitsfehler": Der „war on terror", von dem sich die rot-grüne Koalition damals „positiv" distanziert hatte, wurde strategisch wie menschlich ein Desaster. Der transnationale Terrorismus heute ist so umfangreich, stark und gefährlich wie nie zuvor! Nicht von ungefähr bezeichnete der VN-Sicherheitsrat IS am 20. November 2015 als eine „weltweite und beispiellose Bedrohung des Weltfriedens und der internationalen Sicherheit".

- Fragile Staatlichkeit und schlechte Regierungsführung, Krisenbogen von Nordafrika über Sahelzone, Nahost bis Zentralasien: Die Stärkung legitimer staatlicher Strukturen entspricht dem strategischen Ansatzpunkt „Förderung verlässlicher Staatlichkeit" im Aktionsplan Zivile Krisenprävention von 2004. Unerwähnt bleiben hier die Großprobleme, dass extern gestütztes Statebuilding begrenzt wirksam ist, sehr voraussetzungsreich ist und enorm Zeit braucht.

- Radikalisierungspotenziale als Folge mangelnder Entwicklungsperspektive in rasch wachsenden Gesellschaften (Kasten S. 44): Hier spricht das – BMZ im – Weißbuch sehr zu Recht das gigantische Problem der jungen, besonders armen Gesellschaften mit schwacher Staatlichkeit an, die ihrer Jugend kaum bis keine Perspektive bieten können, womit ein stark erhöhtes Konfliktrisiko vorprogrammiert ist. Verschiedene sinnvolle Projekte der deutschen EZ hierzu sind mir bekannt. Insgesamt liegen aber die Anstrengungen der Internationalen Gemeinschaft noch weit hinter dieser Herausforderung zurück.

- Ein blinder Fleck der Analyse sind die Großfehler, Krisentreiber, Unglaubwürdigkeiten, kontraproduktiven Wirkungen aus den „eigenen Reihen" – von einem desaströsen „war on terror" über Doppelmoral bis zu entwicklungsverhindernder Handelspolitik. Wie auch bei den „Fortschrittsberichten Afghanistan" fehlt notorisch eine selbstreflexive, selbstkritische Dimension. Fehler machen „nur die anderen".

(6) Deutschlands strategische Prioritäten

- Neu und sinnvoll ist die erste Priorität Gewährleistung gesamtstaatlicher Sicherheitsvorsorge, Stärkung von Resilienz und Robustheit ggb. Gefährdungen. Wo Gefährdungsursachen oft nur längerfristig oder gar nicht (weil in der Vergangenheit liegend) bekämpft werden können und Verwundbarkeiten von stark vernetzten Gesellschaften zunehmen, ist die Reduzierung von Verwundbarkeiten hier und heute von erheblicher Bedeutung.

- Unter Priorität 2 „Stärkung von Zusammenhalt und Handlungsfähigkeit in NATO und EU" werden nur die altbekannten bündnispolitischen Glaubenssätze wiederholt. „Bündnissolidarität ist Teil deutscher Staatsräson" hört sich stark an. Indem aber kein Wort zu den realen Herausforderungen für Bündnissolidarität heutzutage verloren wird (unterschiedliche Bedrohungswahrnehmungen, unterschiedliche Betroffenheiten durch bestimmte Krisenregionen, unterschiedliche Vorstellungen von zivilen und militärischen Komponenten der Sicherheitspolitik), klingt ein solcher Abschnitt eher wie ein Rufen im Walde.

- Einen im Vergleich zu 2006 deutlich höheren Stellenwert hat als Priorität 3 die ungehinderte Nutzung von Informations-, Kommunikations-, Versorgungs-, Transport- und Handelslinien sowie die Sicherheit der Rohstoff- und Energieversorgung. Die Sicherheits-, ja z.T. Systemrelevanz der internationalen Austauschwege ist unbestreitbar. Ihre ungehinderte Nutzung ist aber primär eine Frage internationaler kollektiver Ordnungs- und Sicherheitspolitik – und darf kein Einfallstor für „Kanonenbootpolitik" für Partikularinteressen nach dem „Recht des Stärkeren" sein. Eine solche Interpretation liegt nahe, wenn in Teilen der sicherheitspolitischen Community unterschiedslos von „Verteidigung deutscher Interessen mit militärischen Mitteln" die Rede ist.

- Als vierte Priorität betont wird das frühzeitige Erkennen, Vorbeugen und Eindämmen von Krisen und Konflikten. Prävention habe grundsätzlich Vorrang. Nachhaltige Prävention und Stabilisierung gelinge nur auf der Grundlage lokaler Eigenverantwortung. Der krisenpräventive Ansatz hat gegenüber 2006 deutlich an Gewicht gewonnen. Zugleich wird er auch konditioniert: „Deutschland muss sich entsprechend seiner Betroffenheit und Möglichkeiten an der Prävention, Stabilisierung und Nachsorge von Krisen und Konflikten beteiligen." Das ist eine plausible Priorisierung. Eine unterschiedslose Beteiligung an jedweder Krisenbewältigung wäre weder sinnvoll noch leistbar. Wenn das aber hieße, Deutschland würde sich nur an der Vorbeugung und Verhinderung von Massengewalt und drohendem Völkermord beteiligen, wenn die eigenen sicherheitspolitischen Interessen betroffen sind, wäre das eine fundamentale Absage an einen Kern internationaler Verantwortung – und eine Missachtung einer zentralen Lehre aus der deutschen Völkermord-Geschichte.

Die Ertüchtigung von Partnern (Staaten wie Regionalorganisationen) und der Förderung legitimer und tragfähiger staatlicher Strukturen gilt als wichtiges Instrument der Krisenvorbeugung und -eindämmung (S. 52ff.). Grundsätzlich richtig. Hierbei müssen aber die insgesamt ernüchternden Erfahrungen von Sicherheitssektorreformen mitbedacht werden. Bloßer Export von Polizei- und Militär"handwerk" ohne politische Einbettung, ohne Orientierung auf Bürgersicherheit und legitime Staatlichkeit ist nicht nachhaltig und eher kontraproduktiv. Wer hier wirklich nachhaltig wirken will, braucht einen praktizierten ganzheitlichen Ansatz und langen Atem.

Hier hätten Internationale Polizei- und Rule-of-Law-Missionen besondere Erwähnung und Betonung verdient: wo der internationale Ruf deutscher Fachkräfte besonders gut, die Nachfrage nach ihnen hoch – die Entsendung aber ausgesprochen zurückhaltend ist. Trotz aller Akzeptanz von Polizeiaufbau- und Rechtsstaatshilfe in Bundesregierung und Bundestag ist das Interesse daran und erst recht der politische Wille dazu ausgesprochen schwach, geradezu schattenhaft. Die angekündigte Bund-Länder-Vereinbarung zu Internationalen Polizeimissionen dauert und dauert. Solange diese strategische Fähigkeitslücke im deutschen Krisenengagement nicht entschieden angegangen wird, bleiben die Aussichten auf eine nachhaltige Wirkung von Stabilisierungseinsätzen sehr beschränkt.

- Priorität 5 ist das „Engagement für die regelbasierte internationale Ordnung". Wer richtigerweise von dieser Priorität spricht, dürfte von der strukturellen wirtschaftlichen und sozialen Unordnung in der Welt nicht schweigen.

Ein schwerer Mangel ist, dass die Stärkung der Vereinten Nationen für die Bundesregierung keine strategische Priorität besitzt – und erst im folgenden Kapitel bei den sicherheitspolitischen Handlungsfeldern Deutschlands auftaucht. Das ist aus mehreren Gründen kurzsichtig und friedens- und sicherheitspolitisch unverantwortlich:

- Wenn „unser sicherheitspolitisches Selbstverständnis durch die Lehren aus unserer Geschichte geprägt ist" (1. Zeile 1. Kapitel des Weißbuches), dann müsste bewusst sein, dass die Vereinten Nationen die erste und globale

Konsequenz aus dem von Deutschland verbrochenen Weltkrieg und Völkermorden war und bleibt.

- Wo die globalen Sicherheitsherausforderungen enorm zunehmen und zugleich konfrontative Multipolarität um sich greift, da kommt es umso mehr auf die VN an, ihre Normen, ihre Erfahrungen, ihre Organisationen und Missionen. Wo sich vor allem die westlichen Staaten aus den VN-Missionen zurückgezogen haben – und damit ein Zweiklassen-Peacekeeping beförderten –, ist eine verstärkte Unterstützung der VN-Friedenssicherung mehr als überfällig.

Verschärfend kommt hier die ausdrückliche Öffnung zu Auslandseinsätzen im Rahmen von „Ad-hoc-Kooperationen" außerhalb von Systemen kollektiver Sicherheit hinzu. (Kap. 8) Das könnte der klaren Norm der VN-Charta zuwiderlaufen, wonach Einsatz militärischer Gewalt außerhalb der Landes- und Bündnisverteidigung nur mit Mandat des VN-Sicherheitsrats zulässig ist. „Coalitions of the Willing" ohne VN-Auftrag würden die VN und damit globale kollektive Sicherheit elementar schwächen.

Dass bisherige kritische Stellungnahmen zum Weißbuch, insbesondere aus dem friedensbewegten Spektrum, selbst die VN-Dimension deutscher Außen- und Sicherheitspolitik weitestgehend ignorieren, ist ein friedenspolitisches Armutszeugnis.

(7) Sicherheitspolitische Gestaltungsfelder

Für die nationale Ebene bringt das Weißbuch etliche weiterführende Innovationen:

Förderung der Strategiefähigkeit: seit Jahren im sicherheitspolitischen Diskurs gefordert, jetzt Vorschläge dazu (2006 kein Thema). Der Bundessicherheitsrat soll unter Wahrung des Ressortprinzips zu einem „strategischen Impulsgeber" werden. Seine umstrittene Rolle bei Rüstungsexport-Entscheidungen ist meines Erachtens kein überzeugendes Gegenargument. Wo wäre sonst der geeignete Ort einer strategischen Erörterung in der Bundesregierung?

- „Ausbau und Verknüpfung der Kompetenzen in strategischer Vorausschau, Steuerung und Evaluierung", durch „institutionalisiertes Lernen Handlungs- und Adaptionsfähigkeit erhöhen": Für mich gehört die mangelnde institutionalisierte Lernfähigkeit und -bereitschaft auf der politischen und strategischen Ebene zu den ernüchterndsten Erfahrungen meiner Abgeordnetentätigkeit. Eine wichtige Ankündigung also.

- Förderung strategischer Kontinuität und Kohärenz durch regelmäßige Aktualisierung strategischer Dokumente, wo möglich versehen mit messbaren Kriterien als Voraussetzung von Evaluierung, Nachfolgedokument zum Aktionsplan Zivile Krisenprävention von 2004.

  Nachhaltige Gestaltung von Sicherheit bedeute, die „Sicherheit von Staaten, Menschen und nachfolgenden Generationen", die „vielfältigen Zusammenhänge von Sicherheit und Entwicklung zu verknüpfen".

- Wohl erstmalig in einem Weißbuch wird angekündigt, den Personalumfang und die Personalentwicklung „der mit außen- und sicherheitspolitischen Aufgaben betrauten Ressorts (…) strategisch anzulegen (…) und im Rahmen der zur Verfügung stehenden finanziellen Ressourcen bedarfsgerecht nachhaltig zu finanzieren." (S. 58) Auch wenn die notorische Unausgewogenheit der diplomatischen, zivilen, militärischen und polizeilichen Kapazitäten bei früheren Krisenengagements nicht thematisiert wird – hiermit besteht ein Anknüpfungspunkt, den bisherigen Nachholbedarf gerade bei den nichtmilitärischen Fähigkeiten anzugehen.

Weiterentwicklung des vernetzten Ansatzes: die Informationen von Lagezentren auf strategischer und operativer Ebene zu vernetzten, zu teilen und für die Politik zu bündeln, gemeinsame Ausbildung und Übungen von staatlichen und nichtstaatlichen Akteuren für das Handeln im gesamten Krisenzyklus zu fördern, ist sinnvoll und wurde tendenziell auch in Stellungnahmen aus dem Beirat Zivile Krisenprävention gefordert. Voraussetzung einer produktiven, Vereinnahmung vermeidenden Vernetzung ist aber Zielklarheit, sind kompatible Ziele auf der operativen Ebene und die Respektierung unterschiedlicher Mandate und Organisationskulturen. Andernfalls wird das erhebliche Gefälle zwischen Anspruch und Praxis des vernetzten Ansatzes fortbestehen.

Im Abschnitt zu den Leitprinzipien für die Bundeswehr der Zukunft wird die Einbindung der Bundeswehr in ein koordiniertes gemeinsames Krisenmanagement und ihre Beiträge dazu in allen Krisen- und Konfliktphasen betont. (S. 99)

Sicherheitsvorsorge und Verantwortung für Stabilität und Sicherheit des internationalen Umfeldes (einschließlich menschliche Sicherheit):

„Mit frühzeitigem und umfassendem Handeln wirkt Deutschland auf internationaler Ebene darauf hin, Konfliktursachen zu beseitigen sowie den Aufbau von tragfähigen Institutionen und Strukturen zur friedlichen Konfliktaustragung zu fördern."

Auch hier wird der Vorrang präventiver Problemlösung betont und dass sich zivile und militärische Instrumente ergänzen. Von einem ausdrücklichen Vorrang ziviler Mittel – und dem Einsatz militärischer Gewalt als äußerstem und schärfstem Mittel (der problematische Begriff der „ultima ratio") – ist keine Rede. Im Gegenteil: Auch in Zukunft werde es „immer wieder Situationen geben, in denen erst ein robustes, völkerrechtlich legitimiertes militärisches Eingreifen der Diplomatie den Weg zu akzeptablen politischen Lösungen freimacht." (S. 61) Hierzu gibt es erheblichen Streit- und Klärungsbedarf: Vor dem Hintergrund der VN-Charta und historischer Erfahrungen sind solche Situationen in der Tat nicht auszuschließen und möglich. Zugleich ändert das nichts daran, dass immer zuerst und hartnäckig an und für diplomatische Lösungen gearbeitet werden muss, dass Militärinterventionen in Bürgerkriege und/oder gegen Aufstandsbewegungen ein hohes Risiko des Scheiterns, ja der Konfliktverschärfung beinhalten, dass die allermeisten robust mandatierten VN-Friedensmissionen nach einer – insbesondere über VN-Vermittler – erreichten Verständigung zwischen Konfliktparteien zum Einsatz kamen. Etliche VN-Missionen sind aber inzwischen in der prekären Situation von „weder Krieg noch Frieden", wo es realiter keinen Frieden zu sichern gibt, sondern ein Rückfall in den Großkrieg zu verhindern und Frieden mühsam zu gewinnen gilt.

Bei der Stabilisierung des internationalen Umfelds seien der „Aufbau legitimer und tragfähiger staatlicher und gesellschaftlicher Strukturen", die „Gewährleistung menschlicher Sicherheit sowie die Möglichkeit selbstbestimmter und nachhaltiger Entwicklung gleichrangige Ziele". Auch hier wird die Notwendigkeit ausreichender außen-, entwicklungspolitischer und polizeilicher Mittel betont.

Angekündigt wird die Aufstellung ziviler Expertenteams, „die frühzeitig und mit kurzem zeitlichen Vorlauf in Krisengebiete entsandt werden können und somit unsere Reaktions- und Deeskalationsfähigkeit erhöhen." Diese Maßnahme ist zentral und überfällig und soll der „Verfügbarkeitsfalle" entgegenwirken, wo bisher in akuten Krisenfällen außer THW in erster Linie Bundeswehrkräfte schnell und flexibel verfügbar waren. Hier könnten sinnvolle Einsatzmöglichkeiten für Kräfte eines zivilen Peacekeeping bestehen.

Bei den internationalen Gestaltungsfeldern werden als erstes die Vereinten Nationen (auf eineinhalb Seiten, mit einem Foto vom Abrüstungsdenkmal der VN: dem verknoteten Revolverlauf) thematisiert. (S. 62 f.) Vorrangiges Ziel deutscher Politik sei, das System der VN durchsetzungsfähiger zu machen, die

VN weiter zu stärken und zur effizienteren Wahrnehmung ihrer Aufgaben zu befähigen." Etwas konkreter als im Weißbuch 2006 sind die deutschen Beiträge zur VN-Unterstützung beschrieben:

-   Stärkung der materiellen und personellen Beiträge und Übernahme von Führungsverantwortung in VN-Missionen,
-   Übernahme zusätzlicher Verantwortung im Rahmen politischer Prozesse, z.B. durch Mediatoren, Beiträge zur Prävention und zum Krisenmanagement,
-   im Rahmen der VN-SR-Resolution 1325 Verbesserung der Partizipation von Frauen in allen Phasen des Konfliktzyklus.

Weit in den Schatten gestellt wird das VN-Kapitel dann aber durch die Kapitel zu NATO und EU. (S. 64-77)

Das „einzigartige sicherheitspolitische Konsultations-, Kooperations- und Verhandlungsforum" der OSZE und ihre zentrale Rolle bei der Lösung des Ukraine-Konflikts werden besonders herausgestellt sowie wichtige Maßnahmen zu ihrer Stärkung genannt. (S. 77-79). Weitere internationale Gestaltungsfelder sind bi- und multilaterale Partnerschaften und Ad-hoc-Kooperationen (s.o.) sowie Rüstungskontrolle, Abrüstung, Nichtverbreitung (S. 82).

Faktisch nicht angesprochen wird das zentrale sicherheitspolitische „Gestaltungsfeld" der letzten mehr als 20 Jahre – die deutsche Beteiligung an internationalen Kriseneinsätzen.

Im NATO-Kapitel begnügt sich das Weißbuch mit den Feststellungen:

„Die Stabilisierungseinsätze der Allianz zum Beispiel in Afghanistan und auf dem Balkan zeigen, dass Eindämmung und Bewältigung von Konflikten in einem komplexen Sicherheitsumfeld ein langfristiges und verlässliches Engagement erfordern, um Stabilisierungsfortschritte zu erhalten und zu verstetigen." (S. 65) Und im Fazit:

„Die Einsätze, insbesondere in Afghanistan, wurden zunehmend robuster und verlangten eine Priorisierung der Aufwendungen für eine angemessene Ausstattung der eingesetzten Truppe. Die Bundeswehr wurde zur Armee im Einsatz." (S. 137)

Das ist tatsächlich alles!

Vor dem Hintergrund der vielfältigen, in der breiteren Öffentlichkeit kaum bekannten Einsatzerfahrungen wäre es möglich gewesen, konkreter darzulegen, was mit dem Einsatz von Streitkräften, was mit dem Einsatz militärischer Gewalt im VN-Auftrag (nicht) geleistet werden kann, was die Möglichkeiten, Kosten, Risiken, ggfs. Tücken sind. Diese Basisinformation wird nicht erbracht.

Während in Bosnien nach dem Vertrag von Dayton ein ausgesprochen gewaltarmer Stabilisierungseinsatz militärisch erfolgreich zu Ende ging (Verhütung neuer Kriegsgewalt), geriet der ISAF-Stabilisierungseinsatz zur Aufstandsbekämpfung, waren Bundeswehrsoldaten erstmalig in der Geschichte der Bundesrepublik mit einem opferreichen Terror- und Guerillakrieg konfrontiert. Die gerade in den letzten Jahren ständig steigende Zahl von Zivilopfern im Kontext des bewaffneten Konflikts in Afghanistan führen vor Augen, dass ISAF kein sicheres Umfeld hinterließ. Die 15 Jahre des Afghanistaneinsatzes waren voller Erfahrungen und schmerzhafter Lehren, Teilfortschritten wie auch herben Ernüchterungen – z.B. im Hinblick auf das kollektive politische Führungsversagen bei diesem Einsatz. Sicher ist in das Weißbuch einiges von diesen Erfahrungen eingeflossen. Dass die Erfahrungen der letzten zehn Jahre militärisch-zivil-polizeilicher Kriseneinsätze aber nicht explizit ausgeführt werden (das Weißbuch 2006 brachte zumindest noch drei Seiten zu den Auslandseinsätzen), ist eine strategische Lücke und ein Fall von Lernverweigerung. Wie will man verantwortlich das vielbeschworene Mehr an Verantwortung schultern, wenn man sich nicht klar mit den Leistungen, Schwächen und Fehlern der Sicherheitspolitik der letzten zehn Jahre auseinandersetzt? Wie kommt das bei den Tausenden Frauen und Männer an, die von Bundesregierung und Bundestag in belastende und z.T. hoch riskante Einsätze entsandt wurden?

Die Tatsache, dass beim Review-2014-Prozess des Auswärtigen Amtes die Auslandseinsätze, für die das AA immerhin die Federführung hat, weitgehend ausgeklammert wurden, ist kein Grund, das auf Seiten des Verteidigungsministeriums ähnlich zu machen.

Das neue Weißbuch – Kein Wegweiser für mehr Sicherheit und Frieden

Agnieszka Brugger

Ein Blick auf die komplexen aktuellen sicherheitspolitischen Herausforderungen zeigt, wie dringend die großen Linien der deutschen Sicherheitspolitik neu formuliert werden müssen. Die Eiszeit in den Beziehungen zu Russland, der schreckliche Terror von Daesh, neue Gefahren im Cyberraum oder die Klimakatastrophe sind nur einige der Bedrohungen, die umfassende und realistische Antworten in der Außen- und Sicherheitspolitik notwendig machen. Zwar beschreibt das im Juli 2016 von Verteidigungsministerin Ursula von der Leyen vorgelegte neue Weißbuch die zahlreichen Krisen und Bedrohungen durchaus zutreffend, doch Ursula von der Leyen scheiterte daran, die Analyse in eine fundierte Aufgabenkritik und eine umfassende, zukunftsweisende sicherheitspolitische Strategie einfließen zu lassen. Das Weißbuch setzt in seinen konkreten Überlegungen leider primär auf militärische Antworten, anstatt Instrumente wie Diplomatie, zivile Konfliktbearbeitung, Rüstungskontrolle und Entwicklungszusammenarbeit zu stärken. Aber auch im zweiten Teil des Weißbuchs, der die sicherheitspolitische Grundlage für die Aufgaben und Strukturen der Bundeswehr bilden sollte, bleibt vieles unklar und die entscheidenden Fragen werden vermieden und vertagt.

Verpasste Chancen

Für Ernüchterung sorgte bereits der Entstehungsprozess des Weißbuchs. Die Bundesregierung ließ einige Möglichkeiten ungenutzt, die deutsche Außen- und Sicherheitspolitik auf ein neues und breites Fundament zu stellen. Da der Partizipationsprozess bei der Erstellung des Weißbuches nur halbherzig erfolgte, blieb eine breite, kritische und offene gesellschaftliche Debatte jenseits der üblichen ExpertInnenzirkel aus. Dabei hätte diese wichtige Impulse für die Ziele und Werte der deutschen Außen- und Sicherheitspolitik liefern können. Zudem wurden kaum Lehren aus Einsätzen wie in Afghanistan gezogen, obwohl das längst überfällig ist.

Statt eine umfassende ressortübergreifende außen- und sicherheitspolitische Strategie zu koordinieren, laufen weiterhin in mehreren Ministerien verschiedene Prozesse parallel und verhindern eine wirkungsvolle gemeinsame Politik.

Im Nebeneinander des Review-Prozesses des Auswärtigen Amtes, der Erarbeitung des Weißbuches im Verteidigungsministerium und der Erstellung einer Zukunftcharta durch das Bundesministerium für wirtschaftliche Zusammenarbeit und Entwicklung zeigt sich der fehlende politische Wille für eine kohärente Zusammenarbeit.

Viel veraltete Denke anstatt kluger neuer Antworten

Statt sicherheitspolitische Prioritäten zu setzen, will die Ministerin in den nächsten Jahren 130 Milliarden Euro mehr für Rüstungsprojekte ausgeben, wovon letztlich weniger die Bundeswehr als die Rüstungsunternehmen profitieren werden. Auch angesichts der derzeit schwierigen Beziehung zu Russland sind solche Signale falsch, denn sie befeuern die Eskalationsspirale und schaffen am Ende nicht mehr, sondern weniger Sicherheit in Europa. Vielmehr – und nicht zuletzt im Sinne der Soldatinnen und Soldaten – braucht die Bundeswehr eine sinnvolle Priorisierung für Material, Personal und Auftrag. Wer diese wichtigen Fragen vertagt und stattdessen allerlei leere Versprechungen macht, sorgt dafür, dass die Probleme sich verschärfen werden und spätestens in ein paar Jahren wieder eine einschneidende Reform hastig und mit der Brechstange erfolgen wird. Tiefgreifende strukturelle Probleme können nicht einfach mit mehr Steuergeldern gelöst werden.

Gleiches gilt für die realitätsfernen Pläne zur Personalaufstockung der Bundeswehr. Nicht zuletzt der demographische Wandel macht ein klares sicherheitspolitisch priorisiertes Aufgabenprofil bei der Bundeswehr notwendig. Viele Soldatinnen und Soldaten und zivile Mitarbeiterinnen und Mitarbeiter sind hochmotiviert und erfüllen ihre Aufgabe mit Überzeugung. Gleichzeitig sind sie oft überlastet und werden in der schwerfällig aufgestellten Organisation nicht optimal eingesetzt. Damit sich Menschen mit den richtigen Qualifikationen, dem erforderlichen Reflektionsvermögen und der notwendigen Motivation für den Dienst bei der Bundeswehr entscheiden, müssen die Angebote und das Arbeitsumfeld attraktiver gestaltet werden – von der besseren Vereinbarkeit von Familie und Dienst bis hin zu einer moderneren Führungskultur und der Verankerung der Bundeswehr in unser Gesellschaft.

Auch dieses Weißbuch betont das Leitbild der Inneren Führung, das die Bindung der Soldatinnen und Soldaten an die Werte unseres demokratischen Gemeinwesens festigen soll, als Kern des Selbstverständnisses der Bundeswehr. Soldatinnen und Soldaten sollen ihre staatsbürgerlichen Rechte und Pflichten nicht am Kasernentor abgeben und – unabhängig von Geschlecht, sexueller

Orientierung, Herkunft oder Religion – als Menschen behandelt werden und als Bürgerinnen und Bürger verantwortungsvoll handeln. Dies gilt im Heimatland wie im Einsatz. Doch auch nach sechs Jahrzehnten Bundeswehr wird die Anwendung der Inneren Führung als Ausbildungskonzept, Führungsprinzip und Maßstab für alle zwischenmenschlichen Beziehungen in der Bundeswehr in der Realität nicht immer optimal gelebt. Nicht nur der Bericht des Wehrbeauftragten zeigt jedes Jahr an vielen Stellen konkreten Verbesserungsbedarf auf. Die Einsatzorientierung der Bundeswehr, die Einsatzerfahrungen der letzten Jahre und veränderte gesellschaftliche und militärische Entwicklungen machen zudem eine kontinuierliche Reflexion des Prinzips der Inneren Führung immer notwendig. Gerade wenn das erstrebenswerte Ziel einer modernen, inklusiven und diversen Bundeswehr erreicht werden soll, muss die Innere Führung weiterentwickelt und konsequent umgesetzt werden. Das Weißbuch beschreibt zwar einige dieser Herausforderungen, es fehlt aber leider an konkreten Umsetzungsvorschlägen, wie das bewährte Prinzip im Rahmen der neuen Anforderungen an die Bundeswehr besser verankert und vor allem gelebt werden kann. Innere Führung darf kein historisches Prinzip sein, sondern soll lebendige Orientierung für die Soldatinnen und Soldaten sein.

Bundeswehreinsätze: Nur in Systemen kollektiver Sicherheit statt in Koalitionen der Willigen!

Auch in der Frage der im Bundestag und in der Öffentlichkeit immer wieder und zu Recht kontrovers diskutierten Auslandseinsätze der Bundeswehr wartet das neue Weißbuch mit unzureichenden und teilweise problematischen Vorschlägen auf. Anstatt Deutschlands Verankerung und Engagement in multilateralen Organisationen zu stärken und auszubauen, will die schwarz-rote Bundesregierung im Weißbuch die Bundeswehr künftig vermehrt in Auslandseinsätzen außerhalb von Systemen kollektiver Sicherheit und in Allianzen williger Staaten einsetzen. Auch wenn die entsprechenden Passagen im Vergleich zu den ersten Entwürfen des Weißbuchs etwas entschärft wurden, hält die Verteidigungsministerin an diesen Plänen fest. Dieser Angriff auf die rechtlichen Grundlagen für Auslandseinsätze ist ein völlig verfehlter Vorstoß und eine eklatante Missachtung der Vorgaben des Grundgesetzes und der Rechtsprechung des Bundesverfassungsgerichtes. Gleichzeitig wird so die Handlungsfähigkeit und Legitimität der Vereinten Nationen (VN) und anderer internationaler Organisationen massiv untergraben, obwohl gerade ihre Stärkung dringend erforderlich wäre.

Die von Union und SPD im letzten Jahr beschlossene Beteiligung der Bundeswehr am Krieg der höchst fragwürdigen „Koalition der Willigen" gegen Daesh in Syrien und im Irak lieferte bereits einen bitteren Vorgeschmack auf eine solche Politik. Wir Grüne haben dieses gefährlich vage Mandat abgelehnt, weil eine eindeutige völkerrechtliche Legitimation, klar definierte Ziele und ein schlüssiges politisches Gesamtkonzept fehlen. Jetzt noch mehr Einsätze dieser gefährlichen Kategorie für möglich zu erklären, ist verantwortungslos und wird unsere Welt in der Konsequenz kaum sicherer und friedlicher machen.

Klare Kriterien für Auslandseinsätze

Weder die in den letzten Jahren oft leichtfertige Zustimmung von Union und SPD zu neuen Militäreinsätzen, noch die reflexartige Ablehnung der Linkspartei werden den komplexen Entscheidungen gerecht, wann und unter welchen Umständen die Bundeswehr eingesetzt werden darf und sollte. Wir Grüne machen uns diese Entscheidungen niemals einfach und wägen in jedem Einzelfall sehr sorgfältig ab. Die großen Militäreinsätze im Irak, in Libyen und Afghanistan sind gescheitert. Diese Interventionen konnten ihre Ziele nicht erreichen und haben im schlimmsten Fall sogar zu mehr Gewalt beigetragen. Umso wichtiger ist daher die Frage, unter welchen eng begrenzten Bedingungen der Einsatz von Militär als äußerstes Mittel einen Beitrag zur Beendigung eines Konfliktes oder zum Schutz der Zivilbevölkerung in Krisengebieten leisten kann, auch wenn Konflikte sich niemals allein militärisch lösen lassen. Militäreinsätze müssen immer dem Primat des Zivilen folgen und in ein politisches Gesamtkonzept eingebettet werden, das die Ursachen eines Konfliktes bearbeitet. Sie brauchen eine solide und breite völkerrechtliche Legitimation und das Risiko, dass sie zusätzlichen Schaden anrichten könnten, muss sehr gering sein. Zudem müssen klare und erreichbare Ziele definiert werden; ebenso sollte es eine Vorstellung von einer Exit-Strategie geben. Die Entscheidungen über Auslandseinsätze müssen sorgfältig, mit Zurückhaltung und Verantwortungsgefühl fallen.

Auch wenn es nie eine Erfolgsgarantie für Auslandseinsätze geben kann, wären solche Kriterien wesentliche Grundbedingungen für ein sinnvolles und erfolgreiches Engagement. Es waren insbesondere öffentlich wenig beachtete Friedensmissionen der VN, die Erfolge vorzuweisen hatten. In der Regel haben diese multidimensionalen Missionen der VN oder EU eine zivile, polizeiliche und militärische Komponente und so das Ziel und die Chance, an den Ursachen der Konflikte anzusetzen. Deutschland sollte diese Friedensmissionen, die Menschen schützen, belastbare Friedenslösungen absichern und die internationale Ordnung stärken, substantieller unterstützen. Eine intensivierte finanzielle und personelle Unterstützung von VN-Friedensmissionen wäre zusammen mit einer Außenpolitik, die früher und engagierter mit zivilen und diplomatischen Mitteln handelt, ein wichtiger Schritt hin zu mehr echter internationaler Verantwortung. Für die Bundeswehr heißt das, dass sie bündnistauglicher und VN-fähiger werden muss.

Höchste Zeit für eine echte Friedens- und Sicherheitsstrategie

Anstatt eines alle zehn Jahre erscheinenden Weißbuchs mit problematischen Ideen braucht es eine umfassende Friedens- und Sicherheitsstrategie, die zukünftig häufiger erscheinen sollte. Ein solcher Wegweiser sollte der außen- und sicherheitspolitische Kompass für alle Bundesministerien sein und auch nicht mehr federführend durch das Verteidigungsministerium erstellt werden, denn Themen wie Sicherheit, Frieden, Staatsaufbau, Diplomatie, Menschenrechte, Entwicklung, Humanitäre Hilfe, Klima, Energie und Außenhandelspolitik müssen gemeinsam und nicht ausgehend vom Primat des Militärischen gedacht werden. Nur mit einem regelmäßig überarbeiteten und ganzheitlichen außen- und sicherheitspolitischen Wegweiser für alle Bundesministerien ließe sich den komplexen Krisen und Konflikten unserer Welt besser und nachhaltiger begegnen.

IV Rezension

Philipp Münch: Die Bundeswehr in Afghanistan. Militärische Handlungslogik in internationalen Interventionen. Freiburg: Rombach 2016, 433 Seiten.

Kai-Uwe Hellmann

Die ereignisnahe wissenschaftliche Evaluation von Kriseneinsätzen der Bundeswehr, wenn sie denn nicht von Historikern erst viele Jahre später bewerkstelligt wird, stellt hierzulande eine absolute Ausnahme dar. Obgleich sie unter dem Gesichtspunkt der Legitimität, die sich aus dem Primat der Politik gegenüber dem Militär ergibt, allein schon gefordert wäre. In der Regel unterbleiben solche politisch initiierten Evaluationen jedoch, was nichts Gutes verheißt: Arkanpolitik at its best. Der Qualität einer Demokratie (von der Fragilität der Inneren Führung gar nicht erst angefangen) ist eine solche Unterlassung zumindest nicht förderlich.

Hinsichtlich des Einsatzes der Bundeswehr in Afghanistan (im Rahmen von ISAF) erscheint nun eine solche ereignisnahe Evaluation, hat man die dortigen, aber auch hiesigen, damit verbundenen Vorgänge seit 2001 auch nur halbwegs mitverfolgt, mehr als geboten. Denn kein Einsatz der Bundeswehr hat mehr Kosten, mehr Opfer, mehr Enttäuschungen und Unzulänglichkeiten zur Folge gehabt. Wobei die Verantwortlichkeiten dafür wohl eher nicht bei den Einsatzkräften vor Ort zu finden sind, sondern in der höchsten Führung der Bundeswehr und vor allem im Ministerium und Parlament.

Dies ist, verkürzt gesprochen, einer der zentralen Befunde der Dissertation „Die Bundeswehr in Afghanistan" von Philipp Münch, die jetzt bei Rombach erschienen ist. Die Studie – für eine politikwissenschaftliche Arbeit gegenstandsbedingt zugleich signifikant zeithistorisch basiert – stellt, hält man die breit aufgeführte Quellenlage für ausreichend belastbar, beinahe schon eine Art Abrechnung dar, so dominant und teilweise redundant-schonungslos erweist sich die Analyse des Ungenügens, das Münch für das ISAF-Engagement der Bundeswehr seit Anbeginn diagnostiziert. Tendenziell ist diese Evaluation sogar vernichtend.

Münchs Arbeit gliedert sich in neun Kapiteln. Nach der Einleitung folgt ein soziologischer Exkurs, da Münch sich für die Analyse des ISAF-Einsatzes vornehmlich der Sozialtheorie von Pierre Bourdieus zu bedienen sucht, speziell seines Habitus-Konzeptes (wie dies schon bei der Dissertation „Homo militaris" von Ulrich vom Hagen 2012 der Fall war). Im dritten Kapitel greift er dieses Konzept auf, um damit (nur) zwei Großgruppen innerhalb der Bundeswehr zu beschreiben, und zwar „Bürokraten und Krieger", die jeweils ganz unterschiedliche Formen des (militärischen) Habitus aufweisen. Wobei zu fragen bliebe, ob (militärische) „Bürokraten" nicht eher den (völlig unmilitärischen) Habitus eines Verwaltungsbeamten besitzen, so daß die Bundeswehr allein schon für ihre Militärangehörigen (mindestens) zwei diametral entgegengesetzte Formen von Habitus umfaßt: einen genuin militärischen und einen eher nicht-militärischen, ganz und gar zivilen (abhängig von den jeweils dominanten Feld-Strukturen).

Wie dem auch sei: Die Anwendung des Habituskonzeptes von Bourdieu auf die Bundeswehr erscheint soweit einleuchtend und nachvollziehbar; allein die Umsetzung operiert eher pauschal und bleibt an wesentlichen Punkten zu abstrakt; aber dazu später noch.

Im vierten Kapitel befaßt sich Münch mit der spezifischen, höchst wechselvollen Herrschafts- und Militärgeschichte Afghanistans, deren genaue Kenntnisnahme für den praktischen Erfolg der (zivil-) militärischen Einsätze sicher unentbehrlich gewesen wäre (von den Militärstrategen aber kaum berücksichtigt wurde, wie Münch wiederholt zeigt). Im fünften Kapitel, das Münch mit „Operationen ohne Strategie" überschrieben hat, geht es dann um den Verlauf des Afghanistaneinsatzes der Bundeswehr. Erneut und wie angekündigt greift er dazu auf das Habituskonzept von Bourdieu zurück. Zentraler erweist sich hingegen ein Konzept, das Münch nicht weiter einführt (zumindest folgt es nicht per se aus Bourdieus Habituskonzept), sondern einfach nutzt: *Selbstreferentialität*, d. h. Selbstbezüglichkeit (frei nach der Devise „Jeder kocht sein eigenes Süppchen.").

Gemeint ist damit, daß die verschiedenen Akteure, Abteilungen und Ebenen innerhalb und außerhalb der Bundeswehr, die für die Planung und Durchführung des ISAF-Einsatzes maßgebend waren, allesamt die übergroße Neigung aufwiesen, die eigene partikulare Perspektive, was Karriere, Machtbefugnisse, Prestige, Ressourcen angeht, als vorrangig zu behaupten und durchzusetzen – teilweise ohne Rücksicht auf Folgeprobleme und Kosten. Möglich war dies offenbar all die Jahre, weil ein Masterplan fehlte und die Regierung, aber auch das Parlament, hochgradig doppelzüngig-janusköpfig agierten, dabei durch hohe Militärs reihenweise unterstützt, weil sie gegenüber Bündnispartnern und der deutschen Öffentlichkeit keine Legitimationsverluste riskieren wollten und daher äußerst defensiv-reaktiv kommunizierten, gegenüber der Bundeswehr hin-

gegen zögerlich und oftmals ignorant sich verhielten und damit einigen Flur-
schaden hinterließen, gerade aus Sicht der Kampftruppen.

Das sechste Kapitel wendet sich anschließend dem Anteil des deutschen Aus-
landsnachrichtenwesens für die zunehmend heikler werdende Lage in Afghanistan zu. Im siebten Kapitel rekonstruiert Münch dann das durch und durch
problematische Verhältnis zu lokalen Machthabern, problematisch, weil hier
fortlaufend Kooperationen und Kompromisse mit kriminellen Elementen eingegangen wurden, die gerade aus Sicht der Inneren Führung als völlig unzureichend qualifiziert werden müssen.

Im achten Kapitel interessiert Münch die „Gewaltpraxis der Bundeswehr" im
Laufe des ISAF-Einsatzes, die er wie folgt charakterisiert: „Zurückhaltung,
Bündnissolidarität und Eskalation". Nicht zuletzt in diesem Kapitel gelingt es
Münch auf beeindruckend konstante Art und Weise, eine Art Abrechnung mit
der Praxis der Militärpolitik herbeizuführen, die in dieser Konsequenz und
Qualität ihresgleichen sucht.

Im neuen Kapitel schließt die Arbeit mit einer Zusammenfassung.

Der Grundtenor von Münchs Arbeit, dies dürfte inzwischen deutlich gewor-
den sein, ist ein primär problematisierender, fortlaufend Defizite aufzeigender.
An Deutlichkeit läßt sich die Kritik Münchs am ISAF-Einsatz, wählt man diese
zeithistorisch-sozialwissenschaftliche Vorgehensweise, kaum mehr überbieten.
Die vorherrschende Selbstreferentialität der Akteure und deren teilweise fatale
Folgen stehen am Ende der Analyse klar im Vordergrund, derart erdrückend
ist der Evaluationsbefund. Wobei zu fragen bliebe, ob das Konzept der
Selbstreferentialität nicht auch Deutungsalternativen zuließe.

So könnte überlegt werden, für diese Analyse alternativ auf Nils Brunssons
Studie „The Organization of Hypocrisy" (Organisierte Scheinheiligkeit) zu-
rückzugreifen. Darin wird nämlich aufgezeigt, daß viele Organisationen oftmals
ganz unterschiedliche Publika zufriedenstellen müssen, weshalb Brunsson zwischen „talk", „decision" und „action" unterscheidet. Der Unterschied der jeweiligen Anspruchs- bzw. Erwartungsmuster gewisser „stake holder" kann
aber höchst paradoxe Koinzidenzien zeitigen, weil die verschiedenen Formen
der Performanz ein und derselben Organisation dadurch mitnichten immer auf
vollständige Übereinstimmung gebracht werden können, sondern einander
mitunter erkennbar widersprechen.

Der Clou von Brunssons Theorie ist nun, daß, bewertet man Organisationen
anders als Personen nicht nach dem Maßstab moralischer Integrität, dadurch

die Möglichkeit bestünde, das hochgradig fragmentierte, indifferente, kurz-schlüssige, unsystematische, strategieschwache Agieren der für den ISAF-Einsatz verantwortlichen Akteure beinahe schon auf eine organisationale Not-wendigkeit zuzurechnen und es nicht bloß als partikular, karriereorientiert, nur auf den eigenen Vorteil bedacht zu sein und damit als kontingent zu beschrei-ben. Freilich relativiert oder gar eliminiert ein solcher Konzeptwechsel keines-wegs sämtliche Problemdiagnosen, die Münch zu Hauf liefert. Hier sollte ein Großteil der Befunde Anlaß sein, den ISAF-Einsatz noch deutlich umfassen-der aufzuarbeiten, mit der Chance auf Generalisierbarkeit, um eine Wiederho-lung dieser Friedensmissionsmisere möglichst zu verhindern.

Zum Schluß noch ein Wort zu Münchs Verwendung des Habituskonzepts von Bourdieu: So sehr diese Option gerade nach vom Hagens Studie „Homo mili-taris" auf der Hand liegt, so anspruchsvoll erweist sich dieses Unterfangen wei-terhin. Der Nachweis eines Habitus für sich stellt schon eine enorme Heraus-forderung dar, zumal hier die Kapitalarten, bedient man sich des Konzeptes nicht allzu oberflächlich, gesondert zu betrachten und in ihrer Wechselwirkung sehr ernstzunehmen sind. Für das militärische Feld steht ein solcher Nachweis in Gänze noch aus -- wenn auch vom Hagens Studie dafür hervorragende Vor-arbeit geleistet hat.

Mehr noch aber birgt die Reduktion der Bundeswehr auf den Dualismus der Bürokraten und der Krieger, also auf lediglich zwei Habitusvarianten, erhebli-che Risiken: Dazu erscheint die Bundeswehr eigentlich als viel zu komplex ge-baut, weist sie zu viele Einsatzszenarien, Professionen, Ränge, Verwendungen auf. Was Münch dabei durchgängig unterläßt, ist eine praxisspezifische Respe-zifikation dessen, was das Habituskonzept von Bourdieu in dieser hochabstrak-ten Form von Generalisierung im Prinzip nur darstellt, und zwar allein nur auf die Gruppe der Bürokraten und jene der Krieger bezogen: Hier bleibt der Er-kenntnisgewinn ausgesprochen diffus. Die Ergiebigkeit dieses Konzepts, beläßt man es nicht bloß bei groben Übertragungen, erweist sich nämlich erst, wenn man deutlich mehr Akribie für die Details aufwendet. Ansonsten erschließt sich der Wert desselben nur unzulänglich. Diesbezüglich wird der Arbeit Münchs auf jeden Fall noch Optimierungsbedarf bescheinigt.

Ansonsten ist die Lektüre seiner Studie teilweise erschütternd. Es bleibt zu hoffen, daß es ihr gelingt, die von Münch wiederholt identifizierte Selbstrefe-rentialität der militärischen wie politischen „Eliten" aufzubrechen und nachhal-tig zu irritieren. Aber organisationales Lernen ist wie Lottospielen.

Autoren

Bohnert, Marcel, Major, Dipl.-Päd., Teilnehmer des zweijährigen »Lehrganges Generalstabs-/Admiralstabsdienst National (LGAN2015)« an der Führungsakademie der Bundeswehr in Hamburg und Studierender im postgraduierten Masterstudiengang »Militärische Führung und Internationale Sicherheit«; Herausgeber der Sammelbände »Armee im Aufbruch« und »Die unsichtbaren Veteranen«.

Brugger, Agnieszka, Mitglied des Bundestags, Fraktion Bündnis 90/ Die Grünen, Sprecherin für Sicherheitspolitik und Abrüstung, Obfrau im Verteidigungsausschuss des Deutschen Bundestages.

Brzoska, Michael, Prof. em. Dr., ehemaliger Direktor des IFSH (Institut für Friedensforschung und Sicherheitspolitik in Hamburg).

Buchner, Peter, Fregattenkapitän, Dozent Politische Bildung am Zentrum Innere Führung, Koblenz.

Dörfler-Dierken, Angelika, Prof. Dr. theol., Wissenschaftliche Direktorin und Projektleiterin für Innere Führung – Ethik – Militärseelsorge am ZMSBw Potsdam.

Freudenberg, Dirk, Dr., OTL d.R., Bundesamt für Bevölkerungsschutz und Katastrophenhilfe. Akademie für Krisenmanagement, Notfallplanung und Zivilschutz.

Hartmann, Uwe, Dr. phil, Oberst i.G., Referatsleiter im Kommando Heer.

Hellmann, Kai-Uwe, apl. Prof. Dr., Soziologe an der TU Berlin.

Jaberg, Sabine, Dr. habil, Dozentin für Friedensforschung am Fachbereich Politik und Gesellschaftswissenschaften an der FüAkBw Hamburg.

Janke, Reinhold, Oberst i.G., Zentrum Innere Führung.

Mack, Hans-Hubertus, Dr. phil., Oberst, Kommandeur des Zentrums für Militärgeschichte und Sozialwissenschaften der Bundeswehr (ZMSBw) in Potsdam.

Nachtwei, Winfried, Experte für Friedens- und Sicherheitspolitik, MdB a.D. der Fraktion Bündnis 90/Die Grünen.

Naumann, Klaus, Dr. phil., Militärhistoriker, seit 1992 am Hamburger Institut für Sozialforschung. Mitglied des 14. Beirats Innere Führung des Bundesministeriums der Verteidigung.

Reeb, Hans-Joachim, Dr. phil., Oberstleutnant a.D., Lehrbeauftragter an der Helmut-Schmidt-Universität/Universität der Bundeswehr Hamburg.

Rosen, Claus von, Prof. Dr., Oberstleutnant a.D., Leiter des Baudissin Dokumentation Zentrum bei der Führungsakademie der Bundeswehr, Lehrbeauftragter für Wehr-Pädagogik am Estonian National Defence College in Tartu.

Streifer, Renè, Hauptmann d.R., Psychologe und Human Factors Experte

Personenregister

Sachregister

Carola Hartmann Miles-Verlag

Politik, Gesellschaft, Militär

Wolf Graf von Baudissin, *Grundwert Frieden in Politik – Strategie – Führung von Streitkräften,* hrsg. von Claus von Rosen, Berlin 2014.

Wolf Graf von Baudissin, *Der Widerstand. „… um nie wieder in die auswegslose Lage zu geraten…",* hrsg. von Claus von Rosen, Berlin 2014.

Marcel Bohnert, Lukas J. Reitstetter (Hrsg.), *Armee im Aufbruch. Zur Gedankenwelt junger Offiziere in den Kampftruppen der Bundeswehr,* Berlin 2014.

Arjan Kozica, Kai Prüter, Hannes Wendroth (Hrsg.), *Unternehmen Bundeswehr? Theorie und Praxis (militärischer) Führung,* Berlin 2014.

Angelika Dörfler-Dierken, Robert Kramer, *Innere Führung in Zahlen. Streitkräftebefragung 2013,* Berlin 2014.

Eberhard Birk, Heiner Möllers (Hrsg.), *Luftwaffe und Luftkrieg,* Berlin 2015.

Phil C. Langer, Gerhard Kümmel (Hrsg.), *„Wir sind Bundeswehr." Wie viel Vielfalt benötigen/vertragen die Streitkräfte?,* Berlin 2015.

Jéronimo L. S. Barbin, *Imperialkriegführung im 21. Jahrhundert. Von Algier nach Bagdad. Die kolonialen Ursprünge der COIN-Doktrin,* Berlin 2015.

Dirk Freudenberg, *Counterinsurgency. Aufstandsbekämpfung als Phase zur Überwindung schwacher Staatlichkeit und zur Etablierung des Aufbaus einer stabilen Nachkriegsordnung,* Berlin 2016.

Marcel Bohnert, Björn Schreiber (Hrsg.), *Die unsichtbaren Veteranen. Kriegsheimkehrer in der deutschen Gesellschaft,* Berlin 2016.

Christian Göbel, *Glücksgarant Bundeswehr? Ethische Schlaglichter auf einige neuere Studien des ZMSBw im Kontext von Sinn und Glück des Soldatenberufs, Innerer Führung und Einsatz-Ethos,* Berlin 2016.

Alois Bach, Walter Sauer (Hrsg.), *Schützen, Retten, Kämpfen – Dienen für Deutschland,* Berlin 2016.

Dirk Freudenberg Stephan Maninger, *Neue Kriege. Sicherheitspolitische Rahmenbedingungen, Mentalitäten, Strategien, Methoden und Instrumente,* Berlin 2016.

Eberhard Birk, Peter Andreas Popp (Hrsg.), *LwOffz21. Das Selbstverständnis des Luftwaffenoffiziers zu Beginn des 21. Jahrhunderts,* Berlin 2016.

Jahrbuch Innere Führung

Uwe Hartmann, Claus von Rosen, Christian Walther (Hrsg.), *Jahrbuch Innere Führung 2009. Die Rückkehr des Soldatischen,* Eschede 2009.

Helmut R. Hammerich, Uwe Hartmann, Claus von Rosen (Hrsg.), *Jahrbuch Innere Führung 2010. Die Grenzen des Militärischen,* Berlin 2010.

Uwe Hartmann, Claus von Rosen, Christian Walther (Hrsg.), *Jahrbuch Innere Führung 2011. Ethik als geistige Rüstung für Soldaten,* Berlin 2011.

Uwe Hartmann, Claus von Rosen, Christian Walther (Hrsg.), *Jahrbuch Innere Führung 2012. Der Soldatenberuf zwischen gesellschaftlicher Integration und suis generis-Ansprüchen,* Berlin 2012.

Uwe Hartmann, Claus von Rosen (Hrsg.), *Jahrbuch Innere Führung 2013. Wissenschaften und ihre Relevanz für die Bundeswehr als Armee im Einsatz,* Berlin 2013.

Uwe Hartmann, Claus von Rosen (Hrsg.), *Jahrbuch Innere Führung 2014. Drohnen, Roboter und Cyborgs – Der Soldat im Angesicht neuer Militärtechnologien,* Berlin 2014.

Uwe Hartmann, Claus von Rosen (Hrsg.), *Jahrbuch Innere Führung 2015. Neue Denkwege angesichts der Gleichzeitigkeit unterschiedlicher Krisen, Konflikte und Kriege,* Berlin 2015.

Einsatzerfahrungen

Kay Kuhlen, *Um des lieben Friedens willen. Als Peacekeeper im Kosovo,* Eschede 2009.

Sascha Brinkmann, Joachim Hoppe (Hrsg.), *Generation Einsatz, Fallschirmjäger berichten ihre Erfahrungen aus Afghanistan,* Berlin 2010.

Artur Schwitalla, *Afghanistan, jetzt weiß ich erst… Gedanken aus meiner Zeit als Kommandeur des Provincial Reconstruction Team FEYZABAD,* Berlin 2010.

Uwe Hartmann, *War without Fighting? The Reintegration of Former Combatants in Afghanistan seen through the Lens of Strategic Thought,* Berlin 2014.

Rainer Buske, *KUNDUZ. Ein Erlebnisbericht über einen militärischen Einsatz der Bundeswehr in Afghanistan im Jahre 2008,* Berlin [2]2016.

Standpunkte und Orientierungen

Daniel Giese, *Militärische Führung im Internetzeitalter – Die Bedeutung von Strategischer Kommunikation und Social Media für Entscheidungsprozesse, Organisationsstrukturen und Führerausbildung in der Bundeswehr,* Berlin 2014.

Dirk Freudenberg, *Auftragstaktik und Innere Führung. Feststellungen und Anmerkungen zur Frage nach Bedeutung und Verhältnis des inneren Gefüges und der Auftragstaktik unter den Bedingungen des Einsatzes der Deutschen Bundeswehr,* Berlin 2014.

Uwe Hartmann (Hrsg.), *Lernen von Afghanistan. Innovative Mittel und Wege für Auslandseinsätze,* Berlin 2015.

Fouzieh Melanie Alamir, *Vernetzte Sicherheit – Quo Vadis?,* Berlin 2015.

Hartwig von Schubert, *Integrative Militärethik. Ethische Urteilsbildung in der militärischen Führung,* Berlin 2015.

Uwe Hartmann, *Hybrider Krieg als neue Bedrohung von Freiheit und Frieden. Zur Relevanz der Inneren Führung in Politik, Gesellschaft und Streitkräften,* Berlin 2015.

Klaus Beckmann, *Treue.Bürgermut.Ungehorsam. Anstöße zur Führungskultur und zum beruflichen Selbstverständnis in der Bundeswehr,* Berlin 2015.

Florian Beerenkämper, Marcel Bohnert, Anja Buresch, Sandra Matuszewski, *Der innerafghanische Friedens- und Aussöhnungsprozess. Folgerungen für die künftige deutsche Beteiligung an internationalen Operationen zur Krisenbewältigung in fragilen Staaten,* Berlin 2016.

Militärgeschichte

Dieter E. Kilian, *Adenauers vergessener Retter – Major Fritz Schliebusch,* Berlin 2011.

Ingo Pfeiffer, *Gegner wider Willen. Konfrontation von Volksmarine und Bundesmarine auf See,* Berlin 2012.

Dieter E. Kilian, *Kai-Uwe von Hassel und seine Familie. Zwischen Ostsee und Ostafrika. Militär-biographisches Mosaik,* Berlin 2013.

Peter Heinze, *Berliner Militärgeschichten,* Berlin 2013.

Ingo Pfeiffer, *Seestreitkräfte der DDR. Abriss 1950–1990,* Berlin 2014.

Ulrich C. Kleyser, *Lazare Carnot. "Le Grand Carnot". Ein Charakterbild,* Berlin 2016.

Eberhard Kliem, Kathrin Orth, *"Wir wurden wie blödsinnig vom Feind beschossen". Menschen und Schiffe in der Skagerrakschlacht 1916,* Berlin 2016.

Eberhard Birk, *"Auf Euch ruht das Heil meines theuern Württemberg!" Das Gefecht bei Tauberbischofsheim am 24. Juli 1866 im Spiegel der württembergischen Heeresgeschichte des 19. Jahrhunderts,* Berlin 2016.

Claas Siano, *Die Luftwaffe und der Starfighter. Rüstung im Spannungsfeld von Politik, Wirtschaft und Militär,* Berlin 2016.

Eckhard Lisec, *Der Unabhängigkeitskrieg und die Gründung der Türkei 1919–1923,* Berlin 2016.

Hans Frank, Norbert Rath, *Kommodore Rudolf Petersen. Führer der Schnellboote 1942–1945. Ein Leben in Licht und Schatten unteilbarer Verantwortung,* Berlin 2016.

Erinnerungen

Blue Braun, *Erinnerungen an die Marine 1956–1996,* Berlin 2012.

Harald Volkmar Schlieder, *Kommando zurück!,* Berlin 2012.

Reinhart Lunderstädt, *Aus dem Leben eines Hochschullehrers. Persönlicher Bericht,* Berlin 2012.

Wulf Beeck, *Mit Überschall durch den Kalten Krieg. Mein Leben für die Marine,* Berlin 2013.

Jan Becker, *Aufgewühltes Wasser,* 3 Bde., Berlin 2014.

Klaus Grot, *So war's, damals. Dienstchronik eines Pionieroffiziers im Kalten Krieg 1954–1991,* Berlin 2014.

Gustav Lünenborg, *Bürger und Soldat. Innere Führung hautnah 1956–1993, 1993–2015,* Berlin 2015.

Adolf Brüggemann, *Als Offizier der Bundeswehr im Auswärtigen Dienst. Meine Erinnerungen als Militärattaché in Seoul (Republik Korea) 1978–83 und in Prag (Tschechoslowakei/Tschechien) 1988–1993,* Berlin 2015.

Rainer Buske, *Eine Reise ins Innere der Bundeswehr. Wundersame Geschichten aus einer anderen Welt,* Berlin 2016.

Heinz Laube, *Duell am Himmel,* Berlin 2016.

Winfried Papenfuß, *Die Kriege der Karendorffs,* Berlin 2016.

Monterey Studies

Uwe Hartmann, *Carl von Clausewitz and the Making of Modern Strategy*, Potsdam 2002.

Zeljko Cepanec, *Croatia and NATO. The Stony Road to Membership*, Potsdam 2002.

Ekkehard Stemmer, *Demography and European Armed Forces*, Berlin 2006.

Sven Lange, *Revolt against the West. A Comparison of the Current War on Terror with the Boxer Rebellion in 1900-01*, Berlin 2007.

Klaus M. Brust, *Culture and the Transformation of the Bundeswehr*, Berlin 2007.

Donald Abenheim, *Soldier and Politics Transformed*, Berlin 2007.

Michael Stolzke, *The Conflict Aftermath. A Chance for Democracy: Norm Diffusion in Post-Conflict Peace Building*, Berlin 2007.

Frank Reimers, *Security Culture in Times of War. How did the Balkan War affect the Security Cultures in Germany and the United States?*, Berlin 2007.

Michael G. Lux, *Innere Führung – A Superior Concept of Leadership?*, Berlin 2009.

Marc A. Walther, *HAMAS between Violence and Pragmatism*, Berlin 2010.

Frank Hagemann, *Strategy Making in the European Union*, Berlin 2010.

Ralf Hammerstein, *Deliberalization in Jordan: the Roles of Islamists and U.S.-EU Assistance in stalled Democratization*, Berlin 2011.

Jochen Wittmann, *Auftragstaktik*, Berlin 2012.

Michael Hanisch, On German Foreign und Security Policy. Determinants of German Military Engagement in Africa since 2011, Berlin 2015.

Grégoire Monnet, *The Evolution of Strategic Thought Since September 11, 2011. A Swiss Perspective on Clausewitz, Classical und Contemporary Theories*, Berlin 2016.

miles-verlag@jimdo.com